中国人民大学法律文化研究中心
北京市法学会中国法律文化研究会　主办

曾宪义法学教育与法律文化基金会　资助

《法律文化研究》编辑部

主　任： 马小红（中国人民大学）
副主任： 姜　栋（中国人民大学）
　　　　　尤陈俊（中国人民大学）
　　　　　李　伟（山东科技大学）

成　员（以姓氏拼音为序）：

曹　磊（中国人民大学）
柴　荣（北京师范大学）
陈新宇（清华大学）
邓建鹏（中央民族大学）
方　明（中国人民大学出版社）
高汉成（中国社会科学院法学研究所）
高仰光（中国人民大学）
顾文斌（东华理工大学）
黄春燕（山东政法学院）
黄东海（北京邮电大学）
姜　栋（中国人民大学）
姜晓敏（中国政法大学）
蒋旭杲（澳门科技大学）
金　欣（中国人民大学）

李德嘉（中国人民大学）
李　伟（山东科技大学）
马凤春（山东政法学院）
马小红（中国人民大学）
娜鹤雅（中国人民大学）
邱少晖（安庆师范学院）
芮素平（社会科学文献出版社）
王振东（中国人民大学）
吴佩林（西华师范大学）
尤陈俊（中国人民大学）
张琮军（中国民主法制出版社）
张世明（中国人民大学）
张勇凡（中国人民大学）
朱　腾（中国人民大学）

中国人民大学法学院与澳门基金会项目"传统法律文化与澳门法律发展"研究成果

总主编 马小红

法律文化研究

RESEARCH ON LEGAL CULTURE

第八辑

澳门法律文化专题

Symposium on
Legal Culture of Macao

主编 邱少晖

社会科学文献出版社
SOCIAL SCIENCES ACADEMIC PRESS (CHINA)

原序
从传统中寻找力量

出版发行《法律文化研究》（年刊）酝酿已久，我们办刊的宗旨当然与如今许多已经面世的学术刊物是一致的，这就是繁荣法学的教育和研究、为现实中的法治实践提供历史的借鉴和理论的依据。说到"宗旨"两字，我想借用晋人杜预《左氏春秋传序》中的一段话来说明："其微显阐幽，裁成义类者，皆据旧例而发义，指行事以正褒贬。"即通过对历史上"旧例"、"行事"的考察，阐明社会发展的道理、端正人生的态度；记述历史、研究传统的宗旨就在于彰显复杂的历史表象背后所蕴含的深刻的"大义"。就法律文化研究而言，这个"大义"就是发掘、弘扬传统法的优秀精神，并代代相传。

然而，一部学术著作和学术刊物的生命力和影响力并不只取决于它的宗旨，在很大程度上，它是需要特色来立足的，需要用自身的特色力争最好地体现出宗旨。我们定名为《法律文化研究》（年刊）有这样几点考虑，第一，我们研究的对象是宽阔的，不只局限于"法律史"，从文化的角度，我们要探讨的甚至也不仅仅是"法"或"法律"。我们的研究对象包括法的本身与产生出不同模式的法的社会环境两个方面。因此，我们在考察法律的同时，要通过法律观察社会；在考察社会时，要体悟出不同国家和地区的法律特色之所在，以及这些特色形成的"所以然"。第二，在人类的历史长河中，传统文化的传承、不同文化间的交流与融合，构成了人类文明不断发展的主旋律。一个民族和国家的传统往往是文化的标志，"法律文化"研究的重点是研究不同民族和国家的不同法律传统及这些传统的传承；研究不同法律文化间的相同、相通、相异之处，以及法律文化的融合、发展规律。

因此，我们的特色在于发掘传统，利导传统，从传统中寻找力量。

在此，我们不能不对近代以来人们对中国传统法律文化的误解作一辩白。

与其他学科相比，法学界在传统文化方面的研究显得比较薄弱，其原因是复杂的。

首先，近代以来，学界在比较中西法律文化传统时对中国传统法律文化基本持否定的态度，"发明西人法律之学，以文明我中国"是当时学界的主流观点。对传统法律文化的反思、批判，一方面促进了中国法律的近代化进程，另一方面也造成了人们的误解，使许多人认为中国古代是"只有刑，没有法"的社会。

其次，近代以来人们习惯了以国力强弱为标准来评价文化的所谓"优劣"。有一些学者将西方的法律模式作为"文明"、"进步"的标尺，来评判不同国家和地区的法律。这种理论上的偏见，不仅阻碍了不同法律文化间的沟通与融合，而且造成了不同法律文化间的对抗和相互毁坏。在抛弃了中国古代法律制度体系后，人们对中国传统法律的理念也产生了史无前例的怀疑和否定。

最后，受社会思潮的影响，一些人过分注重法学研究的所谓"现实"性，而忽视研究的理论意义和学术价值，导致传统法律文化虚无主义的泛滥。

对一个民族和国家来说，历史和传统是不能抹掉的印记，更是不能被中断或被抛弃的标志。如果不带有偏见，我们可以发现中国传统法律文化中凝聚着人类共同的精神追求，凝聚着有利于人类发展的巨大智慧，因此在现实中我们不难寻找到传统法律文化与现代法律文明的契合点，也不难发现传统法律文化对我们的积极影响。

就法的理念而言，中西传统是不谋而合的。东西方法治文明都承认"正义"是法律的灵魂，"公正"是法律追求的目标。只不过古今中外不同的文化对正义、公正的理解以及实现正义和公正的途径不尽相同。法国启蒙思想家伏尔泰说："在别的国家法律用以治罪，而在中国其作用更大，用以褒奖善行。"西方文化传统侧重于强调法律对人之"恶性"的遏制，强调通过完善的制度设计和运行来实现社会公正与和谐。中国传统法律文化的主流更侧重于强调人们"善性"的弘扬、自觉的修养和在团体中的谦让，通过自律达到和谐的境界。在和谐中，正义、公正不只是理想，而且成为可望也可即的现实。

就法律制度而言，中国古代法律制度所体现出的一些符合人类社会发展、符合现代法治原则的精华也应该引起我们的关注。比如，尊老恤弱精神是传统法律的一个优秀之处。历代法律强调官府对穷苦民众的冤屈要格外关心，为他们"做主"。自汉文帝时开始，中国古代"养老"（或敬老）制度逐渐完善，国家对达到一定岁数的老者给予税役减免，官衙还赐予米、布、肉以示敬重。竞争中以强凌弱、以众暴寡在中国传统文化中被视为大恶，也是法律严惩的对象。这种对困难群体的体恤和关怀，不仅有利于社会矛盾的缓和，而且体现了法律的公正精神，与现代法律文明完全一致。再比如，中国古代法律中对环境开发利用的限制也值得我们借鉴。《礼记》中记载，人们应顺应季节的变化从事不同的工作和劳动，春天不得入山狩猎，不得下湖捕捞，不得进山林砍伐，以免毁坏山林和影响动植物生长。这一思想在"秦简"和其他王朝的法律典籍中被制度化、法律化。这种保护自然、保护环境的法律法规，反映的是"天人合一"的观念、对自然"敬畏"的观念及保护和善待一切生命的理念等，而这些观念与现代法治中的环境保护、可持续发展精神也是吻合的。

在现代法治的形成过程中，从理念到制度，我们并不缺乏可利用的本土资源，我们理应对中国源远流长的传统法律文化充满信心。我们进行研究的目的，也是希望能够充分发掘传统法律文化的价值，从中找到发展现代法治文明的内在力量。

我们也应该切忌将研究和弘扬传统法律文化理解为固守传统。任何一种传统的更新都不可能在故步自封中完成。只有在与现实社会相联系的淘汰与吸收中，传统才能充满活力，完成转型。传统法律文化也是如此，古今中外，概莫能外。

就中国法律而言，现代社会已经大不同于古代社会，我们的政治、经济环境和生活方式已经发生了巨大的变化，古代的一些法律制度和理念在确立和形成的当时虽然有其合理性，但随着时代的变迁，这些制度和理念有些已经失去了效用，有些甚至走向发展的反面，成为制约社会进步的阻力。在对传统法律文化进行改造和更新时，我们要注意积极地、有意识地淘汰这样的制度和理念，注意学习和引进外国的一些先进的法律文化，并不断总结引进外国法律文化的经验教训。近代以来，我们在引进和学习西方法律文化方面有过成功，也有过失败。比如，罪刑法定主义的确立就值得肯定。1764年，意大利法学家贝卡利亚出版了《论犯罪与刑罚》一书，对欧洲封建刑事法律制度的野蛮性和随意性提出了谴责，从理论上提出了一些进步的刑法学说，其中罪刑法定的原则影响最大。罪刑法定，即犯罪和刑罚应由法律明文规定，不能类推适用。近代以来，这一原则逐渐为各国刑法承认和贯彻。1948年联合国大会通过的《世界人权宣言》和1966年的《公民权利和政治权利国际公约》都规定了罪刑法定原则。罪刑法定主义的学说在清末传入中国，此后，在颁行的一些刑法中也得到原则上的承认。但是，由于种种原因，这一原则在司法实践中或难以贯彻实行，或类推适用一直被允许。直到1997年刑法修订，才明确规定了"法律明文规定为犯罪行为的，依照法律定罪处刑；法律没有明文规定为犯罪行为的，不得定罪处刑"。类推适用在立法上被彻底废止，司法实践则在努力的贯彻之中。罪刑法定原则的确立，对促进中国法律的发展和提升中国的国际形象有着重要的意义。

世界文明兴衰史雄辩地证明，一个民族、一种文明文化唯有在保持其文化的主体性的同时，以开放的胸襟吸收其他文明的优秀成果，不断吐故纳新，方能保持其旺盛的生命力，保持其永续发展的势头，并创造出更辉煌的文明成果。其实，近代西方法律传统转型时也经历过一个反思传统—淘汰旧制—融合东西—形成新的传统并加以弘扬的过程。在许多启蒙思想家的法学经典著作中，我们可以看到西方法学家对中国法律的赞扬和批判、分析和评价。孟德斯鸠《论法的精神》、伏尔泰《风俗论》、魁奈《中华帝国的专制制度》、梅因《古代法》、黑格尔《历史哲学》等都对中国的法律有着精湛的论述。即使现代，西方的法治传统仍然处在变化"扩容"之中，中国的一些理念不断地融入西方法治中。一些现代欧美法学家或研究者更是将中国法律制度作为专门的领域精心地进行研究。比如费正清《中国：传统与变迁》、C.莫里斯等《中华帝国的法律》、高道蕴《中国早期的法治思想？》以及欧中坦《千方百计上京城：清朝的京控》、史景迁《王氏之死》等。一些中国传统法律的理念，比如顺应而不是"征服"自然，弱者应该得到或享有社会公正，以和睦而不是对立为最终目标的调解，等等，在吸纳现代社会气息的基础上，在西方法治体系中被光大。如同历史上的佛教在印度本土式微而在中国的文化中被发扬一样，这些具有价值的思想和理念在中国却常常因为其是"传统"而受到漠视或批判。

因此，我们应该发扬兼容并蓄、与时俱进的精神，在融合中西、博采古今中改造和更新传统法律文化，完成传统法律文化的现代转型。

近代以来，中国传统法律文化的断裂是一个不争的事实，但是，另外一个不争的事实是，近年以来，中国传统文化越来越受到社会的广泛重视。不仅政府致力于保护各种文化遗产，学术界也从哲学、史学、社会学等各个方面对传统文化进行研究。中国人民大学首创全国第一所具有教学、科研实体性质的"国学院"，招收了本科学生和硕士研究生、博士研究生，受到国人的广泛关注；此前，武汉大学在哲学院建立了"国学班"，其后，北京大学建立了"国学研究院"和"国学教室"，中山大学设立了"国学研修班"，国家图书馆开办了"部级干部历史文化讲座"。鉴于各国人民对中国传统文化的热爱和兴趣，我国在世界许多国家和地区设立了近百所"孔子学院"。2005年年底，教育部哲学社会科学重大攻关项目"中国传统法律文化研究"（十卷）正式启动，这个项目也得到国家新闻出版总署的重视，批准该项目为国家重大图书出版项目，从而为传统法律文化的研究工作注入了新的推动力。我作为项目的首席专家深感责任重大。孔子曾言："人能弘道，非道弘人"，我们希望能从传统中寻找到力量，在异质文化中汲取到法治营养，并为"中国传统法律文化研究"（十卷）这个项目的顺利进行营造学术环境，努力将这一项目做成不负时代的学术精品。

《法律文化研究》是学术年刊，每年出版一辑，每辑约50万字，这是我们献给学人的一块学术园地，祈望得到方家与广大读者的关爱和赐教。

曾宪义
2005年

改版前言

《法律文化研究》自2005年至2010年已经出版六辑。时隔三年，我们改版续发，原因是多方面的。

本刊停发最为直接的原因是主编曾宪义教授的不幸去世。此外，近年来我本人新增的"做事"迟疑与拖沓的毛病以及出版社方面的出版困难也都是这项工作停顿的原因。

2004年我调入中国人民大学不久，曾老师告诉我他有一个计划，就是用文集的方式整合全国法史研究的资源，展示法史研究成果。不久曾老师就联系了中国人民大学出版社并签订了六辑出版合同。后来，作为教育部重大攻关项目"中国传统法律文化研究"的首席专家，曾老师明确将年刊与《百年回眸——法律史研究在中国》定位为重大攻关项目的配套工程。

在确定文集的名称时，曾老师斟酌再三，名称由"中国传统法律文化研究"改为"传统法律文化研究"，再改为"法律文化研究"。对此，曾老师在卷首语《从传统中寻找力量》中解释道："我们研究的对象是宽阔的，不只局限于'法律史'，从文化的角度，我们要探讨的甚至也不仅仅是'法'或'法律'。我们的研究对象包括法的本身与产生出不同模式的法的社会环境两个方面。因此，我们在考察法律的同时，要通过法律观察社会；在考察社会时，要体悟出不同国家和地区的法律特色之所在，以及这些特色形成的'所以然'。"

时光荏苒，转眼近十年过去了，当时我所感受到的只是曾老师对法史研究抱有的希望，而今天再读"卷首语"中的这段话，则更感到曾老师对法史研究方向或"出路"的深思熟虑。

感谢学界同人的支持与关注，《法律文化研究》自出版以来得到各位惠赐大作与坦诚赐教。近十年来"跨学科"、"多学科"研究方法的运用，已然使曾老师期冀的法律文化研究"不只局限于'法律史'"的愿望正在逐步成为现实，而唯有此"法律史"才能与时俱进，在学术与现实中发挥它应有的作用。我本人在编辑《法律文化研究》的过程中，在跟随曾老师的学习中，也认识到"学科"应是我们进入学术殿堂的"方便门"，而不应是学术发展的桎梏，研究没有"领地"与"边界"的限制，因为研究的对象是"问题"，研究的目的是解决学术和实践中的问题而不只是为了在形式上完善学科。

为此，在本刊再续时，我与学界一些先进、后锐商议，用一个更为恰当的方式反映法律文化研究的以往与现实，于是便有了这次的改版。改版后的《法律文化研究》，不再设固定的主编，每辑结合学术前沿集中于一个专题的研究，由专题申报者负责选稿并任该辑主编，每一辑都力求能反映出当前该专题研究所具有的最高学术水准与最新研究动向。每辑前言由该辑主编撰写"导读"，后附该辑专题研究著作与论文的索引。这样的形式不仅可以使研究集中于目前的热点、难点问题，而且可以使更多的学者在《法律文化研究》这个平台上发挥作用，同时出版社也可以摆脱出版负担过重等困境。

编委会与编辑部的工作机构设于中国人民大学法律文化研究中心与曾宪义法律教育与文化研究基金会。希望改版后的《法律文化研究》能一如既往地得到学界的赐稿与指教。

马小红

初稿于 2013 年仲夏

再稿于 2014 年孟春

目　录

主编导读 / 1

一　历史沿革篇

何志辉：论明代澳门的特别立法与司法 / 3
陈文源：明清时期广东政府对澳门社会秩序的管理 / 15
康大寿：明清政府对澳门的法权管理 / 26
黄进：澳门法律本地化之我见 / 39
郭天武　朱雪梅：澳门法律本地化问题研究 / 49
邓伟平：论澳门民法的历史发展及其本地化 / 59

二　法律制度篇

金国平：Hopo 的词源及其设立年代考 / 69
王巨新：乾隆九年定例研究 / 81
刘冉冉：清朝时期澳门议事亭研究 / 92
陈文源：近代澳门华政衙门的组织结构与职能演变 / 106
张廷茂：晚清澳门华政衙门源流考 / 118

三　法律实践篇

刘景莲：从东波档看清代澳门的民事诉讼及其审判 / 141
乔素玲：清代澳门中葡司法冲突 / 155

唐伟华：清代广东涉外司法与文化冲突 / 165
林乾：论清代前期澳门民、番刑案的法律适用 / 178

四　法律文化篇

赵炳霖：澳门东西方法律文化初探 / 189
吴志良：澳门与礼仪之争
　　——跨文化背景下的文化自觉 / 197
周伟：法律殖民与文明秩序的转换
　　——以十九世纪中期澳门法律文化的变迁为例 / 214
黎晓平："一国两制"的伦理精神 / 232
汪清阳：怀柔远人：中葡法文化初交汇 / 243
何志辉：殖民管治下的文化妥协
　　——1909年《华人风俗习惯法典》研究 / 258

五　文献资料篇

吴志良：澳门史研究述评 / 275
李雪梅：澳门明清法律史料之构成 / 292

澳门法律文化研究主要论著目录索引 / 308

编写说明 / 336

编辑部章程 / 338

征稿启事 / 340

注释体例 / 341

主编导读

研究澳门这一区域的法律文化，首要的问题在于界定研究对象的范畴，否则把任何东西都装进法律文化的框架中，不符合科学研究的精神，也难以把握澳门法律文化的主体精神，故编者首先要界定法律文化的范畴。关于法律文化的范畴，学界已有多种界定，存在多种观点。编者在梳理不同观点的基础上，认为应当回归到文化的本源含义，并由此确定法律文化的范畴，进而确定澳门法律文化的范畴。本论文集的编纂主要按此范畴展开。当然，需要说明的是，诸多研究澳门法律文化的学者皆有上乘之作，限于编者的水平以及论文集的篇幅，不能一一选入，疏漏之处在所难免。收入本论文集的23篇文章都是相关领域的经典之作，要么提出了新的视角和观点，要么对澳门法律文化研究的发展产生了极大的推动作用，编者也相信将会有越来越多的学者投身到澳门法律文化研究领域中来，让澳门及其他区域性法律文化研究得以蓬勃发展。此外，限于编者水平，也考虑到版权和本论文集的目标受众等各种因素，本论文集暂未收入外国相关论著，期待此方面的论文集能够尽快面世，以进一步拓宽对澳门法律文化的总结和梳理工作。

一 文、化与文化

了解文化的含义，需从其原始含义入手。何谓文？何谓化？文化作为一个词何时出现？其含义如何？

所谓文，《说文解字·文部》："文，错画也。象交文。凡文之属皆从文。"[1] 朱芳圃《殷周文字释丛》："文即文身之文，象人正立形，胸前之

---

[1] 许慎：《说文解字》，岳麓书社，2006，第185页。

丿、乂……即刻画之文饰也……文训错画，引申之义也。"王筠句读："错者，交错也。错而画之，乃成文也。"《庄子·逍遥游》："越人断发文身。"《穀梁传·哀公十三年》："祝发文身。"范甯注："文身，刻画其身以为文也。"《礼记·王制》："被发文身……雕题交趾。"郑玄注："雕文，谓刻其肌以丹青涅之。"清厉鹗《辽史拾遗》卷十五："契丹之法，民为盗者一犯文其腕为贼字，再犯文其臂。"① 从以上对"文"的解释可以看出，其最早的含义当为在肌肤上刺画花纹，即文身。

所谓化，《说文》："化，教行也。从匕，从人，匕亦声。"② 朱芳圃《殷周文字释丛》："化象人一正一倒之形，即今俗所谓翻跟头。《国语·晋语》：'胜败若化'。韦注：'化，言转化无常也。'《荀子·正名篇》：'状变而实无别而为异者谓之化。'杨注：'化者改旧形之名'。皆其引申之义也。"《玉篇·匕部》："化，易也。"③ 从以上解释可以得出，"化"最早的含义应当为转化、改变、变化之义，后演进为教化之含义。

"文化"二字何时连成一词？其最早的含义为何？作为内涵丰富的"文"和"化"的并连使用始见于《周易·贲卦·象传》，其文曰"观乎人文，以化成天下"，基本含义是"以文教化"，指以与武力征服相对应之"人文"即人伦仪则、道德秩序去规范和化易人民于"野蛮"，使之开化和文明化的活动。④ "文化"二字连成一词，今天能看到最早的记录是汉刘向的《说苑·指武》，"凡武之兴，为不服也；文化不改，然后加诛"，此外，还有《文选》，晋束广微（皙）《补亡诗·由仪》曰，"文化内辑，武功外悠"。⑤ 故《辞源》的解释即文治和教化，今指人类社会历史发展过程中所创造的全部物质财富和精神财富，也特指社会意识形态。⑥

前述"文"最早的含义当为文身，但早期人类为何需文身？文身之文

---

① 汉语大字典编辑委员会编纂《汉语大字典》（第4卷），湖北长江出版集团·崇文书局·四川出版集团·四川辞书出版社，2010，第2325页。
② 许慎：《说文解字》，岳麓书社，2006，第168页。
③ 汉语大字典编辑委员会编纂《汉语大字典》（第1卷），湖北长江出版集团·崇文书局·四川出版集团·四川辞书出版社，2010，第140页。
④ 王国炎、汤忠钢：《"文化"概念界说新论》，《南昌大学学报》（人社版）2003年第2期。
⑤ 《辞源》（修订本，上册），商务印书馆，2012，第1483页。
⑥ 《辞源》（修订本，上册），商务印书馆，2012，第1483页。

如何与文化之文相牵连？《礼记·王制》："东方曰夷，被发文身，有不火食者矣。"疏："越俗断发文身，以避蛟龙之害，故刻其肌，以丹青涅之。"① 武树臣认为："文身的产生与两性及家庭生活的进化有关。而这种进化大约源于相应的禁忌：对父亲们与女儿们之间，对母亲们与儿子们之间和兄弟们与姐妹们之间性行为的排斥。"② 综合上述观点，编者认为文化之所以连在一起，原因即在于通过文身的方式让人懂得有所止，让人懂得基本的道理，进而成教而化天下之民。人类之所以有文化，即在于人类知道克制自身，纯粹的征伐和互不相让是不可能成就人类文化和文明的，唯有克制和知止方能成就文化与文明。

但经过长期的历史发展，今天的文化已经与古文化的含义有了很大不同，长期的历史积累给文化带来了太多的内涵与外延，以至于我们已经没有办法为抽象出文化概念而对其做出明确的界定。箫声在《文化概念考》一文中，在介绍了界定文化的八个思维路线之后，总结道："大致说来，（文化概念）是循着一条由现象罗列到本质发掘，由功能论证到结构分析，由价值判断到渊源追逾，由心理解析到哲学抽象的道路前进的。"③ 此文距今已久，然此话揭示了我们可以从多个不同角度去观察和理解文化，这就意味着很多学者是从文化的功能和结构乃至价值、本质直至源头来考察文化的概念的，在让文化这一个概念承受了难以承受之重的同时，恰恰忽视了文化的范围从而引发了太多的争论。文化的范围包括哪些？其内涵到底是什么？

近代很多学者在当时中西文化冲突的背景下对文化做了多种界定，影响力较大的首推梁漱溟和钱穆。梁漱溟认为："文化，就是吾人生活所依靠之一切……俗常以文字、文学、思想、学术、教育、出版等为文化，乃是狭义的。我今说文化就是吾人生活所依靠之一切，意在指示人们，文化是极其实在的东西。文化之本义，应在经济、政治，乃至一切无所不包。"④ 钱穆认为："人类各方面各种样的生活总括汇合起来，就叫它做文化……一国家一民族各方面各种样的生活，加进绵延不断的时间演进，历

---

① 《辞源》（修订本，上册），商务印书馆，2012，第1484页。
② 武树臣：《寻找最初的礼——对礼字形成过程的法文化考察》，《法律科学》2010年第3期。
③ 箫声：《文化概念考》，《湖南社会科学》1989年第5期。
④ 梁漱溟：《中国文化要义》，上海世纪出版集团，2005，第6页。

史演进，便成所谓文化。因此文化也就是此国家民族的生命。如果一个国家民族没有了文化，那就等于没有了生命。因此凡所谓文化，必定有一段时间上的绵延精神。换言之，凡文化，必有它的传统的历史意义。"① 两位先生都强调了文化的实在性，即根源于人类的实践生活，钱穆更强调了文化的精神性和历史性，但这些界定并未指明文化的范围，似不能有效运用到科学研究中去。

科学研究诞生在西方，我们不妨将视野放到西方。关于此点，刘作翔在《从文化概念到法律文化概念——"法律文化"：一个新文化概念的取得及其"合法性"》一文中对几个经典性的文化概念做了详细梳理。大体而言，英国文化人类学家泰勒第一次给了文化一个整体性概念，即"所谓文化或文明乃是包括知识、信仰、艺术、道德、法律、习惯以及其他人类作为社会成员而获得的种种能力、习性在内的一种复合整体"。美国文化人类学家克鲁克洪在《文化概念：一个重要概念的回顾》一文中对161种文化的定义做了总结和归纳，最终认为："文化存在于思想、情感和起反应的各种业已模式化了的方式当中，通过各种符号可以获得并传播它，另外，文化构成了人类群体各有特色的成就，这些成就包括他们制造物的各种具体形式；文化基本核心由二部分组成，一是传统（即从历史上得到并选择）的思想，一是与他们有关的价值。"英国人类学家马林诺夫斯基认为"文化是包括一套工具及一套风俗——人体的或心灵的特性，它们都是直接地或间接地满足人类的需要"，"文化是一个组织严密的体系，同时它可以分成基本的两方面，器物和风俗，由此可进而再分成较细的部分或单位"，包括"物质设备、精神文化、语言和社会组织"。② 以上三位学者的阐述都对文化做了或粗或细的分类，这种分类事实上即明确了文化概念的范围。哪种界定更为合理？该如何界定文化的范围？

编者以为界定文化的范围应该回归文化的本源含义。如前所述，文化乃有所止而成教化，凡人类社会那些教人能够知止的现象皆属于文化。其意是指：第一，凡属于文化范畴的都应当能够规范人们的行为；第二，这种规范可以是直接规范，包括禁止性规范、授权性规范、倡导性规范和命

---

① 钱穆：《国史新论》，三联书店，2012，第346页。
② 参见刘作翔《从文化概念到法律文化概念——"法律文化"：一个新文化概念的取得及其"合法性"》，《法律科学》1998年第2期。

令性规范等,也可以是间接规范,即通过影响人的内心进而约束人的行为。依此而论,笔者认为文化至少可以包括宗教、道德、礼俗、伦理、法律、知识、艺术及其他一切能够约束人的行为或通过影响人心而约束人的行为的现象。文化的核心含义在于让人有所止,而不同国家和不同民族因为不同时期、不同地理、不同气候等各方面因素的影响,导致约束人心与人的行为的有所止的模式和方式不同,有的国家以宗教为主导,有的国家以道德礼俗为主导,有的国家以法律为主导,但无论如何,正是因为这些文化范畴的存在,人类的行为才能够保持适度,从而保证了人类社会能够繁衍不息,此即文化的最大价值。

二 法律文化范畴再界定

法律作为文化的范畴之一,从其诞生之日起,就起到了规范人类行为的作用。法律与文化因共通的作用,结合而成法律文化之新概念可以说是水到渠成之事。这一概念的提出可以追溯到20世纪60年代:在美国,这一概念最早始于1969年,在苏联,最早始于1962年,在日本,最早始于20世纪60年代。[1] 我国对法律文化的研究则始于20世纪80年代中期。[2] 其时有多位学者从不同角度专门对法律文化做了界定,按时间顺序,比较有代表的包括孙国华、梁治平、刘学灵、武树臣、蒋迅、刘作翔、刘进田、张文显等。

孙国华认为:"法律文化属于社会精神文明,它反映了法作为特殊的社会调整器的素质已经达到的水平,反映了历史积累起来的有价值的法律思想、经验和有关法的制定、法的适用等的法律文化法律技术。"[3] 梁治平认为:"法律文化概念主要包括法的各种观念形态、价值体系和行为模式,法律文化研究则包括这些现象的发生、发展、演变以及它们或隐或显的各种形态。"[4] 刘学灵认为:"法律文化是社会观念形态、群体生活模式、社

---

[1] 刘作翔:《从文化概念到法律文化概念——"法律文化":一个新文化概念的取得及其"合法性"》,《法律科学》1998年第2期。
[2] 参见刘作翔《法律文化理论》,商务印书馆,1999,第9页。
[3] 孙国华:《法学基础理论讲义》,北京电大法律教研室,1985,第89页。
[4] 梁治平:《比较法律文化的名与实》,《法律学习与研究》1986年第8期。

会规范和制度中有关法律的那一部分以及文化总体功能作用于法制活动而产生的内容——法律观念形态、法制协调水平、法律知识沉积、法律文化总功能的总和。"[①] 武树臣认为："法律文化是人类文化的组成部分之一，它是社会上层建筑中有关法律、法律思想、法律制度、法律设施等一系列法律活动及其成果的总和。它是以往人类法律活动的凝结物，也是现实法律实践的一种状态和完善程度。"[②] 蒋迅认为："所谓法律文化，概言之是指一种渊源于历史的法律生活结构的体系，由赋予法律过程以秩序、形式和意义的特殊取向模式所组成。其中蕴含法律价值和法律技术两大系统。"[③] 刘作翔认为："法律文化是法律意识形态以及与法律意识形态相适应的法律制度、组织机构等总和。一国的法律文化，就表明了法律作为社会调整器发展的程度和状态，表明了社会上人们对法律、法律机构以及司法工作者等法律现象和法律活动的认识、价值观念、态度、信仰、知识等水平。"[④] 刘进田认为："法律文化是整个人类文化体系中的一部分。它是法律观念、法律制度、法律机构、法律设施、法律主体、法律活动等要素的统一体，以及贯穿于这一统一体之中的法律价值、法律本体和法律方法。"[⑤] 张文显"把法律文化理解为法律现象的精神部分，即由社会的经济基础和政治结构决定的、在历史过程中积累下来并不断创新的有关法和法律生活的群体性认知、评价、心态和行为模式的总汇"[⑥]。

总结我国法律文化产生初期对其范畴的界定，可以看出两种基本观点：第一种观点认为法律文化的研究范畴仅限于精神领域，包括与法律相关的价值观念、态度、法律思想、法律意识等；另一种观点认为法律文化

---

① 刘学灵：《法律文化的概念、结构和研究观念》，《河北法学》1987年第3期。
② 武树臣：《中国法律文化探索》，载《北京大学法律系：法学论文集》，光明日报出版社，1987，第317页。
③ 蒋迅：《法律文化刍议》，《比较法研究》1987年第4期。文中继续指出，法律价值包括人们对法律本质、法律地位、法律作用的认同，对法律规范、法律机构、法律教育的认识、态度和信念，对立法、司法者和其他有关政府官员的了解、评价和信仰，对法院判决所持的立场，以及使用法律的意愿，即法律的动员性等五个方面。法律技术部分主要包括作为法律观念、思想和信仰的外化物的法学理论和法律规范，法律机器运作程序和方式及其传统法律心理、行为模式、价值观念和其他文化因素对法制操作的多向渗透和制约关系。
④ 刘作翔：《论法律文化》，《法学研究》1988年第1期。
⑤ 刘进田：《法律文化片论》，《法律科学》1991年第2期。
⑥ 张文显：《法律文化的释义》，《法学研究》1992年第5期。

的研究范畴不仅包括精神层面，还包括规范与制度以及与之相配套的设施等层面。

以上各种观点在千叶正士看来属于描述性定义，这种界定存在的问题在于与研究者的主观性密切相关，故千叶正士试图建构一种操作性定义："随着分析的深入不断再构成的、作为根据事实阐明其内涵的工具概念，其要件是具有任何人都可以理解并使用的客观性。"[①] 在《法律多元——从日本法律文化迈向一般理论》一书中，千叶正士介绍了艾尔哈罗特·布莱肯伯格的观点，即以"国民在诉讼行为即纠纷处理与回避诉讼中的倾向性"为标准进行比较考察，最终将法律文化的概念界定为"法律现象的四个层次的综合类型，包括成文法规、将成文法规转换为人的行为的制度性机构、人在与法相关时采取的现实的行为样式，以及法律意识"[②]。任何一个研究者都可以根据此种界定围绕制度性机构和行为样式进行实证性研究，从而达到法律文化研究的具体结果。但千叶正士也指出，该定义没有将法律意识进行操作化规定，故认为"作为整体仍是未完成的"。千叶正士随后在该书中提出了自己对法律文化的界定："以法的同一性原理加以统合的各种官方法、非官方法、固有法、移植法、法律规则、法律原理等组合的整体，以及国内的各种法、国家法、世界法等的多元结构，及其文化特征。"[③] 依据此种界定，意味着法律文化的法主体不仅仅是国家，还包括民族、部落、地方、职业等各类传统的集团和自发性结社组织及其他各种现代团体等社会组织。[④] 同时，即使是国家法，也存在多元的制定主体。正是基于多元的法主体，从而形成了多元法体系和不同的法结构。只要"通过确认构成一个多元法体系的各种法及其组合，以及文化的性质，就可以得知这种文化特征"，而这种确认的工具概念就是三重二分法，即依

---

① 〔日〕千叶正士：《法律多元——从日本法律文化迈向一般理论》，强世功等译，中国政法大学出版社，1997，第233页。
② 〔日〕千叶正士：《法律多元——从日本法律文化迈向一般理论》，强世功等译，中国政法大学出版社，1997，第236页。
③ 〔日〕千叶正士：《法律多元——从日本法律文化迈向一般理论》，强世功等译，中国政法大学出版社，1997，第246页。
④ 关于此点，马小红教授在《礼与法——法的历史连接》一书中也特别强调了法的多元性问题，书中将古代法按法的效力范围分为国家制定法和家族村落法，按法产生的途径分为祖宗法和现行法。参见马小红《礼与法——法的历史连接》，北京大学出版社，2004，第65页。

其是否为该社会的公权威所公认分为官方法与非官方法、依其文化起源的不同分为固有法和移植法、依其规则是否明确分为法律规则和法律原理。其中,法律原理一般是作为观念形式显示出来的市民的行为准则。[1] 概念中起到统合作用的"法的同一性原理"是指,"无论一个法的内容怎样历史性地变化、特定的法主体都必须坚持的原理,因而也是决定该法主体如何修正固有法,及其如何、是否采用外国法的原理,总之,是使一个法的整体适应环境和时代的变动,始终一贯地生存延续的原理"。[2] 千叶正士的阐述无疑给法律文化的研究提供了一个新的视角,尤其是对于澳门地域性的法律研究,我们必须注意到不同的法主体、不同的法体系所带来和形成的特有法律文化。

当然,不可忽略的是部分学者将法律文化视为一种方法论和工具去研究相关问题,其代表人物包括梁治平和刘作翔。梁治平在《法律的文化解释》一书中认为,仅仅把法律文化作为一种研究对象看待,会导致"降低这一概念可能具有的建设性意义",其核心观点在于通过文化方法去解释法律。[3] 刘作翔在《法律文化理论》一书和《作为方法论意义的法律文化——关于"法律文化"的一个释义》一文中,将法律文化分为两种,即作为方法论意义的法律文化和作为对象化的法律文化。该文在对梁治平的观点做出评析后,介绍了严景耀先生的开创,即通过文化的方法去阐释犯罪,其核心观点在于"如果不懂得发生犯罪的文化背景,我们也不会懂得犯罪。换言之,犯罪问题只能以文化来充分解释"。[4]

本文关注的是法律文化的范畴,即刘作翔的"作为对象化的法律文化",笔者在前面各类观点基础上,依据本文第一部分对文化范畴的界定而对法律文化进行重新审视,进而确定本文的法律文化范畴。其标准即看相关范畴是否直接约束了人的行为或者通过间接方式譬如让人自觉约束自身的行为。首先,作为直接约束人们行为的法律规范及具体制度当属法律

---

[1] 参见〔日〕千叶正士《法律多元——从日本法律文化迈向一般理论》,强世功等译,中国政法大学出版社,1997,第240~245页。

[2] 〔日〕千叶正士:《法律多元——从日本法律文化迈向一般理论》,强世功等译,中国政法大学出版社,1997,第245页。

[3] 参见梁治平《法律的文化解释》(增订本),三联书店,1998,第1~72页。

[4] 参见刘作翔《法律文化理论》,商务印书馆,1999,第66~105页;另参见刘作翔《作为方法论意义的法律文化——关于"法律文化"的一个释义》,《法学》1998年第6期。

文化的表层范畴[①]；其次，具体制度与法律规范的适用构成法律文化的实践，直接约束着人们的行为，调节着人们之间的纠纷[②]；再次，在长期的生活中和外界的影响下凝集而成的不同国家、不同民族、不同地区、不同种族的法律意识与法律观念和价值观将会影响和制约该国家、该民族、该地区、该种族民众的法律行为，故法律意识、法律观念和价值观构成法律文化的较高层级，成为法律文化范畴的一部分[③]；最后，我们需要将视野拓展到政权颁布的法律和形成的制度体系范围之外，而去关注其他社会层面的法主体、法体系，它们同样对民众的行为产生约束[④]。总结而言，法律文化的范畴包括法律规范及其他具体制度、体现于行政管理和司法活动中具体制度与法律规范的适用及其配套设施、法律意识和法律观念及价值观[⑤]、其他社会层面的规则与制度体系及其配套设施（可称之为法文化）。本论文集选取的文章即主要依此范畴展开，澳门法律文化的研究除了综合性的研究外，主要是以此为范围。

三　澳门法律文化研究综述

作为研究对象的法律文化尽管有其具体的范畴，但在法律文化概念产生之前，对这些具体范畴的研究就已经开始。只有法律文化作为一种研究对象出现后，综合性的法律文化研究才能成为可能，故而关于澳门法律文

[①] 本论文集中何志辉的《明代澳门的特别立法与司法》、黄进的《澳门法律本地化之我见》、郭天武和朱雪梅的《澳门法律本地化问题研究》、邓伟平的《论澳门民法的历史发展及其本地化》、王巨新的《乾隆九年定例研究》可以归入此类。

[②] 研究法律的适用意味着必须顺带研究适用的相关配套组织、机构等内容，在中国传统社会结构下，政府的管理内含着执法适用，故本论文集也收录了相关内容。具体而言，陈文源的《明清时期广东政府对澳门社会秩序的管理》和《近代澳门华政衙门的组织结构与职能演变》、康大寿的《明清政府对澳门的法权管理》、金国平的《Hopo 的词源及其设立年代考》、张廷茂的《晚清澳门华政衙门源流考》、刘景莲的《从东波档看清代澳门的民事诉讼及其审判》、乔素玲的《清代澳门中葡司法冲突》、唐庆华的《清代广东涉外司法与文化冲突》、林乾的《论清代前期澳门民、番刑案的法律适用》可以归入此类。

[③] 譬如澳门的礼仪之争、大量没有记录的案件的当事人的选择和民间处理等都可以归入此类。

[④] 譬如何志辉的《1909年澳门华人风俗习惯法典研究》、刘冉冉的《清朝时期澳门议事亭研究》、澳门的寺庙、各类协会等民间组织以及相应的成文或不成文的规则和习惯可以纳入此类。可以说这属于澳门的礼。

[⑤] 当然，由于口述历史的缺乏，观念层面的法律文化一般只能通过纠纷后人们的倾向与选择、司法适用中的行为模式等来观察。

化的综合性研究是非常晚近的事。基于此,澳门法律文化的研究应包含两种类型,第一类为具体范畴的研究,第二类为综合性研究,其中,具体范畴的研究包含了前述法律规范和制度层面的研究、法律适用及配套设施层面的研究、法律意识和观念层面的研究、社会层面的法文化研究四个方面。

澳门法律文化研究属于澳门研究和"澳门学"的一部分,其整体特点在于特定的历史拐点决定了研究的关注度、广度和深度,每次重大的历史事件都会带来一次研究的推进和热潮。纵观澳门历史上的重大事件,主要围绕其治权展开。从中国治权转向葡萄牙的治权,即以1887年《中葡和好通商条约》的签订为标志,中间又涉及1909年开始的勘界交涉,再从葡萄牙的治权转向中国的治权,即以1987年《中葡联合声明》的签订为标志直至1999年澳门的正式回归。两次治权的转变都引来了人们对澳门的关注和研究。回归之后,对澳门研究的热度处于平稳阶段。根据以上分析,总体而言,澳门学的研究前后经历了四个阶段:1887年之前的前研究阶段;1887年至20世纪前半期的第一次研究热潮阶段;20世纪80年代初至1999年的第二次研究热潮阶段;2000年以来的平稳研究阶段。而关于澳门法律文化的研究主要集中于20世纪80年代后,但前两个阶段的研究为后来者的研究奠定了坚实基础,因而有必要对此做简要回顾。

对澳门法律文化的研究,相当长的时期内处于前研究阶段。在这一阶段里,人们关注澳门气候、地理、贸易、风俗、政治等方方面面,但很难说它们是有目的的研究,然而正是这一阶段的存在,为后世研究者提供了充足的材料,所以可称之为文献积累阶段。这一阶段大体始于明嘉靖四十三年(1564)庞尚鹏的《陈末议以保海隅万世治安疏》,直至1887年《中葡和好通商条约》的签订。关于这一阶段的材料,学界已经做了详细梳理。[①] 值得注意的是,此时以瑞典学者龙思泰为代表的西方人开始了对澳门的研究,其于1832年在澳门出版的《葡萄牙在华居留地史纲》(现中译本名为《早期澳门史》)可以说是此时期少有的研究著作。在该书里,作者对葡萄牙占据澳门的历史做了简要阐述,认为澳门的租用是中国的恩

---

① 具体可参见何志辉《澳门法制史研究:回顾与展望》,载吴志良、林发钦、何志辉主编《澳门人文社会科学研究文选(历史卷)》(下卷),社会科学文献出版社,2010,第944~946页;吴志良《澳门史研究述评》,《史学理论研究》1996年第3期;李雪梅《澳门明清法律史料之构成》,载《中西法律传统》第2卷,中国政法大学出版社,2002,第365~383页。

惠，而非武力征服的结果，其理由在于"中国政府只需命令商人、手艺人和仆役停止贸易及劳作，从那里撤退，并随即发布命令，断绝对当地居民的供应，征服者便只能放弃此地"。[1] 此外，此书对澳门的地形、人口、政府、对外关系、教会等方面都做了阐述，于早期澳门法律文化的研究而言，其对政府构成的分析以及对外关系尤其是对中国的关系值得关注。

"自光绪十三年（1887）《中葡和好通商条约》签订与宣统元年（1909）澳门勘界交涉以来，澳门主权问题遂成20世纪前期中国学者关注的焦点。"[2] 关于这一段时期的论文和著作，黄启臣教授在《中外学者论澳门历史》一书中做了详细梳理。[3] 尽管不少文章对澳门法律文化的研究具有一定的参考价值，但尚无对澳门法律文化前述四个具体范畴的直接观察。不过，基于澳门特殊的地理位置，贸易对澳门法律文化的形成起到了非常重要的作用，故此时期有关贸易等方面的论文、著作尤其值得关注。而自新中国成立以来至改革开放以前，国内少有人关注澳门和澳门法律文化，仅有的几篇文章和编著如戴裔煊的《关于澳门历史上所谓赶走海盗问题》[4]、胡代聪的《葡萄牙殖民者侵占澳门前在中国的侵略活动》[5]、介子编著的《葡萄牙侵占澳门史料》[6] 等，都未直接关注澳门法律文化的具体范畴研究，遑论其综合性研究。

改革开放以后，学界掀起了研究的热潮。在《中葡联合声明》签订和澳门回归前后，很多学者对澳门给予了充分关注，相关研究成果也非常丰富，为数众多的论著中开始有关于澳门法律文化的研究，以下笔者就其主要研究进行初步的梳理。

就著作而言，自20世纪80年代开始，不少以前的著作得到重新出版，同时，新的著作也不断出版，这些著作的涉及面涵盖了澳门通史、编年

---

[1] 〔瑞典〕龙思泰：《早期澳门史》，吴义雄、郭德焱、沈正邦译，章文钦校注，东方出版社，1997，第18页。

[2] 何志辉：《澳门法制史研究：回顾与展望》，载吴志良、林发钦、何志辉主编《澳门人文社会科学研究文选（历史卷）》（下卷），社会科学文献出版社，2010，第946页。

[3] 参见黄启臣编《澳门历史研究主要参考资料目录》，载黄启臣、邓开颂《中外学者论澳门历史》，澳门基金会，1995，第367~369、379~380页。

[4] 戴裔煊：《关于澳门历史上所谓赶走海盗问题》，《中山大学学报》1957年第3期。

[5] 胡代聪：《葡萄牙殖民者侵占澳门前在中国的侵略活动》，《历史研究》1959年第6期。

[6] 介子编著《葡萄牙侵占澳门史料》，上海人民出版社，1961。

史、主权问题、文化、政治体制、政治文化、地理、土生葡人、人口、中葡关系、宗教、经济、中葡勘界、贸易、法制概论、法律本地化、社团、澳门同知、司法审判制度、社会治理、社会结构、社会生活消费、法律文化比较、城市管理、历史地理等各个方面。① 这些研究尤其是澳门史的著作都或多或少地涉及澳门法律文化的具体范畴，包括具体的规范和法律制度、法律和规范的具体适用及相关配套设施和机构等，同时，不少著作研究了与社会层面法文化密切相关的社团、社会治理、土生葡人等内容。但综观以往著作，笔者以为直接涉及澳门法律文化综合性研究和具体范畴研究的主要包括以下十几部著作，即叶士朋的《澳门法制史概论》（1996）、刘景莲的《明清澳门涉外案件司法审判制度研究（1553~1848）》（2007）、黎晓平和何志辉的《澳门法制史研究——明清时期的澳门法制与政治》（2008）、何志辉的《明清澳门司法变迁》（2009）和《从殖民宪法到高度自治——澳门二百年来宪制演进述评》（2009）、刘海鸥的《澳门法律史纲要——澳门法的过去、现在和未来》（2009）、王巨欣和王欣的《明清澳门涉外法律研究》（2010）、何志辉的《近代澳门司法：制度与实践》（2012）、黎晓平和汪清阳的《望洋法雨：全球化与澳门民商法的变迁》（2013）、娄胜华等的《自治与他治：澳门的行政、司法与社团（1553~1999）》（2013）、史彤彪等的《"一国两制"下内地与澳门法律文化比较研究》（2013）、何志辉的《治理与秩序：全球化进程中的澳门法（1553~1999）》（2013）、《外来法与近代中国诉讼法制转型》（2013）和《华洋共处与法律多元：文化视角下的澳门法变迁》（2014）。就以上著作而论，澳门法律文化研究的整体特点在于起步较晚，直到最近十年才有飞跃的发展，其涉及面包括综合性的法律沿革史研究、部门性的法律沿革史探讨、法律文化的比较研究、司法制度和法律适用、涉外法律制度等，且开始出现以文化为视角去探究澳门法律诸问题的著作。总结而言，澳门法律文化研究已经开始有声有色地发展，具体范畴已经涉及制度、规范和适用，尤其是司法制度及法律适用成为重点关注对象，同时也不乏综合性研究。但就具体范畴而言，尚缺乏法律意识、法律观念层面的法律文化著作，也缺乏社会层面的法文化研究，此外，完全以澳门法律文化为研究对

---

① 参见附录的论著索引。

象的综合性研究尚未面世,可以说澳门法律文化存在相当的研究空间。

就学位论文而言,对澳门进行集中的关注和研究始于澳门回归前后,1997年黄晓峰、张廷茂、吴志良分别关注了澳门的开埠史、贸易和政治制度史,1998年费成康的博士论文关注了澳门主权问题。自2000年后,与澳门法律文化研究相关联的学位论文平稳发展,基本每年有一篇相关研究,但直接研究澳门法律文化具体范畴的却少之又少,主要是唐伟华的《清前期广州涉外司法问题研究》(2006)、刘冉冉的《1651~1849年清朝政府对澳门的管治研究》(2007)、张鸿浩的《明清澳门社会礼法研究》(2014),此外还有几篇硕士论文研究了澳门的司法权沿革、管治政策方面的问题。整体而言,各高校的毕业论文选题较少关注澳门问题,对澳门法律文化的关注度远远不够,此领域的研究尚刚刚开启。

就期刊论文而言,有不少学者对澳门以及澳门法律文化进行了关注和研究,研究范围甚广,但直接涉及澳门法律文化具体范畴以及综合性研究的尚不多,列举主要文章如下。第一,法律规范及其他具体制度方面,主要有黄启臣的《16至19世纪中国政府对澳门的特殊方针和政策》(1990)、蒋恩慈的《澳门司法制度变革的回顾与前瞻》(1993)、宋为民的《澳门政制与法律》(1993)、高德志等的《澳门法律制度概要》(1995)、吴志良的《澳门政制的演变》(1996)、邓伟平的《论澳门民法的历史发展及其本地化》(1998)、柳华文的《从国际法角度评析1887年中葡〈和好通商条约〉》(1999)、王巨新的《乾隆九年定例研究》(2009)、何志辉的《〈中葡和好通商条约〉与澳门地位条款》(2009)、何志辉的《论明代澳门的特别立法与司法》(2012)、朱英的《清末民初澳门商会法的发展演变及其影响》(2013);第二,法律适用及其配套设施方面,主要包括黄鸿钊的《鸦片战争前中国政府对澳门的管理》(1991)、王叔文的《论澳门的法律本地化》(1995)、康大寿的《明清政府对澳门的法权管理》(1998)、黄进的《澳门法律本地化之我见》(1999)、郭天武和朱雪梅的《澳门法律本地化问题研究》(1999)、汤开建的《明朝在澳门设立的有关职官考证》(1999)、刘景莲的《从东波档看清代澳门的民事诉讼及其审判》(2001)、汤开建的《明代管理澳门仿唐宋"蕃坊"制度辩》(2001)、金国平的《Hopo的词源及其设立年代考》(2002)、乔素玲的《清代澳门中葡司法冲突》(2002)、金国平的《从外籍文献考察澳门提调及提调司》(2002)、唐伟华的《清代广东涉外司法与文化冲突》(2004)、黄鸿钊的《澳门同知的历史地位》(2005)、刘冉冉的《清朝政府对澳门的司法管治(1849年以前)》(2007)、林乾的《论清代前期澳门民、番刑案的法律适用》(2007)、刘冉冉的《清朝时期澳门议事亭研究》(2009)、何志辉的《共处分治中的主导治理——论明政府对澳门的治理措施》(2009)、张廷茂的《晚清澳门华政衙门源流考》(2011)、陈文源的《近代澳门华政衙门的组织结构与职能演变》(2011)、陈文源的《明清时期广东政府对澳门社会秩序的管理》；第三，法律意识和法律观念层面，如吴志良的《澳门与礼仪之争——跨文化背景下的文化自觉》(2003)；第四，有关社会层面的制度与设施的研究，主要包括魏美昌的《澳门华人与土生葡人》(1998)、吴志良的《葡人内部自治时期的澳门》(1998)、吕美颐的《历史上澳门地方自治制度论略》(1999)、孙九霞的《澳门的族群与族群文化》(2000)、潘冠瑾的《强社团体制：澳门社团的发展和自治功能的行使(1976~1984年)》、马志达的《论葡澳时期澳门社会治理的法团主义模式》(2011)、何志辉的《殖民管治下的文化妥协——1909年澳门华人风俗习惯法典研究》(2013)、曾金莲的《澳门商会的创办与早期扮演的角色》(2013)；第五，综合研究层面，主要有赵炳霖的《澳门东西方法律文化初探》(1994)、米健的《从中西法律文化的冲突与交融看澳门法律制度的未来》(1994)、谢耿亮的《法律移植、法律文化与法律发展——澳门法现状的批判》(2009)、何志辉的《全球史观与澳门法律史研究》(2009)、史彤彪和胡荣的《一国两制下内地与澳门法律文化的融合》(2010)、周伟的《法律殖民与文明秩序的转换——以十九世纪中期澳门法律文化的变迁为例》(2011)、黎晓平的《"一国两制"的伦理精神》(2012)、汪清阳的《怀柔远人：中葡法文化初交汇》(2012)、李梁的《法律殖民与法文化品格的塑造——以澳门刑法文化为中心的考察》(2013)。

如前所述，法律文化成为研究对象是较为晚近的事，故而尽管有不少研究有利于对澳门法律文化研究的推动，不少研究尤其是史学界的研究为其打下了坚实的基础，但自觉以法律文化为方法研究澳门法制或自觉以澳门法律文化为研究对象的研究始于20世纪90年代初，此阶段可被称为发端时期，代表作如赵炳霖的《澳门东西法律文化初探》、米健的《从中西法律文化的冲突与交融看澳门法律制度的未来》等论文。此后至2005年前后，相关研究处于起步阶段，在此期间，学界主要关注了澳门法律文化的一些具体范畴，主要体现在相关的期刊论文上，此已如上所述。2006年之后的研究步向深入时期，之所以称为深入时期，主要有两大标志：其一，学位论文、著作和论文全面推开，学位论文方面如唐伟华的《清前期广州涉外司法问题研究》、张鸿浩的《明清澳门社会礼法研究》研究了澳门法律文化的司法与社会等不同层面，著作方面如刘景莲的《明清澳门涉外案件司法审判制度研究（1553～1848）》以及何志辉大量的著述全方位关注了制度、司法等问题；其二，期刊论文开始持续出现法律文化的综合性研究，如前引谢耿亮、何志辉、史彤彪、周伟、黎晓平、汪清阳、李梁等若干篇文章皆对澳门法律文化进行了综合性的考察。

纵观上述澳门法律文化研究的发端、起步与深入三个时期，学界已是硕果累累，但这并不意味着澳门法律文化就可以止步于此。通过对以往研究的回顾，笔者以为仍然有大量的资料有待挖掘，澳门法律文化的具体范畴仍然值得再深入开拓，澳门法律文化的综合性研究更需要学界给予重点关注。

四 澳门法律文化研究成果举例评析[①]

按前述法律文化的四个范畴，本部分主要根据论文集选取的论文但又不局限于这四个范畴分门别类展开评析，另增加有关澳门法律文化的基础材料研究和综合性研究。但需注意的是，部分文章不能局限于某一种范畴中，往往可以被纳入这四个范畴的至少两个范畴内，譬如何志辉的《殖民管治下的文化妥协——1909年澳门华人风俗习惯法典研究》一文可以说是对澳门法律文化的综合性研究，又可纳入社会层面的法体系中，还可以说它涉及华人的法律观念与价值。

（一）有关澳门法律文化基础材料的研究

研究澳门法律文化尤其是传统法律文化，其基础在于对相关材料的充

---

① 为行文方便，本部分内容并不局限于论文集的篇章体例和文章顺序。

分占有，这就需要有学者专门对各类材料进行充分的挖掘与研究，为学界的研究提供基本线索和材料基础。这是一个逐渐积累的过程，因不同学者的不断积累才能达到质变。经过长期的积累，吴志良和李雪梅的总结是对这些量变的升华。其中，吴志良是对澳门史研究材料的总结，李雪梅是对澳门专门史研究即澳门法律史研究材料的总结。

吴志良在《澳门史研究述评》（载《史学理论研究》1996年第3期）一文中，首先分三个时期对澳门史的研究成果进行了提纲挈领的勾勒，随后对澳门史研究的特点和趋势进行了评析。大体来说，吴志良认为澳门史的研究历经三个时期，分别是早期文献阶段（16世纪中下叶～18世纪中下叶）、开始与发展阶段（18世纪中下叶～20世纪80年代）和新的发展阶段（20世纪80年代开始）。就早期文献而言，吴志良对早期的中西文献都进行了全面梳理，重点又对中文文献的《明史·佛郎机传》和《澳门记略》做了充分介绍。就澳门史研究的开始和发展而言，吴志良根据通说，认为18世纪中下叶的《澳门记略》是澳门史研究之始，因为它是第一部最完整、最系统论述澳门的中文古典专著，但龙思泰1832年和1836年分别在澳门和波士顿出版的《葡萄牙在华居留地史纲》才是第一部真正的澳门史研究专著。[①] 这期间，因为1887年《中葡和好通商条约》的签署，兴起了澳门史研究的一个热潮。20世纪80年代以来，由于中葡关系的缓和以及1987年《中葡联合声明》的签订，澳门史的研究进入了一个新的发展阶段，澳门史的各个领域几乎都有相应的研究成果出台，而且旧的重要著作都得到了重印或翻译出版。总结以上澳门史研究的发展情况，吴志良认为澳门史的研究存在政治化倾向严重、不够客观公允的特点，尤其表现在鸦片战争后的主权之争研究上，这就为澳门史的研究增加了浓厚的民族主义色彩。但同时，吴志良认为今天的澳门史研究愈趋客观，其原因主要在于澳门问题已经得到圆满解决，中葡之间已无重大利益纠纷和冲突，不论哪一方的学者都能够秉着理性的精神展开客观研究，这也是未来澳门史研究的趋势所在。该文对澳门研究包括对澳门法律史和澳门法律文化研究

---

① 参见 C. R. Boxer, *Fidalgos no Extremo Oriente*（《远东的贵族》），东方基金会和澳门海事博物馆，1990，第219页；文德泉（Manuel Teixeira）神父在龙思泰著作1992年再版前言所附的讲稿也如是说，又见吴志良《站在超民族的地位》，《澳门日报》1995年8月20日，转引自吴志良《澳门史研究述评》，《史学理论研究》1996年第3期。

的最大贡献在于详细梳理了各类文献资料，能让其他研究者很快找到研究路径和获得材料。尽管今天的文献资料已然超过1996年的水平和规模，但吴志良的梳理与评析至今仍然具有重要的指引价值。

如果说吴志良为澳门法律史和澳门法律文化的研究提供了最为广阔的基础史料研究，那么李雪梅的《澳门明清法律史料之构成》（载《中西法律传统》第2卷，中国政法大学出版社，2002）则是专门史的史料综述。该文梳理的对象限定于明清时期，主要集中在1540年至1840年，之所以对1840年以后的档案史料不做评论，是因为"澳门法律制度在鸦片战争前后有明显不同"。[1] 该文认为明清时期法律史料主要由史籍文献、档案资料、碑刻等实物史料三部分构成，故文章从这三个方面对明清时期的法律史料进行了全面梳理。就史籍文献而言，尽管明清时期有关法律的中文史籍专著不多，法律史料散见于"正史、实录、广东地方志及文集、笔记、野史、杂史中"[2]，然而最重要的典籍首推《澳门记略》，原因在于"该书作者印光任、张汝霖曾担任澳门同知一职，并亲自参与有关澳门法令规章的制定，更为难得的是书中内容多取自衙署档案，可信程度高"。[3] 此外，就法律的典籍文献来说，作者特别提及并梳理了地方政府专门适用于澳门的特殊地方法规，包括明万历三十六年（1608）香山知县蔡善继上任后制定的《制澳十则》、万历四十一年（1613）海道副使俞安性制定的《海道禁约》、乾隆九年（1744）首任澳门海防军民同知印光任制定的《管理澳夷章程》、乾隆十四年（1749）海防同知张汝霖和香山县令暴煜拟订的《澳夷善后事宜条议》等。就档案资料而言，由于澳门是早期中西贸易和文化交流的中心，故汇聚了大量的档案资料，"根据不完全统计，现藏于世界各地的有关澳门历史文化的档案文献，总数在150万件以上，其数量是总数约6万件的敦煌文书的数十倍"。[4] 该文重点介绍了中国第一历史档案馆有关澳门

---

[1] 李雪梅：《澳门明清法律史料之构成》，载《中西法律传统》第2卷，中国政法大学出版社，2002，第365页。

[2] 李雪梅：《澳门明清法律史料之构成》，载《中西法律传统》第2卷，中国政法大学出版社，2002，第366页。

[3] 李雪梅：《澳门明清法律史料之构成》，载《中西法律传统》第2卷，中国政法大学出版社，2002，第366页。

[4] 李雪梅：《澳门明清法律史料之构成》，载《中西法律传统》第2卷，中国政法大学出版社，2002，第371页。

的档案和葡萄牙东波塔档案馆藏清代澳门的中文档案。李雪梅认为对于这两项档案尤其是东波塔档案资料尚需做认真梳理研究。与吴志良仅关注书籍资料不同，李雪梅还特别关注了碑刻等实物史料，文章对部分碑刻内容进行了简要的梳理。总结而言，三类史料对澳门法律史和法律文化的研究都具有重要价值，其中，"史籍文献的记述性特征鲜明，为我们架构出明清澳门法规之制定与实施的概貌；由大量公文累积而成的档案资料凸显细节，使明清澳门法制的内容更细化也更丰满；而碑刻等实物史料因接近民众，世俗化色彩浓厚，可对澳门法律的发展演变起到验证和补充作用"①，三者都不可或缺。

（二）有关澳门法律文化的综合性研究

如前所述，对澳门法律文化的研究除了具体的四个范畴外，有不少学者直接以澳门法律文化的整体作为研究对象，此可称为综合性研究。法律文化研究自20世纪80年代在中国内地兴起后，人们更多地关注法律文化的基础性问题，进而分析中国传统法律文化和西方法律文化并做比较研究，20世纪八九十年代对地域性法律文化的研究较为缺乏，直接关注澳门法律文化的研究更属凤毛麟角。笔者能够看到的主要包括赵炳霖的《澳门东西法律文化初探》（载吴志良主编《东西方文化交流》论文集，澳门基金会，1994）和米健的《从中西法律文化的冲突与交融看澳门法律制度的未来》（《法学家》1994年第5期）这两篇文章，其他的主要在谈到澳门法律本地化时论及文化冲突问题。本论文集即选取赵炳霖一文，可以说此文是最早研究澳门法律文化的文章之一。

赵炳霖认为，"法律文化乃是人类社会中一定群体所存在着的一种生活秩序或方式，而这秩序和方式是具有普遍意义的，以及与法律有关的心理愿望和外部行为"，它由深层次的"法律心理、法律意识和法律思想体系"和外在的表层结构即"法律规范、法律制度、法律机构和法律设施等"构成。② 在分析了法律文化的基本理论后，该文首先抓住了影响澳门

---

① 李雪梅：《澳门明清法律史料之构成》，载《中西法律传统》第2卷，中国政法大学出版社，2002，第383页。
② 赵炳霖：《澳门东西法律文化初探》，载吴志良主编《东西方文化交流》论文集，澳门基金会，1994，第1551~1552页。

法律文化发展的根本性要素，即人的要素，赵炳霖称之为"澳门社会成员的多元化"。确实如此，研究澳门固有的法律文化只能通过其沿海的地理位置和中国传统文化等要素去展开分析，澳门在近代国际贸易中的角色，给这片狭小的土地带来了不同国家和民族的人，其中的贸易、文化以及各类人的不同价值理念为澳门法律文化带来了丰富多彩的内容。澳门人口主要由华人、葡人、土生葡人以及少数的东南亚和其他国家的外籍人士构成，其自身带有的法律文化特征在相互交融中开始有所改变，形成了独具澳门特色的法律文化，该文以传统中国人政治参与度在澳门得到提高为例进行了论证。此外，赵炳霖又从历史发展的角度去观察澳门法律文化，他认为澳门法律文化可以 1887 年《中葡和好通商条约》作为界限分为两个阶段，前一个阶段属于中国法律文化占支配地位，后一个阶段葡萄牙法律文化逐步占据主导地位。该文在最后一部分针对当时澳门即将回归的现实，认为澳门法律要逐步走向本地化，即"澳门的法律文化，包括法律理念的知识和司法制度，实际应以独立于葡萄牙法制而为广大澳门居民的接受程度为依归"，"适应澳门法律文化特点，制定澳门本地法律，已成为当务之急"。[①] 什么是澳门居民的接受程度？作者以商法和家庭法为例，认为商法应贯穿诚信原则，而家庭法应以家庭成员之间的相互关系作为立法的出发点和依归。此文作为最早研究澳门法律文化的成果之一，实际上已经对澳门法律文化的范围做了清晰的界定，尤其是澳门本地交融发展而成的法律文化应当成为学界研究的重点，这无疑为未来的研究指明了一个方向。

进入 21 世纪，学者对澳门法律文化的综合性研究关注度仍然不高，几乎都是围绕中西文化的冲突与融合展开。本论文集选取的黎晓平、周伟和汪清阳的三篇文章即围绕此而展开，以下分述之。

凡是能够被称为文明的，其社会必然存在一种既定的秩序，而不论这一秩序的目标和实现方式。中西文明的一个显著差异在于达成秩序的方式，即法律是否构成社会的基础。论及西方法律文化，一句经典的名言"国王在一切臣民之上，但在法律和上帝之下"，充分道出了法律在西方社会的基础性作用。反之，在中国传统社会，法律的作用更多地在于惩罚，

---

① 赵炳霖：《澳门东西法律文化初探》，载吴志良主编《东西方文化交流》论文集，澳门基金会，1994，第 1555~1556 页。

而构成社会基础的在于礼和道德，西周所谓"出礼则入刑"能够反映出中国传统的社会基础并非法而是礼。笔者认为若非近代西方文明的侵入，中华礼法文明将会始终主导中国社会的运行。周伟在《法律殖民与文明秩序的转换——以十九世纪中期澳门法律文化的变迁为例》一文中，首先即提出了西方法律文明秩序（法治模式）和中国道德文明秩序（礼法模式）的差异与冲突，认为近代中国就是从道德文明秩序走向法律文明秩序。问题在于中国至少一千多年的秩序基础都在于礼法和道德，如何能够演进成完全不同的法律文明秩序？其程度如何？果真实现了吗？其"断裂和转向"如何发生？而澳门恰好构成中西法律文化碰撞、交流的典型样本，可以说作者选取19世纪澳门法律文化变迁作为标本去关注这个宏大的主题是非常适当的。作者在论及断裂与转向如何发生的主题之前，对"澳门法"的存在提出了肯定的观点，他认为无论是清政府主导还是葡萄牙主导，澳门都构建了"既不同于中国内地又不同于葡萄牙本土的相对独立的一套体系"。[1] 整体而言，作者认为澳门法律文化之所以发生变迁在于殖民主义的渗透和扩张，就澳门而言，始于1849年葡萄牙对澳门殖民管治的真正实施。但这种基于暴力基础的扩张导致了华人社群的权力真空，并"造成澳门社会的巨大动荡，商业精英大批离开澳门"，所以"暴力的有限性决定了葡萄牙在澳门推行的殖民主义是一种相对弱势的殖民主义，它必须更多地依赖、利用澳门本地既有的社会结构、权力关系和法律传统"。[2] 那么葡萄牙人如何去建构法律文明的正当性？它让法律文明在澳门落地生根了吗？根据作者分析，葡萄牙人从五个方面入手让法律文明表面上在澳门立足：其一，葡萄牙人在澳门建立了基本秩序，而当时内忧外患的清政府无力做到；其二，借力英国；其三，逐步蚕食土地并提供公共服务；其四，建构了逐利性的商业社会，包括苦力贸易、鸦片走私、赌博专营和开设"妓寨"，为法律文明建构了社会基础；其五，在部分领域做出让步，尤其是在婚姻家庭法领域遵从华人风俗。[3] 但这一系列的策略并未"导向一

---

[1] 周伟：《法律殖民与文明秩序的转换——以十九世纪中期澳门法律文化的变迁为例》，《比较法研究》2011年第2期。
[2] 周伟：《法律殖民与文明秩序的转换——以十九世纪中期澳门法律文化的变迁为例》，《比较法研究》2011年第2期。
[3] 周伟：《法律殖民与文明秩序的转换——以十九世纪中期澳门法律文化的变迁为例》，《比较法研究》2011年第2期。

种有共识的秩序","它不具有真正的合法性",根本原因在于"澳门不是一种典型的以产业资本、机器大生产为核心的资本主义生产方式","没有一套把所有社会成员裹挟其中的资本主义生产方式……无法产生基于个人主义（资本需要平等自由的个人）、权利（利益平衡）观念的一套法权安排,也就无法摧毁华人伦理社会的社群特质"。① 总结而言,法律作为一种上层建筑,以法律为核心的文明秩序需要特定的社会基础,在澳门尚未进入此社会基础时,葡萄牙人硬性地强搬其法律,只能带来法律的本本,而无法带来实际的运用。但对葡萄牙人而言,这种秩序即使只存于表面,对其殖民统治仍然是必要的,"对于殖民者而言,提供一套漏洞百出又未必真正实施的正式法律体制,又容许多元规范的存在,既保证了最小成本的管治,又能最大程度地掩饰现实,最后还树起了大写的'法治'和'权利'"。②

如果说周伟关注的是19世纪异质文明的转向问题,汪清阳的《怀柔远人：中葡法文化初交汇》一文则更关注两种异质文明始终没有激烈冲突亦没有发生融合的问题。编者以为中国领土的扩张并非武力征服的产物而是文化融合的产物,以儒家为代表的中华文化始终有着强烈的自信,对待异域文化始终能够包容并最终融合,游牧部落看似战胜了中原,却最终定居于中原,被中原文明所同化。当历史步入近代,在与西方文明的接触中,中华文明继续着包容,却再也没有走向同化和融合。体现在澳门这个地方,中葡既"未产生激烈的冲突,更未融合成一种崭新的文化"。③ 其原因何在？该文首先对中葡法文化进行了简要的总结并指出其差异,作者认为：其一,中华文化下社会秩序的基础在于涉及人际关系的礼,而葡萄牙文化"则坚信良好的社会秩序建立在个人私权,特别是所有权保护基础"之上；其二,中华文化下的秩序更多依赖于道德自律,适用法律往往会导致良好秩序的破坏,而葡萄牙文化深受罗马法影响,法律被视为最高的理性；其三,中华文化下争议的解决方式以当事人的协商和宽恕为主,而葡

---

① 周伟：《法律殖民与文明秩序的转换——以十九世纪中期澳门法律文化的变迁为例》,《比较法研究》2011年第2期。
② 周伟：《法律殖民与文明秩序的转换——以十九世纪中期澳门法律文化的变迁为例》,《比较法研究》2011年第2期。
③ 汪清阳：《怀柔远人：中葡法文化初交汇》,《法律科学》2012年第1期。

萄牙人更愿意参与诉讼活动。① 接着作者指出这些差异并未在澳门碰撞出激烈的火花，也没有形成一种崭新的文化，其表面原因在于明清政府采取了分而治之的策略，即通过建城、设官和允许自治的方式将两种文明隔离开来，即使它们偶然走到了一起，两种文化也各自展开，"中葡两种法文化，有时候就像两条并行线，无论距离有多近，却永远也不会联结在一起"。② 文章的最后认为两种文化没有发生激烈冲突的原因在于中华文明的宽怀和柔化。可以说中华文明的宽怀在长久的历史中同化了众多其他文明，但与西方文明接触后，我们始终未能走向同化，反而越发引起了文化的不自信，中葡文化在澳门只能是在平行中前进，却未出现融合之势，其中原因值得我们深入思考。

为何中西文化在澳门相遇却没有激烈地碰撞？黎晓平的《"一国两制"的伦理精神》一文给出了"中国之道"的答案。黎晓平认为中国政治的伦理精神或者说"中国之道"的核心精神在于"仁爱、和谐、公义和统一"，此即我们的大宪章。"它不是任何立法的作品，不是一时一地的一项政治宣言，也不是对某种可怜的个人主义或称自由主义或其他什么主义的诠释"，"它形成于久远的年代，除了文明和文明的历史而外不会有其他创作者；除了神圣的宇宙秩序和人生与人心之追求与向往而外不会有其他渊源；除了引导、规范人类对与自然秩序和人类本性的伟大法则相符合的生活而外不会有其他的内容"。③ 可以说中国之道源自责任和人性，只要中国人坚信自己的道和价值观，中国文化就能够常立于人类世界并去指导人类世界的建设，中华文化也将会继续同化天下，化天下为和谐世界，而非同西方文化一样带来征服与战争。这样说来，随着中华文化的复兴以及国力的强大，澳门法律文化将逐渐与传统一致，走向和谐。今天在澳门实施"一国两制"，意味着多种不同的文化在此种框架下得到共存和共融，甚至可能会产生崭新的地域文化，让中华文化更具多元性特征，此非西方同一化的民主制度所能够带来。此文站在中华文化的高度去阐述一国两制，从中可以窥见澳门法律文化在交融中独立发展的可能性。

---

① 汪清阳：《怀柔远人：中葡法文化初交汇》，《法律科学》2012 年第 1 期。
② 汪清阳：《怀柔远人：中葡法文化初交汇》，《法律科学》2012 年第 1 期。
③ 黎晓平：《"一国两制"的伦理精神》，《一国两制研究》2012 年第 1 期。

（三）法律规范与具体制度的研究

谈及一个国家或地域的法律文化，其相异之处往往可以从具体的法律规范中观察。譬如中西法律规范可以折射出中西法律文化的不同，传统中国的法律规范和主要制度主要是从伦理关系出发，而西方法律规范的出发点在于权利义务，包括中国今天几乎所有的法律规范都在权利义务中构建。为何会出现此种差异？研究者即可从此中寻找源头。所以法律文化研究的基础在于对法律规范和具体制度的观察和分析。

何志辉的《论明代澳门的特别立法与司法》对澳门刚刚出现异质法律文化交汇时的立法与司法状况进行了详细的梳理，尤其是对明代针对澳门的特别立法展开了分析。无论是明代针对澳门立法的最初尝试还是后来的进一步规范，作者都认为是对澳门出现特殊情况后的特殊对待，总体而言，在澳门发生法律效力的主要还是《大明律》，"尽管澳门葡人入居之初即想方设法谋求所谓自治，华洋共处之地的澳门仍然始终置身于中华法系，并未脱离明清律典的同等约束"。[①] 但澳门毕竟出现了与内地完全不同的情形，尤其是此弹丸之地处于"华洋共处的特殊区域和中外商贸的重要枢纽"，故明政府对该地方也始终"特别关照"。1608年香山知县蔡善继草拟的《制澳十则》是明政府针对澳门进行特别立法的尝试，之所以出台《制澳十则》，"与当时朝野关注澳门葡人居留问题的背景有关，亦反映了有识之士对澳门治理的问题意识"。[②] 随后几年，又因澳门海防形势的严峻和倭寇的危害，海道副使俞安性制定并修订了《海道禁约》，分别禁止畜养倭奴、买卖人口、兵船骗饷、接买私货和擅自兴作，这部特别立法"不仅显示了明政府在澳门充分行使各方面主权，也首次以中国地方法规形式确认葡人在澳门居留，有违反者也只驱逐当事人"。[③] 从该文的梳理和分析来看，澳门初期的法律文化虽有交融，但明政府主导了当时法律的制定，澳门法律文化其实只是中华法律文化针对中葡贸易及其带来的问题所稍做

[①] 何志辉：《论明代澳门的特别立法与司法》，《岳麓法学评论》第7卷，湖南大学出版社，2012，第238~245页。

[②] 何志辉：《论明代澳门的特别立法与司法》，《岳麓法学评论》第7卷，湖南大学出版社，2012，第238~245页。

[③] 何志辉：《论明代澳门的特别立法与司法》，《岳麓法学评论》第7卷，湖南大学出版社，2012，第238~245页。

的变通和规制。

随着时间的推移，中葡交往越来越多，冲突和矛盾也随之增加，然而"清初到乾隆八年（1743），澳门地区有两件外国人杀死中国人案件见于记载"，而且"这两起案件都未见清朝政府参与司法审判，甚至不见于中文档案文献记载"。① 为何如此？王巨新认为主要在于外国人通过贿赂死者家属和地方官员的形式让案件不上移，此外也与当时地方官员尚无坚持涉外案件司法管辖权的意识有关。② 但到乾隆八年，夷人晏些卢扎伤民人陈辉千致死案引起了清朝中央政府的第一次关注，最终形成了《乾隆九年定例》，其内容主要是："如果在澳门有中国人对外国人犯罪，按大清律例治罪；如果有外国人对中国人犯罪，依据大清律例罪应斩绞，则由香山知县查验讯供，详报广东督抚，督抚详加复核，如果案情允当，即可委派地方官同澳葡官方一起将罪犯执行死刑"。③ 此定例一形成，即影响了随后半个多世纪澳门类似案件的审理。王巨新列举了随后八个案件的审理过程，可以说此定例完全适用于澳门。但随着18世纪中叶主权观念的确立以及19世纪初葡萄牙对澳门统治的加强，《乾隆九年定例》开始被抵制适用，到1845年，《乾隆九年定例》最终无奈成为具文。通过对《乾隆九年定例》的研究，充分反映出澳门法律的变迁，由中方主导转向葡方主导，葡萄牙逐渐影响澳门法律文化的形成自此真正开始。

传统中国法典的主要内容是刑法，绝大部分被称为细故的"民法"则是通过民间的礼和习俗来进行调整，这可以说是中华法系的一大特色。而建构在商业贸易基础上的近现代葡萄牙法如同西方其他国家法一样，民商法是非常重要的法律内容之一。中葡民众在澳门这个地方进行贸易而发生纠纷该如何处理，是一个非常有趣也是特别值得关注的议题，也是能够充分展现澳门法律文化特色的一个方面。邓伟平在《论澳门民法的历史发展及其本地化》一文中对此进行了分析和探讨，该文主要从宏观的角度观察了两大不同法系碰撞后的主导权问题。文章将澳门民法的发展史分为四个时期，分别是：1553年澳门被占据之前是完全的中国法律时期；1553年到1849年是中国法律和葡萄牙民法并存时期；1849年到1968年是完全的葡

---

① 王巨新：《乾隆九年定例研究》，《澳门研究》第51期，2009。
② 王巨新：《乾隆九年定例研究》，《澳门研究》第51期，2009。
③ 王巨新：《乾隆九年定例研究》，《澳门研究》第51期，2009。

萄牙民事法律时期；1968年到该文发表的1998年是葡萄牙法律与澳门本地立法机关制定的民事法律并行的时期。① 但我们不得不注意的是，尽管1849年后的澳门民法以葡萄牙的《斯阿巴拉法典》为主导，然而实际情况尤其是中国人的家庭价值观和习惯与葡萄牙完全不同的现状逼迫葡萄牙政府进行变通，即"葡萄牙对该法典中不适合澳门实际的部分作为保留，并曾于1917年11月29日至1927年10月20日期间设立华人专门法庭，在婚姻、继承等方面对中国籍居民亦采用以1909年6月17日至1948年生效的《华人风俗习惯法典》为核心的中国法律和习惯，作为《斯阿巴拉法典》的补充"。② 文章最后基于对澳门民法历史发展的分析对澳门的法律本地化提出了建议，即法律应当始终尊重澳门的实际和满足法律现代化的要求。整体而言，该文以部门法为主线对民法的历史进行了充分的梳理，其中透射了法律文化的一个基本点，即任何法律文化都要建构于社会基础之上，行走于表面、局限于文本的法律除了具有主权宣示的功能而外，于社会本身并无实际价值，澳门未来的法律只有以本地的社会基础和人们的普遍的价值观为基础，方能普遍适用并在客观上有效构建和形成具有本地特色的法律文化。

　　澳门研究的一大特点在于与政治密切相关，在澳门回归前后对澳门法律的研究呈现出一个高潮。而当时的一个核心问题在于澳门未来的法律该何去何从，学界一个共通的观点是澳门法律应该走向本地化，即以澳门的现实情况和社会为基础去构建法律规范。当然不同学者对法律到底该如何走向本地化提出了不同的视角和观点。黄进在《澳门法律本地化之我见》一文中认为，澳门法律本地化在当时存在"立法脱离普通民众和社会"、"葡文单语立法不合时宜"、"法律中文译文晦涩难解"和"法律本地化工作进程缓慢"这四大问题。针对此四个问题，该文提出了澳门法律本地化应该注意从五个方面着手：其一，澳门法律本地化必须符合澳门现在的社会经济发展情况；其二，"澳门法律本地化应尽量追随法律本身的发展趋势和适应澳门社会的实际情况，不能简单地照抄照搬或移植葡萄牙的现行法律，在可能的情况下还应该稍做创新"，③ 即法律本地化要与法律现代化

---

① 邓伟平：《论澳门民法的历史发展及其本地化》，《当代港澳》1998年第2期。
② 邓伟平：《论澳门民法的历史发展及其本地化》，《当代港澳》1998年第2期。
③ 黄进：《澳门法律本地化之我见》，《法制与社会发展》1999年第2期。

相结合；其三，法律本地化要特别关注法律专业人才的本地化，无论是立法、执法、司法人员还是律师队伍都需要双语法律专业人才的进入；其四，要注意法律规范的系统化，尤其是对渊源错杂的澳门法律进行全面梳理、清理和整理，以方便法律的适用；其五，针对葡语占主导的澳门立法特色，作者特别强调双语立法的需求。① 如果说黄进的文章重点关注了法律规范的本地化，那么郭天武和朱雪梅的《澳门法律本地化问题研究》一文则从司法组织、司法官员、法律条文和法律语言四个方面全方位地考察了澳门法律本地化问题。② 该文作者对澳门法律的实际运行有着深入的了解，就法律规范来说，澳门原有的法律包括"澳门外来的法律即葡国专为澳门制定的法律、葡国本土实施且延伸到澳门适用的法律以及葡国为其包括澳门在内的海外殖民地制定的法律等变为澳门本地的法律，加之澳门立法机关制定的法律，总督制定的法令和规范性的批示等"，③ 法律条文本地化即将这些法律进行清理和统计，最终通过法定程序，在充分注意《澳门基本法》的基础上，将其转化为澳门本地法律。同时，澳门本地立法机关也需要自行制定相关法律。可以说，澳门法律的本地化将成为未来澳门立法机关的首要任务，也是构建澳门本地法律文化的基础。

整体而言，学界对澳门法律规范和具体制度的研究较为深入：一是各时期的法律规范或制度皆有学者关注，二是能够关注具体的制度和专门的领域，譬如规制鸦片走私方面的制度，以及关注澳门民法的历史发展和澳门法律规范的本地化问题。但编者以为此部分仍有很大挖掘的空间，主要体现在两点：第一，民国时期的澳门法律研究较为薄弱，学界关注力度不够；第二，对不同时期具体法律规范的源流考证和宏观分析相对较少，学界对此可以进一步深入展开。

（四）法律适用及配套设施的研究

如果说对法律规范的研究仅仅是法律文化研究的表层和基础，那么对

---

① 黄进：《澳门法律本地化之我见》，《法制与社会发展》1999年第2期。
② 郭天武、朱雪梅：《澳门法律本地化问题研究》，《中山大学学报》（社会科学版）1999年第2期。
③ 郭天武、朱雪梅：《澳门法律本地化问题研究》，《中山大学学报》（社会科学版）1999年第2期。

法律适用尤其是司法适用的研究则是关注法律文化的内里和具体运行。本部分所说的法律适用包括执法（或者称为行政适用）和司法两部分，同时也包含了对配套设施主要指相应行政机构和司法机构的观察。

就法律适用的配套设施（主要关注行政机构与司法机构）而言，无论在明清还是以后，都有大量机构从事着具体的行政与司法职能，而且有不少专门针对澳门设立的行政与司法机构，体现了澳门特有的法律文化。澳门作为贸易港口，中央政府之所以重视它，就在于其能提供数量可观的税收，为此，设立了专门的海关进行监督。金国平的《Hopo的词源及其设立年代考》一文即对海关的名称、设立的时间、设立的原因等进行了考证。文章运用充分的材料进行详细的辨析，认为葡语及其他西方语言中的Hopo并非汉语河泊所中河泊二字的对音，而是澳门海关的简称。同时，经过考证，认为澳门关部行台的成立时间为1684年12月，即康熙二十三年十月至十一月。[1] 本文最大的特色在于对一个机构的名称和成立时间进行了详细而充分的考证，这是任何研究的基础，对于澳门法律文化的研究而言，此种研究极为关键，若学界能将涉及澳门法律的基础概念梳理和界定清楚，澳门法律文化研究的基石将更为牢固可靠。

澳门法律文化研究最有特色也是最值得关注的地方在于两种不同的法律文化碰撞后因为实力的变化而发生的主导权转移问题，尤其是1849年后葡萄牙人对澳门开始实施殖民统治，面对如此庞大的华人群体，他们该如何治理？采取何种方式能够保证基本的秩序？对于此种情势，澳葡当局建立了华政衙门，专门负责对澳门华人的管理。张廷茂的《晚清澳门华政衙门源流考》和陈文源的《近代澳门华政衙门的组织结构与职能演变》分别对此进行了深入的考证和分析。张廷茂文重点考察了议事会理事官到华政理事官的演变，作者认为虽然理事官的名称得以沿袭，但其实质已经完全改变，议事会理事官属于中国政府治理澳门、联系葡人的中介，而华政理事官已经成为澳葡当局管理澳门华人事务的政府部门，其权限随着管理的需要不断得到扩大。[2] 陈文源文正好是对张廷茂文的补充，该文除了考察华政衙门的设立时间和背景外，还重点考察了华政衙门的组织结构以及

---

[1] 金国平：《Hopo的词源及其设立年代考》，《暨南史学》2002年第1辑。
[2] 参见张廷茂《晚清澳门华政衙门源流考》，载《韦卓民与中西方文化交流——"第二届珠澳文化论坛"论文集》，社会科学文献出版社，2011，第210~230页。

职责和职责的演变。根据作者的考察，华政衙门在 1894 年之前，大体拥有以下六项职责，分别是：负责审理居澳华人之间以及华人作为被告的一切民事、刑事、商业及行政案件；负责翻译、倡导澳葡当局的相关法令、法规以及政策；负责搜集居澳华人对政府政策、法规的意见，并转达相关部门的解释或修订；负责审核、招募华人劳工；执行葡国海外部关于华人的相关政策；负责居澳华人的生育婚丧注册。① 可以说其职能涵盖了司法和行政职能。之所以如此规定，与葡萄牙政府的殖民政策有关：为了达到殖民，除了领土占领之外，更为根本的在于对华人的管理，"领土的占有是其殖民地管理的标志，对华人的管理则是殖民地管理的实质"。② 但 1894 年之后，由于葡国司法统一观念的增强，其职责转为由澳门区法院的法官行使，其职能也转变为经济和民生方面的职能。陈文源文在提及华政衙门的组成时谈到了"华人咨询委员会"，其职责在于解释华人的风俗习惯，此又足以说明前述观点，即法律文化只有在特定的社会基础下才能得到解释，法律文化的特征与特定的社会基础密切相关。

总体而言，对法律适用的配套设施尤其机构职责的考察构成澳门法律文化研究的基础，构成法律适用研究的基础。本论文集所选取的三篇文章彰显了作者深厚的功力及扎实的研究和考证精神，为后来者提供了典范。

如前所述，法律适用包括执法（或者称为行政适用）和司法，观察法律文化特征的最好视角莫过于关注法律规范的适用和具体运行。就行政适用而言，主要体现在政府的宏观管理中；就司法适用而言，主要体现在微观的司法审判中。本论文集精选了六篇文章，大体能够说明明清时期政府的管理、法律的运行及其背后所蕴含的法律文化的轮廓。

第一，政府管理和行政适用方面。明清政府是否主导了澳门的秩序？具体又通过哪些方式方法去规范行为，去达成较为平稳的秩序？关于第一个问题，康大寿在《明清政府对澳门的法权管理》一文中通过详细梳理认为，在 1887 年《中葡和好通商条约》签订后，中国对澳门地区的法权才

---

① 陈文源：《近代澳门华政衙门的组织结构与职能演变》，《华南师范大学学报》（社会科学版）2011 年第 1 期。
② 陈文源：《近代澳门华政衙门的组织结构与职能演变》，《华南师范大学学报》（社会科学版）2011 年第 1 期。

真正丧失。① 其观点的基础在于对史实的考证，考证的内容包括1608年蔡善继为香山知县时订立的《制澳十则》、1614年道臣俞安性向澳门葡人宣谕禁约五事、1744年首任海防同知印光任订立管理番舶及澳夷章程七条、1749年的"善后事宜十二条"、1809年新任两广总督百龄和广东巡抚韩崶在《防范外夷规条》基础上拟订的《民夷交易章程》，乃至到鸦片战争前清政府对葡人贩卖鸦片的反复禁止②，这些梳理足以证明明清时期澳门的秩序始终由明清政府来主导。那么明清政府具体通过哪些方式方法去实现其法权的管理？陈文源的《明清时期广东政府对澳门社会秩序的管理》一文对此做了详细的分析。首先，明清政府运用传统的保甲制度以加强对澳门城区的管理。但是对居澳葡人是否实施保甲法，有待考证。同时，"广东政府对在澳门海域作业的船只与人员实施澳甲制度"。③"保甲与澳甲制度，在一定程度上为预防与惩治澳门社会治安事件提供有效的帮助，对稳定澳门社会秩序起了不可忽视的功能。"④ 其次，特别值得研究者注意的是，明清地方政府充分发挥了行会功能，如作为澳门华商行会组织的三街会馆就起到了平抑纷争、沟通澳门社会与广东政府的作用，再如利用行业组织来规范工匠与挑夫等人的行为，等等，充分说明澳门法律文化的多元化，也足以说明民间组织对澳门社会秩序及法律文化的作用和影响。此外，明清政府通过控制澳门人口的规模和遏制楼宇建设的手段来限制澳门城区的发展，"通过这些措施，既能维持一定规模的商贸发展，满足社会各方利益的需求；又能保证广东海疆安全，稳定了广东沿海的社会秩序"。⑤ 总结而言，明清政府对澳门的管理基本处于主导地位，基于利益在允许澳门进行贸易的同时，又将澳门贸易控制在可控的范围内，防止对已有秩序的突破。

第二，司法适用方面。由于东波塔档案材料所搜集的案例集中于清朝，故学界研究也集中于清朝时期的司法适用。纳入本论文集的四篇文章分别包

---

① 康大寿：《明清政府对澳门的法权管理》，《四川师范学院学报》（哲学社会科学版）1998年第4期。
② 康大寿：《明清政府对澳门的法权管理》，《四川师范学院学报》（哲学社会科学版）1998年第4期。
③ 陈文源：《明清时期广东政府对澳门社会秩序的管理》，《广东社会科学》2012年第6期。
④ 陈文源：《明清时期广东政府对澳门社会秩序的管理》，《广东社会科学》2012年第6期。
⑤ 陈文源：《明清时期广东政府对澳门社会秩序的管理》，《广东社会科学》2012年第6期。

含了民商事审判、刑事审判以及审判背后所蕴含的文化差异与冲突。

就民商事审判而言,刘景莲通过对东波塔档案材料的深入解读,撰有《从东波档看清代澳门的民事诉讼及其审判》一文,此文可谓研究澳门民事法律适用的经典之作。该文首先梳理了东波塔档案资料涉及民商事纠纷的材料,民事案件司法文书共67件,包括民事诉讼、民事审判文书两类,记录了42件与经济纠纷为主的民事案件,可分为"钱货、借贷和租屋诉讼三大类",其中,"钱货交易纠纷10件,借贷纠纷6件,租屋纠纷21件,其他经济纠纷5件"。[1] 在对三类纠纷进行分析的基础上,作者总结了澳门民事诉讼审判的特点。[2] 其一,从起诉程序来说,华人原告直接向衙门控告,葡人原告需要首先向澳葡机构中的唛嚟哆报告,此外,在澳葡机构中为葡人工作的华人包括番书、通事,其身份视同葡人,与葡人适用同样的程序。但在道光年间,华人作为原告的民事案件,不再首先上诉香山县,而是先报告葡目,由其调解处理。其二,就审判程序来说,"道光以前,无论原告为华人还是葡人的民事案件,审判程序与中国内地相同","一般的钱货、钱债诉讼,香山县丞以谕文的形式直接发文澳葡当局结案。难以解决的租屋诉讼及个别的债务诉讼,由香山县丞转禀香山知县、澳门军民府判理"。其三,从审判过程来看,对葡人没有歧视,基本依据法律和事实来判决,"将租居澳门的葡人与华人一样看待"。

乔素玲在《清代澳门中葡司法冲突》一文中分析了中葡民事纠纷后,认为清政府在处理中葡民事纠纷过程中做到了以下几点:其一,尊重双方当事人的合意;其二,将澳门当地习惯作为审理华葡民事纠纷的重要依据;其三,对于涉外债务纠纷的处理主要采用经济手段,而不同于当时内地主要采取刑罚制裁手段。[3] 故作者认为:"清政府在坚持清朝法律为基本原则的前提下,适当参照澳门当地习惯和西方例律,略作变通地处理涉外案件,西方法律制度开始向中国传统法制渗透,尽管在空间上仅限于澳门,但仍可视之为中国传统司法变革之滥觞。"[4]

---

[1] 刘景莲:《从东波档看清代澳门的民事诉讼及其审判》,《清史论丛》2001年号,中国广播电视出版社,第186~187页。
[2] 参见刘景莲《从东波档看清代澳门的民事诉讼及其审判》,《清史论丛》2001年号,中国广播电视出版社,第186~196页。
[3] 乔素玲:《清代澳门中葡司法冲突》,《暨南学报》(哲学社会科学版)2002年第4期。
[4] 乔素玲:《清代澳门中葡司法冲突》,《暨南学报》(哲学社会科学版)2002年第4期。

唐伟华在《清代广东涉外司法与文化冲突》一文中对葡人与华人房屋租赁纠纷做了细致分析。房屋租赁纠纷主要源于产权和租金问题。就产权而言，葡人屋主不满租户随意改造和修缮自己的房屋成为纠纷产生的原因之一，而当时在澳门有类似于永佃权的"永租权"，然而房屋随着不断自修和自建导致租户反而实际拥有了产权，进而导致双方冲突不断。就租金而言，因葡人擅自增加租金或者华人租户拖欠租金都会导致纠纷。由于租赁合同一般期限较长，由于租户转租或者市场刚需的存在，导致租金已经远远超出合同的数额，葡人当然希望增加租金但又遭到租户抗拒进而引发纠纷。关于此点，17世纪后的西方由于经济的快速发展早就确立了情势变更原则，而"前述华葡诉讼案中，外国业主根据市场行情增加租金，却被华人视为敲诈勒索"。① 此外，当出现意外事件导致租户逃离澳门无法居住并拖欠租金该如何处理的问题，当时的香山知县"不仅免除了吴阿杰避难期间的欠租，而且认为他自行扣租修屋虽未征得业主同意，但迫于特殊情况，所为'亦属人情'，不予追究"。② 从这些纠纷的产生及解决来看，中国人关注纠纷背后的人情、主观动机以及关系的维系和修复，而西方关注的是市场、权利以及权利界定的清晰，此也是中西方法律的根本差异所在。

　　就刑事审判而言，林乾的《论清代前期澳门民、番刑案的法律适用》主要就乾隆九年令以及随后的治澳法令十二条做了详细分析。乾隆八年陈辉千案案发后，为了防止将来在澳门发生葡人杀害华人案件仍不报送，导致姑息养奸，同时也造成对司法主权的破坏，广州将军、署两广总督策楞上奏乾隆帝，最终通过令的形式确定类似案件的处理方式："嗣后在澳民番，有交涉谋害斗殴等案，其罪在民者照律例遵行外，若夷人罪应斩绞者，该县相验之时，讯明确切，通报督抚详加复核，如果案情允当，该督抚即行批饬地方官，同该夷目将该犯依法办理，免其交禁解勘，仍一面据实奏明，并将招供报部存案。"③ 此种处理方式既照顾到葡萄牙的禁令，也考虑到了国家主权，既遵守了原则，也做了变通。此令订立后，死刑案件基本能够按此执行，但徒刑、流刑案件的执行遇到了困难，尤其是乾隆十三年的李廷富、简亚二被杀案，凶手仅仅被判处流刑，乾隆认为地方官处

---

① 唐伟华：《清代广东涉外司法与文化冲突》，《西南政法大学学报》2004年第4期。
② 唐伟华：《清代广东涉外司法与文化冲突》，《西南政法大学学报》2004年第4期。
③ 林乾：《论清代前期澳门民、番刑案的法律适用》，《澳门研究》第40期，2007。

理太过软弱。该案后被处置的张汝霖又与"香山县详筹善后事宜,制定了具有重要历史意义的治澳法令 12 条",针对死刑以外的案件规定:"其犯军流徒罪人犯,止将夷犯解交承审衙门,在澳门就近讯供,交夷目分别羁禁收保,听候律议,详奉批回,督同夷目发落;笞杖人犯,檄行该夷目讯供,呈覆该管衙门核明罪名,饬令夷目照拟发落。"① 可以说治澳法令十二条是对乾隆九年令的有效补充。此文用最通俗易懂的语言将清朝前期的法律适用及变迁说得清晰明白,通过该文的分析,可见清朝对澳门法律适用的特殊处理,也反映了清朝前期政府对澳门有充分的司法主权。

乔素玲在《清代澳门中葡司法冲突》一文中以"中葡官方围绕司法权的斗争"为标题来阐述刑事案件的审理,可以说与林乾文观点相同。该文实际解释了为何乾隆九年才著令加强对澳门司法的控制:明末清初处于改朝换代时期,中国政府对澳门的管理比较宽松,中葡双方冲突并不激烈,后随着澳门贸易地位的不断提高,中国政府觉得有必要对其加强管理。② 此外,该文对 18 世纪至 19 世纪初的刑事案件做了较为详细的梳理,认为清政府在斗争中总体上把握了司法的主导权,同时也有所变通,譬如对葡萄牙人的死刑执行方式即有所变通。③

唐伟华在《清代广东涉外司法与文化冲突》一文中对乾隆九年之前几乎没有葡人对华人命案记录的原因做了补充,即"当时的地方官只求在其任内太平无事,深怕处理不好而连累自己,为了规避责任,尽量求得大事化小、息事宁人",以及"地方官员常收受葡人贿赂并互相勾结,对受害人家属威逼利诱以求私和命案"。④ 乾隆帝上台后此种局面才开始改变。此种观点可以说是对乔素玲文的有益补充。同时,该文认为此后清政府为了贯彻乾隆九年令的"一命一抵"原则,不惜采取极端方法,结果导致"抹杀了因事实与动机的不同而产生的区别量刑",由此引发各国的激烈反抗,而面对争端,"清政府很少主动采取正常的外交手段从事解决,却常常采用断水断粮、武力胁迫的方式迫使外国人屈服",最终逼迫"西方商团通

---

① 林乾:《论清代前期澳门民、番刑案的法律适用》,《澳门研究》第 40 期,2007。
② 参见乔素玲《清代澳门中葡司法冲突》,《暨南学报》(哲学社会科学版) 2002 年第 4 期。
③ 参见乔素玲《清代澳门中葡司法冲突》,《暨南学报》(哲学社会科学版) 2002 年第 4 期。
④ 唐伟华:《清代广东涉外司法与文化冲突》,《西南政法大学学报》2004 年第 4 期。

过各种或明或暗的手段从事实上破坏了清政府的司法管辖权"。[①]

以上四篇文章通过对东波塔等档案资料的充分运用,对清朝时期的司法适用做了非常深入的分析,不仅对案件做了详细梳理,同时也揭示了背后的法律文化、司法权冲突等内容。不同学者之间的观点互相辉映和补充,共同对清政府的做法给出了历史的注释。但我们也发现学界对清朝之后的司法适用问题和对商事贸易方面的纠纷关注度还不够,这两个领域值得继续深入拓展。

(五) 法律意识、观念及价值观方面的研究

谈及法律文化的差异,不少学者认为根本点在于人们法律观念的不同,主要是人们遇到纠纷后通过什么方式来处理,其选择背后的价值取向是什么等。当然,不同的法律观念又与不同的地理环境、历史境遇等有关系。具体到澳门法律文化,研究者需要关注华人和葡人遇到纠纷时通过什么方式来处理。是通过官方诉讼还是通过民间调解?其不同选择的原因是什么?法在澳门的地位如何?人们对法的态度如何?这些问题的背后都反映了澳门华人和葡人法律观念的不同。关于此方面的分析,学者们在各类研究时常有所涉及,但作为专门的论题展开分析却几乎无人问津。其原因在于价值、观念、意识存在于每个澳门居民包括华人、葡人还有其他外国居民的脑海和日常的行为中,但越是日常的行为就越难以有人重视而做记录,此外,又由于很多细小的民间纠纷的解决已没有资料可寻,再加上以前也没有相应的口述历史,导致这方面的研究无从着手。可以说,澳门法律文化的价值、意识和观念层面的研究较为缺乏即在于上述资料的匮乏。

但幸好我们还可以从更宏观的角度去观察澳门法律文化价值方面的冲突与并存问题,吴志良所撰写的《澳门与礼仪之争——跨文化背景下的文化自觉》一文可以说从最宏观的角度展现了异质文化共存的可能性,此即文化的自觉。所谓礼仪之争,是西方传教士传教过程中关于中国传统礼仪是否违背天主教教义的争议,如祭孔、对祖先的祭祀等。当传教士处于一种文化自觉的状态时,如早期的范礼安和利玛窦,"以移花接木的形式,

---

[①] 唐伟华:《清代广东涉外司法与文化冲突》,《西南政法大学学报》2004年第4期。

将天主教义融入儒学中来传播福音",① 其成果就相当显著,不仅不会引起冲突,反而得到了包括康熙皇帝在内的中国人的接受。但教皇特使多罗却在"1707 年 1 月 25 日在南京发表公函,宣布罗马教廷已经禁止祭祖祭孔礼仪的决定"②,由此激化了矛盾,这种文化的不自觉导致了"中国与西方文化交流的断裂",作者进而认为此举"造成中西民族近代的严重隔阂,也深刻影响了中国近代历史的走向"。③

从礼仪之争的结果我们可以得出一个基本结论,即两种完全不同的文化完全可以并存,但这需要文化的自觉,即对自己文化的克制,而不能以自己的文化为标准去评判和否定他国文化。④ 一旦一方文化走向自大,势必带来其他文化的抗拒。法律文化同样如此,道德、伦理、礼俗是中国传统法律文化的核心,葡萄牙只有在充分尊重这一传统法律文化的基础上,才有可能在澳门长期生存,吴志良即认为葡人的聪明之处在于他们一方面"依葡萄牙法律和风俗习惯进行内部自治",另一方面"遵守中国律例,对广东当局,特别是直辖他们的香山县政府恭顺臣服",其角色"从印度洋的征服者逐渐转变为南中国海的贸易者,最终得以定居澳门"。⑤ 同样地,面对葡萄牙的侵入,中国政府也始终保持了克制的态度,允许其自治。正是在双方的自我克制下,澳门才出现了共处分治的状态。

(六) 社会层面的法主体与法体系研究

社会层面的法主体与法体系研究,其实质意义是法律文化的多元化问题。编者始终认为任何社会的秩序维系都不能仅仅依靠官方和国家的力量,社会力量在其中起到的作用绝不能忽视。如果从最广义的角度去理解法,则社会层面的习惯、礼俗、乡规民约等都可以构成"法",其形成、制定、实施都可以被纳入法律文化的范畴而被观察和研究。前述介绍的论文中,有不少文章也涉及对社会层面法文化的研究,譬如陈文源在《明清时期广东政府对澳门社会秩序的管理》一文中提到的行会组织功能,以及

---

① 吴志良:《澳门与礼仪之争——跨文化背景下的文化自觉》,《澳门研究》第 16 期,2003。
② 吴志良:《澳门与礼仪之争——跨文化背景下的文化自觉》,《澳门研究》第 16 期,2003。
③ 吴志良:《澳门与礼仪之争——跨文化背景下的文化自觉》,《澳门研究》第 16 期,2003。
④ 由此看来,今天西方国家以其唯一的价值观且通过武力来输人他国,引起反抗当是历史的必然。
⑤ 吴志良:《澳门与礼仪之争——跨文化背景下的文化自觉》,《澳门研究》第 16 期,2003。

在《近代澳门华政衙门的组织结构与职能演变》一文中提及的职责在于解释华人的风俗习惯的"华人咨询委员会"等,但专门研究澳门社会层面法文化的文章不多,本论文集选取了这为数不多的较为出色的两篇,一篇是何志辉的《殖民管治下的文化妥协——1909年澳门华人风俗习惯法典研究》,此文涉及的是法文化的制度层面,另一篇刘冉冉的《清朝时期澳门议事亭研究》论及的则是法文化的法主体层面。

对澳门华人风俗习惯法典的研究,研究对象看似是法典,但从根本上来说是对澳门华人风俗的总结,即构成法文化的制度层面。《葡萄牙民法典》于1869年延伸至澳门来适用,此可谓官方层面的制度,但这一官方层面的制度"难以真正楔入人们的社会生活",所以葡萄牙同时对"民法典中不适合中国风俗习惯的规范部分作了相应保留"。① "不过,作为大陆法系国家的葡萄牙,崇尚基于理性主义的法典法文化,对于这套与法典精神相异的华人风俗习惯,实际是抱持疑惧态度的。将风俗习惯法典化,遂成为19世纪末20世纪初葡萄牙为澳门'立法'的任务之一。"② 从作者的阐述可以看出法典化的风俗习惯改变不了其作为社会层面规则的实质,所以作者也将其称为"法典形式下的宗法文化"。

在这篇文章中,作者对华人风俗习惯法典的内容以及形成原因都做了非常深入的分析。就内容而言,其深受传统宗法伦理文化的影响:在婚姻关系方面,法典将带有传统七出印迹的包括"妻子婚后35年仍无生育;严重虐待或中伤;麻风病;搬弄是非;小偷小摸;醋性十足"明定为离婚的条件,同时,法典规定了纳妾制度;在家庭关系方面,法典明确了父权和夫权的地位;在继承方面,法典排除了已婚女性家族成员的继承权。③ 如果葡萄牙强制推行《葡萄牙民法典》而不考虑中国传统宗法伦理的因素,毫无疑问这样的官方法只可能成为具文。就法典制定的原因而言,包括澳门华人社会的民族情感不可调和、华南地区的宗法文化根深蒂固以及香港地区港英当局适度采行《大清律例》的做法为葡人提供了借鉴等三个

---

① 何志辉:《殖民管治下的文化妥协——1909年澳门华人风俗习惯法典研究》,2013年中国法律史年会论文。
② 何志辉:《殖民管治下的文化妥协——1909年澳门华人风俗习惯法典研究》,2013年中国法律史年会论文。
③ 参见何志辉《殖民管治下的文化妥协——1909年澳门华人风俗习惯法典研究》,2013年中国法律史年会论文。

方面。① 可以说此文弥补了学界在此领域的研究空白。

就社会层面的法主体而言，何志辉在上文中也有所涉及，"澳葡政府虽然取得对澳门华人民事纠纷的管辖权，但澳门华人内部真正诉诸澳葡政府并遵循司法途径的案件微乎其微。绝大多数的民间纠纷，或者以私了方式解决，或者借助宗族势力解决，或者借助社团力量解决"。② 即宗族势力、社团力量构成社会层面的法主体，它们能够利用民间的风俗习惯解决纠纷、调整秩序。关于社会层面的法主体，议事亭值得学界关注，刘冉冉的《清朝时期澳门议事亭研究》一文对此做了较为深入的探讨。所谓议事亭，作者认为包含两层含义：一是作为澳葡市政机构的议事亭，它由澳葡自治机构议事会延伸而来，是澳葡管理社区内部日常事务、维持地方治安的机构；二是作为中国官员入澳宣读圣谕、处理澳门事务之场所的议事亭，它是明清政府为有效地控制澳葡、充分行使对澳门的主权和管治权，从而在澳门设立的向夷目宣读政令及双方交涉政务的"议事亭"，其主要功能在于中国官员在澳门处理政务以及与澳葡会商公务。③ 整体而言，对于中国政府而言，议事亭是行政架构中地位较低且不完整也不独立的机构，"仅仅具备维护正常的贸易秩序、维持地方治安的功能"④，而对于澳葡而言，议事亭是其自治机构，维系了葡人在澳门的基本生存和秩序。

如前所述，任何一个国家的秩序都不可能仅仅依靠国家层面的法律、机构来维系，建构于国家层面的官方法律文化仅仅是法律文化的一个组成部分。纵观世界历史，在近代国家主义和民族意识兴起之前，部落、宗族、教会、行会等各种社会力量都对国家和社会秩序的维系起了极大的作用，构建于此基础之上的法律文化可以说是社会层面的法律文化。综上，编者以为法律文化的研究包含了官方层面的法律文化和社会层面的法律文化。关于此点，胡旭晟的研究有一定的参考价值，他认为法律可以分为三个形态：第一，由尚不稳定和较为脆弱的社会物质力量，如中人，来保障实施的不成文习惯法，即狭义上的习惯法，此为初级形态的法律；第二，

---

① 何志辉：《殖民管治下的文化妥协——1909 年澳门华人风俗习惯法典研究》，2013 年中国法律史年会论文。
② 何志辉：《殖民管治下的文化妥协——1909 年澳门华人风俗习惯法典研究》，2013 年中国法律史年会论文。
③ 参见刘冉冉《清朝时期澳门议事亭研究》，《暨南史学》第 6 辑，暨南大学出版社，2009。
④ 参见刘冉冉《清朝时期澳门议事亭研究》，《暨南史学》第 6 辑，暨南大学出版社，2009。

由较为稳定和较为坚固的社会物质力量，如家族、行会等，来保障实施的成文习惯法，此为中级形态的法律；第三，由高度稳定、强固的社会物质力量——国家来保障实施的国家法，此为高级形态的法律。三者共同展示了法律世界的丰富多彩，三者之间也产生互动，如国家法事实上在不断吸取习惯法中的资源。[1] 前两者即编者所谓的社会层面的法律文化，第三种即为官方层面的法律文化，二者互动并共同维系一个国家的基本秩序。就目前学界的研究来说，关于澳门社会层面的法律文化的研究尚待深入。

五　结语

通过本文的梳理，编者认为对澳门法律文化的研究已经较为全面而且深入，不论是大陆的学者还是澳门或者海外的学者，都对澳门的法律文化给予了充分的关注，研究的范围和视野也涵盖了宏观和微观、立法和司法、官方和民间、法律规范和价值观念、法律制度和机构设施等各个方面，不仅对法律文化做了整体考察，也对法律文化所包含的基本范畴进行了深入考证。可以说对澳门法律文化的研究已经臻于成熟，但是，在上述梳理的过程中，编者也发现还有很多地方值得学界继续深入挖掘，以进一步推动对澳门法律文化的研究，主要包括以下五个方面：其一，由于资料的原因，学界普遍关注明清时期以及澳门回归前后的立法、司法等情况，而对民国至回归之前的澳门法律文化少有研究；其二，对澳门民间或社会层面的法律文化未给予充分关注，当然，关于此点，由马小红教授指导的中国人民大学法学院张鸿浩的博士论文《明清澳门社会礼法研究》做了非常深入的探讨，填补了此项研究的空白；其三，对于法律观念层面的研究较少，这当然与一手资料匮乏有相当关系；其四，对澳门法律文化的整体研究还需要进行方法论上的探讨，最好能够从不同视野去观察法律文化，才能够更为全面和丰富；其五，需要更多地挖掘和利用葡语资料，尤其能够将一手的葡语资料更多地翻译成中文是未来的重中之重，如此可供更多有兴趣的学者着手研究。相信随着越来越多的学者对澳门这一地域法律文

---

[1] 参见前南京国民政府司法行政部编，胡旭晟等校《民事习惯调查报告录》，中国政法大学出版社，2000，代序。

化的关注，澳门法律文化的研究将更为深入，由此拓展开来，对香港、台湾等同属于"一国两制"的地域法律文化展开比较分析，将有助于地域法律文化研究的不断推进。

在本专题即将成稿之际，需要向读者特别说明两个问题。

第一，本论文集各篇主要以发表时间先后为序，但历史沿革篇涉及澳门法律文化自身的沿革，故按论文涉及主题的时间先后为序，以便读者研究。各篇文章收入本书时，文字方面略有修改。

第二，本论文集属于中国人民大学法学院与澳门基金会联合研究项目中的子课题——"传统法律文化与澳门法律发展"的成果之一。为顺利完成此项课题，在项目主持人马小红教授的率领下，课题组成员张鸿浩博士、邱少晖博士先后两次赴澳门调研。在第一次考察期间，课题组先后与澳门基金会黄丽莎处长、蔡永君博士，澳门科技大学黎晓平教授，澳门大学赵国强教授，澳门科技大学法学院何志辉博士、谢耿亮博士进行了深入的交流与座谈，并对澳门历史档案馆和澳门博物馆进行了实地调研。在第二次考察期间，课题组成员张鸿浩博士与邱少晖博士在澳门进行了为期一个月的调研与资料收集工作，分别在澳门大学图书馆、澳门历史档案馆进行了资料搜集，同时，课题组成员对澳门的庙宇、各类古建筑等文物进行了实地调研，通过与当地居民交流沟通，获得了充分的一手材料。此外，课题组成员与澳门理工学院娄胜华教授等多位学者进行了交流。在相关准备的基础上，课题组成员邱少晖博士着手进行主题为澳门法律文化的研究，目前该项研究尚在进行中，预计书稿将于2016年9月完成，课题组成员张鸿浩博士着手进行主题为澳门礼法的研究，已形成书稿《明清澳门社会礼法研究》。谨此说明。

一　历史沿革篇

论明代澳门的特别立法与司法

何志辉[*]

澳门历来是中国领土不可分割的一部分，自嘉靖三十二年（1553年）葡萄牙人进入澳门后，随着葡人居留与贸易发展而成为明清时期举世瞩目的东西方国际贸易基地。与之相应，则是明政府对居澳葡人的政治治理。以明政府对澳门拥有完整主权而充分行使管辖权为前提，随着澳门治理政策的定型，明代澳门法文化也逐渐呈现出极为独特的华洋共处分治色彩。[①]一方面，主导性质的中国传统法制全面覆盖和适用于此，无论是管理体制还是司法实践均纳入其中；另一方面，葡萄牙人带来的欧洲中世纪传统法制也逐步生根于此，体现在自治性质的议事会机构与司法体制之中，使明代澳门法文化具有早期混合法性质。在此，本文主要考察明政府在澳门的特别立法状况，以及由此形成的一套独具地方特色的混合管辖型司法制度，以增进我们对明代澳门法文化的了解，深化对澳门主权问题及它在当代一国两制之下的未来走向的认识。

一 明代立法与司法在澳门的适用

明政府对澳门的全权治理，同样离不开作为后盾的法律制度与实践，这与明朝历来重视通过立法和司法来治理国家的传统有密切关联。从更宏

---

[*] 何志辉，澳门科技大学法学博士、日本关西大学文化交涉学博士。现为澳门科技大学法学院副教授，西南政法大学法学研究所专职研究人员，兼任中国人民大学法律文化研究中心研究员。主要研究澳门法制史与法文化、近代中日关系与中葡关系史、近代中国法制史。

[①] 关于澳门社会呈华洋共处分治形态之说，见吴志良《生存之道——论澳门政治制度与政治发展》，澳门成人教育学会，1998，第9页。

大的背景看，明代法制是中华法系发展后期的代表形态，在传统法制的基础上确立了新的法律体系，提高了立法技术，严密了法律规范，改革了司法制度，与唐朝法制同样起着承前启后的作用，虽然不能跟唐律对后世的影响相比，但其立法、司法和法律解释都为清代沿袭旧制提供了重要基础。

（一）明代立法状况与澳门治理

明初统治者高度重视立法，这是一个不容忽视的事实。[①] 出身布衣的明太祖朱元璋基于元末法制败坏、纲纪废弛、官吏贪蠹而衰亡的教训，充分认识到法律的治国作用，不仅数次组织修订《大明律》，还亲自"为之裁定"[②]。待洪武三十年（1397年）《大明律》制定后，他还颁令"子孙守之，群臣有稍议更改，即以变乱祖制之罪议处"[③]，以示对建立和稳定统一的法律制度的高度重视。此外，明太祖还根据"刑乱国用重典"的传统思想，推行重典治国的方略，为矫正纲纪废弛、官吏恣纵的积弊，亲自编订《大诰》（即《明大诰》）四编，汇集各种以酷刑惩治官民过犯之例和各种峻令训诫。成于洪武二十年（1387年）的《大诰》虽为法外之法，却为司法审判提供了极具权威的比附判例。直至明成祖继位，基于形势日趋稳定，遂于永乐十九年（1421年）迁都北京后宣布"法司所问囚人，今后一依《大明律》拟罪，不许深文，妄行榜文条例"[④]，才在司法中终止了对《大诰》的适用，仁宣朝以后则最终废除了其效力。

明中后期同样重视立法，以顺应时势发展、弥补律典不足。如史称"中兴之令主"的孝宗皇帝俯察臣议，于弘治十三年（1500年）编成《问刑条例》共279条"通行天下"[⑤]，此后又经嘉靖、万历两朝遵循"辅律而行"路线继续修订，以改此前实际存在的"以例代律"之积弊，实现"以

[①] 关于明代立法概况，见张晋藩总主编《中国法制通史》（第七卷·明），法律出版社，1999，第1～27页。

[②] 据《明史·刑法志》载："盖太祖之于律令业，草创于吴元年，更定于洪武六年，整齐于二十二年，至三十年始颁示天下，日久而虑精，一代法始定，中外决狱，一准三十年所颁。"

[③] 《明史·刑法志一》。

[④] 《明太宗实录》卷二三六。

[⑤] 曲英杰、杨一凡：《明〈代问刑条例〉的修订》，载《中国法律史国际学术讨论会论文集》，陕西人民出版社，1990，第341～348页。

例补律"的功用；弘治十五年（1502年）又模仿《唐六典》体例编订《大明会典》八十卷，至正德四年（1509年）武宗时期正式颁行；经嘉靖朝与万历朝继续修订，终在万历十五年（1587年）重修刊行，成为明代集典章制度于一体的行政立法总汇。

综观明代立法，可见统治者不仅在建国初期注重通过立法保障实施一系列恢复经济、巩固政权的治理政策，中后期同样顺应发展而更定法律、落实政策。唐宋以后的封建法制建设经验为明代立法提供了重要的思想文化积累，使其立法具有更高的起点，不仅在立法技术上彰显其时代特色，例如律、典、例、敕相互为用，制定法与判例法密切配合；还在实质内容上顺应时代要求，刑事法律的完备、行政法律的细密、民事法律的多样和经济法律的剧增，都"标志着明代法律已臻于封建法律之集大成"[①]。

上述立法都成为颁行全国统一适用的法典的重要依据，澳门地处东南沿海，同样归属明政府中央集权的统一管辖，自应一体适用遵行。事实上，尽管澳门葡人入居之初即想方设法谋求所谓自治，华洋共处之地的澳门仍然始终置身于中华法系，并未脱离明清律典的同等约束。

（二）明代司法体制与澳门治理

明初统治者不仅重视立法，也高度重视通过司法推行法律。在法律实施上，明初统治者遵行明太祖所确立的"明礼以导民，定律以绳顽"的指导思想，注意礼、法、情三者的结合。就明代司法制度而言，同样体现出中华传统法律文化的宗法伦理特色，例如中央司法权统归皇权，地方行政官兼理司法，专职司法机构没有从行政中完全独立出来，[②] 但司法组织结构完备，更胜前朝。

明代中央司法组织以刑部掌刑名、都察院司纠察、大理寺司驳正，三法司之权重在刑部；遇有大狱则行"九卿会审"，即由六部会同都察院、大理寺、通政司共理；此外还设锦衣卫、镇抚司、东厂、西厂处理政治犯

---

① 张晋藩书总主编《中国法制通史》（第七卷·明），法律出版社，1999，"绪言"第3页。
② 在中国传统司法制度中，地方一级通常是行政官兼理司法，虽有专职或兼职的司法官吏知法曹参军或司法参军、司法佐，代理行政官审理案件，但在大多数情况下，地方行政官亲自审理，决定权也在行政官之手，可谓"行政兼理司法"。

罪,① 标志着明代国家司法组织日趋严密。就省级司法机构而言,自1368年（吴元年）专设司法机关提刑按察司兼理风宪；另有行政机关布政司下设理问所和司狱司,对部分民事案件有司法管辖权。② 府隶属布政司,下辖州县,设知府、同知、通判及推官各一,知府"平狱讼",推官负责刑狱。州分两类,一为隶属布政司而与府同级,一为隶属府而与县同级,知州行政兼理司法。县级为最基层组织,知县行政兼理司法。可见府、县二级仍是行政与司法合一,刑名、钱谷不能委吏听讼,无论民间舆论、上级考成皆以办案之优劣为治绩之标准。至于县以下有里甲组织,凡一般民事诉讼如户婚田债及轻微治安案件,均由里长、老人调停处理,"若不由里老处分,而径诉县官,此之谓越诉也"③；此外还在乡之里社建有申明亭,"凡民间应有词状,许耆老里长准受于本亭剖理"④,调解民间纠纷及民事争执,以担民间解讼之责。

依《大明律》第三五五条规定："凡军民词讼,皆须自下而上陈告。若越本管官司辄赴上司称诉者,笞五十。若迎车驾及击登闻鼓申诉,而不实者,杖一百；事重者,从重论；得实者,免罪。"⑤ 该条既有对陈告之限制,又是对各司法机关在词讼管辖权上的限制,由此而形成相应的管辖制度。

就地域管辖而言,县为明代最基层政权组织。知县对本县讼案有当然的管辖权,凡辖区内人们涉讼,应向该管辖县府陈告,县府有义务受理案件。州、府、布政司则逐级管理本辖区讼案,不得越级,亦不可对外州府省之诉讼进行干预,但所受理讼案多非初审,或由按察使或巡按交办,或由所辖州县申详而来。

二 明政府治理澳门的特别立法

自澳门开埠和允准葡人居留后,作为华洋共处的特殊区域和中外商贸的

---

① 展恒举：《中国近代法制史》,商务印书馆,1973,第25~26页。
② 布政司属省级行政机关,其兼理司法的职权后来逐渐废弛,至1506年（正德元年）更规定"凡布政司不许受词,自问刑名。抚、按官亦不许批行问理；其分守官受理所属所告户、婚、田土之情。许理问所及各该府属问报"。
③ 《续文献通考·职役考》。
④ 《大明律集解附例》卷二十六。
⑤ 《大明律》第三五五条《刑律五·越诉》。

重要枢纽，属于中华帝国治下的特别区域，其对法律制度的要求又与内地颇多不同。为此，明政府也注意到了应对此特别关照，并在随后的治理过程中因应时势所需，形成若干专门针对澳门特殊情形的地方性特别立法。

（一）明代澳门特别立法之尝试：《制澳十则》

据史籍记载，明政府颁行适用于澳门的地方规章，首推万历三十六年（1608年）香山知县蔡善继草拟的《制澳十则》。《制澳十则》的出台，与当时朝野关注澳门葡人居留问题的背景有关，亦反映了有识之士对澳门治理的问题意识。

明政府虽自嘉靖三十六年（1557年）允准葡人入澳，并于万历十年（1582年）允准其正式居留，但因他们凌轹不轨而激发朝野议论，遂对其行为举止及其自治机构屡加约束。至万历年间澳门葡人曾多"潜匿倭贼，敌杀官军"[1]，致使澳门及其附近地区民人不安。加之澳葡一直不曾放弃其殖民企图，只要有机会就轻举妄动，或者通过贿赂等手段来腐蚀各级官吏，[2] 从而得以日益扩大其侵越土地管理权的行为。

在万历三十四年（1606年）澳门葡人擅建教堂而被地方官员派兵焚毁的"青洲事件"之后，鉴于历来澳门葡人骄纵不法的情况，香山知县蔡善继上任即极力加强管辖，草拟《制澳十则》主张对澳夷进行管理，并在万历三十八年（1610年）呈送新任两广总督张鸣冈，颇获后者赞赏而得其赏识，被全部采纳修订并宣布对澳门葡人适用。自此，广东官府开始从司法、税收与海防等方面逐步加强对澳葡的管辖。

（二）明代澳门特别立法之典范：《海道禁约》

明末澳门特别立法的典范，是晚出几年的五款《海道禁约》，成为全面适用于澳门的地方性规章。它的出台与澳门葡人窝藏倭寇事件有直接关联。

葡人居澳之前曾与倭寇勾结，当时入澳的日本人既有受迫害的天主教徒，也有被称为倭寇的不法分子。葡人居澳和发展贸易的同时，仍有一些澳葡为倭寇提供情报和武器，并利用其力量试图与中国政府对抗，以致不

---

[1] 《明史》卷三二五《佛郎机传》。
[2] 关于澳葡贿赂中国官员的情况，见〔葡〕徐萨斯《历史上的澳门》，黄鸿钊、李保平译，澳门基金会，2000，第24~26页。

少朝廷官员都在奏疏中指出澳葡窝藏倭寇的危害。

万历四十一年（1613年），海道副使俞安性鉴于澳门海防形势严峻，认为"倭性狡鸷，澳夷畜之为奴，养虎为患，害将滋蔓，本道奉敕受事，凭借两台制驭，巡澳察夷，追散倭奴凡九十八人还国。除此蟊贼，尔等遂得相安乐土。此后市舶不许夹带一倭。在澳诸夷亦不得再畜幼倭。违者倭与夷俱擒解两院，军法究处"①，详请两院勒碑，以禁澳夷畜倭。

随后，张鸣冈派海道副使俞安性和香山知县但启元视察澳门，下令驱逐倭寇。他们率军包围澳门，命令居澳葡人举报各自所畜倭奴，要求澳葡驱逐"倭奴"，并将其中123名用船遣送回国；还要他们接受新拟的《海道禁约》五款，重申三年来禁止贩卖华人、兵船骗饷、勾结奸商走私以及擅自兴作等禁令。澳葡当局在集会商议后对此逐一答复，保证不再允许倭奴居澳，禁绝买卖华人，但对兵船骗饷、接买私货等方面进行辩解，最终得到俞安性等人的认可。

万历四十二年（1614年）两广总督张鸣冈上奏朝廷，再次指出澳门海防问题所在，与澳门葡人勾结倭寇有莫大关联："粤东之有澳夷，犹疽之在背也。澳之有倭奴，犹虎之傅翼也。万历三十三年，私筑墙垣，官兵诘问，辄被倭抗杀，竟莫谁何。今此倭不下百余名，兼之畜有年深，业有妻子庐舍，一旦搜逐，倘有反戈相向，岂无他虞。乃今不亡一矢，逐名取船押送出境，数十年澳中之患，不崇朝而祛除。"因此对澳门葡人主张应"加意申饬明禁，内不许一奸阑出，外不许一倭阑入，毋生事，毋弛防"②，以杜绝夷畜倭奴。

在俞安性将《海道禁约》上报张鸣冈等人核准时，因熟悉广东情形的在京言官郭尚宾等人上奏一并驱逐澳葡，张鸣冈等人只能搁置这一以认可澳葡居留为前提的禁约。而1617年南京发生的传教士私自传教案，再度导致朝野一片驱逐澳葡之声。所幸新任广东巡按田生金等人考察民情发现当地不愿驱葡，驱逐澳葡也未必尽利，认为允准澳葡居留亦无不可。明朝廷鉴于上奏理由允当，以及此时正在考虑东北军事威胁的问题，予以批准。③ 于是张鸣冈

---

① 戴裔煊：《〈明史·佛郎机传〉笺正》，中国社会科学出版社，1984，第99页。
② 《明万历神宗实录》卷五二七，万历四十二年十二月乙未条。
③ 费成康：《澳门：葡萄牙人逐步占领的历史回顾》，上海社会科学院出版社，2004，第50～56页。

和巡按御史周应期等人以俞安性草拟的《海道禁约》为基础进行修订。

修订后的《海道禁约》仍有五款，内容刻在石碑上，立于议事亭中，令澳门葡人永为遵守。据康熙《香山县志》卷十记载："澳夷骄悍不法，议者有谓必尽驱逐以清疆宇者；有谓移出浪白外洋，不容盘踞内地者。本道念诸夷生齿蕃衍，不忍其累累若丧家之狗，当于巡澳日申以国威，随皆弭耳向化。因摘其犯顺五款，行山县遵谕约束，免其驱徙。详奉两广部院张、巡按御史周五款准勒石立碑，永为遵守。"① 《海道禁约》全文如下：

一、禁畜养倭奴。凡新旧夷商敢有仍前畜养倭奴、顺搭洋船贸易者，许当年历事之人前报严拿，处以军法。若不举，一并重治。

二、禁买人口。凡新旧夷商不许收买唐人子女，倘有故违，举觉而占吝不法者，按名究追，仍治以罪。

三、禁兵船骗饷。凡蕃船到澳，许即进港，听候丈抽。如有抛泊大调环、马骝洲等处外洋，即系奸刁，定将本船人货焚戮。

四、禁接买私货。凡夷趁贸货物，俱赴省城公卖输饷。如有奸徒潜运到澳与夷，执送提调司报道，将所获之货尽行给赏首报者，船器没官。敢有违禁接买，一并究治。

五、禁擅自兴作。凡澳中夷寮，除前已落成遇有坏烂准照旧式修葺，此后敢有新建房屋、添造亭舍，擅兴一土一木，定行拆毁焚烧，仍加重罪。②

《海道禁约》是由广东官员订立、经明政府核准的中国地方法规，不仅显示了明政府在澳门充分行使各方面主权，也首次以中国地方法规形式确认葡人在澳门居留，有违反者也只驱逐当事人。这五款内容既表明中国在澳门拥有完全的立法权和行政管理权，又表明当地中葡居民都必须受中国司法的管辖。③

除此之外，田生金等人还为加强澳门海防、强化治澳措施而有诸多提议，例如令广州海防同知专驻雍陌，尤其是建议海道副使每年巡礼澳门

---

① 申良翰：康熙《香山县志》卷十《外志·澳夷》。
② 戴裔煊：《〈明史·佛郎机传〉笺正》，中国社会科学出版社，1984，第99~100页。
③ 费成康：《澳门：葡萄牙人逐步占领的历史回顾》，上海社会科学院出版社，2004，第57~58页。

等，都被朝廷采纳。自此，明政府规定"海道每巡历濠境一次，宣示恩威，申明禁约"，可见"明政府对这项禁约的重视和当时海道对濠境澳巡历的频繁"[1]。而从另一角度看，禁约的反复申明，也使明政府对澳门的治理力度不断加强。

三 明政府治理澳门的特别司法

（一）作为地方治理体制的澳门司法

按明代地方治理体制，广东官府对澳门实行垂直管理，省、府、县之行政命令层层下达，对澳门的司法管治则主要通过香山县知县来行使。香山知县既是地方行政长官，又兼理地方司法，遇到重大案件发生，需要上报广州府，并逐级上报。

除了香山知县兼理司法，还有其他一些机构兼备部分司法职能：第一，香山设有香山守御千户所，负责香山一带军事防御及治安事宜；第二，在澳门设立的提调、备倭、巡缉等"守澳官"，不干涉澳门葡人内部事务，但具有对其监督管理之责，例如提调负责究问查办违法偷运逃饷等事宜，备倭负责缉捕海盗、倭寇，巡缉负责巡查缉捕走私，各涉及部分司法事务；第三，据明代档案记载，在万历年间设立的香山参将，亦有权究办澳门葡人擅出关闸牧马、游猎、乘船出洋及有偷窃劫掠之事[2]；第四，因香山县"密迩澳地"，须对澳门特别治理，当时内地百姓"往买木石，籴运米谷，必向县告照"[3]，崇祯初年又设主管刑名的府佐官，开厅署理于香山县，处理行政司法事务，等等。

明政府对澳门始终享有充分的司法管辖与审判权。即使在澳葡实行司法自治不断加速的明末时期，明政府在与澳葡共处分治澳门司法的较量中，依然保持着主导地位。

（二）明政府对澳门华洋事务的司法管辖权

首先，对于发生在澳门的中国居民内部讼案，明政府享有完整的司法

---

[1] 章文钦：《澳门历史文化》，中华书局，1999，第4页。
[2] 赵雄、李国荣：《澳门问题明清珍档的重要发现》，《光明日报》1999年1月1日。
[3] 颜俊彦：《盟水斋存牍》卷一《署香山县谳略·漏税木户陆炳日》。

管辖权。一旦澳门发生华人之间的讼案，澳门葡人必须及时向香山官府报告，由地方官员审理判决，而不能干涉这一司法管辖权。自从万历八年（1580年）首任王室大法官派驻澳门，以及万历十一年（1583年）成立议事会、设置检察官以来，澳葡开始有意染指这一权力，且不断扩展。

这种染指表现在两个方面。一方面是澳门检察官事实上分享了部分简易司法审判权，但重要案件仍归中国官员管辖和审判。据葡萄牙学者记载，万历十二年（1584年）"中国皇帝授予澳门检察官未入流官衔，有裁决在澳华人事务的简易司法判决权。检察官在与中国官方通信时，称自己为'督理濠境澳事务西洋理事官'，而中国官员则称之为'夷目'。遇有重要案件，香山县令则声称他有审判华人犯人的权力"①。另一方面则是派驻澳门的王室大法官试图干预管辖和审判，但很快就收敛。因为在万历十五年（1587年）2月16日，已兼并葡萄牙的西班牙国王菲利普一世从马德里发布一项命令，在命令的第30段指示他们"禁止干预对这些中国人的管辖、裁判权"②。但从整体看，澳门葡人并没有从根本上动摇明政府对这类案件的司法管辖权。

其次，对于澳门华洋之间的讼案，明政府亦有比较完整的司法管辖权。澳门成为华洋共处之地，因中外文化观念与生活方式迥异，各种纷争乃至冲突时有发生。一旦出现中葡居民以及中国居民与其他居留澳门的外国人的讼案，地方官员们通常会依照明律进行裁断。无论是涉及中国臣民利益还是需要特殊保护的外商利益，大多能依照明律公允执法，而非一味偏袒。

最后，对于澳葡内部讼案以及澳葡与别国居澳人士之间的讼案，必要时也有权管辖。

明政府对于澳门葡人内部讼案，在理论上是有权管辖的。按《大明律》规定"凡化外人犯罪者，并依律拟断"③，并依《大明律集解附例》解释化外人"即外夷来降之人及收捕夷人散居各地方者皆是，言此等人原虽非我族类，归附即是王民，如犯轻重罪，各译问明白，并依常律拟断，

---

① 〔葡〕徐萨斯：《历史上的澳门》，黄鸿钊、李保平译，澳门基金会，2000，第32页。
② 〔瑞典〕龙思泰：《早期澳门史》，吴义雄等译，东方出版社，1997，第38页。
③ 《大明律》卷一《名例律·化外人有犯》。

示王者无外也"①，从而有别于唐律所订"诸化外人，同类自相犯者，各依本俗法；异类相犯者，以法律论"②。有学者分析这一变迁的原因时指出，结合《大明律》以重刑禁止蒙古人、色目人自相嫁娶及逼迫他们与汉人结婚等规定来看，明初不再区分"同类"、"异类"相犯的立法本意，是迫使在元朝享有特权、此时仍留在明皇朝疆域内的那些蒙古人、色目人遵守明朝法律，并最后同化这批前朝的残余势力的重要原因。③

从明代立法精神与具体规范看，不仅澳门葡人内部讼案，还有各国人等之间的讼案，都应一体遵行《大明律》。然而，澳门开埠以来每遇澳葡"同类相犯"讼案，往往由澳葡内部自行处理，中国官员对此一无所知或者视而不见，因而才有万历十年（1582年）陈瑞召见澳门葡人时的申斥训诫。自陈瑞正式允准葡人居留澳门以来，澳门葡人加速自治步伐，从此遇有葡人内部讼案，即设法隐瞒或动以贿赂，防止明政府干涉，地方官员在一般情况下更不会主动干预。这种情形，如同当时在边远民族地区推行"因俗以治"的土司制度、适用民族习惯法而非《大明律》一样，当澳葡"同类相犯"时，明朝官员在事实上默认澳葡自治机构按葡国的法律来审理；唯有出现澳葡与其他外国人之讼案时，明政府才可能介入司法。

（三）明政府在澳门的司法实践

在明末香山与澳门的司法实践中，各级地方官员通常依据明律进行裁断，在涉及华人或"化外人"之利益问题上，不乏秉公进行。

例如，万历四十三年（1615年）由广东巡按御史田生金复审的一件澳奴劫杀案，是明政府对澳门进行司法管辖的一个典型事例。该案发生于万历三十五年（1607年），因中国巡海船只遇到澳门葡奴驾艇"往山取柴"，误作倭寇而追捕，由此发生冲突，杀死二人，溺死四人，生获八人。在地方官审理该案时，因"夷语不能通达，无由诉辩，具由解道，转解军门，批按察司译审"，致使八名嫌犯"俱依强盗得财斩罪，枭首通详，批允监候"。田生金复审时认为该案有疑点，最终为当时尚存的三人平反：

---

① 《大明律集解附例》（第一册），学生书局，1960，第344页。
② 长孙无忌等：《唐律疏议》，中华书局，1983，第133页。
③ 费成康：《澳门：葡萄牙人逐步占领的历史回顾》，上海社会科学院出版社，2004，第38~39页。

随唤夷目吗伽琅面质云，澳内果有此名，则取柴之说非虚。且时当八月风汛不顺，安得有倭船内犯，详道行府复审相同呈道。又批香山县拘得夷目夷主查问，俱称各夷奴先年委因取柴迷失，如虚耳罪呈道，蒙黄右参政复审，三犯有主夷奴，采柴情真，似应解网，用昭好生之仁，具详到臣……见在三犯，未可谓非我族类，一概禽猕也。既经道府各官译审再三，情委可矜，相应疏加辩释，给还澳夷各主领回约束。缘三犯原问斩罪枭首已经删招转详，今辩释放未敢擅便发落。①

至于明政府对于澳门葡人内部讼案，在理论上是有权管辖的，但在司法实践中往往难以付诸实践。当然，一旦澳葡内部出现重大纠纷而危及澳门社会，且他们无力处置时，明政府则可及时介入处理。②

例如万历三十六年（1608年）澳葡内部发生一个案件，首犯被澳葡自治法庭判刑，部分人不服判决，聚众闹事，使澳门社会一时陷入混乱。事件发生后，香山知县蔡善继及时赶去处置。据史载：

> 未几，澳弁以法绳彝目，彝叫嚣，将为变。善继单车驰澳，数言解散，缚悖彝至县堂下痛答之。故事，彝人无受答者，善继素以廉介，为彝人所慑，临事控制有法，故彝凛凛弭耳，受答而去也。③

从该案所载"故事，彝人无受答者"，可见中国官员历来未对澳葡动用《大明律》之法律制裁，这一方面是因为澳葡内部纠纷概由澳葡自治机构依照葡国法律处理，而澳葡与华人之间，以及澳葡与其他外国人之间的纠纷并不多见，另一方面也因为即使偶尔发生这类讼案，他们也往往借助通事等人斡旋或以贿赂"花钱消灾"，使地方官员视而不见。但此次香山知县蔡善继及时赶去解散闹事诸人，并捆绑澳葡为首闹事者于香山知县大堂，动用《大明律》所订答杖之刑，受惩罚之澳葡亦不敢反抗，这不仅与其"廉介"个性有关，更与明政府此时治理澳门政策日趋定型、力度不断加强的时势有关。正因如此，在随后明政府严禁澳葡贩卖华人的事情上，澳葡表示从无贩卖，承诺一旦发现此类事情，则将涉案澳葡扭送中国官府

---

① 田生金：《按粤疏稿》卷六《辩问矜疑罪囚疏》。
② 黄鸿钊：《澳门史》，福建人民出版社，1999，第154页。
③ 申良翰：康熙《香山县志》卷五《县尹·蔡善继传》。

处置。①

  综上所述，终明之世，自葡萄牙人入居澳门之日，它始终作为中国管辖的领土，被统一纳入中央集权管理体制中。虽然万历十年（1582年）以来澳门葡人获得朝廷官员所谓允准合法居留后即刻着手谋求自治，但他们不得不以"恭顺"态度表示服从中国政府管辖，朝廷也一直将其与内地子民一视同仁。但在立法与司法体制上，朝廷又注意斟酌澳门独特的华洋共处状况，从而在实践中略微变通澳门立法与司法制度。唯明末后，专制制度极端发展所造成的政治腐败，使一切既定的成法都受宦官专擅的冲击而趋于瓦解，法制的腐败又"加速了政治的腐朽"②。明末澳门的立法与司法治理，可谓这一历史命运的见证与缩影。

（原文载于《兵麓法学评论》第7卷，2012，第238～245页）

---

① 费成康：《澳门：葡萄牙人逐步占领的历史回顾》，上海社会科学院出版社，2004，第48页。
② 张晋藩书总主编《中国法制通史》（第七卷·明），法律出版社，1999，"绪言"第4页。

明清时期广东政府对澳门社会秩序的管理

陈文源[*]

澳门开埠后不久，大量中葡商民迁居澳门，使澳门迅速成为一个异族混居的商业重镇。庞尚鹏称："近数年来，始入濠镜澳筑室，以便交易。不逾年，多至数百区，今殆千区以上。日与华人相接，几规厚利，所获不赀，故举国而来，负老携幼，更相接踵。今筑室又不知几许，夷众殆万人矣。"[①] 大量华葡商人混居澳门，给中国封建行政体系提出了一个新的管理课题。鉴于当时广东税饷与海疆安全的现实情形，广东地方官就如何处理澳门问题出现了严重的分歧：一是实施驱离政策，有人主张以巨石填塞港口，阻止葡国商船进入澳门。其最为激进者，建议派人前往澳门放火焚毁民居，逼迫葡商撤离；二是采用怀柔政策，建议遵循旧例，准许照常贸易，但必须"使之撤屋而随舶往来"；三是设官管理，使之纳入王朝的地方行政管理体系之中，所谓"建城设官而县治之"。[②] 当时的主政者选择了折衷的办法，1573 年，广东政府在莲花茎建关闸，设官守之。《崇德堂稿》称："前明着令，每月中六启闭，设海防同知、市舶提举各一员，盘诘稽查，夷人出，汉人入，皆不得擅行。"[③] 关闸之设，旨在防守，控制葡华商民阑进阑出，还不属于真正意义的行政管理。16 世纪 90 年代起，广东地方官认为治澳之策"似不如申明约束，内不许一奸阑出，外不许一倭阑入，无启衅，无驰防，相安无患之为愈也"。[④] 于是，保甲法的推行、《海

---

[*] 陈文源，暨南大学文学院副教授，历史学博士。
[①] 庞尚鹏：《百可亭摘稿》卷一《抚处濠镜澳夷疏》，广东文献丛书本。
[②] 参见（明）庞尚鹏《百可亭摘稿》卷一《抚处濠镜澳夷疏》、（明）霍与瑕《勉斋集》卷十九《处濠镜澳议》的相关讨论。
[③] 王植：《崇德堂稿》卷二《香山险要说——复抚都堂王》，续修四库全书本。
[④] 《明史》卷三百二十五《外国六·佛郎机传》。

道禁约》、《澳夷善后事宜条议》等一系列行政管理法规相继出台，逐渐形成控制规模、有效管理的思路，使澳门开埠后近三百年的时间，其社会一直在广东政府有效的管控之下。

一 实施保甲法，加强澳门城区管理

早在16世纪60年代，霍与瑕认为解决澳门管理问题的最佳办法是"建城设官而县治之"。① 1569年11月29日，工科给事中陈吾德上《条陈东粤疏》则提出了更为具体的建议，即在澳门推行保甲法，"严饬保甲之法以稽之"②。但当时朝野对葡人的去留问题尚未取得共识，因此这一建议并没有落实。1591年4月4日，两广总督萧彦再次建议对澳门商民推行保甲制度，听海防同知与市舶提举约束。至1592年11月21日，两广总督陈蕖才真正在澳门落实保甲法，其疏云："将其聚庐，中有大街，中贯四维，各树高栅，榜以'畏威怀德'四字，分左右定其门籍，以《旅獒》'明王慎德，四夷咸宾，无有远迩，毕献方物，服食器用'二十字，分东西为号，东十号，西十号，使互相维系讥察，毋得容奸，诸夷亦唯唯听命。"③ 奏疏中所指之大街，应是议事会前地为中心的当时澳门主要街道，葡文叫Rua Direita，汉文有时译为"直街"。葡人在海外扩张过程中，所建市镇必有一条直街作为这一地方的中心，一般有市政府、耻辱柱、仁慈堂、教堂及市场等主要城市建筑，同时为主要商业区。④

明朝广东政府在澳门推行保甲法，不仅施之于华人，同时也适用于葡人。郭棐在《广东通志》中明确指出："将诸夷议立保甲，听海防同知与市舶提举约束。"⑤ 起初，葡人并不服从这一管理模式。万历年间，因葡人擅修城墙与炮台，1625年2月21日，两广总督何士晋命岭西道蔡善继向澳门议事会传达手谕，要求拆除城墙、碉堡和炮台。但澳门总督马士加路（D. Francisco de Mascarenhas）拒不听命，且欲以武力对抗。何士晋与蔡善

---

① 霍与瑕：《勉斋集》卷十九《处濠镜澳议》，光绪丙戌重刊本。
② 陈吾德：《谢山楼存稿》卷一《条陈东粤疏》，四库存目丛书本。
③ 郭棐：《（万历）广东通志》卷六十九《番夷》，稀见中国地方志丛刊本。
④ 金国平、吴志良："议事厅"历史》，载《过十字门》，澳门成人教育学会，2004，第164页。
⑤ 郭棐：《（万历）广东通志》卷六十九《番夷》，稀见中国地方志丛刊本。

继商议后，采取了"首绝接济，以扼夷之咽喉；既挚揽头，以牵夷之心腹；官兵密布，四面重围；严拿奸党，招回亡命"等一系列措施。于是，"夷始坐困受命，叩关甘认，拆城毁哨，岁加丁粮一万两，编附为氓，写立认状"。① 正是在明朝的强大压力下，居澳葡人不得不签字画押，服从"编附为氓"，听从广东政府的行政管理。

清朝开海以后，广东政府遵循明制，在澳门推行保甲制度，并要求澳门议事会协助落实。1690年6月3日，根据广东政府的命令，香山知县要求澳门议事会提交居住澳门木屋、店铺和居民点内的所有中国人的名单，并每10人委派1名甲长。议事会决定对木屋和店铺内的中国人造表，为了避免麻烦，还决定将住在葡萄牙人家中的中国人也赶走。② 1697年，澳门议事会颁布告示，除已在议事会登记者外，其他华人不得在澳门城区居留，并下令在城区居留的华人三日内离开，拒不服从者，均将被视为流浪汉交给中国官员处置。③

根据明清时期保甲制度的规定，百户设一甲长，千户设一保长。地保"专司查报"辖区内盗窃、邪教、赌博、窝藏、奸拐、私铸、私硝、晒曲、贩卖硝磺、私立名色敛财聚贪及面生可疑、形迹诡秘之徒。④ 澳门保甲的规模或与内地有所差异，但功能基本一致。1744年5月，首任澳门同知印光任所制订的《管理蕃舶及寄居澳门夷人规约》，明确地保在澳门社会管理中的责任与义务，规定地保必须担保引水、通事等人员，协助吏役查禁违令者、防止葡人违例越界活动等。1826年，澳门同知冯晋恩发布《为民蕃相安饬遵禁约》，其第七款规定："澳中地保街老，当协同兵役，留心查访滋事民人及唆讼地棍，解赴地方官，从严惩治，以安良善。如有徇稳不报者，查明一并究处。"⑤ 从《清代澳门中文档案汇编》的史料来看，澳门地保负责其辖区内社会治安问题，协助处理华葡商民纠纷，对香山县提讼的刑事、民事案件，地保有协助搜证、缉凶的义务。

---

① 中国第一历史档案馆、澳门基金会、暨南大学古籍研究所编《明清时期澳门问题档案文献汇编》第五册，人民出版社，2009，第398页。
② 文德泉：《关于澳门土生人起源的传说》，《文化杂志》1994年第20期。
③ 〔瑞典〕龙思泰（A. Ljungstedt）：《早期澳门史》，吴义雄等译，东方出版社，1997，第71~72页。
④ 乾隆官修《清朝文献通考》卷十九，浙江古籍出版社影印本，1999。
⑤ 刘芳辑《清代澳门中文档案汇编》（上），章文钦校，澳门基金会，1999，第424~425页。

清朝对居澳葡人是否实施保甲法，仍有待考证。1742年，广东按察使潘思榘奏请在澳门设同知一职，其中有曰："外夷内附，虽不必与编氓一例约束，失之繁苛，亦宜明示绳尺，使之遵守。"① 学者因此认为"清朝保甲只是管理在澳的中国人，居住在澳门的葡人，不再受编氓制度约束"。② 但是，1744年，印光任针对香山县官府对澳门监管不严的状况，制订《管理蕃舶及寄居澳门夷人规约》，其中之第十二条载明："禁设教从教。澳夷原属教门，多习天主教，但不许招授华人，勾引入教，致为人心风俗之害。该夷保甲，务须逐户查禁，毋许华人擅入天主教，按季取结缴送。倘敢故违，设教从教，与保甲、夷目一并究处，分别驱逐出澳。"③ 其中特别提到对"该夷保甲"的责任，这是否可以佐证清朝对葡人依然实施保甲法。

据刘景莲研究，清代澳门城区内同时设有三个地保，如1812年有刘关绍、郑绍章、史文玑三人，1815年则有刘德高、余文恭、史文玑三人，他们"分片各司其职地进行管理"。④ 但三区划分，史料并无明确记载。而澳葡政府则以教堂为中心，亦将澳门城分为三区，即大堂区、风顺堂区、花王堂区。进入19世纪初，葡澳政府职能改革，其治安分区亦为三区，即西区、花王堂区、圣老楞佐区。这是否可以说明，澳葡政府与广东政府在管理澳门城区时存在某种默契。关于这一推测，尚有待进一步研究。

与此同时，广东政府对在澳门海域作业的船只与人员实施澳甲制度。1725年，广东政府在澳门实行贸易额船制度，限定居澳葡人的商船为25艘，并实施严格的编号、注册、进出口管理。⑤ 这其实是明清政府在沿海实行的澳甲制度的延伸。1749年（乾隆十四年）9月，澳门同知张汝霖制定了《澳门约束章程》，其第二款明确规定："一切在澳快艇、果艇及各项疍户罟船，通行确查造册，发县编烙，取各连环保结，交保长管束。"⑥ 法令还规定，澳甲有责任稽查注册船只之"朝出暮归"。⑦

---

① 中国第一历史档案馆、澳门基金会、暨南大学古籍研究所编《明清时期澳门问题档案文献汇编》，人民出版社，2009，第192~193页。
② 刘景莲：《明清澳门涉外案件司法审判制度研究》，广东人民出版社，2007，第79页。
③ 印光任、张汝霖：《澳门记略》卷上《官守篇》，赵春晨校注，澳门文化司署，1992。
④ 刘景莲：《明清澳门涉外案件司法审判制度研究》，广东人民出版社，2007，第80页。
⑤ 陈文源：《清中叶澳门贸易额船问题》，《中国经济史研究》2003年第3期。
⑥ 印光任、张汝霖：《澳门记略》卷上《官守篇》，赵春晨校注，澳门文化司署，1992。
⑦ 刘芳辑《清代澳门中文档案汇编》（上），章文钦校，澳门基金会，1999，第413页。

明清政府在澳门地区及其海域推行保甲与澳甲制度，在一定程度上为预防与惩治澳门社会治安事件提供了有效的帮助，对稳定澳门社会秩序发挥着不可忽视的功能。

二 发挥行会功能，规范从业人员的管理

澳门作为远东重要的转口贸易港口，需要大量华人提供后勤服务，如买办、引水、通事、维修工以及日常生活必需品经营者，对于此等人群，广东政府或直接管理，或利用行业组织，进行规范管理。

第一，三街会馆是澳门华商的行会组织，它起了平抑纷争，沟通澳门社会与广东政府的作用。三街会馆的始建年代，因文物湮毁，已无法确考。有学者认为始建于雍正末年至乾隆初年之间。[①] 三街会馆创建的缘由，据《重修三街会馆碑记》载："前明嘉靖年间，夷人税基地，以为晒贮货物之所。自是建室庐，筑市宅，四方商贾，辐辏咸集，遂成一都市焉。前于莲峰之西建一妈阁；于莲峰之东建一新庙。虽客商聚会，议事有所，然往往苦其远而不与会者有之。以故前众度街市官地旁，建一公馆，凡有议者，胥于此馆是集，而市借以安焉。"此馆创建的目的是"会众议，平交易，上体国宪，而下杜奸宄也"。[②] 三街会馆虽是居澳华商捐建而成，但它也是广东政府在澳门宣示政策、了解社情民意的场所，所以有学者认为其具有"中国官方基层重要组织之性质"，[③] 它在维护澳门城商业秩序、社会治安方面起到了积极的作用，正所谓"二百年于兹，如赤子之依父母，故虽华夷错杂，耦俱无猜。而又得缙绅先生相与维持，而调护之所为，市廛不惊，嚣竞不作，于内崇国体，外绥夷情者，其必有道也"。[④]

第二，加强对买办与引水的牌照管理，确保贸易合法、有序地进行。

---

① 谭世宝：《金石铭刻的澳门史：明清澳门庙宇碑刻钟铭集录研究》，广东人民出版社，2006，第247页。
② 谭世宝：《金石铭刻的澳门史：明清澳门庙宇碑刻钟铭集录研究》，广东人民出版社，2006，第249页。
③ 谭世宝：《金石铭刻的澳门史：明清澳门庙宇碑刻钟铭集录研究》，广东人民出版社，2006，第247页。
④ 谭世宝：《金石铭刻的澳门史：明清澳门庙宇碑刻钟铭集录研究》，广东人民出版社，2006，第258页。

买办与引水在进出口贸易中担当着中介角色，明清政府十分重视对这些人员的遴选与管理。清代，从事买办、引水者首先必须申领牌照，由澳门同知或粤海关统一管理。1727年，雍正皇帝颁行法令，规定"所有夷商买办之人，由澳门同知选择，取具保结，承充给予印照。在澳门者由该同知稽查，在黄埔者由番禺县就近稽查。如代买违禁货物及勾通代雇民人服役，查出治罪，失察地方官查参"。[1] 为了保证买办人员的相对稳定，杜绝私充现象，广东政府规定一人一牌，不得私自转让。"此项人役，如系承充之后，或欲别业禀退，以及病废事故，需人接充，应令其将牌缴销，改换新牌，以杜私充滋弊。其牌务令当堂发给，不得假手胥役，以免需索。"[2]

至于引水，《管理蕃舶及寄居澳门夷人规约》对引水的遴选、发照、上岗以及违规处罚均有明确的规定："请责县丞将能充引水之人详加甄别，如果殷实良民，取具保甲亲邻结状，县丞加结申送，查验无异，给发腰执照准充，仍列册通报查考。至期出口等候，限每船给引水二名，一上船引入，一星驰禀报县丞，申报海防衙门，据文通报，并移行虎门协及南海、番禺，一体稽查防范。其有私出接引者，照私渡关津律从重治罪。"[3] 1809年，两广总督百龄加强对引水的作业程序进行改革，规定："夷船到口，即令引水先报澳门同知，给予印照，注明引水船户姓名，由守口营弁验照放行，仍将印照移回同知衙门缴销。如无印照，不准进口。"[4] 这些条例规范了引水的作业流程，规定引水首先必须取得资格，拥有上岗的腰牌；其次在准备作业时，也必须领有澳门同知发给的印照，并明确印照的发放与注销制度，以防私充或冒充之弊端。1835年，两广总督卢坤与粤海关监督中祥议定《增易规条》，其中规定："嗣后澳门同知设立引水，查明年貌、籍贯，发给编号、印花腰牌，造册报明总督衙门与粤海关存案。遇引带夷船，给与印照，注明引水船户姓名，关汛验明放行。其无印花腰牌之人，夷船不得雇用。"[5] 这一规条的主要特点就是提高了管理的级别，引水原由县丞甄选、审查、发牌，向澳门同知报备，改由澳门同知负责审查与发

---

[1] 梁廷枏等编纂，袁钟仁校注《粤海关志》卷十七《禁令》，广东人民出版社，2002。
[2] 刘芳辑《清代澳门中文档案汇编》（上），章文钦校，澳门基金会，1999，第421页。
[3] 印光任、张汝霖：《澳门记略》卷上《官守篇》，赵春晨校注，澳门文化司署，1992。
[4] 刘芳辑《清代澳门中文档案汇编》（上），章文钦校，澳门基金会，1999，第417页。
[5] 梁廷枏编纂，袁钟仁校注《粤海关志》卷二十九《夷商四》，广东人民出版社，2002，第565页。

牌，向总督衙门与粤海关报备。

第三，利用行业组织，规范工匠与挑夫等人的行为。《管理蕃舶及寄居澳门夷人规约》规定："夷人寄寓澳门，凡承造船只房屋，必资内地匠作，恐有不肖奸匠，贪利教诱为非，请令在澳各色匠作，交县丞清查造册，编甲约束，取具连环保结备案。如有违犯，甲邻连坐。递年岁底，列册通缴查核。如有事故新添，即于册内声明。"① 其具体工作的监管，就是在泥水匠、木匠中成立行业组织，设立匠头或行长，议立章程，加以约束。"兹着泥水头、行长议立章程，自后遇有夷屋坏烂，应行修葺，无论大小工作，悉与泥水匠头并行长议定工价，即行绘图禀报，随即派拨诚实泥匠承修，速为完竣，不得迁延日欠。如散匠不为完工，即着落匠头、行长加匠修完。倘有推延拐价逃匿等弊，许该夷目据实禀报，以凭严拿究惩。"② 广东政府在从业人员注册、成立行业组织、规范工作流程等方面，加强对驻澳的泥水匠、木匠的管理；同时，澳门作为一个转口贸易港，其货物装卸需要大量的挑夫，在澳门则设挑夫馆，选出总头与夫头，负责对各码头装卸或搬运货物的人员调配与管理。③

第四，集市经营，分行管理。澳门集市原设城墙外沙梨头，后因市民不便，管理混乱，议事会经香山知县同意，在营地街新建墟亭，1789年4月竣工，香山知县彭翥亲临部署，分猪肉、鲜鱼、鸡鸭及蔬菜四行，各行设立行长，各自分段摆卖，④ 规范了集市的管理。

明清广东政府通过对各行业组织的规范与管理，使相关政策与法规得以落实，有效地控制了澳门社会的各项商业活动。

三 遏制人口与楼宇增长，控制发展规模

澳门开埠以后，驻留人口激增，住宅楼宇迅速发展，尤其是万历年

---

① 印光任、张汝霖：《澳门记略》卷上《官守篇》，赵春晨校注，澳门文化司署，1992。
② 刘芳辑《清代澳门中文档案汇编》（上），章文钦校，澳门基金会，1999，第428页。
③ 刘芳辑《清代澳门中文档案汇编》（上），章文钦校，澳门基金会，1999，第4页；澳门基金会，1999，第421页。
④ 王廷钤等纂辑《香山县恭常都十三乡采访册》卷下《艺文门》录海防同知侯学诗《澳门营地新建墟亭碑记》，第82~83页；刘芳辑《清代澳门中文档案汇编》（上），章文钦校，澳门基金会，1999，第14页。

间，澳葡政府大兴土木，修建军事设施，使明朝士大夫深感不安。因此，遏制其膨胀性发展，成为明清时期广东政府管理澳门的一项长期政策。为了控制澳门的发展规模，广东政府主要从两个方面立法规管：一是控制人口过快的增长，二是限制住宅楼宇建筑。

第一，严格控制澳门人口的规模。澳门开埠之初，迁入人口激增，为遏制这一势头，1573 年，广东政府在莲花茎建设关闸，严控华葡商民阑入阑出，并令"各处把海把澳官兵，严戢百工商贾，遇有阑出，多方设法侦捕"。[1] 其后，明朝政府对出入澳门从事贸易活动者，实行票照制度，华商入澳要求申领"澳票"，葡商前往广州则须申领"部票"，从制度上控制澳门商民的自由出入。自明崇祯年间起，禁止葡商前往广州贸易，将葡商的贸易活动主要控制在澳门城内。入清以后，广东政府实行行商制度，有效地控制澳门的转口贸易。至雍正二年，因葡商独享中国与南洋贸易之利，澳门对外贸易迅速发展，为此，广东政府实施了贸易额船制度，限定居澳葡人的贸易商船数目为 25 只，不得添置。当时两广总督孔毓珣上奏申明实施此制度的理由，称："其澳门居住之西洋人，与行教之西洋人不同，居住二百年，日久人众，无地可驱，守法纳税，亦称良善。惟伊等贩洋船只每从外国造驾回粤，连前共二十五只，恐将来船只日多，呼引族类来此谋利，则人数益众。"[2] 由此可见，实施额船制度的目的之一，就是从经济上遏制居澳葡裔人口的增长。18 世纪 80 年代后，葡方利用协助剿灭海盗的机会，多次要求增加额船数目，但清朝政府始终不肯让步，实际上也是保证将澳门的经济发展规模始终限制在可控制的范围之内。

对于华人进入澳门，广东政府也严加管控，在保甲法的严密规管下，华人要进入澳门并非易事，"任何中国人进入澳门，必须持有一纸印照，写明姓名与雇佣情况，并有使其行为规规矩矩的保证"。[3] 至清乾隆年间，由于全国禁教，对华人移居澳门的管理更为严格。1744 年印光任制订《管理蕃舶及寄居澳门夷人规约》，第四款规定："凡贸易民人，悉在澳夷墙外

---

[1] 陈吾德：《谢山楼存稿》卷一《条陈东粤疏》，四库存目丛书本。
[2] 王之春：《清朝柔远记》卷三，中华书局，1989 年校点本。
[3] 〔瑞典〕龙思泰（A. Ljungstedt）：《早期澳门史》，吴义雄等译，东方出版社，1997，第 129 页。

空地搭篷市卖，毋许私入澳内，并不许携带妻室入澳。责令县丞编立保甲，细加查察。其从前潜入夷教民人，并窜匿在澳者，勒限一年，准其首报回籍。"① 1746年12月，香山知县张汝霖入澳调查澳门天主教情况后，针对其发展态势提出了一套整治的办法："夫除弊之道，绝流不如塞源，应请将进教一寺，或行折毁或行封锢，其寺中神像、经卷，或行焚烧，或饬交夷人收领。各县人民概不许赴澳礼拜，违者拿究。并令附近各县多张晓示，凡从前已经赴澳进教之人，许令自新，再犯加倍治罪。其有因不能赴澳礼拜，或于乡村城市私行礼拜诵经，及聚徒传习者，察以左道问拟。则各县每年一次赴澳进教之弊，似可渐除矣。惟是在澳进教一种，有稍宜熟筹者，伊等挟有资本，久与夷人交关，一经迫逐，猝难清理。其妻室子女若令离异，似觉非情；若以携归，则以鬼女而入内地，转恐其教易于传染。应否分别协理：其未经娶有鬼女，又无资本与夷人合伙，但经在澳进教，自行生理者，不论所穿唐衣、鬼衣，俱勒令出教，回籍安插。其但有资本合伙，未娶鬼女者，勒限一年清算，出教还籍；其娶有鬼女，挟资贸易，及工匠、兵役人等，穿唐衣者勒令出教；穿番衣者，勒令易服出教，均俟鬼女身死之日，携带子女回籍。其未回籍之日，不许仍前出洋贸易及作水手出洋充当番兵等项，应先勒令改业。至买办、通事，澳夷所必需，但勒令易服改教，不必改业，仍各取具地保、夷目收管备查。其往来夷人之家，仍打鬼辫者，一并严行禁止。至现在十九人之外，或有未经查出者，除再密查外，应令自行首明，并饬夷目查明呈报。隐匿者，察出治罪，似亦逐渐清除在澳进教之一法也。夷人在澳，有必需用唐人之处，势难禁绝。然服其役即易从其教，苟非立法稽查，必致阴违阳奉，应请饬行夷目及地保人等，将夷人应用唐人之处，逐一查明，造册具报。岁终出具并无藏留进教唐人甘结。缴查其册，一年一造。有事故更换者，据实声明。如此，则稽查较密，而唐夷不致混杂。"②

通过这两次整顿，对居澳华人进行较为严格的清查，有效地阻遏华人进入澳门。但日久法弛，嘉庆年间，华人移居澳门有上升之势，1809年两广总督百龄再次立例规定："民人携眷在澳居住者，亦令查明户口造册，

---

① 印光任、张汝霖：《澳门记略》卷上《官守篇》，赵春晨校注，澳门文化司署，1992。
② 印光任、张汝霖：《澳门记略》卷上《官守篇》，赵春晨校注，澳门文化司署，1992。

止准迁移出澳，不准再有增添。"① 试图遏制澳门人口的增长。

第二，遏制楼宇建设。1614年，海道副使俞安性发布《海道禁约》，其中第五款规定："禁擅自兴作。凡澳中夷寮，除前已落成，遇有坏烂，准照旧式修葺。此后，敢有新建房屋，添造亭舍，擅兴一土一木，定行拆毁焚烧，仍加重罪。"② 清承明制，仍然对居澳葡修建房屋进行遏制，并完善其管理法规，主要表现在以下几个方面：一是完善维修楼宇的审批制度；二是对承修葡人房屋的华人工匠进行规范管理。1744年，印光任提了治澳7条建议中，规定："夷人寄寓澳门，凡承造船只、房屋，必资内地匠作，恐有不肖奸匠，贪利教诱为非，请令在澳各色匠作，交县丞清查造册，编甲约束，取具连环保结备案。如有违犯，甲邻连坐。递年岁底，列册通缴查核。如有事故新添，即于册内声明。"③ 随后，就泥水匠、木匠分设匠头、行长，议立章程加以约束。根据相关规定，各工匠在与葡人签订维修合同后，必须向香山县申请许可证方能施工。④ 其申请报告中要求载明维修房屋的样式及长宽高低，说明是否依照旧基址修葺。⑤

1749年，澳门同知张汝霖与香山县令暴煜详筹澳门善后事宜，首次对澳门的房屋楼宇进行全面清查，在新修订的《澳门约束章程》中，明确规定："澳夷房屋、庙宇，除将现在者逐一勘查，分别造册存案外，嗣后止许修葺坏烂，不得于旧有之外添建一椽一石，违者以违制律论罪，房屋、庙宇仍行毁拆，变价入官。"⑥ 这是清朝政府首次在澳门对葡人的物业进行清查，建立档册管理，并加重对违令者的处罚。针对一些有法不依、有令不止的现象，1806年，香山县知县彭昭麟下理事官谕，规定："嗣后凡有房屋、庙宇坏烂，务须向该夷目告知，开明工程做法，雇请工匠姓名人

---

① 刘芳辑《清代澳门中文档案汇编》（上），章文钦校，澳门基金会，1999，第417页。
② 印光任、张汝霖：《澳门记略》卷上《官守篇》，赵春晨校注，澳门文化司署，1992。
③ 印光任、张汝霖：《澳门记略》卷上《官守篇》，赵春晨校注，澳门文化司署，1992。
④ 刘芳辑《清代澳门中文档案汇编》（上）载："查葺夷屋定例，匠头报明本分县批准，方许承修。"第24页。又"署澳门同知吴为著人雇匠修漏有违定例事下理事官谕"称："查内地匠人承修尔夷房屋例应绘图，先赴本府衙门，据实报明，方准兴工，此仍天朝法度，工匠自应遵守。"澳门基金会，1999，第429页。
⑤ 刘芳辑《清代澳门中文档案汇编》（上）载："查泥水报修该夷等房屋，定例照依图内开载，长宽高低，丈尺式样，照旧基址修葺。"澳门基金会，1999，第27页。
⑥ 印光任、张汝霖：《澳门记略》卷上《官守篇》，赵春晨校注，澳门文化司署，1992。

数，禀明澳门军民府存查。"① 也就是在申报维修工程时，除匠头申请外，还要求理事官出面担保，这实际上是要求澳门理事官负起监督的责任。

广东政府关于澳门的房屋政策，使得葡人要获得维修房屋的批文并不容易。1803年，澳门主教曾抱怨说："澳门仅在名义上属于葡萄牙。葡萄牙人在这里并不拥有任何土地，也不能买得土地。没有中国官吏的允许，他们不能建一堵墙，开一扇窗和修理他们自己的房屋和房顶。"② 但事实上，这些法规对葡人违法添建楼宇只是起到一定的阻遏作用，并没有从根本上解决问题。葡人常常通过贿赂，与匠头、地方衙役勾结，伪造房屋档案，从而骗取了房屋维修批文，使澳门的建筑物在不断地增加或扩建。1815年，乡绅赵允菁、叶恒澍与澳门地保奉香山知县之令对澳门沿海一带的铺屋进行调查，在报告中指出："澳门夷人历来添造房屋，俱系汉人瞒禀照旧修复，拚工包整，已照界溢出数倍。""更多并无片纸只字，或因前始设法取巧，以避查勘者。"③

尽管广东政府三令五申，不断推出新的措施，但事实上，澳门人口在不断地增长，楼宇也不断地翻新与扩建。面对这一情况，1809年两广总督百龄做出无奈的决定："将澳门所住西洋及内地人名户口，查明造册，所有夷人续建房屋，不必全行拆毁，亦不准再为添改；民人携带眷口，不必概予驱逐，亦不准复有增添"④，希望通过这种方式化解当时澳门社会的矛盾。

由上可见，澳门作为中国封建王朝体制边缘的"特区"，明清时期广东政府对澳门社会的管理主要从两个方面入手：一是对流动人口的管理，借助传统基层管理的模式，推行保甲法，利用行会组织，对居澳人员的行为进行有效监控；二是遏制楼宇建设，以限制澳门城区发展的规模。通过这些措施，既能维持一定规模的商贸发展，满足社会各方利益的需求；又能保证广东海疆安全，稳定了广东沿海的社会秩序。

（原文载于《广东社会科学》2012年第6期）

---

① 刘芳辑《清代澳门中文档案汇编》（上），章文钦校，澳门基金会，1999，第405页。
② 〔葡〕贝来拉：《澳门的中国海关》（A Margues Pereira：*As Alfandegas, Chinese de Macau*, Macau, 1870），第33页。引自王昭明《鸦片战争前后澳门地位的变化》，《近代史研究》1986年第3期。
③ 刘芳辑《清代澳门中文档案汇编》（下），章文钦校，澳门基金会，1999，第778页。
④ 刘芳辑《清代澳门中文档案汇编》（上），章文钦校，澳门基金会，1999，第417页。

明清政府对澳门的法权管理

康大寿[*]

澳门是明清时期外国人在华相对集中居住或活动的一个特殊地区。由于这一地区"华夷杂居",各种民、刑事案件较多,也极为复杂,故这一时期澳门的法权问题不仅是澳门史上的重大问题,同时也是鸦片战争前中国政府对在华外国人法律管理的集中体现。因此,研究它不仅能加深我们对明清政府在澳门行使主权的理解,而且还可以澄清西方一些人士,包括1844年来华向中国索要治外法权的美国特使顾盛等人关于外人在华治外法权起源的误说。

一

葡萄牙人自1553年以缴纳租金的形式获准定居澳门之后,随着居澳葡人的增加,遂出现由当地葡人选出管理其居住区的行政长官。1580年后,他们又设立了治安判事。据薛馧在《澳门记》中记载,当时澳门葡人中设有"一掌兵理事官、一司库判事官、一司狱"[①]。但这些官吏的设立主要是用于葡人内部的管理,而且也没有得到明政府的承认。万历十年(1582年),时任两广总督的陈瑞将澳门主教、民政长官及治安判事等召至省城肇庆,"诘责葡人自由行使法权之不法"。当时澳门葡官"初不欲受其唤召,后为顾全澳门安全计",只得"携带天鹅绒、镜子等珍贵制造品至肇庆,赠与总督,以博其欢心,并郑重申明愿服从中国官宪之命令"[②]。据马

---
[*] 康大寿,西华师范大学教授。
[①] 《小方壶斋舆地丛钞》第九帙。
[②] 周景濂:《中葡外交史》,商务印书馆,1991年影印版,第78页。

士在《中华帝国对外关系史》中记载,当时"他们在敌视的态度下被传见,并受到驱逐出境的威胁"①。1988年,时任澳门历史档案室主任的依查乌·山度士先生(Isau Santos)在《十六、十七世纪围绕澳门的葡中关系》一文中也提到此事,当时"广东总督曾强烈责难葡萄牙在澳门设立法院和管理司法,声称准许葡人在澳定居决不意味着司法管辖权。"②

《大明律·名例律》中"化外人有犯"条下规定:"凡化外人犯罪者并依律拟断。"③明政府对待在华外人,包括澳门葡人的犯罪一直是按此规定处置。为加强对澳门的法律管理,明政府不断地完善管理机构,申明法规。

据《澳门记略》"形势篇"记载,由于澳门处于海疆,海道纵贯其中,"前明故有提调、备倭、巡缉行署三"④。葡人入居澳门后,他们借地筑室,"凌轹居民,蔑视澳官",从而引起中国官民的不满。嘉靖四十四年(1565年),广东御史庞尚鹏"疏请饬澳门葡人撤屋居舶"⑤。万历二年(1574年),澳门莲花山茎设闸,"闸官司启闭"⑥。在1587年以前,明政府"曾经派遣一位官员驻守澳门;'承皇帝之旨,管理该地';凡牵涉中国人在内的案件,不论他是原告或被告,都归他裁判"⑦。由于当时澳门"番人既筑城,聚海外杂番,广通贸易,至万余人,吏其土者,皆畏惧莫敢诘,甚有利其宝货,佯禁而阴许之者"⑧,致使葡人不受汉官约束,不遵汉官法度之事屡见不鲜,这更是激起中国人民的愤慨。万历三十五年(1607年),广东番禺举人卢廷龙会试入都,"请尽逐澳中诸番出居浪白外海,还我壕境故地"⑨。第二年(1608年)蔡善继为香山知县,"即条议制澳十则上之",并对违法夷人严厉惩处。据记载,就在《制澳十则》订立不久,便有夷目违反,"澳弁以法绳夷目,夷哗将为变,善继单车驰往,片言解,缚悍夷至堂皇下痛笞之,故事夷人无受笞者。善继素廉介,夷人慑之,故贴

---

① 〔美〕马士:《中华帝国对外关系史》第一卷,张汇文等译,三联书店,1957,第47页。
② 澳门文化司署编《文化杂志》(中文版)第七、八期,1988,第6页。
③ 《大明律附例》卷一,《玄览堂丛书》三集,第十五册。
④ 印光任、张汝霖:《澳门记略》上卷,上海进步书局印本,第1页。
⑤ 郭廷以:《近代中国史事日志》(上),中华书局,1987,第4页。
⑥ 印光任、张汝霖:《澳门记略》形势篇,上海进步书局印本,第1页。
⑦ 马士:《中华帝国对外关系史》第一卷,张汇文等译,三联书店,1957,第49页。
⑧ 《明史》卷三百二十五《佛朗机传》。
⑨ 《明史》卷三百二十五《佛朗机传》。

息"①。可见，当时在澳葡人仍须无条件地服从中国法权管理。1577年曾一直活动在东南亚一带的 Zuan Baptista Roman 认为，当时居住在澳门的葡萄牙人"是被看作中国皇帝子民的"，"葡萄牙人犯罪，可由葡萄牙人自行处置；但一有牵涉华人，则须交中国官员审判，常有葡萄牙人被送去广州审判而受鞭打"②。

万历年间，澳门葡人曾多"潜匿倭贼，敌杀官军"③，致使澳门及其附近地区民人不安，故而海道俞安性便于万历四十一年（1613年）详请两院勒碑，以禁澳夷畜倭。俞安性认为："倭性狡鸷，澳夷畜之为奴，养虎为患，害将滋蔓，本道奉敕受事，凭借两台制驭，巡澳察夷，追散倭奴凡九十八人还国。除此蟊贼，尔等遂得相安乐土。此后市舶不许夹带一倭。在澳诸夷亦不得再畜幼倭。违者倭与夷俱擒解两院，军法究处。"④

万历四十二年（1614年），由道臣俞安性向澳门葡人宣谕禁约五事，并勒石立碑，作为永禁。据康熙《香山县志》卷十记载：

澳夷骄悍不法，议者有谓必尽驱逐以清疆宇者；有谓移出浪白外洋，不容盘踞内地者。本道念诸夷生齿蕃衍，不忍其累累若丧家之狗，当于巡澳日申以国威，随皆弭耳向化。因摘其犯顺五款，行香山县遵谕约束，免其驱徙。详奉两广部院张（指时任两广总督的张鸣冈）、巡按御史周（即周应期）五款准勒石立碑，永为遵守。今附载如左：

一、禁畜养倭奴。凡新旧夷商，敢有仍前畜养倭奴，顺搭洋船贸易者，许当事历事之人前报严拿，处以军法，若不举，一并重治。

二、禁买人口。凡新旧夷商，不许收买唐人子女，倘有故违，举觉而占吝不法者，按名追究，仍治以罪。

三、禁兵船骗（原作"编"误）饷。凡番舶到澳，许即进港，听候丈抽，如有抛泊大调环、马溜洲等处外洋，即系奸刁，定将本船人货焚戮。

---

① 印光任、张汝霖：《澳门记略》官守篇，上海进步书局印本，第10页。
② 陈正祥：《澳门》，载香港中文大学研究所地理研究中心研究报告第三十六号，转引自邓开颂、黄启臣《澳门港史料汇编》，广东人民出版社，1991，第120页。
③ 《明史》卷三百二十五《佛朗机传》。
④ 戴裔煊：《〈明史·佛朗机传〉笺正》，中国社会科学出版社，1984，第99页。

四、禁接买私货。凡夷趸贸易货物，俱赴省城公卖输饷，如有奸徒潜运到澳与夷，执送提调司报道，将所获之货，尽行给赏首报者，船器没官，敢有违禁接买，一并究治。

五、禁擅自兴作。凡澳中夷寮，除前已落成，遇有坏烂，准照旧式修葺，此后敢有新建房屋，添造亭舍，擅兴一土一木，定行拆毁焚烧，仍加重罪。①

同年，两广总督张鸣冈又上奏朝廷："粤东之有澳夷，犹疽之在背也。澳之有倭奴，犹虎之傅翼也。万历三十三年，私筑墙垣，官兵诘问，辄被倭抗杀，竟莫谁何。今此倭不下百余名，兼之畜有年深，业有妻子庐舍，一旦搜逐，倘有反戈相向，岂无他虞。乃今不亡一矢，逐名取船押送出境，数十年澳中之患，不崇朝而祛除。"而对澳门葡人，他主张应"加意申饬明禁，内不许一奸阑出，外不许一倭阑入，毋生事，毋弛防"②，以杜绝夷畜倭奴。随后，他又派海道副使俞安性和香山知县但启元视察澳门，命令居澳葡人举报各自所畜倭奴，并将其中123名用船遣送回国。

为了进一步加强对在澳外国人的防范和司法管理，明政府于万历四十二年（1614年）"始设参将府于中路雍陌营，调千人守之"。③ 雍陌是香山县的一个圩市，距澳门较近。万历四十五年（1617年），明政府又将广州海防同知移驻雍陌，据《明万历实录》卷五百五十七"兵部复广东巡按田生金会同总督周嘉谟条陈"第六款记载："预绸缪以弭衅隙。谓倭奴人犯，皆由奸人为之向导。近闽粤多贩海奸徒，而境澳亦蓄奸薮泽，议将广州海防同知出镇雍防，会同钦总官严加查察，不许违禁夹带。陆路则谨塘基环一线之关。夷商入广，验明给票，方许停泊。海道每巡历濠境一次，宣示恩威，申明禁约。"④ 这里的"雍防"即指雍陌营防地。

虽然明政府在万历年间加强了对澳门的法权管理，但在澳外人不遵禁令之事仍时有发生。天启元年（1621年），澳门葡人公然以防御荷兰海盗

---

① 戴裔煊：《〈明史·佛朗机传〉笺正》，中国社会科学出版社，1984，第99~100页。
② 《明万历神宗实录》卷五百二十七，万历四十二年十二月乙未条。
③ 《明天启实录》卷十一，天启元年六月丙子条按语。
④ 《明万历实录》卷五百五十七，万历四十五年五月辛巳条。

为名，在广东地方政府反对的情况下，擅自在青州岛修墙筑室。对此，广东布政使司参议徐如珂力主将澳夷所修之墙垣"尽撤而毁之"，在广东布政使司参政冯从龙的支持下，澳葡所修青州城垣遂被全部拆毁，"番亦不敢拒"。①

从上可见，澳门自葡萄牙人入居后，中国一直对该地区行使着司法权，并随着该地区违法案件的增多而在明后期越来越有所加强。

二

清朝建立后，《大清律·名例律》"化外人有犯"条下仍然规定："化外人既来归附，即是王民，罪并依律断，所以示无外也。"② 清政府对澳门不仅仍然坚决地行使着司法权，而且还进一步加强了对澳门的行政管理。

据张甄陶所著《澳门图说》记载："香山县东百二十里有邱□然，设有官署者，为前山寨，前明副将守之，康熙七年移于邑城，以都司统兵一百驻其地，与都司之署对峙者，海防同知也。由寨而东十五里为关闸，设把总守之，为民夷出入要隘。明制每月六开关，支给夷人米石，支给讫仍闭关。今关常开，惟不许夷人阑入，他皆不禁。"③ 雍正八年（1730年），广东总督郝玉麟等议奏粤东更改管制事宜，香山县"添设县丞一员，驻扎前山寨城，稽查分管调原驻之守备防守县城"。④ 到乾隆八年（1743年），署两广总督策楞奏称："广州一府，省会要区，东南紧接大洋，前已奏设香山、虎门二协，而文员未有专属，防范难周，又澳门番夷，亦宜严密弹压，请将肇庆府同知移驻前山寨，稽查出入海船，兼管澳夷，归广州府管辖。其原管捕务，归肇庆府通判兼理。又将香山县县丞移驻澳门，专司民番词讼，属该同知管辖，再照理同知之例，给与把总二员，兵丁一百名，在香山、虎门两协内各半抽拨，并酌拨巡缉船只，添建衙署营房，铸给印

---

① 《明史》卷三百二十五《佛朗机传》。
② 《大清律例新增统纂集成》卷五，道光二十七年刻本。
③ 《小方壶斋舆地丛钞》第九帙。
④ 《清世宗实录》卷九十五，雍正八年六月。

信。"① 此事得到吏部的同意。

同年，澳门发生葡人与华人间的凶杀事件。十月十八日，澳门葡人晏些卢与酒后华人陈辉千相碰，晏些卢竟用小刀将陈戳死。案发后，葡人拒不交凶，当时署两广总督策楞担心地方"失之宽纵"，当即批示：其凶犯必须"照例审拟招解"。由于中国政府的态度坚决，澳葡当局最后不得不遵令将晏些卢用绳索勒死。此案之后，策楞奏请清廷应对澳门夷民词讼明定条例，清政府遂决定"嗣后在澳民番有干涉、谋故、斗殴等案，其罪在民人者照律例遵行外，若夷人罪应斩绞者，相验时讯明确切，通报督抚，详加查核，如果案情允当，即行批饬地方官同该夷目将该犯依法办理，免其交禁解勘，仍据实奏明，将供招报部存案。夷人在内地致死夷人，即在犯事地方，照夷法处死"②。从这一段史料中我们可以看出，清政府此时虽然正式同意在"案情允当"的情况下对澳葡犯人的行刑可以在澳门执行，但其他司法程序仍必须按中国法律执行，并必须有中国地方官会同办理。至于在内地，即使是在外国人之间的凶杀案件，也必须在犯事地方，按照中国"杀人偿命"的法律原则执行，只不过在行刑的方式上"照夷法处死"而已。这谈不上是给了澳门葡人的所谓"治外法权"。

乾隆九年（1744年），清政府重设海防同知驻前山寨，印光任首任海防同知，专管澳门事务。为规范对澳门的管理和外国船只在澳门港的出入，印光任具议上请订立管理番舶及澳夷章程七条。其内容如下：③

一、"洋船到日，海防衙门拨给引水之人引入虎门湾泊黄浦，一经投行，即着行主通事报明，至货齐回船时，亦令将某日开行预报，听候盘验出口，如有违禁夹带，查明详究。"

二、"洋船进口，必得内地民人带引水道，最为紧要。请责县丞将能充引水之人，详加甄别，如果殷实良民，取具保甲亲邻结状，县丞加结申送查验无异，给发腰牌执照，准充仍列册通报查考，至期出口等候。限每船给引水二名，一上船引人，一星驰禀报县丞，申报海

---

① 《清高宗实录》卷二百零四，乾隆八年十一月上。
② 《大清律例新增统纂集成》卷五《名例律（下）》条例一，第58页。
③ 印光任、张汝霖：《澳门记略》官守篇，上海进步书局印本，第13页。

防衙门，据文通报，并移行虎门协及南海、番禺一体稽查防范。其有私出接引者，照私度关津律从重治罪。"

三、"澳内民夷杂处，致有奸民潜入其教并违犯禁令之人，窜匿潜藏，宜设法查禁，听海防衙门出示晓谕。凡贸易民人悉在澳夷墙外空地搭篷市卖，毋许私入澳内，并不许携带妻室入澳，责令县丞编立保甲，细加查察。其从前潜入夷教民人，并窜匿在澳者，勒限一年，准其首报回籍。"

四、"澳门夷目遇有恳恩上宪之事，每自缮禀，熟识商民赴辕投递，殊为亵越，请饬该夷目，凡有呈禀，应由澳门县丞申报海防衙门，据词通禀。如有应具详者，具详请示，用昭体统。"

五、"夷人采买钉铁、木石各料，在澳修船，令该夷目将船身丈尺数目、船匠姓名开列呈报，海防衙门即传唤该船匠估计实需铁斤数目，取具甘结，然后给与印照，并报关部衙门给要照票。在省买运回澳，经由沿途地方汛弁验照放行，仍知照在澳县丞查明，如有余剩，缴官存贮。倘该船所用无几，故为多报买运，希图夹带等弊，即严提夷目船匠人等讯究。"

六、"夷人寄寓澳门，凡成造船只房屋，必资内地匠作，恐有不肖奸匠贪利，教诱为非，请令在澳各色匠作，交县丞亲查造册编甲约束，具取连环保结备案。如有违犯，甲邻连坐，递年岁底列册通缴查核，如有事故新添，即于册内声明。"

七、"前山寨设立海防衙门，派拨弁兵弹压番商，稽查奸匪，所有海防机宜，均应于各协营一体联络，相度缓急，会同办理。老万山、澳门、虎门、黄埔一带营汛，遇有关涉海疆民夷事宜，商渔船只出口入口，一面申报本营上司，一面并报海防衙门。其香山、虎门各协营统巡会哨月日，亦应一体查报。"

乾隆十三年（1748年）四月，澳门又发生葡人亚马卢等人杀害华人李廷富、简亚二两人一案。据记载，当李、简两人被夷兵"毙之，弃其尸"后，广东地方政府要求引渡尸骸及其凶手，而澳葡夷兵头目却"庇之，匿不出"，于是广东地方政府便下令停止对澳门的一切贸易，并命所有居澳华人尽行退出。在此情况下，澳葡方面"乃缚送二犯，当以弃尸而失重罪，准诸夷法，永成地满"①（地满"Timor"，当时是葡萄牙国内的罪犯流放地）。对此，广东巡抚岳浚在澳葡的贿赂和一再运动下妥协，奏称凶犯患有精神病，决定将其"问拟流杖，请照夷法，安插地满"。葡人的暴行激起中国人民的极大愤慨，清朝廷亦对广东巡抚岳浚的奏文十分不满，即下谕示："岳浚所奏办理澳门夷人哑吗等致死李廷富、简亚二二命问拟杖流，请照夷法安插地满一折，李廷富、简亚二既死，无可证，所据仅夷犯一面之词，观其始初狡赖情形，必另有致死根由，是夷人来自内地，理宜小心恭顺，益知守法，乃连毙内地民人，已为强横，又复弃尸入海，希图灭迹，尤为凶狡，自应一命一抵，若仅引内地律例，拟以杖流，则夷人鸷戾之情将来益无忌惮，办理殊为错误。况发回内地，照彼国之法安插，其是否如此办理，何由得知？设彼国竟置之不问，则李廷富、简亚二两命不几视同草菅乎！此案已传谕该部节驳，另行究拟。如该犯尚未发回，着遵驳办理，倘已趁船起解，着一面声明缘由报部，一面晓谕夷人，以示儆戒。嗣后如遇民夷重案，务须按律究拟，庶使夷人共知畏罪奉法，不致恣横滋事，地方得以宁谧。"② 在这里，清政府重申对澳门严格的法权管理。

乾隆十四年（1749年），一些罪犯假借教徒身份逃往澳门安巴罗修道院潜藏，葡萄牙人拒不交出。对此，清政府"禁止一切物品对他们的供应，并且勒令所有商人离开澳门，葡萄牙人这才交出逃犯并同意签订了一次协定"。③ 这里的"协定"是指澳门同知张汝霖与香山知县暴煜为重申中国政府对澳门的法权而详筹议订的《善后事宜十二条》，当时葡印总督的使节庇利那对此表示赞同，后经广东督抚奏准，并用汉、葡两种文字立石刊刻，以示永远信守。其中第五条对在澳葡人的犯罪作了具体规定："嗣后澳夷除犯命盗罪应斩绞者，照乾隆九年定例（注：即1744年订立的《管理番舶及澳夷章程七条》，于相验时讯供确切，将夷犯就近饬交县丞，协同夷该地严密处所，加目于谨看守，取县丞钤记，收管备案，免其交禁解勘。一面申详大县，详加覆核，情罪允当，即饬地方官眼同夷目，依法办理。其犯该军、流、徒罪人犯，止将夷犯解交承审衙门，在澳就近讯供，交夷目分别羁禁收保，听候律议，详奉批回，督同夷目发落。如止

---

① 印光任、张汝霖：《澳门记略》官守篇，上海进步书局印本，第15~16页。
② 《大清律例新增统纂集成》卷五，名例律下"化外人有犯"条例，第58~59页。
③ 〔美〕马士：《中华帝国对外关系史》第一卷，张汇文等译，三联书店，1957，第49页。

杖、笞（杖）[人]犯，檄行该夷目讯供，呈覆该管衙门，核明罪名，饬令夷目照拟发落。"① 此外，《善后事宜》还对在澳夷人私擅凌虐、擅兴土木、贩卖子女、行窃、窝藏匪类以及夷人出澳、设教从教等方面的行为均作了具体的处罚规定并予以严厉禁止。这次"善后事宜十二条"的规定显然是对上一年（即乾隆十三年）广东巡抚岳浚在办理李廷富、简亚二两命案上妥协的纠正，从而规范了清政府对澳门的法权管理程序。

乾隆三十八年（1773年），澳门又发生一重大涉外杀人案件。当时澳门一华人被杀，犯罪嫌疑人为一名叫斯高特（Francis Scott）的英国人。但这位英国人被澳葡当局单方面审讯被判无罪。澳葡当局的此种行为显然违反乾隆十四年用中、葡两种文字立石刊刻的《善后事宜》的有关规定，侵犯了中国政府在澳门的司法主权。因此，当时广东地方官要求澳葡当局将罪犯移交中国方面审判。葡方对中国方面的意见初时予以拒绝，广东地方政府遂停止对澳门的粮食供给，在"经过一些商谈和抗拒之后，葡萄牙官员，最后终于在1749年协定第五款的规定下，做了让步。中国人对斯高特重新进行了审讯并把他处死"。②

嘉庆、道光年间，澳葡当局及居澳外国人，尤其是一些不法商人仍然无视中国法律，致使当时的澳门成为外国对华鸦片输入和偷运苦力出洋的集散地。1808年英国武装入侵澳门事件被平息后，清政府将两广总督吴熊光革职查办，任命百龄继任其职。为进一步加强对澳门的管理，新任两广总督百龄和广东巡抚韩崶在原来的《防范外夷规条》基础上，又拟订《民夷交易章程》六条，并于1809年进呈朝廷。其内容如下：③

一、"各国货船到时所带护货兵船，概不许擅入十字门及虎门各海口。如敢违例擅进，经守口员弁电到即行驱逐，停止贸易。"

二、"各夷商销货归本后，令其依期随同原船归国，不得在澳逗留，即有行欠未清，止准酌留司事者一二名在澳住冬清理。责令西洋夷目及洋行商人将姓名造册申报。俟次年即令归国，如敢任意久住或人数增多，查明驱逐。"

---

① 印光任、张汝霖：《澳门记略》官守篇，上海进步书局印本，第17页。
② 马士：《中华帝国对外关系史》，张汇文等译，三联书店，1957，第116页。
③ 北平故宫博物院编《清代外交史料·嘉庆朝》（第三册），1932，第16~17页。

三、"澳内为地无多，民夷杂处，请将西洋人现有房屋户口查明造册，不许再行添造。民人挈眷在澳居住者，亦令查明户口造册，止准迁移出澳，不准再有增添。"

四、"夷船到口，即令引水先报澳门同知，给予印照，注明引水船户姓名，由守口营弁验照放行，仍将印照移回同知衙门缴销。如无印照，不准进口。"

五、"夷商买办，应令澳门同知就近选择土著殷实之人，取具族长保邻切结，始准承允给予腰牌印照。在澳门者，由该同知稽查。在黄埔者，即交番禺县就近稽查。如代买违禁货物及勾通走私并代雇民人服役，查出重治其罪，并将徇纵之地方官一并查参。"

六、"嗣后夷货到时，由监督亲率洋行总商于公司馆内，秉公按股签掣，不准奸夷私自分拨。"

以上各条除第六条因嘉庆帝认为"竟似以外夷赀财为调剂乏商之计，事不可行"①之外，其他五条均被批准施行。《民夷交易章程》虽然是对贸易的规定，特别是为了防范外国兵船进入澳门而订立的，但它却充分表明清政府坚持了在澳门对外商和葡人的法权管理。

道光六年正月初五日（1826年2月11日），澳门华人严亚照因与葡人吗唠哂呅酒后争斗，被吗唠哂呅用刀砍伤致死。事发后，吗唠哂呅畏罪将刀丢弃洋内，逃往沿海山僻躲匿，被害人严亚照之母严徐氏投保报县，"经验明尸伤，饬令夷目唭嚟哆拘出凶夷，讯据供认前情不讳，将吗唠哂呅依斗杀律拟绞，饬交夷目牢固羁管"。时两广总督阮元、广东巡抚成格认为，"澳门地方民番斗殴等案，若夷人罪应斩绞，定例由该县验讯明确，通报督抚，详加覆核，即饬地方官眼同该夷目将该犯依法办理，免其交禁解勘，仍一面据实奏明并将供招报部，历久遵行在案。今夷人吗唠哂呅致伤民人严亚照身死，讯认明确，照例拟绞，情罪相符"。因此，他们委派广州知府高廷瑶前往澳门，会同署香山协副将曹耀清、署前山营游击马成玉，率同代理澳门同知冯晋恩、香山县知县蔡梦麟，"饬令夷目提出该凶夷吗唠哂呅审明"，于二月初五日"照例绞决，用彰国宪"②。在

---

① 北平故宫博物院编《清代外交史料·嘉庆朝》（第三册），1932，第18页。
② 北平故宫博物院编《清代外交史料·道光朝》（第二册），1932，第18~19页。

这次事件的处理过程中，阮元称澳葡夷目能将"凶夷交出正法，尚知天朝法度"①。

鸦片战争前，外国不法商人对华大肆走私鸦片，造成中国社会前所未有的烟毒泛滥，澳门更是成为鸦片囤聚发贩的重要场所。对此，清政府曾多次旨谕两广总督、粤海关监督和香山县及澳门同知对澳门的鸦片走私严密查拿，并对澳门添派弁兵。

嘉庆二十年（1815年），清军机处寄两广总督蒋攸铦等指出，鸦片"例当严禁，屡经奉旨饬查，断不能任尔等夹带销售，嗣后尔等货船到澳，均须逐船查验，如一船带回鸦片，即将此一船货物全行驳回，不准贸易。若各船皆带有鸦片，亦必将各船货物全行驳回，俱不准其贸易，原船即逐回本国。天朝富有四海，岂需尔小国些微货物哉，至尔等在澳居住之人，既在天朝地方，即应遵奉天朝法度，若敢于私自制造，希图就近牟利，则法律具在，即与在中国私传天主教无异，必重治尔等之罪，不能宽恕"②。清政府从法律的角度，对企图在澳门走私和制造鸦片的不法商人提出了严正警告。

道光十九年（1839年）春，林则徐奉旨查办鸦片到达广东，外国烟商遂多转移澳门，企图在澳葡当局的庇护下对抗中国的禁烟法令。对于在澳烟商的顽抗，林则徐责成澳门同知督同香山县及澳门县丞在澳随时访查，对在澳鸦片烟商"认真拘拿，据实惩办"③。与此同时，林则徐又会同两广总督邓廷桢谕令澳门同知转饬澳门夷目，通知他们"速即将澳门夷楼所贮烟土，查明何人名下若干箱，统共若干箱，限三日内开单，尽数呈缴该同知收贮"，听候验收。如若葡人再敢执迷不悟，不肯全部缴呈，则"惟有撤去买办，封澳挨查，从重惩创"④。同时，林则徐又檄委香山、澳门官员"仿照编查保甲之法，将通澳华民一体按户编查，毋许遗漏，并督同该夷目搜查夷楼，有无囤贮鸦片"⑤，且再次告示住澳之西洋夷人，"一有犯法，皆必从重惩办：其人问罪，货物没官。倘向私售鸦片，一经拿获，即恭请

---

① 北平故宫博物院编《清代外交史料·道光朝》（第二册），1932，第19页。
② 北平故宫博物院编《清外代交史料·嘉庆朝》（第四册），1932，第29页。
③ 《林则徐集·奏稿》（中），中华书局，1965，第737页。
④ 《林则徐集·公牍》，中华书局，1963，第85页。
⑤ 《林则徐集·奏稿》（中），中华书局，1965，第681页。

王命正法，以昭炯戒而肃海洋"。① 同年，林则徐还前往澳门巡视，他抽查华洋户口，对澳门葡人晓以利害，申明禁令。1840年初，英国驻华商务监督义律以英国政府名义寄函澳门葡人，"请求准将英人存下货物运至澳门，囤贮栈房"，澳葡当局当时"虽欲应承"，但慑于中国政府法令，不得已推辞其所请②。事后，义律与英商"私行入澳"，受到葡人庇护，清政府便关闭澳门，停止葡人贸易，英商被迫全部退出澳门。

第一次鸦片战争后，澳葡当局曾趁机于1843年向清政府提出免去其应缴纳的租金和"自关闸至三巴门一带地方俱归大西洋拨兵扼守"等无理要求，但遭到时任钦差大臣的两江总督耆英的拒绝。耆英认为："关闸之设，系因地势扼要，并非划分界限，且设关在前，大西洋住澳在后，关闸以内，既有民庄，又有县丞衙署，未便听其拨兵扼守，应饬仍照旧章，以三巴门墙垣为界，不得逾越。"③ 1849年春，澳葡趁英人强进广州，汹汹欲动之机，"突率夷兵数十人，钉闭关门，驱逐丁役"，从而拒绝接受清政府的法权管理，但清政府直至1887年中葡《友好通商条约》签订前均对此未正式给予承认。

综上所述，葡萄牙自入居澳门之后，虽然他们曾在明清政府的默许下获得了在澳门的某些方面的行政管理权，但中国政府却坚持对澳门地区行使主权。尽管澳葡当局和一些不法外国人也力图摆脱中国政府的法权管理，他们"多方抗匿，或云情甘回国不在澳居住，或欲登台燃炮以死抗拒"④，也确实曾有人通过不法手段逃避了中国法律的惩处，但这并不是在中国政府的允许下实现的。所以，不能说鸦片战争前澳葡当局就已经取得了在澳门地区的治外法权。虽然澳葡当局在1849年赶走驻澳中国官吏，进而非法强行地管理澳门，但其包括法权在内的管理权并未得到中国政府的承认。正因如此，葡萄牙从1862年便开始千方百计地想与中国政府签订条约。1887年，葡萄牙趁中法战争之后，遂在时任中国海关总税务司的英人赫德的促成下与中国正式签订了《中葡和好通商条约》。条约规定："在大清国地方，所有大西洋国属民互控案件，不论人、产，皆归大西洋官审

---

① 《林则徐集·公牍》，中华书局，1963，第121页。
② 《林则徐集·奏稿》（中），中华书局，1965，第765~766页。
③ 《筹办夷务始末·道光朝》卷七十，中华书局，1964，第2767页。
④ 张甄陶：《制驭澳夷论》，见《小方壶斋舆地丛钞》第九帙。

办","大西洋国人如有欺凌扰害大清国人者,亦由大清国官知照大西洋国领事官,按大西洋国律例惩办"①。在这个条约中,葡萄牙正式取得在澳门的居住权和管理权,至此,中国对澳门地区的法权才丧失。

[原文载于《四川师范学院学报》(哲学社会科学版)1998年第4期]

---

① 王铁崖编《中外旧约汇编》(第一册),三联书店,1957,第528~529页。

澳门法律本地化之我见

黄 进[*]

一 澳门法律本地化的含义

澳门法律本地化是澳门过渡时期与公务员本地化、确立中文的官方地位并列的三大任务之一。这决定了澳门法律本地化既是中国恢复对澳门行使主权的一个要件，也是澳门过渡时期法制建设的一项基本内容。做好这项工作，不仅对于澳门回归中国的平稳过渡与顺利交接，有着重大的现实意义，而且对于将来澳门特别行政区的法律体系和法制建设，也有着深远的影响。

对于什么是澳门法律本地化，因人们对之有不同的立场和认识而有不同的界定。笔者认为，所谓澳门法律本地化，是指顺应澳门回归中国，在确保与《澳门特别行政区基本法》相衔接的前提下，根据澳门本地的实际情况和追随法律的现代发展趋势，将澳门现行法律，主要是葡萄牙延伸适用于澳门的法律，进行系统的清理、调整、修订、编纂和中葡文双语化（目前主要是译成中文），然后由澳门本身的立法机关完成必要的立法程序，使之转变为澳门本地的法律。

从上述界定不难看出，澳门法律本地化涉及实质和程序两方面。就实质方面而言，澳门法律本地化必须正视澳门将回归中国这一事实，在内容上应该同《澳门特别行政区基本法》衔接，而不得与中国恢复对澳门行使主权和《澳门特别行政区基本法》相抵触；同时，澳门法律本地化必须尽

---

[*] 黄进，中国政法大学校长，教授。

量做到符合澳门社会的实际情况和顺应当代法律发展的趋势，而不得像一些延伸适用于澳门的葡萄牙法律那样脱离澳门社会和民众，任由在葡萄牙都已不适用的陈旧和落伍的法律在澳门继续适用。另就程序方面而言，澳门法律本地化要将澳门现行法律，主要是葡萄牙延伸适用于澳门的法律，进行系统的清理、调整、修订、编纂和中葡文双语化（目前主要是译成中文），通过法定的程序（比如立法机关审议及通过、颁布和在《澳门政府公报》上公布等），使之转变为澳门本地的法律。以上两个方面是互相依赖和相辅相成的，对澳门法律本地化来说都是不可缺少的。当然，相对来说，实质方面的问题比较复杂些，涉及许多理论与实际问题，解决起来有相当的难度；而程序方面的问题比较简单些，但要做好这方面的工作也不是一件轻而易举的事，需要有组织、有计划和有步骤地去做，并不懈地努力。

二　澳门法律本地化目前存在的问题

（一）立法脱离普通民众和社会

对于法律是法律专家的法律还是民众的法律，在理论和实践中历来都有争论。有人主张，法律是法律专家的法律，法律只要法律专家能理解和使用即可；但也有人主张，法律不仅是法律专家的法律，而且更是民众的法律，法律不仅应该被法律专家理解和使用，还应该被广大民众理解和使用。在澳门，法律为法律专家的法律的观点得到许多葡萄牙法律专家的推崇，以至于法律是否能被民众理解和使用成为无关紧要的事。在这种理念的支配下，在澳门法律本地化的过程中，不少法律的制定是照搬照抄，不搞调查研究，不分析澳门社会经济现状，不广泛征求各方面的意见，完全闭门造车，以至有的法律规定和澳门实际情况相去甚远。在现代社会，任何立法都必须处理好法律本身同民众和现实社会的关系，脱离普通民众和现实社会的立法是不可能有强大的生命力的。

（二）葡文单语立法不合时宜

到目前为止，除立法会的一些议员所提的部分法案是以中文形式出现的外，绝大多数的立法工作是以葡文单语立法方式进行的，尽管制定出来的法律后来进行了中文翻译，但在公布时是以中葡文双语形式出现的。在中文官方地位已经确立的后过渡时期，澳门法律本地化仍以葡文单语立法的方式来进行是不合时宜的。首先，百分之九十六以上的澳门居民为讲中文的中国人，其中真正懂葡文的只是极少数，葡文立法极少有人懂得。其次，以葡文单语立法，即使有中文译本，意味着葡文优先，中文次之，在法律的葡文本和中文本不一致时以葡文本为准。这显然不利于中文官方地位的确立，忽视了中文和葡文的平等及同等的官方地位。复次，以葡文单语立法势必要将法律译为中文，但由于翻译者本身没有参与立法过程，在翻译时又没有机会同立法者进行沟通，对立法者的意图全然不知，仅就翻译而翻译，故谬误自然难免。

（三）法律中文译文晦涩难解

当前，澳门法律本地化的一项重要工作是法律的中文翻译。尽管中文已是澳门的官方语言之一，但澳门现行的葡文单语立法方式带来了大量的法律中文翻译工作。在现阶段，澳门法律的中文翻译工作仍很重要，可以说，如果没有澳门法律的中文化，则没有澳门法律的本地化。为此，澳门政府成立了专门机构来专事这项工作。虽然近年来澳门的法律翻译工作卓有成效，但仍有不少问题。有些问题是葡文单语立法造成的，有些问题则是翻译本身的问题。结果，法律的中文翻译不仅谬误难免，而且晦涩难解。据说，许多懂中文的法律专家初看澳门法律的不少中文翻译译本时多不知其所以然，真不知是这些法律专家的水平太低还是翻译本身有问题。不过，这至少表明法律专家看不懂的法律文本要不具备法律知识的普通民众去了解和认识是有困难的。

笔者并不否定澳门的法律翻译应有自己的特色，但坚持和保留自己的特色必须有度和适当。比如说，对现在和将来在澳门适用的国际公约的翻译，如果中国已经加入且已有正式的中文译本，就没有必要再花费时间和精力去搞一个澳门的中文译本了。况且，澳门回归中国后，就中国已经加入的国际公约而言，澳门是随中国适用之，中国政府将承担在澳门适用的国际公约所产生的国际权利和义务，这些国际公约的正式中文译本就是澳门要采用的中文文本。故在这种情况下另搞一个澳门的中文译本，不仅不是适当地保持澳门法律翻译应有的特色，反而可以说是画蛇添足。

（四）法律本地化工作进程缓慢

自 1987 年以来，澳门进入过渡时期已十年有余。在这十余年里，作为澳门过渡时期三大任务之一的澳门法律本地化的工作进程是缓慢的。就拿号称"五大法典"（即刑法典、刑事诉讼法典、民法典、民事诉讼法典和商法典）的本地化来说，眼看澳门回归中国只有一年多的时间了，到现在还只完成了《澳门刑法典》和《澳门刑事诉讼法典》，其他三大法典竟告阙如。另外，对澳门社会来说，还有其他一些比较重要的法律，如公司法、商业登记法、涉外仲裁法和著作权法等，也应是必备的，但到现在仍未出台。因此，可以毫不夸张地说，如果不计目前仍在澳门适用的由葡萄牙延伸过来的法律，澳门本地的法律体系尚未建立起来。建立和健全澳门本地的法律体系还有很长的路要走。

按照中葡《关于澳门问题的联合声明》自该联合声明生效之日起至 1999 年 12 月 19 日止的过渡时期内，葡萄牙政府负责澳门的行政管理。因此，澳门法律本地化工作理应由澳葡政府加以推动。况且，在澳门回归中国前完成其法律本地化工作更有利于葡萄牙文化，特别是葡萄牙法律文化在澳门的延续，对葡萄牙本身也是有利的。从主观上讲，澳葡政府还是愿意在过渡时期内完成澳门法律本地化工作的，因为其知道这项工作对葡萄牙的利益所在。然而，事与愿违，澳门法律本地化工作事实上进展缓慢。究其原因，主要有二。一是短视的经济小利的追求和既得的经济利益的保护，驱动拖延法律本地化的进程。例如，澳门现行的公司法规主要为 1888 年《葡萄牙商法典》的有关规定和 1901 年葡萄牙《有限公司法》，非常陈旧，而且，两者实际上在葡萄牙已被新的法律取代，不再有效。因此，对澳门现行公司法进行本地化应该说刻不容缓。早在 1989 年 1 月，澳葡政府有关部门已完成了新的《公司法典》草稿。但是，由于该新的《公司法典》草稿的部分规定影响到目前仍以葡萄牙人为主体的澳门某团体的经济利益，遭到他们的反对，澳葡政府则迁就他们的利益，导致该草稿出笼至今已历尽十年仍不能成正果。二是澳葡政府对法律本地化工作欠缺计划性和组织性以及办事较为拖拉，这在一定程度上导致澳门法律本地化进程较为缓慢。

三 澳门法律本地化应注意的几个问题

（一）澳门法律本地化关键在于适合澳门本地的实际情况

众所周知，法律应当与现实生活相适应，这是最基本的立法原则。澳门法律本地化是澳门健全和完善法制，理所当然必须适合澳门本地的实际情况，或者说从澳门本地的实际情况出发。

首先，在1999年12月20日以前，澳门的最大实际情况是澳门将要回归中国。因此，澳门法律本地化必须符合中葡《关于澳门问题的联合声明》和《澳门特别行政区基本法》关于澳门法律地位的规定，必须注意同后者衔接。

其次，澳门法律本地化必须符合澳门现在的社会经济发展情况。总的来说，澳门地方狭小，资源贫乏；其居民总数虽仅有四十余万，但人口密度极大；其经济较为发达，人均本地生产总值已达一万七千多美元，但较单一地依赖博彩和旅游业；澳门华洋杂处，中西文化交融，文化多元，宗教多元，但彼此界限较为分明；而且，澳门新移民不少，人口流动量大，社会治安不靖。对于这样一个独特的社会，如果立法者不进行深入的了解或没有深刻的认识，是不可能对症下药的。忽视澳门的特性，对外国或外地的法律照抄照搬或闭门造车，亦只会使法律脱离澳门社会现实。当然，在澳门法律本地化的过程中，笔者并不反对澳门借鉴甚至移植外国、外地的法律以及国际惯例，只是主张决不能不顾澳门的实际情况照抄照搬，包括不能照抄照搬长期影响澳门法制的葡萄牙的现行法律。

再次，特别应该强调的是，在商业领域，鉴于香港对澳门的巨大影响，香港商事法律制度本身的健全和完备，以及澳门商业机构在实际商事操作方面追随香港做法的现实，澳门在法律本地化过程中应该注意借鉴或移植香港的行之有效的法律制度，如房地产管理制度、金融管理制度、商业票据制度等。

此外，澳门社会经济生活急需而在澳门现行法律中又没有或还不健全的法律制度，如商业登记制度、涉外商事仲裁制度、版权保护制度和环境保护制度等，也应尽快建立起来。

（二）澳门法律本地化与澳门法律的现代化

现在在澳门从事法律本地化工作的政府职能部门之一——"澳门政府立法事务办公室"，在设立之初曾叫作"澳门政府法律现代化办公室"。这至少说明，澳门法律本地化工作者对澳门法律在本地化的同时要实现现代化这一点是有所认识的。然而，人们对什么是法律的现代化以及澳门法律的本地化同现代化如何协调，则有不同的看法和主张。在笔者看来，法律的现代化一方面表现在法律本身追随世界上法律发展的趋势和遵循法律发展的固有规律，另一方面表现在法律符合其适用对象和地区的现实情况并略有符合发展趋势和规律的超前性、预测性和引导性。澳门法律的本地化和澳门法律的现代化并不矛盾，因为澳门法律现代化是澳门法律本地化的一部分，或者说澳门法律本地化包含有澳门法律现代化的内容。可以这样说，没有澳门法律的现代化，澳门法律的本地化就是不完善的和有缺陷的。

澳门仍有不少现行法律非常陈旧，比如，澳门现行的商法典是葡萄牙延伸到澳门适用的1888年《葡萄牙商法典》，已有上百年历史，早已脱离澳门社会实际。在这种情况下，目前正在进行的澳门法律本地化实则为澳门法律的全面现代化提供了一个不可多得的契机。这是一个千载难逢的机会。澳门法律本地化工作者以及一切对这项工作负有责任的人士要尽力把握好这个契机，在进行澳门法律本地化的同时推动实现澳门法律的现代化。

由于澳门长期在葡萄牙的管治之下，故在某种意义上讲，澳门现行法律是葡萄牙法律的延伸或翻版。有鉴于此，在澳门法律本地化的过程中，保持澳门法律中的一些葡萄牙特色是澳门作为一个独立法域的自然延续，无可非议。但是，如果把澳门法律的本地化简单地理解为照抄照搬或移植葡萄牙的现行法律到澳门，仅是换换名称和一些词句，由澳门立法机关加以颁布而已，那就大错特错了。因为这种理解的错误首先在于无视中国将恢复对澳门行使主权的事实，没有考虑到同《澳门特别行政区基本法》的衔接；其次，由于葡萄牙的某些法律并不一定是先进和现代的法律，这种理解与澳门法律本地化中的现代化精神不相容；最后，尽管葡萄牙管治澳门多年，但澳门社会和远隔千山万水的葡萄牙社会仍存巨大的差别，照抄照搬或移植葡萄牙的现行法律到澳门并不一定符合澳门社会的实际情况。因此，无论在内容上还是在形式上，澳门法律本地化应尽量追随法律本身的发展趋势和适应澳门社会的实际情况，不能简单地照抄照搬或移植葡萄牙的现行法律，在可能的情况下还应该有所创新。这是澳门法律应该现代化的内在要求。

（三）澳门法律本地化与法律专业人才的本地化

法律要靠人去制定和执行，故一个社会讲法治没有法律专业人才是不行的。何谓"法律专业人才"呢？依愚见，法律专业人才应为在高等法律院校经过专门学习和训练的人才，他们除了应具有良好的职业品德，依法进行国家和社会管理的能力以及法律专业知识外，还应具有较高的语言文字表达和交流水平。而澳门目前的现实是懂中葡双语又经过法律专业训练的本地人才极少。这种状况同澳葡当局在澳门进入过渡时期后对双语法律专业人才的培养的重视和努力不够是分不开的。在这种情况下，虽然澳门进入过渡时期已十年有余，不仅立法由葡萄牙人主导和操作，而且司法也是由葡萄牙人主导和操作，律师更是葡萄牙人的天下（目前澳门仅有数位华人律师，尚无华人律师独立开设的律师楼）。这显然不利于澳门的平稳过渡和澳门法律的本地化。可以这样说，只有极少数本地人甚至没有本地人参与操作的澳门法律本地化，只是形式上的澳门法律本地化，而非实质上的澳门法律本地化。双语法律专业人才的培养不是一朝一夕的事，至少得花数年的时间，在距澳门回归中国还有一年多的时间里，澳葡当局已无时间从头做起，但至少仍应重视对正在培训的双语法律专业人才的培养，充分重用澳门已有的双语法律专业人才，加快进行立法、执法和司法人员以及律师队伍的本地化。

（四）澳门法律本地化与澳门法律的系统化

广义的法律系统化包括法律编纂和法律汇编。法律编纂是指对现有法律重新审查，对其内容加以必要的修订和补充或重新制定，并从内容和形式上使之系统化的活动。而法律汇编是指按照一定的标准，比如说法律颁布的年代或法律调整的对象，对属于法律的规范性文件进行系统地清理、整理和编排，并编辑成册的活动。因此，我们可以说，澳门法律本地化的过程就是澳门法律系统化的过程,两者是相辅相成的。

在澳门法律本地化的过程中,澳门《刑法典》、《刑事诉讼法典》、《民法典》、《商法典》和《民事诉讼法典》等五大法典的本地化本身就是法律编纂,故法律编纂的重要性自不待言。同时,在澳门法律本地化的过程中进行系统和全面的法律汇编工作,也是不容忽视的。有如下原因需要加强这方面的工作。

(1) 澳葡政府的法律来源复杂,外来法律和本地法律相互交错。在现行澳门法律中,既有葡萄牙延伸到澳门适用的法律,又有葡萄牙延伸到澳门适用的国际条约,既有澳门总督的立法,又有澳门立法会的立法,既有各政务司制定的规范性文件,又有各公共行政部门制定的规范性文件。

(2) 澳葡政府的法律形式多样,结构多元,且不说可能延伸到澳门的葡萄牙法律有宪法性法律、法律、法令、地方性立法命令、命令、决议、实施细则令、地方性实施细则令、部长委员会决议、训令和规范性批示之分,就是澳门本身的法律也有法律、法、训示、批示以及其他规范性文件之分。

(3) 澳葡政府的法律历时长久,不少法律的效力状况模糊不清。葡萄牙人在上几个世纪就在澳门有立法活动,澳门现行的不少法律至今是上一个世纪的法律,要对跨度上百年的法律文件进行清理、整理和汇编,其难度可想而知。

(4) 许多法律,特别是许多重要的法律,尚无中文文本。

(5) 葡政府过去对法律的整理、清理和汇编工作缺乏足够的重视,既没有健全的法律汇编,也没有完整的现行有效的法律清单。这一状况是与澳门社会的发展不相适应的,既不利于澳门与外界的交往,也为澳门特别行政区筹备委员会审查澳门原有的法律带来困难。

上述这些原因不仅表明加强澳门的法律汇编工作十分必要,而且表明进行澳门法律汇编是一项复杂而艰巨的工作。

目前,澳葡政府的有关部门正在积极从事一些澳门法律汇编的工作,如将在《澳门政府公报》上公布的并在澳门适用的法规按类别及出处加以编列;按法律部门清理法规,编列目录;用电脑建立了"澳门法律资料库"(legismac)等。但澳葡政府部门所做的工作仍有两个问题:一是进展慢;二是现有成果都是以葡文表现出来的。

值得一提的是，在民间和学界，已有两套中文的澳门法律汇编出版，即由肖蔚云主编，北京大学出版社出版的《澳门现行法律汇编》第一、二、三辑以及由中国社会科学院出版社出版的《澳门法律汇编》。这两套中文澳门法律汇编的出版可以说在用中文汇编澳门法律方面迈出了可喜的一步，但两者的共同缺陷是缺乏权威性和不少法律中文译本为非官方译本。

（五）双语立法势在必行

1991年2月，经中葡双方达成协议，澳葡政府通过立法确认了中文与葡文一样具有官方语文的地位，并在立法、行政、司法领域逐渐推广使用。《澳门特别行政区基本法》第9条也明确规定："澳门特别行政区的行政机关、立法机关和司法机关，除使用中文外，还可使用葡文，葡文也是正式语文。"这表明，无论现在还是1999年12月20日以后，中文和葡文都是澳门法定的官方语文。但是，如前所述，自1991年中文被确定为澳门的官方语文以来，在立法领域，中文的官方地位仅表现在现行葡文立法的中文翻译上，而没有反映在澳门立法的起草和制定方面，澳葡政府在中葡文双语立法工作方面尚付之阙如。这种现象严重脱离了澳门绝大多数居民为华人且不懂葡文以及澳门将回归中国的实际，是极不正常的。为了落实中文在澳门的官方地位，中葡文双语立法势在必行。事实上，澳门政府已有一定规模的法律翻译机构"法律翻译办公室"，将之同立法机构结合起来，已完全可以开展一些双语立法工作。问题是澳葡政府应积极努力，认真研究，诚心推动，制定出双语立法的规则和程序。当然，在澳门，无论是现在还是将来，任何法律都用双语立法既不可能也不现实，有些法案还会以中文或葡文单语形式出现，因而法律翻译工作仍必不可少。但无论如何，不开展双语立法工作，专事立法工作的政府机关的立法以及基本的和重要的立法不以双语的形式进行，是说不过去的。

四 结语

总而言之，在过渡时期内，澳门法律本地化工作已取得相当的成就，但其任务仍然很重，问题仍然很多。无论如何，大家应该明白，做好澳门法律本地化工作是对中葡双方和澳门社会本身都有利的事情。在澳门回归中国的余下时间里，对澳门法律本地化这一重任，澳葡政府应该继续努力和积极工作，中方也应予以支持、配合和督促，而澳门整个社会更应该关心和监督。我们期待澳门法律本地化工作能够圆满完成。

（原文载于《法制与社会发展》1999年第2期）

澳门法律本地化问题研究

郭天武 朱雪梅[*]

自1987年4月13日中葡签署《关于澳门问题的联合声明》之后,澳门进入了过渡时期。过渡时期最主要的问题是"三化"问题,即公务员本地化、法律本地化、中文官方化。该问题素来就有难度大、迫切性强等特点,且因其在澳门诸问题中的重要性而需要特别提出,优先加以处理。作为"三化"之一的法律本地化(包括司法组织、司法官员、法律条文、法律语言本地化)备受内地、澳门及国际社会关心澳门前途的各界人士的关注。

法律本地化既是一项艰巨的工作,又是一项复杂的系统工程,本文根据其涵盖的主要内容和未来特区政府应注意的问题作简要阐述。

一 司法组织本地化

1976年2月,葡国放弃了殖民政策,通过了《澳门组织章程》,赋予澳门地区行政、财政和立法的自治权,并承认澳门本地立法机关所立的法律与葡国同类法律属于同等的效力层次。但是在司法权方面,葡国政府一直没有放手并坚持认为,司法自治权是主权范围内的事项,不可以下放给澳门行使,尤其终审权是绝对不可以下放的,所以,澳门没有自己独立的司法体系。1991年以前,从法律渊源、机构设置,到人员任免、运作程序,其司法制度都是葡国司法制度的延伸与翻版。澳门作为葡国的一个法区,司法组织由初级法院、审计评政院、军事法院、刑事起诉法院以及澳门检察院所组成。这些司法组织均为初级机构,其上诉与抗诉机构皆在葡

---

[*] 郭天武,中山大学教授,博士生导师;朱雪梅,中山大学离退休工作处副书记,馆员。

国。司法组织制度的变迁及一般案件的上诉,都要到里斯本去处理。

20世纪80年代后,澳门急速的城市发展使得社会生活日趋复杂,市民诉诸法律的需求愈来愈大,本地司法组织系统早已不能适应其发展现状,本地法院积压的案件数量大增,竟然从1979年的3000多宗,累积到1987年达2万多宗。[①] 司法组织运作的滞后性及非科学性的弊端已暴露无遗。虽然80年代中期澳门司法组织也进行了点滴的改革,但成效甚微。

1987年《中葡联合声明》签署以后,葡国政府感到了压力,他们必须改革澳门的司法组织,以适应于1999年后执行终审权的司法制度。倘若任由20世纪80年代的司法组织系统维持下去,到了大限期之后,中央及特区政府必将大幅度地扩建新的司法组织系统,届时,扩建的方法及方案不一定是依照葡国政府和司法界所支持的方法与方案。所以,如何使澳门司法组织本地化,用葡国政府和司法界所认同的方法扩建有较高自治权的澳门司法组织体系,对葡国政府和司法界来说,是有特别重要的政治意义的。

基于此,1990年,葡国国会第十三/九〇号法律修改了《澳门组织章程》。其中第五十一条修改为"澳门地区拥有本身的司法组织,享有自治权并适应澳门的特点"。至此,在澳门确立了司法自治的原则。为贯彻执行上述原则,1991年8月29日,葡国议会第一二/九一号法律,即《澳门司法组织纲要法》,对澳门原来司法机关的种类、审级、职权和组织作了重要的修改。1992年3月2日,澳门政府公布了第一七/九二/M号法令和第一九/九二/M号法令,即《澳门新司法组织总规章》和《澳门审计法院规章》,对澳门新的司法组织的架构、管辖、运作及程序等作了具体的规定。改革后的司法组织体系包括:普通初级法院刑事起诉法院、行政法院、审计法院、高等法院及澳门检察院。

我们可以看到,在澳门法律本地化的过程中,司法组织本地化确实有了长足的进展,倘若撇其他因素不考虑,单就司法组织制度建设而言,澳门已经设立了一套可以发展成为1999年后,为执行司法自治权及终审权而和基本法相衔接的司法组织系统。到时,可考虑的具体处理方法是:(1)沿用初级法院和刑事起诉法院;(2)把评政法院易名为行政法院;(3)把高等法院易名为中级法院;(4)把审计法院改变为对特区行政长官

[①] 吴国昌:《澳门过渡后期的法律本地化》,《行政》1995年第28期,第413、418页。

负责的审计署；(5) 新设立终审法院；(6) 按基本法设置检察长取代现时的助理检察总长，并将助理检察总长以下的各级检察官员改编为检察长领导下的各级检察官员。

二　司法官员本地化

1991年以前由葡萄牙的主权机关委派司法官吏到澳任职一直没有改变。司法官的资格、招聘、委任、考核及晋级等，盖由葡国主权机关直接立法规范，澳门总督及立法会无权就澳门的司法制度制定任何法律。1987年以后这种维持了很长时间的司法官任免制度受到挑战，抨击之声不绝，司法官本地化的呼声一浪高过一浪。为适应形势发展的需要，1991年葡国改变了以往的做法，作出了有利于澳门司法官本地化的规定：(1) 设立了澳门司法委员会和澳门高等司法委员会，负责管理澳门的司法官员，并对澳门司法官的任免提出建议；(2) 赋予澳门总督任免司法官的权力，总督在上述两个委员会的建议下，任免在澳的所有司法官员；(3) 重新制定司法官的任职资格，一改只有葡国公民才能具有司法官任职资格的规定。

必须指出的是，虽然上述改革对司法官任职资格的规定有所松动，也赋予澳门总督任命澳门本地居民担任司法官的权力，为澳门的司法官本地化开了绿灯，使澳门本地居民在法律上有出任司法官的可能，但是，在长期的殖民统治下，司法界的大门是不可能向澳门本地居民尤其是中国籍居民打开的，因为有机会接受高等教育的澳门本地居民大都没有选择学习葡国法律，而是选择了其他专业，致使澳门本地的法律人才奇缺。近年来虽有一些本地居民在中国内地、台湾、香港，日本及欧洲的一些国家和地区专攻法律，学成回澳，但他们并不精通澳门和葡国的法律，一时难以发挥作用。少数澳门居民亦有赴葡国进修法律，但能够真正符合司法官标准的，可以说是寥寥无几。所以，尽管本地居民任职司法官的条件有所松动，但是，就目前而言，澳门本地居民大规模地出任司法官的可能性与现实性之间仍有一段很长的距离。截至1996年9月底，澳门三级法院及检察院的全部司法官均为聘自葡萄牙司法官团的葡萄牙人[①]。

[①] 杨贤坤、邓伟平：《澳门法律研究》，中山大学出版社，1997，第205、208页。

这种葡人一统司法界的局面引起一些关心澳门前途的有识之士的担忧，为此，中方也多次与葡国交涉，希望加快司法官本地化的进程。

1987年，澳门政府成立了公共暨法律课程办公室，筹划举办澳门的法律教育。1988年10月在葡萄牙里斯本大学法学院的帮助下，澳门大学开办了法律课程，1993年首届学生毕业，学员虽少，只有16名[1]，但毕竟是有了零的突破。他们已开始投身于法律界的工作。1994年，澳门总督颁布了《司法参事通则》和《司法官团的入职及培训条例》，创立了司法参事制度及司法官团制度。凡符合担任公务员条件的本地居民只要品德良好，无刑事违法记录，具有法律学学士学位，懂双语，经考核合格后，可以被任命为司法参事。司法参事不是司法官，不能作出审判行为及检察行为。取得司法参事资格的人士，再经过"澳门司法官培训中心"培训合格后，方可出任司法官。

1995年9月1日至15日，澳门司法官培训中心举行了第一次招聘考试，录取了12名学员[2]，并于同年10月中旬正式投入运作，1996年9月9日，司法官培训中心培养出了首批本地司法官，虽然只有3人，但在澳门已是破天荒的事件。这3名司法官已于1996年10月2日正式就职，分别出任普通初级法院的法官、刑事预审法院的法官和驻一审法院的检察官。

从目前来看，司法官本地化可能仍需要一个长期的过程，其主要原因是短时间内很难培养出足够的本地司法官，更不要谈人才储备问题。造成这种局面的主要原因是葡萄牙人的错误观念。葡人在澳门生活了400多年，而其文化并未被中国居民真正接受，葡人希望澳门主权回归中国后，葡国文化传统能继续在澳门发生影响，无奈的是尽管做了许多努力，其效果并不理想。于是，葡国人认为葡人一统天下的澳门司法官领域是保留葡国文化和影响的最后一个阵地，意图尽可能长久地维持现状，所以思想上对培养澳门本地尤其是中国籍司法官有抵触情绪，表现在行动上，则过于迟缓，没有紧迫感。

如何加快司法官本地化的步伐，这应是现在澳门政府及将来的特区政

---

[1] 杨贤坤、邓伟平：《澳门法律研究》，中山大学出版社，1997，第205、208页。
[2] 米时英：《司法本地化与司法自治》，载《澳门1996》，第3页。

府所面临的一个主要问题。首先，要端正思想，正确地对待司法官本地化；其次，结合澳门实际，确定司法官的任职资格；再次，要加紧培养本地的法律人才；最后，尽快地、更多地任命合格的本地居民尤其是中国籍居民担任司法官。

当然，"司法官本地化"本身也存在不同层面的要求。如果纯粹是为1999年与基本法规定的政制体制相衔接的话，这一问题已经解决。因为《澳门基本法》第八十八条规定，容许聘用外籍人士担任法官，而第九十一条对检察官的任职资格也没有特定的国籍限制。至于终审法院院长和检察长的人选，按照基本法的规定必须由本地永久性居民中的中国公民担任，这是一个丝毫不能含糊的主权问题。届时，是否会有合适的人选呢？答案是肯定的。尽管对终审法院院长及检察长要求的条件较高，但是，在澳门的律师界中有任职15年以上的具有永久居民资格的中国公民。另外，多年以前，从内地移居澳门的法律专业人士中，也有一些届时有资格成为永久性居民而又曾在国内大学任教法律为期15年或以上的人士，所以说这一问题已不成为问题。当然，就可挑选的范围及对象来说，可能会大大地受到限制。

对"司法官本地化"的较为理想的要求是：将来澳门的司法官主要由本澳居民及其子女所担任，其中中国籍居民占大多数。这才能真正地体现"澳人治澳"的原则。很显然，这种愿望不可能在1999年主权移交前实现。只能退而求其次，将来特区政府应对司法官本地化采取倾斜的政策。

三 法律条文本地化

法律条文本地化是法律本地化中的一项主要内容，狭义的法律本地化就是指法律条文本地化。把澳门外来的法律即葡国专为澳门制定的法律、葡国本土实施且延伸到澳门适用的法律以及葡国为其包括澳门在内的海外殖民地制定的法律等变为澳门本地的法律，加之澳门立法机关制定的法律，总督制定的法令和规范性的批示等，合在一起构成"澳门原有的法律"。最终过渡为特区的法律，建立澳门自身的法律体系。

长期以来，葡国政府及澳门政府一直没有做过系统的外来法律清理和统计工作,更没有对澳门外来法律进行汇编。其混乱程度,竟至在法律本地化问题提出后的相当长的一段时间内,没有一位法律专家或政府官员能讲清楚澳门外来的法律有多少,更没有人知道这些法律的失效情况;有些外来法律由于年代久远,相当一部分早已过时,跟现时社会脱节,根本不适合澳门社会生活的实际需要;有些则带有浓厚的殖民主义色彩,甚至还有一些在葡国都早已明令废止,在澳门却仍在实施。所以把澳门外来法律本地化是非常重要和异常艰巨的工作。然而,根据基本法,这项工作必须在1999年12月20日之前完成。

1988年,澳门政府设立了法律改革办公室,该机构在政府和立法会的领导下,着手从事这方面的工作,1991年改组为立法事务办公室,对法律条文本地化进行研究、策划及草拟法案。

根据中、葡双方达成的共识,外来法律的本地化工作,可以分为五个阶段。第一阶段为清理阶段。立法办按年代顺序(即从1910年至1994年)搜集全部法律规范,统计出外来法律的数量。据统计,自1910至1994年期间,在《澳门政府公报》公布的外来法律、法规有1624项。[①]第二阶段是分类阶段。即把需要本地化的法律排出来,很多早已过时的法律则没有必要本地化。经过筛选后,初步认为需要本地化的法律大约有300项。[②] 第三阶级是翻译阶段。将外来葡萄牙文的法律翻译成中文。第四阶段是修订阶段。按照澳门的法律地位和实际需要对外来法律加以删除、修改和补充。第五阶段是过户阶段。由澳门本地立法机关对经修订的外来法律通过立法程序予以确认,使之改变身份,成为澳门本地立法机关自行制订和适用的法律。从而完成外来法律本地化的工作。

外来法律本地化与澳门自身法律体系建设应是同步进行的。笔者认为,在此过程必须注意以下几个问题。一是法律体系的独立化。按照《澳门基本法》的规定,凡是带有殖民色彩的法律及条文、用词等,都必须删改,以确立澳门独立的法律地位。二是法律体系的现代化。由于澳门过去从未对法律进行过修订,许多外来法律是19世纪末20世纪初制订的,早已过时,即使在葡国也早已修订过,所以其内容必须更新、跟上世界法律

---

① 《澳门日报》1994年11月23日。
② 《澳门日报》1994年11月9日。

现代化的步伐。三是法律体系的民主化。澳门法律中有少许内容不够民主，从立法到司法都有体现，存在的许多封建因素，应注意剔除。四是法律体系的系统化。在确立澳门独立的法律体系过程中，应予以特别注意，使其法律体系成为一个独立运作的系统，切不可顾此失彼。

事实上，法律条文本地化的工作进展得并不理想。由于多种原因，澳葡政府并没有按照既定的方针进行这项工作，甚至没有提出何时完成的准确时间表。在过去的几年里，外来法律条文本地化的工作虽有一定进展，但总的来说还是太慢，撇开一般法律不说，就"五大法典"而言，到目前为止，仅有《刑法》和《刑事诉讼法》本地化，其他三部尚未有结果，在距回归不到一年的时间里，这不能不说是一个遗憾。澳门政府必须加快工作的步伐，加强本地立法机关的力量，使之有足够资源从事这一艰巨的工作，这样，才能适应客观形势发展的需要。

四　法律语言本地化

法律语言本地化是法律本地化的另一项内容。由于中文长期在澳门不具备官方语文的地位，法律均以葡文颁行，源自葡国的法律更是如此。占澳门人口96%以上的中国居民很难了解澳门法律的内容，发生了法律纠纷只好请葡人代理或者干脆私了。"三化"问题提出以后，法律语言本地化受到了重视。该问题主要包括两个方面，一是过渡期以前的法律翻译问题，二是过渡期及以后的双语立法问题。

1989年初，澳督下令成立"法律翻译办公室"并着手翻译过渡期以前的法律及过渡期的立法，并认为法律翻译是"普及澳门现行法律和推广双语的工具"，法律翻译办公室是由中、葡法律专家、翻译员、文案等人员组成的，借此寻求更有效的法律翻译方法。同年10月该机构正式运作，并确定了法律翻译的方法，即把法律的翻译过程分为六个阶级，并分别采取不同的控制方式。一是预备阶段。对法律初步分析，寻找有关的资料，成立翻译小组。二是初步翻译阶段。先译出一个基本文本，从技术上审查与原文本是否一致。三是讨论阶段。从法律上讨论中译本是否忠于原文。四是译本的最后确定阶段。列出该法规所有法律技术用词和概念的清单。五是审查控制阶段。由负责人小组重新审查，讨论翻译小组使用的技术词语的贴切性。六是确立用词和概念阶段。全体办公室人员讨论用词及概念并确认用词的正确性。① 应该说法律翻译的工作是严谨的，经过几年的努力，对过渡期以前的法律的翻译，也取得了一定的成绩。但是，由于该机构成立的时间不长，加上法律翻译本身固有的困难，翻译工作进展仍是相当缓慢的。

社会文化背景与法律体系的差异，一直困扰着法律翻译办公室，人力资源的有限性更是制约翻译速度的决定性因素。然而法律的翻译工作是法律本地化的前提条件，翻译的速度很大程度上影响着法律本地化进程。澳葡政府应正视这一现实，在法律翻译工作上加大力度，争取在回归之前有更多法律条文被译为中文。最起码的要求是以"五大法典"为代表的主要法律应有中文译本。

过渡期内立法翻译工作进展是令人满意的。据统计，1988年颁布的法律、法令和训令具备中文本的，分别占41%、3%和1%，1993年已相应地提高到100%、100%和17%，② 现在几乎所有的立法都有中文本了，这为不懂葡文的中国居民了解立法的内容提供了可能。

翻译法律，只是法律语言本地化的第一步，由于两种语言文化的差异，要求译出真正能够表达立法原意的译本是较为困难的。再说法律翻译办公室毕竟不是立法机关，无论如何不能行使立法权。而法律的翻译从某种意义上说无异于立法，所以这一问题一直受人质疑。解决该问题的根本出路在于双语立法。令人遗憾的是，虽然中文官方化早就提出，但至今为止，澳门立法机关仍未尝试过以中、葡文双语立法，亦未为实施双语立法制定时间表。

五　未来特区政府应注意的问题

以上简单地讨论了澳门法律本地化进展的情况及存在的问题，如何处理好上述问题应是未来特区政府所面临的主要工作之一。我们认为，从现实的情况来看，绝不能轻视法律本地化或把其人为地简单化，因为法律本地化的程度将直接影响到政府对社会的控制，进而影响到社会的稳定与繁

---

① 贾乐龙：《澳门法律翻译——经验与展望》，《行政》1995年第27期，第213页。
② 吴国昌：《澳门过渡后期的法律本地化》，《行政》1995年第28期，第413、418页。

荣,所以,未来的特区政府应注意考虑下列问题。

第一,确立法律本地化的目标。法律本地化自提出到现在已有十多年了,其间经历的事件表明,中葡双方对法律本地化的目标看法并不一致,葡方的态度显示出他们认为的法律本地化实质就是法条的本地化,故而对法律本地化一拖再拖。未来特区政府应重定法律本地化的目标,这一目标应包括两个层次,即表层目标和深层目标。表层目标亦即形式目标,其基本要求是澳门的法律应由本地的立法机关制定,立法的形式和立法程序须合乎本地的立法传统,法律的制定符合本地社会的实际需要,其内容能够反映出本地政治、经济、文化及社会环境发展的特点,立法、司法及法律教育的语文为本地广大市民所使用的语言,立法者和司法者主要由本地人所组成等。深层目标亦即价值目标,其基本要求是法律在本地民间得以普及,法律观念根植于市民生活,法律意识指导市民行为,法律价值得到本地居民的认同。就平稳过渡而言,当然首先是要达到表层目标,但就长远来看,深层目标才是至关重要的,因为过去澳门的法律长期脱离于本地居民的社会生活。

第二,培养和引进高级法律人才。澳门的诸多问题都可以归结于人才问题,法律人才的匮乏尤显突出。这几年虽然澳门政府做了大量的工作,但多数局限于中初级法律人才的培养上,疏于高级法律人才的造就。中初级法律人才由于囿于本身的素质问题,使他们很难立刻从事较为复杂的接收工作,需要较长一段时间的实践,才能担任高级职务,而平稳过渡又是一件很紧迫的事情,所以当务之急是有重点、有目标地培养澳门地区的高级法律人才。培养的方式可考虑采取多种形式,如送培养对象到内地高校进修深造,到内地司法机关去实习,或者内地的高校去澳门办班等。然而,人才的培养需要一个过程,更为快捷的途径是考虑法律人才的引进,较为现实的方法是从内地特别是广东的高校及司法机关、律师队伍中引进高级的法律人才。因为内地的法律体系与澳门的法律体系较为接近,两者在运作程序上有许多相似之处,再者,两地的语言相同,风俗、习惯等文化背景相通,在操作上是切实可行的。

第三,组建澳门的法律学术机构,出版法律的学术期刊。澳门的法律属于大陆法体系,大陆法系的基本特征是以成文法为主,立法较为简洁,而它的最大缺陷是有限性,所以学理解释在大陆法系统的国家和地区中占有很重要的地位。有人形象地把大陆法系的法律说成是教授法，法律的发展与创新主要靠学术机构的推动，法官的判案尊重学理解释，学理解释弥补了成文法的不足。澳门要建立自己独立的法律体系，离开法律学术机构的推动是很难的。未来的特区政府应当大力扶持本地的法律学术机构，出版法律学术期刊，促使澳门的法律形成独立的体系。

第四，加快律师本地化的步伐，改变以往保守的律师资格认证制度。现在澳门的律师大多数为葡人或土生葡人，他们把持律师界的大门，致使这一大门无法向本地华人打开。未来的特区政府应该改变这种状况，采取对华人倾斜的政策，增加华人律师名额，大量培养华人律师，使其更好地与当地居民沟通，为本地居民服务。

[原文载于《中山大学学报》（社会科学版）1999年第2期]

论澳门民法的历史发展及其本地化

邓伟平[*]

澳门在中国近现代历史中具有十分特殊的地位，它是中西方法律文化最早的交汇点。自16世纪中叶葡萄牙人在澳门立足到现在，已有450多年的历史。伴随着葡萄牙对澳门政治统治的逐步实施，包括民法在内的葡萄牙法律亦逐步延伸适用于澳门，葡萄牙甚至经常为澳门直接制定民事法律，规范澳门的民事活动。澳门本地立法机关产生后，亦在其权限范围内制定了不少单行性民事法规，这一切，都使澳门民法的历史发展出现一种多线条的复杂的局面。总体而言，澳门民法的发展，大体上可以分为四个阶段。

一 第一阶段（1553年以前）：完全的中国法律时期

澳门自古以来就是中国的领土。早在公元前3世纪，从中国第一次得到统一的秦朝开始，澳门就已正式绘入中国的版图，成为南海郡番禺县属地的一部分。此后，晋属东官郡，隋属南海县，唐属东莞县。1152年，南宋政府拆东莞县境，并割南海、番禺、新会三县的滨海地带，建立香山县，澳门遂划入香山县辖。在1553年以前，历代封建王朝都对澳门行使着完整的主权，亦无不将包括民法规范在内的法律实施于澳门。作为中国领土的一部分，澳门与内地一样，实行统一的法律。当然，这一时期的中国法律采用"诸法合一"的体制，没有将民法规范从其他法律规范中单独划分出来，甚至没有现代意义上的"民法"一词。有关钱、债、田、粮、户、婚等的规定混同于各朝代的律、例之中，统一适用。

---

[*] 邓伟平，中山大学法学院副教授。

二 第二阶段（1553~1849年）：中国法律与葡萄牙民法并存时期

1535年，明政府辟澳门为对外商埠，设立管理商贸事务的市舶司，与东南亚各国开展海上贸易。1553年，葡萄牙人借口航船遭风浪袭击，触礁破裂，所带贡物浸湿，采用贿赂地方官员的手段，获准上岸晾晒贡物，随后赖在澳门不走，进而搭篷建屋，聚居成村。葡萄牙人在澳门建立居留地后，一方面接受中国政府的管辖，另一方面利用中国朝廷昏庸，国势软弱，顾及不暇的弱点，逐步侵蚀中国对澳门的主权，建立葡萄牙人的自治机构，并将葡萄牙法律搬来澳门适用。这一时期，澳门法律具有属人主义的特征。葡萄牙人之间的纠纷，由其自治机构依照葡萄牙法律处理；中国人之间以及中国人与葡萄牙人之间的纠纷，则多由香山县衙依照中国法律处理。当然，这一时期的中国仍然采用"诸法合一"的体制，没有独立的民法。而葡萄牙国内也没有制定统一的民法典，只有一些并不规范且比较分散的有关民事法律规范的敕令集，所以，在澳门的葡萄牙人内部适用的民事法律，也不是统一的民法典。可见，这一时期的澳门，存在两种不同的民事法律制度，"那就是适用于葡萄牙居民的葡国制度和适用于中国居民的中国制度"[1]。其间，中、葡两国在澳门的司法管辖权问题上也经常发生摩擦和斗争，在法律适用上的属人主义并不绝对，但大体上这种界线还是存在的。由于清廷软弱无能，随着时间的推移，澳门的司法管辖权逐渐向葡萄牙倾斜，葡萄牙民法在澳门的地位也逐步上升，适用葡萄牙民法处理民事纠纷的情况越来越普遍。

三 第三阶段（1849~1968年）：以《斯阿巴拉法典》为核心的完全的葡萄牙民事法律时期

1822年，葡萄牙宪法明确宣布澳门为其海外殖民地之一。1848年鸦片

---

[1] J. A. OLiverira Rocha：《论澳门法律制度之可行性》，《行政》1991年第13/14期，第780页。

战争后，列强不断扩大在中国的势力。葡萄牙也充分利用了这一时机。1849年，澳门总督亚马留（Ferreira do Amaral）拒绝再向清政府缴纳地租，强行封闭中国海关，驱逐当地中国官吏，宣布澳门为自由港。葡萄牙人并于1851年和1864年分别占领了凼仔岛和路环岛，完成了从定居到全部占领澳门的过程。这一时期，包括民法规范在内的中国法律以及中国对澳门的司法管辖权逐渐消失，司法上的属人主义转变为属地主义。葡萄牙民法被大量延伸到澳门，且普遍适用于包括中国籍居民在内的澳门居民。

1867年的《葡萄牙民法典》是葡萄牙法律史上的一个重要的里程碑。在此之前，葡萄牙虽然先后颁布了几个敕令集，但并未能达到统一法律的目的，而资本主义商品经济的发展又迫切要求法律的统一。1850年8月8日，葡萄牙颁布法令正式开始民法典的编纂工作，法学家斯阿巴拉（Dr Antonio Luis de Seabra）受命负责起草民法典。经过长时间的起草和讨论，法典终于在1867年9月21日颁布，并自1868年3月22日起生效。这是葡萄牙历史上第一部民法典，称为1867年《葡萄牙民法典》，由于斯阿巴拉在这部民法典编纂中所起的重要作用，故人们有时又称之为《斯阿巴拉法典》。《斯阿巴拉法典》分"民事能力"、"权力的取得"、"财产权"和"侵权及其赔偿"四个部分，共2538条。该法典深受《法国民法典》的影响，不论是在形式方法上，抑或在具体规范和制度原理上，甚至在法律用语方面，都深深地打上了《法国民法典》的烙印。1879年11月19日，葡萄牙颁布法令，将《斯阿巴拉法典》延伸到其海外殖民地生效，自此，该法典在澳门生效，并一直延续到1967年底，实施了将近一个世纪。在此期间，由于中葡两国历史和文化背景的差异，鉴于占澳门人口绝大多数的中国籍居民早已形成一整套与葡萄牙不同的价值观念和习惯，葡萄牙对该法典中不适合澳门实际的部分作出保留，并曾于1917年11月29日至1927年10月20日期间设立华人专门法庭，在婚姻、继承等方面对中国籍居民亦采用以1909年6月17日至1948年生效的《华人风俗习惯法典》为核心的中国法律和习惯，作为《斯阿巴拉法典》的补充。

在《斯阿巴拉法典》生效期间，为适应社会经济发展的需要，葡萄牙立法机关对该法典陆续作过一些修订，通过颁布单行的民事法规的方法取代了该法典的一些规定，丰富了该法典的内容。例如，1910年11月3日通过的《离婚法》，建立了葡萄牙法律秩序中的离婚制度；1911年2月13

日制定的《强制民事登记法》以及同年12月通过的《家庭法》，规定婚姻制度只适用于民事婚姻，并制定了有利于非婚生子女的条款；1919年4月17日通过的《租赁法》，制定了有效保障承租人的条款；1920年5月16日颁布了关于建立一夫一妻家庭的制度；1940年7月25日接纳《凡帝冈契约》作为本地法，确认天主教婚姻和民事婚姻具有同等效力，但缔结天主教婚姻生效后禁止离婚；1948年6月21日公布的第2030号法律，以及1962年6月15日公布的第2114号法律，分别就有关城乡租赁问题作了规定。

这一阶段，作为宗主国，葡萄牙牢牢控制着澳门的立法权，澳门本地立法几乎是一个空白，澳门实施的民事法律多是由葡萄牙制定、在葡萄牙生效的葡萄牙本土法律。1902年成立的澳门立法委员会①一直以来只是总督的立法咨询机构，本身并无立法权，只有立法动议权。1964年颁布的《澳门省行政章程》将立法委员会列为澳门本身管理机构之一，仍由总督任主席，但首次享有自身的立法权，议员人数则增至10人，其中直选议员和间选议员6人，委任议员4人。澳门总督和立法委员会虽然也制定过一些法律，但数量不多，且地位不高，多为单行性的民事法规。

四 第四阶段（1968～现在）：以《葡萄牙民法典》为核心的葡萄牙法律与澳门本地立法机关制定的民事法律并行的时期

《斯阿巴拉法典》颁布后，虽然为适应社会发展的需要陆续作了一些修订，但资本主义商品经济的迅速发展，尤其是资本主义进入垄断阶段以后出现的法律社会化的现象，使民事法律对社会生活的调整发生了巨大的变化。对《斯阿巴拉法典》的修修补补，总体上已不能满足不断变化的新形势的需要。《斯阿巴拉法典》在其数十年的实施过程中，已经出现一系列必须加以明确或澄清的问题，其在制定时已存在的民法原理上的某些不足，也有必要从整体上加以修正，新的民事关系需要从民法原理上加以说

---

① 由总督任主席，成员包括议事公局主席，1名市政议员代表，1名由30位纳税最多的人选举的市民及总督委任的2位华人代表。

明，需要有相应的民法规范调整，新的法律思想、法律技术也有待于吸收和完善，总之，数十年间的社会发展和民事法律理论的进步，已产生了全面修订《斯阿巴拉法典》的内在需要。与此同时，法典外立法的丰富也使大规模的修订具备了良好的基础和条件。1944年9月4日，葡萄牙颁布第33908号法令，决定起草一部新的民法典，并成立了民法典改革委员会，在此后20余年的时间里，委员会先后提出数个草案供选择和讨论。1966年，司法部选定并提出最后草案，在社会上公开进行了讨论，新民法典最终于1966年11月25日正式颁布，并自1967年6月1日起生效，《斯阿巴拉法典》同时失效。1967年9月4日，葡萄牙颁布第22869号法令，决定自1968年1月1日起，该民法典延伸到澳门施行。自此，《葡萄牙民法典》在澳门生效至今，成为澳门民法的结构性法律和主要渊源。施行于澳门的这部《葡萄牙民法典》，大量参考了当代大陆法系国家的立法成果，尤其是《德国民法典》，并从中吸取了大量营养，基本上适应当时葡萄牙政治、经济发展的要求，对葡萄牙以及澳门民法的发展起了重大的作用。

1966年《葡萄牙民法典》实施至今，已经过了30余年的时间，其间，根据葡萄牙经济的发展以及适应民事法律理论的进步，葡萄牙立法机关对民法典作了多次修订：（1）在离婚制度方面。1975年，葡萄牙颁布法令，废除民法典第1790条，该条法律禁止1940年8月1日以后订立的天主教婚姻离婚。1976年，该项法令延伸到澳门生效。（2）在不动产租赁制度方面。1976年《葡萄牙共和国宪法》颁布后，为与新宪法的精神及规定达成一致，葡萄牙对民法典的不动产租赁制度作了修订，并于1977年11月25日第496/77号法令公布，这次修改于1978年延伸到澳门适用。（3）在永佃权制度方面。1976年，葡萄牙以第196-A号法令废除民法典中的永佃权制度，但这一法令未延伸至澳门适用[①]。对民法典的修订还包括成年的年龄界限改为18岁，未亡配偶则取得了特留份继承人的地位等。

葡萄牙从1974年4月25日开始的非殖民运动，以及1976年的《葡萄牙共和国宪法》和《澳门组织章程》，改变了澳门的地位。葡萄牙在保持对澳门进行立法的权力的同时，赋予澳门总督和澳门立法会以独立的立法

---

① 葡萄牙法律及其修订延伸到澳门适用并不是必然的，它必须同时具备两个条件：一是法律或修订本身载明经《澳门政府公报》公布后适用于澳门；二是在《澳门政府公报》上实际公布。参见《澳门组织章程》第69条。

权。1987年4月13日中、葡签订《关于澳门问题的联合声明》后,澳门前途正式确定。为落实联合声明,葡萄牙有意减少对澳门的立法,积极扶持澳门本地立法机关,澳门本地民事法律数量大增,层次提高,影响扩大,地位上升。据统计,自1976年澳门立法会成立至1996年止的五届立法会,包括立法许可[①]在内,总共制定了311部法律[②],而总督制定的法令,数量更大,仅仅在1988年至1992年前后5年间,就有432部。在立法会和总督制定的这些规范性文件中,民事方面的法律、法令占了较大的比例。终于形成葡萄牙民事法律和澳门本地立法机关制定的民事法律并存的局面。

五 澳门外来葡萄牙民法的本地化

根据《关于澳门问题的联合声明》和《澳门基本法》的有关规定,澳门原有法律除与《澳门基本法》相抵触或经澳门特别行政区的立法机关或其他有关机关依照法定程序作出修改者外,均予以保留。但是,澳门原有法律与澳门现行法律是两个不同的概念,前者仅指澳门现行法律中由澳门本地立法机关即澳门立法会和澳门总督制定的法律、法令、行政法规及其他规范性文件。在澳门实施的葡萄牙法律是葡萄牙主权的体现,不属于澳门原有法律的范围。鉴于这部分法律长期在澳门施行,其中有不少法律为未来澳门特别行政区所需要。因此,有必要进行法律本地化工作,由澳门本地立法机关对延伸适用于澳门的葡萄牙法律进行修订和重新制定,使之成为澳门原有法律。作为"五大法典"[③]之一,《葡萄牙民法典》以及以其为核心的在澳门适用的整个葡萄牙民事法律的本地化,是法律本地化工作的一个重要组成部分。

法律本地化问题提出以后,将延伸适用于澳门的1966年《葡萄牙民法典》本地化,结合澳门的政治地位和实际需要对《葡萄牙民法典》进行

---

① 立法许可又称授权立法。澳门本地立法权由立法会和总督分享。法律规定,某些领域的立法权,立法会可以自己行使,也可以授权总督行使。立法许可即是授权总督就某一问题立法的法律。
② 《澳门立法会成立二十周年(1976~1996)》(附录),澳门立法会,1996,第36~64页。
③ "五大法典"是民法典、民事诉讼法典、刑法典、刑事诉讼法典和商法典的统称。

修订的问题也很快提上了议事日程。1991年5月6日,澳门政府公布了第32/91/M号法律,修订《葡萄牙民法典》第31条有关属人法的规定,以住所地法代替本国法,同时宣布:凡《葡萄牙民法典》中所指的葡萄牙,均改为澳门。这一做法,虽仅具形式上的意义,但毕竟为产生由澳门本地立法机关制定的《澳门民法典》迈出了重要的一步。由于葡萄牙占据澳门的时间相当长,其间,有大量的民事法律被延伸适用于澳门,但葡萄牙和澳门政府一直没有作过系统的清理和统计工作。为使法律本地化工作有序进行,澳门政府于1988年分别设立立法事务办公室和法律翻译办公室,着手清理澳门外来法律和葡萄牙文法律的中文翻译工作。法律翻译办公室随即组织力量将《葡萄牙民法典》翻译成中文。由于澳门翻译力量较薄弱,加上中、葡法律文化的差异,民法典的中译工作进展并不顺利。由于各种各样的原因,中译本完成后,迟迟不能公之于众,让社会大众参与讨论。至今也只有第一卷总则部分共396条由内地出版社以民间非正式文本的形式出版《澳门法律汇编》[①]刊行。在距澳门主权回归只有短短一年时间的今天,《葡萄牙民法典》中文译本仍处在黑箱作业之中,没有公开刊行供社会各界讨论,不能不说是一个遗憾。

无论如何困难,民法本地化的工作必须在澳门主权回归前完成。由于延伸适用于澳门的葡萄牙民事法律,带有一定的殖民色彩,制定时考虑的主要是葡萄牙本土的实际,大多没有考虑澳门本地的情况,也没有对中西方的历史文化传统的差别予以足够的重视,加上一些民事法律,年代久远,已不能满足现代社会发展的需要。因此,只有对其加以修订,才能使其重新获得生命力,并顺利过渡到澳门特别行政区适用。对这些民事法律进行修订时应注意以下三个方面。

第一,要与《关于澳门问题的联合声明》和《澳门基本法》相衔接。凡是带有殖民色彩的法律条文、用词等,都必须删改,以符合澳门的政治、法律地位。

第二,要从澳门的实际出发。除了专门为澳门制定的法律外,适用于澳门的葡萄牙民事法律,都是根据葡萄牙的实际情况及其需要制定的,这些法律既不体现澳门居民的意志,也不反映澳门的实际情况和需要,长期

[①] 参见《澳门法律汇编》,中国社会科学出版社,1996,第717~741页。

以来并未为澳门居民认同和接受，在澳门发生的实际影响也有限。只有结合澳门的实际加以修订，使其不但在形式上而且在内容上本地化，为澳门居民所接受，才能获得强大的生命力。

第三，要满足法律现代化的要求。在澳门适用的葡萄牙民事法律，以1966年《葡萄牙民法典》为核心，该法典生效至今已超过30年。在这30余年间，无论是葡萄牙还是澳门，情况都发生了巨大的变化。一些新的民法理论诞生，逐步取代了旧的民法理论。但葡萄牙和澳门的立法机关并未对该民法典作全面的修订，而只是作一些修补。就是葡萄牙对民法典作的修订，也没有全部延伸到澳门适用，甚至出现农业产值几乎为零的澳门，在包括葡萄牙在内的绝大多数国家都抛弃永佃权制度的情况下，《澳门民法典》仍保留永佃权制度的令人难以置信的情况。在畜牧业为零的澳门，民法典中仍然保留牧畜分益[①]这种合同形式同样令人不可思议。因此，在民法领域，澳门并没有跟随包括葡萄牙在内的世界各国法律现代化而现代化。这些落后而且对澳门毫无用处的制度，在编纂《澳门民法典》时理当废除。

自澳门本地立法机关获得立法权以来，澳门立法会和澳门总督根据澳门的实际需要，制定和颁布了不少单行的民事法律和法规，作为对在澳门实施的以《葡萄牙民法典》为核心的民事法律的补充。20余年过去，澳门本地立法机关已经积累了不少立法经验，将这些单行民事法律、法规融入《葡萄牙民法典》，并在此基础上编纂《澳门民法典》的时机已经成熟。与一般的法律编纂工作不同的是，《澳门民法典》的编纂应有明确的时间限制，配合法律本地化和澳门主权回归的需要，《澳门民法典》的编纂工作，必须在1999年底之前完成。

（原文载于《当代港澳》1998年第2期）

---

① 《澳门民法典》第1121条规定："牲畜分益是一人或多人将一个或一些动物交予另一人或另一些人繁殖、饲养和看管，而按一定比例相互分配将来利润的合同。"这是一种较为古老的合作形式，也是葡萄牙文化传统的一个反映。

二 法律制度篇

Hopo 的词源及其设立年代考

金国平[*]

一　Hopo 正名

学界普遍认为，葡语及其他西方语言中的 Hopo 是汉语河泊所中"河泊"二字的对音。此说大概始于澳门历史前辈学者戴裔煊[①]，后为多数研究者所接受。

"元初，以酒醋、盐税、河泊、金、银、铁冶六色，取课于民，岁定白银万锭。"[②] 江淮安庆等处设有河泊所。[③] 明袭元制[④]，"河泊所官，掌收鱼税；闸官、坝官，掌启闭蓄泄。洪武十五年定天下河泊所凡二百五十二。岁课粮五千石以上至万石者，设官三人；千石以上设二人；三百石以上设一人。"[⑤] 清仍保留此职，"河泊所大使一人。未入流。掌征鱼税。"[⑥] 从元至清，河泊所的职掌仅为征收渔课。澳门舶税的征收由广东市舶司责成守澳官与香山知县负责。对此，历代记叙甚多。从历代香山县志来看，不见香山的河泊所设在澳门的记录。

1686 年发给英商的"部票"[⑦] 为一力证。如果 Hopo 的对音是河泊的

---

[*] 金国平，葡萄牙里斯本中葡关系研究中心研究员。
[①] 戴裔煊：《〈明史·佛郎机传〉笺正》，中国社会科学出版社，1984，第 57 页。
[②] 《元史》，第 2386 页。
[③] 《元史》，第 2261 页。
[④] 《明史》，第 1748 页。
[⑤] 《明史》，第 1852 页。
[⑥] 《清史稿》，第 3360 页。
[⑦] 费成康：《澳门四百年》，上海人民出版社，1988，第 142 页。"部票"中的"部"乃粤海关监督关防上职称铭文"督理广东省沿海等处贸易税务部分司"中"户部"的略称。

话，那么题目应该是"河泊票"。文中的"本部"与"赴部"相应地文字是"本河泊"与"赴河泊"。显然这是荒谬的。

关于 Hopo 的词源，台湾学者陈国栋[①]有精辟的考证：

> 粤海关的首长，通称为"粤海关监督"，在英文的资料中，他被称之为"Hoppo"。关于这个称呼，前人已曾作过种种的推测或考证，其中以将之确认为"户部"的说法最为可靠，只可惜对监督何以被称为户部的理由未曾加以准确的说明。
>
> 作者同意"户部"这个说法系基于以下两点理由：第一，"Hoppo"与闽南方言"户部"的发音完全一致。[②] 由于初设监督的时期（1684~1687）英国船只全都在厦门交涉贸易，因此先入为主地使用闽南语发音的可能性极大。同时有许多福建商人在广东从事贸易，甚至于充当行商，闽南语在广州商场上通行，自然不无可能。第二，粤海关监督最完整的官衔中根本就带有"户部"二字。
>
> 监督最完整的官衔，即其关防上的职称为"广东省沿海等处贸易税务户部分司"。从这个官衔可以知道监督是"户部分司"，是北京户部派出驻在广东负责收税的司员，而粤海关衙门便是户部的派出衙门，用本衙门的名称来称呼派出的衙门，或其负责人，借以提高该官员的地位，这在中国是很普遍的现象。
>
> 不过在广州的官场上，监督自己使用，或者别人提到监督时并不使用"户部"这个简称，而使用"关部"一名[③]。马士（H. B. Morse）认为监督的全衔是"海关部"，而他自称为"关部"，并且英国商人在乾隆四十五年（1780）才知道这一回事。其实"关部"两字就是"海

---

① 陈氏在粤海关问题上有精深的研究。其有关学术论文如下：陈国栋《清代前期的粤海关（1683~1842）》，台湾大学硕士学位论文，1980；《清代前期粤海关监督的派遣》，《史原》第 10 期（1980 年 10 月），第 139~168 页；《粤海关（1684~1842）的行政体系》，《食货月刊》第 11 卷第 4 期（1981 年 7 月），第 35~52 页；《清代前期粤海关的税务行政》，《食货月刊》第 11 卷第 10 期（1982 年 1 月），第 1~23 页；《清代前期粤海关的利益分配（1684~1842）：粤海关监督的角色与功能》，《食货月刊》第 12 卷第 1 期（1982 年 4 月），第 19~33 页及美国耶鲁大学历史系博士学位论文"The Insolvency of the Chinese Hong Merhants, 1760-1843"，Ph. D. dissertation, Yale University, 1990。

② 本文作者注：广东话分音为 wu pou。

③ 本文作者注：也使用"榷部"一名。

关——户部"的合称①。因为中国自宋以来，集权中央，一切的外官都带有差遣的性质，同时奉差的官员也常保留了本身在首都衙门的职衔。因此使用原衔的简称，或原衔与现职的混合简称以称呼这些外官，在明、清时代就成为约定俗成的习惯了。例如总督、巡抚二官因常由六部的尚书或侍郎（二者皆为"堂官"）出任，并兼有都察院副都御史、佥都御史等衔，于是便分别被尊称为"督部堂"、"部堂"及"抚部院"、"部院"或"抚院"。粤海关监督也是基于同样的理由，而称为"关部"②。在粤海关成立之初，"关部"一名就已在广州的文告中出现了。

"户部"与"关部"的称呼皆非粤海关监督所独有。比如说厦门的福建海关衙门也称作"户部衙"③。最有趣的是一本18世纪初期出版的法文商业辞典中，也用"户部"来称呼日本长崎的海关吏。至于"关部"一名，在1687年（康熙二十六年），英国东印度公司的档案中也早已用来称呼厦门的闽海关官员了。

以上系就粤海关以外别省或别国的海关官员的情形而言。即使就粤海关所属的子口而言，监督派出在当地征税的职员，也被称为"户部"，比如说琼州口的情形便是如此。最有趣的是廉州府因为也是粤海关所辖的七个总口之一，有海关衙门的职员常川驻扎，因此在外国地图中，"廉州"竟有另一个地名—即"户部"（Hoppo）。④

不但英国东印度公司的档案称呼闽海关官员为"关部"，汉语中也有类似记载："昔时人文杰出，地灵殆有助焉。自海氛鞠为茂草矣。我国家底定海宇，文教诞敷。前威略将军吴公沿其旧，始建文昌殿；关部郎中雅公复构朱子亭，增置旁舍，为师生课义所。彬彬济济，称盛一时。"⑤

---

① 此说有误，详见下注。
② 这种解释是有道理的，但论者未探究"部"字的含义。"部"有两个基本词义：1. 中央政府国务院以下的行政机关名称，如教育部、外交部；2. 专指机关中分别担任不同职能的单位，如出版部、编辑部。劳之辨《同满汉权部巡历濠镜澳四首》题目中的"权部"与"关部"同义。因此，我们认为"权部"与"关部"来自"权关"。
③ 福州有"户部前"的地名。澳门有"关前后街"与"关前正街"。可见户部（分司）与关是可以通用的。
④ 陈国栋：《清代前期粤海关监督的派遣》，《史原》第10期（1980年10月），第139~141页。
⑤ 周凯：《厦门志》，台湾银行经济研究室，台湾文献丛刊第95种，第302页。

实际上使用的名称繁多，例如管理粤海关税务[1]，管理澳门总口税务[2]，管理澳门税务[3]，澳门总口委员[4]，澳关委员[5]，澳门口委员[6]，澳口委员[7]，澳门委员[8]，粤海关委员[9]，粤海关部[10]，粤海关部大人[11]，粤海关监督[12]，粤海关宪[13]，钦命大老爷[14]，钦命粤海关部大人[15]，钦命粤海关监督[16]，钦命督理粤海关税务[17]，钦命管理粤海阙税务[18]等。

二 澳门关部行台成立之日期

崇祯自尽之后，朱家遗臣仍持续在江南及东南沿海"反清复明"。郑成功多次起兵抗清，又驱荷复台作为反清基地。为抵制明郑，世祖颁布海禁令，严禁民间商船从事海外活动；迁界令，强迫江、浙、闽、粤沿海15千米内，毁城迁地，坚壁清野；片板不许下水，粒货不许越疆，以禁绝中外贸易，经济封锁台湾。康熙二十二年七月，施琅平定台湾，将其纳入中国的版图。同年，漕运总督慕天颜疏开海禁。翌年，解除海禁，设立江、浙、闽、粤四海关管理对外贸易、征收关税，其中以粤海关最为重要。"我朝厘定关榷官制，有兼管，有简充。天下海关，在福建者辖以将军，在浙江、江苏者辖以巡抚，惟广东粤海，专设监督，诚重其任也。至分司

---

[1] 刘芳辑《清代澳门中文档案汇编》（下），章文钦校，澳门基金会，1999，第952页。
[2] 刘芳辑《清代澳门中文档案汇编》（下），章文钦校，澳门基金会，1999，第952页。
[3] 刘芳辑《清代澳门中文档案汇编》（下），章文钦校，澳门基金会，1999，第952页。
[4] 刘芳辑《清代澳门中文档案汇编》（下），章文钦校，澳门基金会，1999，第956页。
[5] 刘芳辑《清代澳门中文档案汇编》（下），章文钦校，澳门基金会，1999，第956页。
[6] 刘芳辑《清代澳门中文档案汇编》（下），章文钦校，澳门基金会，1999，第956页。
[7] 刘芳辑《清代澳门中文档案汇编》（下），章文钦校，澳门基金会，1999，第956页。
[8] 刘芳辑《清代澳门中文档案汇编》（下），章文钦校，澳门基金会，1999，第956页。
[9] 刘芳辑《清代澳门中文档案汇编》（下），章文钦校，澳门基金会，1999，第947页。
[10] 刘芳辑《清代澳门中文档案汇编》（下），章文钦校，澳门基金会，1999，第947页。
[11] 刘芳辑《清代澳门中文档案汇编》（下），章文钦校，澳门基金会，1999，第947页。
[12] 刘芳辑《清代澳门中文档案汇编》（下），章文钦校，澳门基金会，1999，第947页。
[13] 刘芳辑《清代澳门中文档案汇编》（下），章文钦校，澳门基金会，1999，第947页。
[14] 刘芳辑《清代澳门中文档案汇编》（下），章文钦校，澳门基金会，1999，第947页。
[15] 刘芳辑《清代澳门中文档案汇编》（下），章文钦校，澳门基金会，1999，第947页。
[16] 刘芳辑《清代澳门中文档案汇编》（下），章文钦校，澳门基金会，1999，第947页。
[17] 刘芳辑《清代澳门中文档案汇编》（下），章文钦校，澳门基金会，1999，第947页。
[18] 刘芳辑《清代澳门中文档案汇编》（下），章文钦校，澳门基金会，1999，第947页。

其事,大关①、澳门则设防御,其余五大总口并置委员。"②

"我国邻海的各省份当中,广东省的海岸线最长。粤海关监督'督理广东沿海'的'贸易税务',在绵亘数千里的海岸线上分设了75个子口,以便于管理。这75个子口依照不同的范畴作以下两种分类。

第一种分类是按照功能的不同而区分成'正税之口'、'挂号之口'与'稽查之口'。其中'挂号'与'正税'两种口岸分别提供报关登记、填写税单与收纳关税的功能,因此又合称为'收税口岸'。稽查之口依其命名之义,负责船只、货物出入的稽查。据粤海关志所载,鸦片战争前夕,广东沿海共设有正税之口31个、挂号之口22个,稽查之口也是22个。

第二种分类是依照行政上隶属的关系而区分成'总口'与'小口'。粤海关75个子口依地理位置的情况,划作7组,各由1个总口来统辖管理。这七个总口以广州府为中心,设大关、澳门两总口。东北而上为惠州(乌坎总口)、潮州(巷埠总口);西南而下为高州(梅菉总口)、雷州及廉州(海安总口)、琼州(海口总口)。而以潮州、琼州距监督衙门所在地的广州城为最远。所有的小口均分隶于各总口,其收支的情况由各总口造册汇报监督、汇解粤海关关库。

就重要性而言,以大关、澳门最重要,其次是琼州和潮州。大关即粤海关监督衙门的所在地,狭义的大关亦即指监督衙门本身。广义而言之,它也包括了总巡口、行后、东炮台口、西炮台口、佛山口、黄埔口、虎门口、紫泥口、市桥口、镇口口与江门口各子口。其实,由于外国船只贸易的地点在广州城外,必须从老万山(Is. Landrones)溯珠江而上。各子口即分布于珠江岸上。外国船只来到伶仃洋(在老万山附近),向驻守的官兵报到之后才可进入珠江。由珠江上溯到虎门(西人称之为 Boca Tigris)或(The Boque),由驻守在该地的虎门副将'验明船只'、'查明货物、加贴封条',然后放行至黄埔,在此停泊,听候丈量输税,开舱下货。

澳门为葡萄牙人的居住地,也是葡萄牙人向广州进行贸易的据点。同

---

① 澳门总口亦可称"大关",此外还有"大关总口"、"大关内馆"等名,参见刘芳辑《清代澳门中文档案汇编》(上),章文钦校,澳门基金会,1999,第31,119及130页。
② 梁廷枏:《粤海关志》,参见杨继波、吴志良、邓开颂总主编《明清时期澳门问题档案文献汇编》,中国第一历史档案馆、澳门基金会、暨南大学古籍研究所合编,人民出版社,1999,汤开建、陈文源、邓开颂主编第6卷,第98页。

时各国商人于贸易季节终了时，原则上必须'下澳'，在澳门住冬，否则即得离开中国。夷人带来的妇女亦不准'上省'（赴广州），必须住在澳门。因此广州与澳门之间的贸易规模亦不小，粤海关在此弹丸之地设正税之口一、稽查之口四。"①

《粤海关志》称："旧岸以虎门为最重，而壕镜一澳，诸番杂处，百货流通，定则征税，故澳门次之。"② "澳口系正税总口，在广州府香山县，距大关三百里。大马头距澳门总口一里，南湾距澳门总口二里，关闸距澳门总口一里、并在香山县，系稽查口。"③ 张甄陶《澳门图说》对澳门海关机构的记载甚详："澳有关税，一主抽税，曰小税馆；主讥察，曰南环税馆，专稽查民夷登岸及采望蕃舶出入；曰娘妈角税馆，专稽察广东、福建二省寄港商渔船只，防透漏，杜奸匪。舶入港必由十字门折而西经南环，又折而西至娘妈角，又折而东乃入澳。"④

粤海关在澳门的机构称"关部行台"，原因是总部的"廨舍在广东外城五仙门内，康熙二十四年以旧监政署改建"。⑤ 所以"又有行廨在香山县澳门，监督时出稽查则居之。"⑥ 至于人员建制，"管理总口委员七员：一大关旗员，一澳门总口旗员，……以澳门为夷人聚集重地，稽查进澳夷船往回贸易，盘诘奸宄出没，均关紧要，是以向设立旗员防御两员，一驻大关总口，一驻澳门总

---

① 陈国栋：《粤海关（1684~1842）的行政体系》，《食货月刊》第 11 卷第 4 期（1981 年 7 月），第 35~36 页。

② 梁廷枏：《粤海关志》，参见杨继波、吴志良、邓开颂总主编，《明清时期澳门问题档案文献汇编》，中国第一历史档案馆、澳门基金会、暨南大学古籍研究所合编，人民出版社，1999，汤开建、陈文源、邓开颂主编第 6 卷，第 98 页。

③ 梁廷枏：《粤海关志》，参见杨继波、吴志良、邓开颂总主编，《明清时期澳门问题档案文献汇编》，中国第一历史档案馆、澳门基金会、暨南大学古籍研究所合编，人民出版社，1999，汤开建、陈文源、邓开颂主编第 6 卷，第 98 页。

④ 梁廷枏：《粤海关志》，参见杨继波、吴志良、邓开颂总主编，《明清时期澳门问题档案文献汇编》，中国第一历史档案馆、澳门基金会、暨南大学古籍研究所合编，人民出版社，1999，汤开建、陈文源、邓开颂主编第 6 卷，第 607 页。

⑤ 梁廷枏：《粤海关志》，参见杨继波、吴志良、邓开颂总主编，《明清时期澳门问题档案文献汇编》，中国第一历史档案馆、澳门基金会、暨南大学古籍研究所合编，人民出版社，1999，汤开建、陈文源、邓开颂主编第 6 卷，第 98 页。

⑥ 梁廷枏：《粤海关志》，参见杨继波、吴志良、邓开颂总主编，《明清时期澳门问题档案文献汇编》，中国第一历史档案馆、澳门基金会、暨南大学古籍研究所合编，人民出版社，1999，汤开建、陈文源、邓开颂主编第 6 卷，第 98 页。

口。每年请将军衙门选员前往弹压。"① 澳门总口的具体人员如下："一、澳门总口总书一名。一、柜书：澳门总口、高州总口各一名。一、家人：澳门总口二名。一、巡役，澳门总口五名，内澳门口、关闸口、大马头口、南湾口、娘妈阁口各一名。一、水手，澳门总口十五名。一、火夫：澳门总口二名。"②

陈国栋分析说："在清朝的官僚体系之中，粤海关监督可以说是少数的'专业性'官僚之一，基本的职务为负责关税的征收与报解。自从顺治十八年将三处织造衙门由工部改隶到内务府以后，盐政与税关监督渐次成为内务府包衣官员的禁脔。粤海关监督也自康熙末年起成为包衣的专缺，由皇帝直接任命：户部对其派遣只负责经手，对其考核只负部分的责任。"③ 但我们认为，澳门的情况有所不同。常驻澳门的"关澳委员"，除了其"专业性"之外，还配合前山海防同知、香山县令及左堂对澳门外人进行主权管理，因此还具有某种政治作用。④

清代史料对设立四大海关的地点⑤，尤其是其成立日期无准确记载。

"（康熙四年）裁市舶提举吏目。"⑥ "二十年，擢两广总督。兴祚上官，疏言尚之信在广东横征苛敛，民受其害数十年。因举盐埠、渡税、税总店、渔课诸害，悉奏罢之。自迁界令下，广东沿海居民多失业，兴祚疏请展界，恣民捕采耕种。上遣尚书杜臻⑦、内阁学士石柱⑧会兴祚巡历规

---

① 梁廷枏：《粤海关志》，参见杨继波、吴志良、邓开颂总主编，《明清时期澳门问题档案文献汇编》，中国第一历史档案馆、澳门基金会、暨南大学古籍研究所合编，人民出版社，1999，汤开建、陈文源、邓开颂主编第6卷，第99页。
② 梁廷枏：《粤海关志》，参见杨继波、吴志良、邓开颂总主编，《明清时期澳门问题档案文献汇编》，中国第一历史档案馆、澳门基金会、暨南大学古籍研究所合编，人民出版社，1999，汤开建、陈文源、邓开颂主编第6卷，第99页。
③ 陈国栋：《清代前期粤海关监督的派遣》，第152页。
④ 可参见刘芳辑，章文钦校《清代澳门中文档案汇编》及金国平、吴志良《粤澳公牍录存》（8卷）中的有关文献。
⑤ 杨仁飞：《论清政府对澳门的海关管理》，《广东社会科学》1993年第2期。施存龙：《粤海关设于澳门或次固镇吗——有关〈澳门大事记〉中的一个问题》，《文化杂志》1998年第39期，第45~54页。
⑥ 参见杨继波、吴志良、邓开颂总主编《明清时期澳门问题档案文献汇编》，中国第一历史档案馆、澳门基金会、暨南大学古籍研究所合编，人民出版社，1999，汤开建、陈文源、邓开颂主编第6卷，第30页。
⑦ 杜臻撰有《粤闽巡视纪略》，参见汤开建《明清士大夫与澳门》，澳门基金会，1998，第201~218页。
⑧ 亦作席柱。

画①，兵民皆得所。"② （二十三年）二月，展开海禁。以海氛永靖，开复原额渔课，并许各海口贸易。（二十四年）设海关监督。"③ 康熙遣其近臣杜臻④、席柱巡视粤闽。《清实录》记载说：（康熙二十三年七月乙亥）席柱奏曰："海上贸易，自明季以来，原未曾开，故议不准行。"上曰："先因海寇，故海禁不开为是，今海氛廓清，更何所待？"席柱奏曰："据彼处总督巡抚云，台湾、金门、厦门等处，虽设官兵防守，但系新得之地，应俟一、二年后相其机宜然后再开。"上曰："边疆大臣当以国计民生为念，向虽严海禁，其私自贸易何尝斯绝。凡议海上贸易不行者，皆总督、巡抚自图射利故也。"⑤ 席柱回京后，向康熙汇报了巡视情况。《康熙起居注》所记略详。

第一任粤海关监督是宣尔格图⑥，"二十四年任，二十五年留任"。⑦

据目前掌握的资料记载，康熙二十三年，开海禁，二十四年设粤海关监督毫无争议，但在澳门设关的日期仍需探讨。

---

① 参见章文钦《澳门与中华历史文化》，澳门基金会，1995，第 7~9 页。
② 《清史稿》，第 9863~9864 页。
③ 参见杨继波、吴志良、邓开颂总主编《明清时期澳门问题档案文献汇编》，中国第一历史档案馆、澳门基金会、暨南大学古籍研究所合编，人民出版社，1999，汤开建、陈文源、邓开颂主编第 6 卷，第 30 页。
④ "国初以海上多事，下令迁东南各省沿海居民于内地，画界而设之禁。界外皆弃地，流民无所归，去为盗。及师定金门、厦门，总督姚启圣请以界外地按籍还民，弛海禁，收鱼盐之利给军食，廷臣持不可。康熙二十二年，台湾平，上命以界外地还民。会给事中傅感丁请以江、浙、闽、粤滨海界外地招徕开垦，乃命臻及内阁学士席柱赴福建、广东察视界，进臻工部尚书。臻与席柱如广东，自钦州防城始，遵海以东而北，历府七、州三、县二十九、卫六、所十七、巡检司十六、台城堡砦二十一，还民地二万八千一百九十二顷，复业丁口三万一千三百。复如福建，自福宁州西分水关始，遵海以北，历府四、州一、县二十四、卫四、所五、巡检司三、关城镇砦五十五，还民地二万一千一十八顷，复业丁口四万八百。于是两省海滨居民咸得复业。别遣使察视江南、浙江展界复业，同时毕事。臻以母丧还里，席柱复命，奏陈滨海居民还乡安业。上曰：'民乐处海滨，以可出海经商捕鱼，尔等知其故，前此何以不准行？边疆大臣当以国计民生为念，囊禁令虽严，私出海贸易初未尝断绝。凡议出海贸易不可行者，皆总督、巡抚自图射利故也。'"《清史稿》，第 9984~9985 页。
⑤ 《圣祖康熙实录》卷一百一十六，参见杨继波、吴志良、邓开颂总主编《明清时期澳门问题档案文献汇编》，中国第一历史档案馆、澳门基金会、暨南大学古籍研究所合编，人民出版社，1999，汤开建、陈文源、邓开颂主编第 5 卷，第 438~439 页。
⑥ 《清史稿》中作伊尔格图。
⑦ 阮元：《广东通志》第 1 卷，上海古籍出版社，1990，第 723 页。

康熙二十四年，广南韶道劳之辨和粤海关满监督①宣尔格图、汉监督成克大曾巡历濠镜澳②。

宣尔格图亦称伊尔格图③。"成克大，字子来，大名人。顺治十七年举人，由内阁中书转户部广西司主事，再迁贵州司员外郎。时创设粤海关，克大受命为监督。粤之香山澳，旧为洋人所居，名为鬼卒，俗尚火攻，其酋长率队来迎，刀枪森列，俨若劲敌。克大宣上恩威，群皆慑服。有商激怒鬼卒，奔诉求救，鬼卒蜂拥至门，汹涌不可测，克大神色自若，手檄通译，集酋长，责以大义，军遂解。差峻，复江西司郎中。"④ 对此事，劳之辨⑤也有叙述："余粤任不及半年，平旗、民之讼狱，戢委弁之横行，惩劣生之武断，清两县之蜒塘，诸事次第整饬。向来洋货，皆地方市舶司经收，岁有常额。乙丑，初设海关，额未定，商人仗新榷立威，乘澳夷演炮误触其船，以夷人劫货伤人起讼端。余会同榷使宣、成二君，克期进澳，焚香告神，誓无枉纵。薄暮抵行馆，有通事怀橐中金求见，不下陆大夫装，余使吏人叱之去，通事白云：'此官司进澳故事，纳则夷人心慰，不则反滋疑惧。'余卒严却之。诘朝会鞠，商辞半属张大。余止以炮损洋船，断偿修舱银三百两，仍坐商以诬，欲笞之，奸商俛首。夷人扶老扶幼送及关，感激涕零而返。自此商舶、澳夷两相帖服。西洋之司历都下者，前则

---

① "首先要加以说明的是康熙二十三年初开海禁的时候，原来规定四省海关分别'设满、汉海税监督、笔帖式各一人'，当时闽海关有时候派两位监督，浙海关有时候甚至还派三位监督，但粤海关则每年只派一位监督。到了康熙二十八年，皇帝重新规定嗣后监督只差一人。因此粤海关监督的职位，并不像中央政府的官缺属满汉均分，而是照一般外官的情形，只设一缺。"陈国栋：《清代前期粤海关监督的派遣》，第142页。
② 章文钦：《澳门与中华历史文化》，澳门基金会，1995，第11～12页。
③ 《清史稿》第6425页，"康熙二十六年……乙未，傅腊塔工部右侍郎。十一月己卯迁。伊尔格图工部右侍郎。"第6427页，"康熙二十七年……三月乙亥，郑重刑部右侍郎。傅腊塔二月迁。癸酉，伊尔格图工部左侍郎。"
④ 程廷恒：《大名县志》卷十八《乡型》，参见杨继波、吴志良、邓开颂总主编《明清时期澳门问题档案文献汇编》，中国第一历史档案馆、澳门基金会、暨南大学古籍研究所合编，人民出版社，1999，汤开建、陈文源、邓开颂主编第6卷，第320页。
⑤ "劳之辨，字书升，浙江石门人。康熙三年进士，选庶吉士，授户部主事，迁礼部郎中。出为山东提学道佥事，报满，左都御史魏象枢特疏荐之，迁贵州粮驿道参议。师方下云南，羽书旁午，之辨安设驿马以谍报；复以军米运自湖南，苦累大役，白大府停运，就地采购，供亿无匮。二十四年，擢通政使参议，迁兵部督捕理事官。连遭亲丧。服阕，起故官。擢左副都御史，数有建白。"《清史稿》，第10212页。

南君怀仁，后则闵君明我，传述以为美谭。"①"乙丑，初设海关，额未定，商人仗新权立威"一语告诉我们，澳门华商依仗新近成立的海关寻衅葡人。据"薄暮抵行馆"之说法，可以断定劳、宜、成三人来澳处理上述中外纠纷时，关部行台已落成使用。换言之，澳门总口设立的日期是康熙二十四年。劳之辨本人《同满汉権部巡历壕镜澳四首》最后一句题记也明白地说："时初开海禁，置権关。"

西方资料对粤海关及澳门关部行台也有涉及。②

"去年十二月份左右，三位官员从京廷来本城③及澳城开海贸并设立海关。如今澳城海关已经设立。一到澳门，他们不仅要求征收货税，而且还对葡萄牙船只进行丈量。"④

此函的落款日期是 1685 年 12 月 19 日⑤。"去年十二月份"为 1684 年 12 月，即康熙二十三年十月至十一月间。"三位官员"可能是南韶道劳之辨和粤海关满监督宣尔格图、汉监督成克大。

1685 年 11 月 30 日，澳门议事亭向唐佩德罗二世（D. Pedro Ⅱ）国王申呈说：

> ……我们这些古往今来的葡萄牙人从来以贸易在本城为生。自鞑靼政府全面禁海以来，贸易日益恶化，无任何好转。
>
> 众所周知，不几年前，中国皇帝给予了我们某些贸易自由，对此我们曾向陛下汇报，但这无济于事，原因是皇帝的大臣与某些外国⑥有着重大的利益，无视禁令，致使外国船只携带巨资经常出没中国海域。我们一直寄希望于中国皇帝洞察此事，下令调查，以杜绝其大臣

---

① 钱仪吉：《碑传集》卷二十《康熙朝部院大臣》下之中，《自序》，劳之辨，参见杨继波、吴志良、邓开颂总主编《明清时期澳门问题档案文献汇编》，中国第一历史档案馆、澳门基金会、暨南大学古籍研究所合编，人民出版社，1999，汤开建、陈文源、邓开颂主编第 5 卷，第 577～578 页。

② 葡语中关于澳门中国海关的主要著作有：庞礼喇（Pereira, A. M.）《澳门中国海关》，澳门，1870，文德泉《澳门之 Hopo》，《澳门教区月报》，1968，第 66 卷，第 379～413 页，《澳门军人》，澳门，1976，第 256～277 页及《澳门地名》，1973，第 1 卷，第 383～401 页。

③ 广州。

④ 《方济各会在华会志（Sinica Fianciscana）》第 3 卷，第 579～580 页。

⑤ 《方济各会在华会志（Sinica Fianciscana）》第 3 卷，第 596 页。其作者为当时在广州的西班牙方济各会传教士利安定（Agustin de San Pascual）。

⑥ 尤指荷兰。

违反许久以来在全国颁布的禁令同某些外国的交易。正是怀着此种希望，我们忍受巨大贫困。现在我们看到他对我们已无丝毫信任，我们已落到此种地步，无任何挽救的办法，原因是这位皇帝在平定福摩萨的大捷后，一开海禁，允许全中国如同以前一样自由航行贸易。为此，他下令征收所有以前规定的商税，他设立了新的衙门（tribunais），专事税收。这一机构是近来本城最大的灾难，因为它强迫我们支付即便是过去（繁荣的日子）也难以支付的款项。这简直是敲骨吸髓。但最致命的毁灭是，随着新的贸易自由，其他外国更有理由在对华贸易中注入巨大资本。即便皇帝不允许这些外国经商，他的新大臣们（其他外国之来对他们有益，除了大量的赠送外，还有同它们的贸易利益）已同它们明来暗去。即便如此，我们也可应付。许多年前，荷兰人诡计百端，或是通过战争或是以重礼收买当局欲占本城①，我们有办法将其驱逐出境。本城有抵抗这些强敌的防御设施。前述贫困，加之本城居民日益稀少致使房屋废弃，炮台倒塌，百物奇缺。为生存我们竭尽全力，但这一切努力付之东流，因为我们无成堆的银子开路来获得这些偶像崇拜者的垂青。外国人腰缠万贯，出手阔绰。天高皇帝远，我们无法向其求告。告状往往落入被告手中，因此我们只得忍受贫困，寄希望于陛下。②

第二年，即 1686 年，澳门议事亭也向葡印总督汇报说：

> 本城中有一的确管理一切航海事务的衙门（tribunal），它是为中国皇帝征税的海关。没有一天没有麻烦，其结局总是由人民掏腰包。完全为了替上帝保佑的陛下保住本城，我们在忍受，但我们知道，也确实承认这是枉费心机，因为如果说印度的其他商埠失于敌强我弱的话，那么本城将毁于贫困及新的苛捐杂税。本城居民为使上帝保佑的陛下的英名在中国的港口永存而一再努力。即便赴汤蹈火，也在所不惜。不幸的是，本城的存亡仅仅取决于因上述原因已枯竭的财力。③

---

① 汤开建：《澳门开埠初期史研究》，中华书局，1999，第 154～173 页。
② 《澳门议事亭致唐佩德罗二世（D. Pedro Ⅱ）国王申呈》，1685 年 11 月 30 日，里斯本海外历史档案馆，澳门，第 2 函盒，第 5 号文件。
③ 《澳门议事亭致埃利塞拉（Conde de Ericeira）伯爵函》，1686 年，参见《澳门军人》，第 259 页。

可见，在澳门关部行台设立之初，葡萄牙人称其为"衙门"，并无"Hopo"之名。这说明"Hopo"源自闽南方言"户部"的发音一说是有道理的。同时再次证明"河泊"说毫无依据。综合中外记载，澳门关部行台设立的日期为1684年12月，即康熙二十三年十月至十一月间。

（本文载于《暨南史学》2002年第一辑）

乾隆九年定例研究

王巨新[*]

"乾隆九年定例"是指清政府关于乾隆八年夷人晏些卢扎伤民人陈辉千致死案的处理意见，它影响了其后半个多世纪澳门地区涉外刑案的司法审判。乾隆九年定例经皇帝和刑部批准"著为令"，并在澳门地区广泛适用，是清朝前期澳门地区最重要的判例法。

一 乾隆九年定例的形成

清代关于涉外刑案的司法管辖，在《大清律例》中明文规定"凡化外（来降）人犯罪者，并依律拟断"[①]，但这简单的律文显然缺乏现实操作性，难以适应错综复杂的社会现实。清朝前期，澳内人口不断增长，民番冲突日渐增多，如何审理涉外刑案就成为摆在清政府面前的重要问题。清初到乾隆八年（1743年），澳门地区有两件外国人杀死中国人案件见于记载。1710年，葡萄牙战船船长曼努埃尔·阿尔瓦雷斯·德·奥利维依拉（Manuel Alvares de Oliveira）杀害了一名中国人并将尸体装进口袋扔到海里，但没有注意到口袋上有他的标记，于是事情败露。在真凭实据面前，王室大法官伽斯巴尔·马尔丁斯（Gaspar Martins）为平息事态，不得不将杀人凶手逮捕，押送到烧灰炉堡垒处死。观看行刑的有两位耶稣会神父、受害者的妻子、家人和王室大法官。[②] 1712年，又有帝汶人若奥·苏亚雷

---

[*] 王巨新，中共山东省委党校政法教研部副教授。
[①] 郑秦、田涛点校《大清律例》卷五《名例律（下）》"化外人有犯"条，法律出版社，1999，第122页。
[②] 〔葡〕施白蒂：《澳门编年史》，小雨译，澳门基金会，1995，第81~82页。

斯·里斯博阿（Joao Soares Lisboa）杀害一名中国人，澳门兵头晏多尼下令将其置于大炮台的炮口上开炮处死，并下令将其他罪行较轻的八个同伙在街上当众鞭笞，然后押往马尼拉卖出。① 这两起案件都未见清朝政府参与司法审判，甚至不见于中文档案文献记载。之所以如此，一方面是由于外国人多采取贿赂死者家属和地方官员的办法，使死者家属保持沉默，也使地方官员匿不上报，另一方面是清朝地方官员尚无坚持涉外案件司法管辖权的意识，只要案件不引起社会混乱和上司关注而危及自己官职，宁愿视而不见，虚假瞒报，或者索取贿赂，中饱私囊。1744年广州将军策楞等曾上奏指出："惟民番交涉事件，罪在番人者，地方官每因其系属教门，不肯交人出澳，事难题达，类皆不禀不详，即或通报上司，亦必移易情节，改重作轻，如斗杀作为过失，冀幸外结省事，以故历查案卷，从无澳夷杀死民人抵偿之案。"② 也就是说，由于涉外案件审判执行困难，清朝地方官一般采取不禀不详或者改重作轻的办法，以致在澳门从未发生清朝政府审判处死外国罪犯之例。

乾隆八年夷人晏些卢扎伤民人陈辉千致死案是第一起引起清朝中央政府关注的涉外命案。该案案情比较简单：乾隆八年十月十八日，澳门商人陈辉千酒醉之后，途遇葡人晏些卢（Anselmo）发生争执，陈辉千被晏些卢用小刀戳伤致死。死者家属不愿被收买，诉至香山县衙。香山知县验伤讯供之后，立即上报暂署两广总督之广州将军策楞，并"密禀西洋夷人犯罪，向不出澳赴审，是以凶犯于讯供之后，夷目自行收管，至今抗不交出"。策楞会同广东巡抚王安国严批香山知县照例审拟招解。香山知县迭催澳葡当局后向策楞等转述澳葡当局之请："番人附居澳境，凡有干犯法纪，俱在澳地处治，百年以来从不交犯收禁，今晏些卢伤毙陈辉千，自应仰遵天朝法度，拟罪抵偿，但一经交出收监，违犯本国禁令，阖澳夷目均干重辟，恳请仍照向例，按法处治，候示发落。"根据香山知县和澳葡官员的禀述，策楞等会商认为："今若径行搜拿，追出监禁，恐致夷情疑惧，别滋事端，倘听其收管，无论院司不能亲审，碍难定案承招，并虑旷日迟久，潜匿逃亡，致夷人益生玩视法纪之心。"因此认为此等事件，似应俯

---

① 〔葡〕施白蒂：《澳门编年史》，小雨译，澳门基金会，1995，第84~85页。
② 中国第一历史档案馆、澳门基金会、暨南大学古籍研究所合编《明清时期澳门问题档案文献汇编》（一），人民出版社，1999，第198~199页。

顺夷情，速结为便。于是下令广州知府和香山知县立即前往澳门，将凶犯应行绞抵之处明白示知，由澳葡官员自行限日，眼同尸亲将凶犯晏些卢于乾隆九年正月初三日用绳勒毙。事后策楞等上奏指出："化外之人有犯，原与内地不同，澳夷均属教门，一切起居服食，更与各种夷人有间，照例解勘成招，夷情实有不愿，且凶犯不肯交出，地方官应有处分，若不明定条例，诚恐顾惜考成，易启姑息养奸之弊。"因此请求乾隆皇帝"特降谕旨，嗣后澳夷杀人罪应斩绞，而夷人情愿即为抵偿者，该县于相验之时，讯明确切，由司核明，详报督抚再加复核，一面批饬地方官同夷目将犯人依法办理，一面据实奏明，并钞供报部查核"。①

对于策楞等对案件的审理和奏请，乾隆和刑部予以肯定。乾隆帝"诏可其奏，著为令"。② 刑部也认为，律称化外人有犯，并依律问断，但期于律无枉无纵，情实罪当，其他收禁成招等项节目，原不必悉依内地规模，转致碍难问拟。因此，应如所奏请，"嗣后在澳民蕃，有交涉谋害斗殴等案，其罪在民者照律例遵行外，若夷人罪应斩绞者，该县于相验之时讯明确切，通报督抚详加复核，如果案情允当，该督抚即行批饬地方官，同该夷目将该犯依法办理，免其交禁解勘，仍一面据实奏明，并将招供报部存案"。③ 根据乾隆帝和刑部的意见，如果在澳门有中国人对外国人犯罪，按《大清律例》治罪；如果有外国人对中国人犯罪，依据《大清律例》罪应斩绞，则由香山知县查验讯供，详报广东督抚，督抚详加复核，如果案情允当，即可委派地方官同澳葡官方一起将罪犯执行死刑。这就是所谓的"乾隆九年定例"。

"乾隆九年定例"在四年以后即遭到另一起澳内涉外命案的挑战：乾隆十三年（1748年）四月初九夜，民人李廷富、简亚二两人潜入葡人若瑟吧奴家内，被夷兵哑吗嚧、嗯哆呢起身捉获，疑为行窃，拴缚屋柱，原欲等候天明送官究治，讵廷富、亚二詈骂不休，遂哑吗嚧将简亚二连殴毙命，嗯哆呢亦将李廷富殴伤致死，二人复又同谋定计，将两尸乘夜扛弃入海。对于此案，广东巡抚岳濬是查照乾隆九年定例进行审判的："如夷人

---

① 中国第一历史档案馆、澳门基金会、暨南大学古籍研究所合编《明清时期澳门问题档案文献汇编》（一），人民出版社，1999，第198~199页。
② 印光任、张汝霖：《澳门记略》，赵春晨校注，广东高等教育出版社，1988，第34页。
③ 印光任、张汝霖：《澳门记略》，赵春晨校注，广东高等教育出版社，1988，第34页。

有犯，查拿讯究，仍遵照乾隆九年督臣策楞奏明晏些卢问罪一案之例，饬照该夷法度处治，一面将办理缘由据实奏明，并录供招报部存案。"但岳濬依据《大清律例》对罪犯仅判杖流并准照夷例发送地满："查律载：夜无故入人家，已就拘执而擅杀者，杖一百、徒三年。又弃尸水中者，杖一百、流三千里……哑吗嚧、嗱哆呢除拘执擅杀杖徒轻罪不议外，均应照弃尸水中例，各杖一百、流三千里。案内干连笞杖各犯，照例分别发落。但夷人例无遣配之条，随查据夷目唛嚟哆等称，该国免死罪犯，向系安插地满受罪终身，其地满地方岚蒸气瘴，水土恶毒。等语。似与内地军流相等。今哑吗嚧、嗱哆呢既经律拟应流，仍照向来处治夷人问罪之法，俯顺夷情，依法办理，令其发往地满永远安插，不许复回澳门。"① 对于岳濬的审理判决，乾隆帝非常不满，于十月初三日下谕申饬："夷人来至内地，理宜小心恭顺，益知守法，乃连毙内地民人，已为强横，又复弃尸入海，希图灭迹，尤为凶狡，自应一命一抵，若仅照内地律例，拟以杖流，则夷人桀骜之性，将来益无忌惮，办理殊为错误……嗣后，如遇民夷重案，务按律定拟，庶使夷人共知畏罪奉法，不致恣横滋事，地方得以宁谧。岳濬着传旨申饬。"② 后据两广总督硕色奏称，澳门理事官唛嚟哆已将哑吗嚧等附搭洋船，押发地满地方，难以追回，乾隆帝才准将此案完结，但下令"嗣后遇有此等案件，务宜详细研鞫，执法惩究，不可徒事姑息，以长夷人骄纵之习"。③

本案过后，澳门同知张汝霖和香山县令暴煜在乾隆十四年制定的《澳夷善后事宜条议》中明确规定："嗣后澳夷除犯命盗罪应斩绞者，照乾隆九年定例，于相验时讯供确切，将夷犯就近饬交县丞，协同夷目，于该地严密处所加谨看守，取县丞铃记，收管备案，免其交禁解勘，一面申详大宪，详加复核，情罪允当，即饬地方官眼同夷目依法办理。"④ 这一规定明确提出将"乾隆九年定例"作为澳门地区涉外命案的司法判例，标志着"乾隆九年定例"的最后形成。根据这一定例，澳门地区外国人杀死中国人案件在司法程序上与国内命案有三点差别：其一，外国嫌犯讯供之后交

---

① 中国第一历史档案馆、澳门基金会、暨南大学古籍研究所合编《明清时期澳门问题档案文献汇编》（一），人民出版社，1999，第239页。
② 中国第一历史档案馆、澳门基金会、暨南大学古籍研究所合编《明清时期澳门问题档案文献汇编》（一），人民出版社，1999，第241页。
③ 《清高宗实录》卷三四〇，乾隆十四年五月庚申。
④ 印光任、张汝霖：《澳门记略》，赵春晨校注，广东高等教育出版社，1988，第37页。

由澳葡当局羁押看管,不再交禁解勘;其二,督抚具有终审权,只要复核时认为情罪允当,即可饬委地方官同澳葡官方一起执行死刑,唯须在案件审结后据实奏明并将招供报部存案;其三,中葡双方共同执行死刑,而且一般都是执行绞刑,在行刑前还允许教士为罪犯诵经赎罪。

二 乾隆九年定例的适用

从乾隆十四年直到19世纪初,"乾隆九年定例"即清廷关于乾隆八年夷人晏些卢戳伤民人陈辉千致死案的处理意见一直被广泛适用于澳门地区外国人杀死中国人案件的司法审判。

首先是乾隆三十一年发生的"水手咿嚧呢掷伤民人郑亚彩致死案"、三十三年发生的"咹哆呢哋殴死民人方亚贵案"、三十四年发生的"吡呢咕刀伤民人杜亚明等致死案"、三十七年发生的"唎唧哂吐咕噶哋殴毙民人案"中,广东地方政府在案件审结上奏皇帝时都明文指出适用了"乾隆九年定例"规定的司法审判程序。以乾隆三十一年命案为例,该年九月初二日,香山县民郑亚彩至澳门探望表亲黄亚养,即在黄亚养铺内歇宿。初六日晚,郑亚彩就近往三层楼海边路上出恭,适澳夷水手咿嚧呢路过海边,嫌其污秽,拾石掷去,致伤郑亚彩左后胁,郑亚彩伤重殒命。案件审结后,十一月初四日,两广总督杨廷璋等将案件审理经过上奏乾隆帝:"臣等伏查,澳门夷人均属教门犯罪,向不出澳赴审,乾隆八年夷人晏些卢戳伤民人陈辉千身死一案,经前署督臣策楞奏准,嗣后在澳民番,有交涉谋故斗殴等案,若夷人罪应斩绞者,该县于相验时讯明确切,通报督抚详加复核,如果案情允当,即批饬地方官同该夷目将该犯依法办理,免其交禁解勘,仍一面据实奏明,并将供招报部存案。等因。今澳门夷人咿嚧呢掷伤民人郑亚彩身死,据讯供认明确,拟以绞抵,情罪相符,应即依法办理。随批司饬委广州府知府顾光督同香山县知县杨楚枝前往澳门,饬令夷目提出凶夷咿嚧呢,于本年十月初九日照例用绳勒死。"① 显然,广东地方政府完全是按照乾隆九年定例进行司法审判的。而在乾隆三十三年、三十

---

① 中国第一历史档案馆、澳门基金会、暨南大学古籍研究所合编《明清时期澳门问题档案文献汇编》(一),人民出版社,1999,第382~383页。

四年、三十七年命案中，广东地方政府上奏时引用乾隆九年定例的文字几乎雷同。①

其次是乾隆五十五年发生的"嘧嘛㖿哋㗎刀伤致毙民命案"、"嘊哆嚧戳毙民命案"、五十七年发生的"嗎喊哩哑嘶戳毙民人汤亚珍案"、道光六年发生的"呜哆唲㖞致伤民人严亚照身死案"中，虽然没有明文指出引据"乾隆九年定例"，但也都适用了乾隆九年定例规定的司法审判程序。如乾隆五十五年二月初六日，有澳门民人张亚意因欲回家，适遇夷人嘧嘛㖿哋㗎出街买烟，与张亚意误相争吵，嘧嘛㖿哋㗎拔出佩剑致伤张亚意，张亚意伤重旋即殒命。案件审结后，两广总督福康安等将案件审理情况上奏乾隆帝："臣等□（伏）查，澳门地方民番谋故斗殴等案，若夷人罪□（应）斩绞，定例由该县验讯明确，通报督抚详加□（复）核，即饬地方官眼同该夷目将该犯依法办□（理），免其交禁解勘，仍一面据实奏明，并将供招报部，历久遵照在案。今夷人嘧嘛㖿哋㗎戳伤张亚意身死，讯认明确，照例拟绞，情罪相符，随批司饬委广州府知府张道源前往澳门，会同署香山协副将托尔欢，率同知□（县）彭翥，饬令夷目提出该凶夷嘧嘛㖿哋㗎，于□（本）年二月二十六日照例绞决。"② 不难看出，该案是按照乾隆九年规定的司法程序审理的。

同年还发生有"嘊哆嚧戳毙民命案"：九月初十日，有夷人嘊哆嚧饮酒沉醉，在三层楼地方经过，与铺民夏得名、赵有光等发生争执，嘊哆嚧情急拔出身带短刀戳伤夏得名、赵有光，夏得名伤重旋即身死，赵有光亦于十三日殒命。案件审结后，广东巡抚郭世勋将案件审理经过上奏乾隆帝："臣查澳门地方民番谋故斗殴等案，若夷人罪应斩绞，定例由该县验讯明确，通报督抚详加复核，即饬地方官眼同该夷目将该犯依法办理，免其交禁解勘，仍一面据实奏明，并将供招报部，历久遵行在案。今夷人嘊哆嚧戳伤夏得名、赵有光先后身死，讯认明确，照例拟绞，情罪相符，随

---

① 中国第一历史档案馆、澳门基金会、暨南大学古籍研究所合编《明清时期澳门问题档案文献汇编》（一），人民出版社，1999，第390～391、392～393、399～400页。

② 《福康安等奏折》，载台北中研院史语所编《明清史料》庚编第八本，中华书局，1987年影印本，第1556页。关于此案，刘芳辑《葡萄牙东波塔档案馆藏清代澳门中文档案汇编》（章文钦校，澳门基金会，1999）上册第331～332页所载《香山知县彭翥为番人杀死张亚意案下理事官谕》发文时间为乾隆五十四年十一月二十三日，可见该案发生时间当在乾隆五十四年，福康安很可能是害怕案件审理时间过长会遭到申斥而更改了案发时间。

行司饬委广州府知府张道源前往澳门，会同署香山协副将林起凤，率同署澳门同知许永、香山县知县许敦元，饬令夷目提出凶夷哆哆嚧，于本年十月三十日照例绞决。"① 虽然郭世勋所奏与福康安所奏如出一辙，但乾隆却认为郭世勋所奏"太不明晰"，传旨加以申饬："此案哆哆嚧因斗殴连毙二命，自应按例即行绞决。乃折内又称，澳门地方民番谋故斗殴等案，若夷人罪应斩绞，验讯明确，即饬地方官依法办理。等语。所奏太不明晰。哆哆嚧既经按例绞注，是应绞之犯，何以又将夷人罪应斩绞之例牵引声叙。该抚于此等审拟案件，何漫不经心，牵混若是耶。郭世勋着传旨申饬。"②

于是我们看到，在乾隆五十七年发生的"嚪喊哩哑嘶戳毙民命案"中，郭世勋所奏没有再"将夷人罪应斩绞之例牵引声叙"。该年十一月初七日，有夷人嚪喊哩哑嘶（Manuel Dias）饮酒沉醉，在下环街经过，适有铺民汤亚珍自外回归，走至该处，与嚪喊哩哑嘶相撞，遂发生殴斗，嚪喊哩哑嘶拔身带短刀吓戳，致伤汤亚珍肚腹，汤亚珍伤重，次日殒命。案件审结后，郭世勋于十二月二十二日将案件审理经过上奏朝廷："臣查，夷人嚪喊哩哑嘶戳伤汤亚珍身死，讯认明确，按律拟绞，情罪相符，随行司饬委澳门同知韦协中，会同署香山协副将林起凤，率同知县许敦元，照例饬令夷目提出该凶夷嚪喊哩哑嘶，于本年十二月十四日绞决。"乾隆朱批："当如此。"③

然而，在道光六年发生的"吗哆咂哛致伤民人严亚照身死案"中，我们又见到广东地方政府"将夷人罪应斩绞之例牵引声叙"的上奏。该年正月初五日，有澳内民人严亚照至素识之夷人吡哆咀家探望，值吡哆咀患病，该夷雇工吗哆咂哛即款留严亚照在家饮酒致醉，同往东望洋边顽耍，严亚照误踩吗哆咂哛脚面，致相争闹，吗哆咂哛拔出身带夷刀致伤严亚照，严亚照伤重，移时殒命。案件审结后，两广总督阮元于二月十三日将案件审理经过具文上奏："臣等伏查，澳门地方民番斗殴等案，若夷人罪应斩绞，定例由该县验讯明确，通报督抚，详加覆核，即饬地方官眼同该夷目将该犯依

---

① 中国第一历史档案馆、澳门基金会、暨南大学古籍研究所合编《明清时期澳门问题档案文献汇编》（一），人民出版社，1999，第506~507页。
② 中国第一历史档案馆、澳门基金会、暨南大学古籍研究所合编《明清时期澳门问题档案文献汇编》（一），人民出版社，1999，第507页。
③ 中国第一历史档案馆、澳门基金会、暨南大学古籍研究所合编《明清时期澳门问题档案文献汇编》（一），人民出版社，1999，第512页。

法办理，免其交禁解勘，仍一面据实奏明，并将供招报部，历久遵行在案。今夷人吗嗲哂哝致伤民人严亚照身死，讯认明确，照例拟绞，情罪相符。随行司饬委广州府知府高廷瑶前往澳门，会同署香山协副将曹耀清、署前山营游击马成玉，率同代理澳门同知冯晋恩、香山县知县蔡梦麟，饬令夷目提出该凶夷吗嗲哂哝审明，于本年二月初五日照例绞决。"①

从上述八起外国人杀死中国人案件的审理过程看，不管广东政府在案件审结上奏皇帝时是否明文指出引照"乾隆九年定例"规定的司法程序，也不管是否"将夷人罪应斩绞之例牵引声叙"，其审理案件时都适用了乾隆九年制定的诉讼程序。

三　乾隆九年定例的破坏

自18世纪末开始，"乾隆九年定例"开始遭到澳门葡人的抵制反对，以致最后无法适用实施。"乾隆九年定例"的破坏是澳门葡人抵制反对的无奈结局。

首先是澳葡官方提出澳内华人一般犯罪案件可由澳葡当局审判处罚，且华人杀死外国人要在澳门执行死刑。乾隆九年定例规定涉外案件"其罪在民者照律例遵行"，即华人犯罪须由中国政府依据大清律例审判处罚，对华人执行死刑也一般在广州省城进行。但乾隆五十六年（1792年），澳葡当局以备船助剿海盗为诸提出九条申请，其中第四条要求"除人命大案禀县定夺，其余汉人倘有过犯，尔等能行责罚"，第五条要求"华人杀死夷人，亦如夷人杀死华人一样填抵，要在澳地明正典刑，使内外共知警戒"。对于澳葡当局之请，香山知县许敦元于次年正月逐条加以批驳。对于第四条，许敦元指出："查华夷自有攸分，冠履不容倒置。尔等西洋夷人世居内地数百余年，践土食毛，与齐民无二。遇有罪犯，原可照天朝法律惩治，然我大皇帝犹复重念尔等究系外夷，除人命至重，杀人者抵偿外，其余军徒杖笞等罪，均听尔等自行发落。岂尔等外国夷人反可管束华人擅加责罚耶？华人如有过犯，自应由地方官问理，尔等未便干预。"对于第五条，许

---

① 中国第一历史档案馆、澳门基金会、暨南大学古籍研究所合编《明清时期澳门问题档案文献汇编》（二），人民出版社，1999，第183~184页。

敦元强调:"查杀人必须抵命,而天朝法度亦不容稍有纷更。定例杀人犯先由县勘实,收监议罪,招解至省,由府司,由院层层覆审,情真罪当,然后奏闻大皇帝。俟命下之日,即于监内提出该犯正法,所以昭慎重也。因从前夷人杀死华人奏免收监解勘。是以复原情定法,即在澳地审讯,仍交尔等收管,俟详奉宪行到日,就近正法。原所以顺尔等夷情,而防凶犯之兔脱也。若华人杀死夷人,则自应遵照常经,收监解勘,俟题奉谕旨勾到,然后正法,岂敢擅改旧章?况杀人重于抵偿,只须将凶犯明正典刑,以昭炯戒。尔等所请在澳正法之处,本属不关紧要,毋庸置议。"① 尽管澳葡当局申请被拒,但19世纪初开始还是出现了蕃官擅审华民的案件,如嘉庆七年(1802),澳门理事官以华人黄亚苟漏税为名,将吕宋华人交黄亚苟银320元没收。香山知县许乃来多次饬谕归还,但理事官置之不理。②

其次更严重的是澳葡官方开始自行审理外国人杀死中国人案件。嘉庆十年(1805年)澳门发生的"嘎哆哾唎戳毙民命案",是乾隆九年以后外国人杀死中国人案件由外国人依据外国法律审判处刑的第一起案例:澳葡夷船雇民人陈亚连为水手,嘉庆十年六月十八日,夷人嘎哆哾唎戳伤陈亚连,即用船装载回澳,因医治无效,到十九日身死。尸亲匿不报验,私自殡葬。凶犯嘎哆哾唎经石工李亚五、邱永干等拿获,解交议事会羁禁。广东地方政府先后十二次谕饬澳葡官方将罪犯移交中国政府审判。但葡萄牙人拒绝移交,他们将罪犯判刑后通知中国政府,并将罪犯公开执行处决。③

---

① 刘芳辑《葡萄牙东波塔档案馆藏清代澳门中文档案汇编》(上册),章文钦校,澳门基金会,1999,第409~410页。关于澳葡当局之九条申请,龙斯泰著《早期澳门史》(吴义雄等译,东方出版社,1997,第131~133页)载葡萄牙人提出七条申请,内容缺少最后两条。另祝淮修、黄培芳纂(道光)《新修香山县志》卷四《海防·附澳门》页一百一至一百二载:"(嘉庆)六年,或云七年,雷琼间海盗滋扰,澳夷请备二舶随舟师海捕,且以九事乞格外恩。知县许乃来以其非制,且挟故要求也,却之",并录许乃来《谕澳夷檄略》。查其所录澳葡当局所请九事及许乃来逐一驳斥,与乾隆五十六年澳葡当局所请九事及乾隆五十七年许敦元逐一驳斥,内容基本相同,唯有个别文字差异,故可推定(道光)《新修香山县志》所载此事可能有误。
② 刘芳辑《葡萄牙东波塔档案馆藏清代澳门中文档案汇编》(上册),第658~662号,章文钦校,澳门基金会,1999,第358~360页。
③ 〔美〕马士:《东印度公司对华贸易编年史》(第三卷),区宗华译,林树惠校,中山大学出版社,1991,第13~14页。〔葡〕徐萨斯:《历史上的澳门》,黄鸿钊、李保平译,澳门基金会,2000,第164页。刘芳辑《葡萄牙东波塔档案馆藏清代澳门中文档案汇编》(上册),章文钦校,第619~630号,第337~342页。

此后中国政府对澳门涉外命案的司法管辖权遭到严重侵蚀。1823 年，在澳门有一个中国人被几个葡萄牙人误杀。由于葡萄牙人方面及时设法，付出 1000 元满足死者的亲属，此事在未向地方政府作任何报告之前，已经解决。① 前述 1826 年吗唠哦哢杀死民人严亚照案中，虽然根据中文档案文献记载是按照"乾隆九年定例"审判处罚，但根据西方文献记载，其实是广东地方政府最终让步，承认澳葡当局对罪犯的判决结果。② 而就在对吗唠哦哢行刑时发生骚乱，民人邓亚飚等拾石打毁夷屋门窗，并乘机抢夺铜片、衣服等物，在混乱中邓亚飚被夷兵格伤致死。广东官府认为澳内民人是这次骚乱的祸首和唯一主动者，令将邓亚飚拟斩监候，因其已被格伤致死，遂无庸议。③ 1845 年，澳葡政府派人拆除位于妈阁庙附近的棚屋，不料在行动中双方发生殴斗，致使一名中国人死亡。清政府派员前往了解中国人死因，议事会检察官桑托斯（Santos）详细叙述了经过后，称澳葡当局会继续维护澳门的平稳。④ 显然，这一时期清政府已经难以对外国人杀死中国人案件行使司法管辖权，"乾隆九年定例"也无奈成为具文。

澳葡当局之所以对乾隆九年定例提出抵制反对，实与这一时期葡萄牙对澳门属地居民加强管理和澳葡司法机构变化有关。从 18 世纪中叶开始，随着主权概念的确立，法律与政治的关系日渐突出，刑法也成为主权的象征。当时葡萄牙法学家费莱利（Melo Freire）指出，居住在葡萄牙国王属地的外国居民作为"属地居民"都受葡国主权法律的规范。在这种理论影响下，1803 年，葡萄牙摄政王下令，凡死刑案件，如被告系基督教徒，则绝不可将之交中国当局审理；如确实有罪，也应由澳门法庭判处死刑，由基督徒刽子手行刑。⑤ 同年葡萄牙人还对澳门司法机构进行了重组，恢复了一度废止的大法官一职，设立了一个上诉法庭及司法委员会。在确定大

---

① 〔美〕马士：《东印度公司对华贸易编年史》（第四、五卷），区宗华译，林树惠校，中山大学出版社，1991，第 83 页。
② 〔美〕马士：《东印度公司对华贸易编年史》（第四、五卷），区宗华译，林树惠校，中山大学出版社，1991，第 144~145 页。Peter Auber, China: an Outline of its Government, Laws, and Policy (London: Parbury, Allen and Co., 1834), p. 313.
③ 刘芳辑《葡萄牙东波塔档案馆藏清代澳门中文档案汇编》（上册），章文钦校，第 658~662 号，澳门基金会，1999，第 343~344 页。
④ 〔葡〕施白蒂：《澳门编年史》（十九世纪），姚京明译，澳门基金会，1998，第 89 页。
⑤ 〔葡〕徐萨斯：《历史上的澳门》，黄鸿钊、李保平译，澳门基金会，2000，第 163 页。

法官刑事职权时规定，若有被告为华人且会判处死刑的案件，大法官将案件移交司法委员会，司法委员会对此类案件享有终审权。[①] 正是在这样的形势下，澳葡官方提出扩大在澳司法管辖权，并实施了对 1805 年嗼哆唎咐戮毙民命等案的司法管辖和审判执行。

四　乾隆九年定例的地位

毫无疑问，乾隆九年定例首先是一个判例成案。成案的含义，一般被理解为历年办过的、可以在以后的审案中参照适用的判例。在清代的法律规定中，成案的适用是有严格限制的。《大清律例》"刑律·断罪引律令"所附条例规定："除正律、正例而外，凡属成案，未经通行著为定例，一概严禁，毋得混行牵引，致罪有出入。如督抚办理案件，果有与旧案相合，可援为例者，许于本内声明，刑部详加查核，附请著为定例。"[②] 换言之，一般的成案不得作为法律渊源，但已经著为定例的成案可以适用。在陈辉千案中，乾隆对于策楞等对陈辉千案的审判处理以及对以后类似案件的处理意见，《澳门记略》记"诏可其奏，著为令"，道光《香山县志》载："诏以所奏，著为令。"[③] 显然这是赋予其"令"的地位，"著为令"也就是将其"著为定例"。令作为法律渊源的一种，虽然其效力不及律例，但在律例缺乏的情况下，同样可以作为法律适用。至乾隆十四年，《澳夷善后事宜条议》中明确规定澳夷除犯命盗罪应斩绞者"照乾隆九年定例"审理，这是进一步明确该定例的法律地位。由于乾隆九年定例用司法程序的变通解决了澳门地区海外刑案的审判执行难问题，具有更强的针对性和操作性，又经皇帝和刑部批准"著为定例"，所以我们看到，在其后半个多世纪的澳门地区涉外命案司法审判实践中，广东地方政府基本都参照了晏些卢扎伤民人陈辉千致死案的审理经过，全部都适用了乾隆九年定例规定的司法程序。从这点上讲，乾隆九年定例是清朝前期澳门地区最重要的判例法。

（原文载于《澳门研究》第 51 期，2009）

---

① 〔葡〕叶士朋：《澳门法制史概论》，周艳平等译，澳门基金会，1996，第 43 页。
② 《大清律例》卷三十七《刑律·断狱下》"断罪引律令"条，第 596 页。
③ 《香山县志》卷四《海防·附澳门》，第 94 页。

清朝时期澳门议事亭研究

刘冉冉[*]

"亭"这一概念早在先秦时期即已产生。"战国时始在国与国之间的邻接地方设亭，置亭长，以防御敌人。"[①] 两汉时，"亭"属于县以下的基层政治单位。《汉书·百官公卿表》中说："大率十里一亭，亭有长。十亭一乡，乡有三老、有秩、啬夫、游徼……县大率方百里，其民稠则减，稀则旷，乡、亭亦如之，皆秦制也。"[②] 汉高祖刘邦就曾"为泗上亭长"。颜师古进而解释说："亭长者，主亭之吏也。亭谓停留行旅宿食之馆。"[③] 澳门议事亭也具备这样的功能，所以才会有"凡文武官下澳，率坐议事亭上"[④]一说，而道光十九年（1839年）林则徐巡阅澳门时，澳葡也本打算在议事亭"预设公馆，虔洁铺陈，恭迓大宪驾临"的，后来是因林则徐严禁奢华，不许澳葡当局隆重接待，才改将莲峰庙作为驻节之地和中葡官员的会谈之所，他转谕澳葡当局："本大臣奉命前来，专为查办公事，凡所驻扎之处，于地方州县，尚不许供应丝毫，况肯令夷人预备乎？该夷等总以恪遵训谕，谨守法度，即为良夷，毋得妄拟趋承，习为华靡。"[⑤] 当然，之所以选择莲峰庙这座"官庙"作为驻节之地，林则徐也有宗教、行政意义上的考虑，是对当时西方传教士在澳门传播天主教的一个反击，意在加强中国政府对澳门的宗教管治。

---

[*] 刘冉冉，临沂大学讲师，暨南大学华侨华人研究院博士后。
[①] 辞海编辑委员会编《辞海》，上海辞书出版社，2000，第432页。
[②] 班固撰，颜师古注《汉书》卷十九上《百官公卿表上》，中华书局，1962，第742页。
[③] 《汉书》卷一上《高帝纪上》，第2~3页。
[④] 申良翰：康熙《香山县志》卷一〇《外志·澳彝》，广东省中山图书馆1958年油印本。
[⑤] 中山大学历史系中国近代现代史教研组、研究室编《林则徐集·公牍》，中华书局，1963，第116页。

"亭"最初的意义应是供行人停留休憩之所，所谓"亭，停也，亦人所停集也"①。但是作为基层政治单位的"亭"，其职能就不仅限于此了：所谓"十里一亭"，这里所说的"里"是道里之里，② 以当时葡人租居的澳门半岛的部分地方来说，其面积大小与一亭的范围相差无多，所以尽管在清代已没有"亭"这一基层单位，清政府却依然在澳葡租居地内设立会商公事的"议事亭"，其目的就是要继续利用亭的政治和社会职能，在治安防御、管理民事等方面发挥其应有的作用，而事实证明，作为中国官员向澳门夷目宣读政令及双方商议公事之所，议事亭也确实曾在一定程度上起到了上情下达、有效管治居澳葡人的作用。

作为澳葡市政机构的议事亭，与作为中国官员入澳宣读圣谕、处理澳门事务之场所的议事亭，其意义是不同的。前者是由澳葡自治机构议事会延伸而来，后者则是明清政府为有效地控制澳葡、充分行使对澳门的主权和管治权，从而在澳门设立的向夷目宣读政令及双方交涉政务的"议事亭"。

澳门议事亭只能算作中国政府管辖下的一个地方机构，其职权是非常有限的。关于议事亭性质的专论，目前可见的研究成果有金国平、吴志良的《"议事亭"历史》③ 一文，但文中除用大量史料反复证明议事亭的"夷性"之外，却没有进一步说明，既然是属于葡人的议事亭，为何会建立在澳门这块完全属于中国政府的领土之上，以及此机构在中国的行政架构中是一种怎样的地位？

一 议事亭是中国官员在澳门处理政务的场所

自明代开始，议事亭就是中国官员在澳门临时办公的场所，其建筑风格"按照《澳门记略》的图绘，竟然是檐牙高啄，鸟革翚飞，绿树掩映，

---

① 王先谦撰集《释名疏证补》第五卷《释宫室》，上海古籍出版社，1984，第270页。
② 关于亭里制度的讨论，参见王毓铨《汉代"亭"与"乡"、"里"不同性质不同行政系统说——"十里一亭"、"十亭一乡"辩证》（《历史研究》1954年第2期）；周振鹤《从汉代"部"的概念释县乡亭里制度》（《历史研究》1995年第5期）；黄义军《关于汉代"亭"的几个问题》（《中国历史地理论丛》2006年第2期）。
③ 金国平、吴志良：《"议事亭"历史》，载《过十字门》，澳门成人教育学会，2004，第149~170页。

翼然一亭的规模"①。中国官员在澳门召见澳葡、商议政事、向葡人宣读政府谕令等行为,都是在议事亭进行的。澳葡议事会理事官(Procurador)被中国官府授予"夷目"的称号,作为管理居澳葡人事务、具体执行议事会决定的官吏,夷目应向中国政府负责,遇事要到议事亭向中国官员请示报告,而中国官员也经常在此召见夷目训示。"澳夷向来遇有禀陈事件,俱由地方官代为转禀各宪示遵,至华夷交涉事件,向例亦由唛嗦哆据(具)呈地方官准理。"② 这里所说的"唛嗦哆"即夷目的通称,全称为"督理濠镜澳事务西洋理事官"的,所指亦为此官。为了有效地控制澳葡、充分行使对澳门的管治权,明朝政府在澳门设立向夷目宣读政令及双方交涉政务的"议事亭",并一直延续至清朝。李鹏翥在《澳门古今》一书中说:"议事亭最初为我国明朝官吏所设,是个与澳门葡萄牙人商议贸易,办理居留事宜之所。"③

据乾隆《香山县志》中关于王绰的传记记载:

> 王绰,字梅吾,千户所智裔孙也。以诸生中嘉靖乙卯、戊午两科武举,袭祖职,为宣武将军征讨岭西罗旁等处。贼平,升昭武将军,移镇澳门。初,番人之入市中国也,愿输岁饷,求近处泊舶,绰乃代为申请。其后番以贮货为名,渐结为舍宇,久之成聚落。绰以番俗骄悍,乃就其所居地中设军营一所,朝夕讲武,以控制之,自是番人受约束。绰卒,设位议事亭,番人春秋供祀事焉。④

由这条史料可以看出,在葡人请求入居澳门的事件中,时任守澳官的王绰起到了关键性的作用。在葡人表示愿交岁饷的情况下,正是因为他的"代为申请",使得葡人得以在澳门泊船停留,其后便逐步出现"结为舍宇,久之成聚落"的局面,而王绰也并没有因此听之任之,他"就其所居地中设军营一所,朝夕讲武,以控制之",可以看出在葡人入居澳门之初,中国地方官员是对其施行了严格管治的。文中"绰卒,设位议事亭,番人春秋供祀事焉"一句,明确地体现出中国地方官员与澳门议事亭之间千丝

---

① 李鹏翥:《澳门古今》,三联书店香港分店,1986,第197页。
② (清)梁廷枏辑《粤海关志》卷二十九《夷商四》,成文出版社,1968,第2044页。
③ 李鹏翥:《澳门古今》,广东旅游出版社,1990,第197页。
④ 暴煜:乾隆《香山县志》卷六《人物·武功》,乾隆十五年刊本。

万缕的联系。就如同澳门居民在莲峰庙的"见贤思齐"神位坛中为百龄、彭昭麟等人设牌位一样,这些备受景仰的中国官员,其牌位都是设立在一些官方建筑中的。

据明崇祯年间《兵部题失名会同两广总督张镜心题残稿》记载:"九月初八日,随据市舶司呈称,到澳会同香山县寨差官及提调备倭各官,唤令通事、夷目、揽头至议事亭宣谕,督促各夷赴省。奈夷性难驯,汉法莫施,外顺宣谕,中实迟疑。"①

清初画家吴历的《三巴集·岙中杂咏》中有一首吟咏议事亭的诗:"晚堤收网树头腥,蛮蜑群沽酒满瓶。海上太平无一事,双扉久闭一空亭。"(原注云:凡海上事,官绅集议亭中,名议事亭)② 这里所说的"海上事",自然是与澳门有关的事务,通过诗人所描写的澳门居民安居乐业的景象,议事亭双扉久闭,已经无事可议,可以进一步证明在清朝初年议事亭更多的是作为中国官员与澳葡会商公事的场所而存在的。

康熙《香山县志》中描述了中国官员在澳门处理政事、与澳葡夷目商谈的具体场景。"澳门旧有提调、备倭、巡缉行署三所,今惟议事亭。凡文武官下澳,率坐议事亭上,彝目列坐进茶毕,有欲言则通事番译传语。通事率闽粤人,或偶不在侧,则上德无由宣,下情无由达。彝人违禁约,多由通事导之。或奉牌拘提,辄避匿。"③ 暴煜乾隆《香山县志》中的记载与之大致相同而又增加了"关部税署"的内容,对粤海关关部行台的情况作了交代:"旧有提调、备倭、巡缉行署三所,今惟关部税署及议事亭,凡文武官至澳,坐议事亭上,彝目列坐讲茶毕,有欲言则通事传之。"④

《澳门记略》中也说:"前明故有提调、备倭、巡缉行署三,今惟议事亭不废。国朝设有海关监督行台及税馆。"⑤ 此处对议事亭与关部行台的设立时间作了具体说明,议事亭作为"前明"的机构,一直保留、延续至清代。上述记载中之所以将议事亭与明朝政府在澳门设立的提调、备倭、巡

---

① 中研院历史语言研究所编《明清史料》乙编第八本,《兵部题失名会同两广总督张镜心题残稿》。
② 章文钦笺注《澳门诗词笺注·明清卷》,珠海出版社,2002,第20页。
③ 申良翰:康熙《香山县志》卷一〇《外志·澳彝》。
④ 暴煜:乾隆《香山县志》卷八《濠镜澳》,乾隆十五年刊本。
⑤ 印光任、张汝霖:《澳门记略校注》上卷《形势篇》,赵春晨校注,澳门文化司署,1992,第24页。

缉三职官的行署并列，无疑其性质应该是相同的。

清政府把朝廷有关政令、布告刻于石碑之上，竖在议事亭的入口之处，一则作为官员办事时备览，另外则是通过这种方式将朝廷旨意发布出去。葡萄牙自治机构是从属于中国政府管辖的。中国政府对澳葡当局的自治范围有着严格的规定和限制。有些事务广东地方官员要通过澳葡理事官，督饬他们，经他们承办后禀复。这除了是因为在其租居范围内，澳葡拥有一定的自治权外，更主要的原因则是由于中国政府在澳门拥有完整的主权和管治权，居住在这里的葡萄牙人就应该听从中国官员的管理和调遣，给予葡人自治权是照顾到其特殊的风俗习惯，并不意味着任何关于主权、治权方面的妥协与忍让。

二 议事亭是居澳葡人维持地方治安的机构

中国政府在确保充分行使对澳管治权的前提下，允许居澳葡人依照葡萄牙中世纪市政组织的模式建立议事会，自行管理其内部事务。1583年4月（万历十一年三月），在澳门葡萄牙主教卡内罗（Melchior Carneiro）的倡议、主持下，居澳葡人首次通过选举，选出检事（Procurador，理事官）一人、判事（Juiz Ordinario）二人和长老（Vereador，市议员）三人，组成议事会（Leal Senado），即澳门市议会，或称市议局、元老院，得到葡属印度总督的认可，并授予它自治城市的资格。议事会作为管理葡萄牙人内部事务的自治机构，每三年选举一次，"其办公地方澳人名之曰议事亭，负责地方行政，并得卧亚总督之承认，1591年又获葡王批准"[1]，于1595年3月，正式设立澳门市议事局，或称澳门市政厅，葡语俗称金巴喇（Camara）。[2] 黄庆华先生在《澳门与中葡关系》一文中称，澳门议事会"又称市议会、市政厅。中国官私文书多称议事亭"[3]。由此可以看出，作

---

[1] 林子昇：《十六至十八世纪澳门与中国之关系》，澳门基金会，1998，第51页。
[2] 李鹏蠢：《澳门古今》，广东旅游出版社，1990，第199页。王文达先生在《澳门掌故》中说："议事亭，古之称号也，时人多以'金巴喇'（Camera）名之。查金巴喇，本乃葡语发音，其释义可作'屋'，或'办事处'解。若只以'金巴喇'称之，说来实在不通者。在葡文上亦应写作Camera Municipal de Macau，即澳门市政局，乃合也。"（澳门教育出版社，1999，第123页。）
[3] 黄庆华：《澳门与中葡关系》，《中国边疆史地研究·澳门专号》1999年第2期。

为葡人自治机构意义上的议事亭,多数情况下是"议事会"的代称,其"夷亭"的性质也正是由此延伸而来。这同时也证明了在中国政府眼中,允许澳葡设立的自治机构议事会大概只相当于中国行政架构中"亭"一级的单位,其职权范围和所处地位是非常有限的。

议事会负责管理澳门租居地内葡萄牙人在行政、经济、军事及宗教方面的各种内部事务,是澳葡自治的最高权力机构,但这种自治权的行使却是以完全承认中国政府在澳门的主权和治权为前提的,所以归根结底只能算作澳葡管理社区内部日常事务、维持地方治安的机构。凡是重大案件或牵扯到澳门华人的事件,议事会官员均须向中国政府禀请报告、听候裁夺,中国政府管理居澳葡人的各项政令条例,也向例由理事官等人下达。清初著名学者王士禛在其《池北偶谈》中曾引用龚翔麟《珠江奉使记》中的记载称:"澳中有议事亭,番目四人,受命于其国,更番董市事。凡市〔事〕经四人议,众莫敢违,及官司有令,亦必下其议于四人者,议得当以报闻。"[1] 这里只是说四名番目"受命于其国",至于"官司有令",应是中国政府的政令,而"议得当以报闻",上报的对象也应是中国官府,其中所体现的主从关系是很明确的。

康熙二十一年(1682年),两广总督吴兴祚巡阅澳门,在其诗集中留下了关于此次巡视的一首《自香山县渡海赴濠镜澳》:"欲经濠镜澳,薄暮正扬舲。风雨声相搏,鱼龙气自腥。黑云迷远屿,白浪拥孤汀。隐隐闻钟鼓,蛮归议事亭。"[2] 在这里,议事亭的意义就更倾向于代指澳葡内部自治机构的夷亭。"蕃人犯法,兵头集夷目于议事亭,或请法王至,会鞫定谳,籍其家财而散其眷属,上其狱于小西洋,其人属狱候报而行法。其刑或戮或焚,或缚置炮口而烬之。夷目不职者,兵头亦得刻治。"[3] 由此可进一步证明议事亭是澳葡维持地方治安的机构。

根据龙思泰在《早期澳门史》中的记载,1710年(康熙四十九年),澳门总督戴冰玉(Diogo de Pinho Teneira)与议事会之间就选举权问题引发矛盾:

---

[1] 王士禛:《池北偶谈》卷二十一《谈异二·香山澳》,中华书局,1982,第517~518页。
[2] 章文钦笺注《澳门诗词笺注·明清卷》,珠海出版社,2002,第41页。
[3] 印光任、张汝霖:《澳门记略校注》下卷《澳蕃篇》,赵春晨校注,澳门文化司署,1992,第152页。

总督要求耶稣会士交出与他们住在一起的议事会成员。这一要求遭到拒绝后,戴冰玉威胁要用大炮台的炮火,轰击圣保禄教堂和学院,由于一些受人尊敬的教士进行调解,他放弃了这一渎神的举动。但议事会成员已前往议事亭举行会议,会议由主教主持。主教在受到邀请时,总是主持政务委员会。高级教士、市民、平民都前来与他们在一起,商议阻止进一步的骚乱和冲突的办法。总督一听到这个消息,便赶往现场(1710年6月29日)。但集会者一察觉到他正在逼近,便武装起来,从议事亭冲下去,无视总督要他们解散的命令,向他袭击,将他和他的追随者、士兵赶到大炮台。戴冰玉让三门大炮从炮台向汇聚在议事亭门前的密集的人群开火。①

居澳葡人自治机构议事会为维护自己内部自治的权力,与代表葡萄牙王室的澳门总督之间存在一定的矛盾,这一矛盾从澳门总督上任之日起即已产生。"澳门最初是由一个主要是商人组成的委员会管理,当果阿派遣的官员到来时,这个称为议事会的组织已经建立,澳门市民无意让步,他们想方设法保护其独立,而此后的几个世纪,城市长老与果阿派驻负责管理的官员之间的冲突经常不断。"②

万历四十二年(1614年),海道副使俞安性详请两广总督张鸣冈、巡按御史周应期,就禁止澳葡畜养倭奴、掠买人口、兵船骗饷、接买私货、擅自兴作等五事勒石立碑于议事亭,此五项禁令就是著名的《海道禁约》。据康熙《香山县志》记载:

(万历)四十一年,海道俞安性详请两院勒碑,禁约澳彝畜倭,略曰:倭性狡鸷,澳彝畜之为奴,养虎遗患,害将滋蔓。本道奉敕受事,凭借两台制驭,巡澳察彝,追散倭奴凡九十八人还国。除此蠡贼,尔等遂得相安乐土。此后市舶不许夹带一倭,在澳诸彝亦不得再畜幼倭,违者倭与彝俱擒解两院,军法究处。四十二年,《海道禁约》略曰:澳彝骄悍不法,议者有谓必尽驱逐以清疆宇者,有谓移出浪白外洋,不容盘踞内地者。本道念诸彝生齿蕃衍,不忍其累累若丧家之

---

① 〔瑞典〕龙思泰:《早期澳门史》,吴义雄等译,东方出版社,1997,第63~64页。
② 转引自万明《中葡早期关系史》,社会科学文献出版社,2001,第121页。

狗，当于巡澳日申以国威，随皆弭耳向化。因摘其犯顺五款，行香山县遵谕约束，免其驱徒，详奉两广部院张、巡按御史周，五款准勒石立碑，永为遵守。①

《澳门记略》中也说："安性复条具五事，勒石永禁。"② 当时刻有《海道禁约》的石碑就立于澳门议事亭内。

乾隆十四年拟定的《澳夷善后事宜条议》，用中葡两种文字刻于石碑，中文石碑置于香山县丞衙署内，葡文石碑也是立于澳门议事亭，所以乾隆五十七年正月二十五日（1792年2月17日），香山知县许敦元下谕澳葡理事官："华夷究有攸分，又不便任尔外夷占侵内地，复经申明禁令，澳内夷房，止许修葺坏烂，不得于旧有之外再行添建，盖于体恤之中，示以限制之意，勒碑议事亭外，彰彰可考。"③

三 乾隆四十九年之后的议事亭

自澳门议事局成立后，澳葡当局就打算向中国政府承购议事亭地段及其后方的华人屋宇，改建为新的议事局和监狱。1783年12月6日，澳葡议事局的判事官官也（J. J. Mendes de Cunha，又译作昆合）还在其署名的档案中提及此事，"尝与地段业主商订价值，承买该地，以备重新兴建议事局及监牢，并附送该建筑全面图则"④。1784年，新的澳门议事局全面落成，其西式的建筑风格"已非昔日的红墙绿瓦、中国亭园式的'议事亭'"⑤。

澳门议事亭是明清官吏向澳葡宣读政令及接见澳葡官员、双方会商公事之所，也用来指称居澳葡人维持地方治安的机构，直至1784年，"澳门葡人在原中国亭园式建筑议事亭处，建起一座西洋式的建筑，命名为议事

---

① 申良翰：康熙《香山县志》卷一○《外志·澳彝》。
② 印光任、张汝霖：《澳门记略校注》上卷《官守篇》，赵春晨校注，澳门文化司署，1992，第69页。
③ 刘芳辑《葡萄牙东波塔档案馆藏清代澳门中文档案汇编》（以下简称《东波档案》）上册，第775件，章文钦校，澳门基金会，1999，第396页。
④ 李鹏翥：《澳门古今》，广东旅游出版社，1990，第201页。
⑤ 李鹏翥：《澳门古今》，广东旅游出版社，1990，第200页。

局,从此,自明代起中国官员到澳处理公务的地方,成为葡萄牙人的机构所在地"。①这样,议事亭实现了历史角色的转化,其"夷亭"的性质较之以往更加明显。

(一) 议事亭成为澳葡自治机构所在地

从《东波档案》收录的一系列提及"议事亭"的谕令、禀呈中可以看出,此时的"议事亭"已更多地被用来指代澳葡的机构,所以有时又被称为西洋议事亭、澳亭、夷亭、哃咑亭,或单称一个"亭"字。

嘉庆七年(1802 年),因华民叶亚庚等持刀伤害夷妇二人,澳葡理事官特禀明香山知县,恳请将叶亚庚等人严办,"哆职司澳务,亦蒙我夷议事亭公众举出办理夷情,亦系夷民父母。凡遇华夷争斗,必须询问真实,然后具禀宪台明断,非轻谬言混禀"②。其中"我夷议事亭"一句再次明确了其"夷亭"的性质。

据嘉庆十二年正月初二日(1807 年 2 月 8 日)《香山知县彭昭麟为在娘妈角青洲联堵海盗事行理事官札》,"澳外一带海面,近因洋匪游奕窥劫,地方忧苦,莫此为甚。而且澳地伶仃,尤恐贼多诡秘。兹澳亭上夷官筹议,欲着夷船两只,一在本澳娘妈角口,一在青洲海道,两路湾泊,鸣更防守"③。这里的"澳亭"即议事亭的另一名称。嘉庆十四年(1809)五月,为向澳葡购买夹板船以缉捕海盗,香山知县彭昭麟特下谕理事官:"照得夹板船木料坚固,宽大稳重,利于缉捕。现奉大宪札行购买。闻得尔等现有夹板船二只,连炮位出售。经海防分宪吩嘱,现在上亭议价,合就谕饬。"④"亭"即议事亭的简称,遇有与澳葡交涉事件,中国官员往往将葡人议事亭作为临时办公场所,这是中国政府在确保充分行使管治权的基础上对澳葡自治机构的认可。

嘉庆十四年正月《理事官为刘思永自行离澳事呈澳门同知禀》中称,"哆等伏查刘思永上年因嘆咭唎之事,自经各宪临亭讯供,深蒙洞察。……本年正月十九日,因夷亭有事,着人往问,始知其不在家。……迨于二十一

---

① 万明:《中葡早期关系史》,社会科学文献出版社,2001,第 249 页。
② 《东波档案》下册,第 1396 件,第 720 页。
③ 《东波档案》上册,第 1003 件,第 505 页。
④ 《东波档案》上册,第 929 件,第 473 页。

日，夷亭番差、兵头督令夷官到其家下查搜……"① 在此已将议事亭直接称之为夷亭。嘉庆二十年七月初八日（1815年8月12日），《香山知县马德滋为奉旨按船查验有无夹带销售鸦片不得遽请宽免事行理事官札》中提到："哆即遵照，集亭知会。旋据咈吋亭上及各夷商等会称：现奉天朝谕旨严行，仰见慎重周详之至意。"②

嘉庆二十五年（1820年）因判事官拖欠华民货银，为免受牵累，澳葡理事官特呈禀香山知县，恳请知县"俯察原因，先赐出示禁止，以遏未启衅端。并恳饬令奸商曾永和、郭亚厚等立将欠单的据缴赴台阶，加盖印记，以杜顶换。然后发交咈吋，着令文武夷官，会集澳内熟识番语绅耆，带同各商，齐登议事亭，当堂翻译，以示至正大公"③。

（二）议事亭有限的职权范围

嘉庆六年二月初七日（1801年3月20日），香山知县许乃来为补纳地租短平银一事下谕澳葡理事官："照得嘉庆五年分濠镜澳地租，该夷等短纳银四两六钱三分五厘，业经谕饬补缴。兹据该夷目察称：此项地租正耗银两，向例用议事亭码，眼同书差兑收。今谕开短少银两，哆不明其故。"④ 第二年，当澳葡企图以同样理由逃避补纳地租时，遭到知县许乃来的严厉申斥。四月十九日（1802年5月20日），他再次下谕理事官：

> 兹查嘉庆六年分地租银两，先据书差征收前来，兑少平头银三两六钱五分。先经谕饬该夷目补缴去后，嗣据该夷目混以亭上向例为词，不遵补缴。……谕到该夷目，务需率由旧章，速将短少六年分地租平头钱三两六钱五分，即日照数兑足，给来差赍缴本县，立等拨匠候领批解，毋再抗延，自取重咎。⑤

嘉庆八年十二月（1803年2月），因澳夷所缴该年地租短少，经香山知县金毓奇谕饬，澳葡理事官不仅不肯补缴，反而禀称："濠镜澳地租银

---

① 《东波档案》下册，第1030件，第518页。
② 《东波档案》上册，第245件，第139页。
③ 《东波档案》上册，第548件，第301页。
④ 《东波档案》上册，第199件，第104页。
⑤ 《东波档案》上册，第201件，第105页。

两,在议事亭用历年之平,眼同兑交,并无短少。至补水银两,历来并用,又蒙递年收纳。"为此,金毓奇回复澳夷:"惟查此项地租,系附搭正项钱粮,解赴藩宪兑收,例应遵用部颁法码弹兑。尔等向以洋平兑纳番银五百一十五两,因尔洋平与法码悬殊,向来仍须补足不敷平头,并照时价补足纹银水色,饬令银匠代为倾销,方能转解。"①

澳葡所说的在议事亭所用"历年之平"与前述之"议事亭码",就是金毓奇所谓之"洋平",与部颁法码之间有一定差别,所以每年所缴地租都会存在短少现象,需澳葡补缴。

嘉庆八年,澳葡察请香山知县杨时行,"向来夷禀专用唐字书写,并无番字。今亭上众议,嗣后所有呈词,俱用唐字番字合并书写,禀恳恩准"。为此,杨时行谕令理事官:

> 查文禀字体天朝向有定制,华夷尤当区别,夷禀向用唐文,自应永远遵照办理,何得以亭上众议混请更张?除不准行外,合谕驳饬,谕到该夷目,即便遵照,嗣后一切夷禀务必率由旧章,专用唐字书写,毋许以唐番并书,致滋蒙混。②

清朝政府规定,唐字(按:即汉文)是当时中外交往中文移往来的正式文字,澳葡理事官遇事呈禀,必须使用唐字,"凡郡邑下牒于理事官,理事官用呈禀上之郡邑,字遵汉文",③现在理事官企图以"亭上众议"为由,请求嗣后呈词用唐字番字合并书写,这种有违定例以致冒混禀词的无理要求,自然不会得到中国地方官员的同意。

《东波档案》第1173件,收录的是嘉庆十一年四月二十七日(1806年6月13日),《澳门同知王衷为将明诺妥为安置在澳办理北堂事务下理事官谕》,因澳葡夷目禀称:"唿嘛哂夷人明诺于本月二十日到澳,但哆等集亭酌量明诺住澳一节,查本国律例,外国洋人无命不得擅留住澳之条。故哆等不敢违国例而留其住澳。"王衷驳饬澳葡,"澳门为天朝内地,大皇帝惠及远夷,准令该国夷人常年住居,以通贸易,是各国夷人皆可栖止,何有

---

① 《东波档案》上册,第205件,第107页。
② 《东波档案》上册,第817件,第414页。
③ 印光任、张汝霖:《澳门记略校注》下卷《澳蕃篇》,赵春晨校注,澳门文化司署,1992,第152~153页。

外国洋人无命不得擅留住澳之条?且查澳门现有嘆咭唎等国夷人住居,何独明诺而不可住耶?况明诺在澳亦系办理西洋堂北堂信件之事,并非伊一人之私事,如明诺在澳安分守法,自当令其常年住居。倘敢有滋事不法情事,该夷目即据实察明,以凭究办",谕令夷目遵照前谕,妥为安置。① 澳葡企图把澳门变成一己之地,自然不会得到中国政府的允许,而作为澳葡自治机构意义上的议事亭,所起的作用也是非常有限的,不管是经澳葡"亭上众议"还是"集亭酌量"得出的结论,都必须首先报请中国政府允准,澳门葡萄牙人的自治管理是以完全服从中国政府的管辖为前提的。

据乾隆五十九年九月十五日(1794年10月8日),《香山县丞贾奕曾为蕃人喏嗲叫哦逐鲍亚蒂迁铺事下理事官谕》:

> 查乾隆五十二年八月内,澳门兵头、管库带领黑奴,折毁郭南泉等铺,并折毁营地街民人蓬铺,及纵黑奴赴望厦村偷挖薯芋。经大宪访闻,檄委前府宪张、彭前县亲临澳门弹压,晓以律法,严切开导,谕以兵威,各皆畏惧,责备喙哩哆一人生事贻累。齐上议事亭,……出具日后不敢再犯遵依禀缴,并将折效各寮铺补回一十三间。约束黑奴,嗣后不许出澳。②

此段记载印证的仍旧是"凡文武官下澳,率坐议事亭上"的惯例,表明虽然其时议事亭已成为澳门葡萄牙人的机构所在地,但其作为中国官员入澳处理政务的场所这一功能依然是存在的。

嘉庆十三年七月,因英国兵船擅入澳门,澳葡理事官上报广东地方政府,两广总督吴熊光饬令英船即速离澳,英海军少将度路利拒不遵从,"议登岸入澳定居",八月初二日,"以二百人入三巴寺,一百人入龙嵩庙。初五日,以二百人踞东望洋,一百人踞西望洋。其在三巴寺者,十二日,复移于西洋鬼楼,澳民惊怖,纷纷逃匿。洋商挟大班赴澳慰遣,坚不肯行。十六日,吴公熊光下令封舱,禁贸易,断买办。昭麟亲诣西洋议事亭,喙嚟哆入见,出嘆咭唎兵总复书,译之,词甚不逊"③。

---

① 《东波档案》下册,第600~601页。
② 《东波档案》上册,第475件,第259页。
③ 卢坤等:《广东海防汇览》卷四二《事纪四·国朝二》,清道光刊本。

中国官员有时在议事亭审案。在嘉庆十三年十一月二十八日（1808年1月13日），香山知县彭昭麟下发澳葡判事官等人的札令中提及：

> 照得刘思永与红夷兵头上省，出言不顺。奉制宪批令本县查拿，解省审办。经本县于二十一日委员拿获，因番差再四赴公馆恳求，领回管押，俟奉大宪行提，即行送上本县。因念该番差平日懂事，尚知大体，是以格外施恩，将刘思永当面给予领回，取具唩嚟哆领状在案。
>
> 兹蒙制宪委陈大老爷来澳提讯，本县禀请陈宪来议事亭确审，使众共知。……札到该番差、唩嚟哆等，即便遵照，于二十八日听候陈宪亲临审讯，小心伺候。①

汪兆镛的《澳门杂诗·杂咏》中有一首吟咏议事亭的诗："提调郡县丞，前代有故衙。让畔敦古处，荒圮奔麕麚。尚余议事亭，崇敞飞檐牙。从来乡校法，亦不废边遐。权衡孰持平，愧矣吾中华。"《县志》："明故有提调、备倭行署三，今惟议事亭不废。"又原设有税馆及澳门同知、县丞各署，今遗址已漫灭矣。② 中国政府设在澳门的官署均已荒圮漫灭，只剩下议事亭还能"崇敞飞檐牙"，巍然独存于世，联系其时腐败的政治，诗人不禁发出"愧矣吾中华"的感慨。

四　小结

曾经作为基层管理组织单位的"亭"，本身就具有地方自治的特点，明清时代的议事亭，在保留其基层自治意义的基础上根据其时出现的形势变化作出相应调整，但总体来说，议事亭作为香山县的从属机构、在接受中国政府管辖的前提下对澳葡施行治理的性质却从未改变。从明代开始，议事亭就是中国官员在澳门召见澳葡、向葡人发布谕令及双方会商公事的场所，其雕梁画栋的中国亭园式建筑风格说明，在乾隆四十九年以前，该地更多的是作为中国官员入澳处理政事的场所而存在的，只是"议事亭"一词有时会被用来代指澳葡自治机构议事会，二者之间存在混用的现象，

---

① 《东波档案》下册，第1027件，第517页。
② 章文钦笺注《澳门诗词笺注·民国卷》上卷，珠海出版社，2002，第24页。

如以下一段记载：

> 如果在澳门有何违反帝国法律的事情，官员通过公函或禀呈通知议事亭。如果事情比较严重，官员派遣一个或数个他们手下的官员来同议事亭（Senado）及其理事官（Procurador）交涉。为了入澳城，他们要事先申请许可，然后根据其级别在议事亭（Camara）受到礼仪接待。在理事官（Procurador）及受命来秉承的官员之间交涉后，再由议事亭（Senado）根据个案来处理。①

对于葡印总督这段主从关系完全颠倒的言论，在此并不展开论述，单从其中所包含的关于议事亭的史料来说，就存在着作为场地的议事亭与议事会意义上的议事亭之别。

议事亭有一定的权力，但它在中国的行政架构中地位较低，不是一个完整、独立的机构，仅仅具备维护正常的贸易秩序、维持地方治安的功能。而且其权力的行使仅仅针对居于澳门的葡萄牙人，澳门华民完全是在中国政府的管辖之下的。

（原文载于《暨南史学》第六辑，2009年）

---

① 〔葡〕曼努埃尔·木里亚斯：《给北京主教的指示和澳门史的其他文献》，澳门文化学会，1988，第22~23页，转引自金国平、吴志良《中国官员临澳驻节地考》，载《过十字门》，澳门成人教育学会，2004，第181页。

近代澳门华政衙门的组织结构与职能演变

陈文源[*]

澳门从被租借演变为被殖民化统治，经历了一个较为漫长的过程。在殖民化的过程中，除了领土的占领外，对居澳华人的实质管治成为澳门殖民化的标志。有关澳门华政衙门的职能，葡国学者萨安东在《葡萄牙在华外交政策（1841～1854）》、叶士朋在《澳门法制史概论》中均有所涉及，但或碍于著作的宗旨，并没有系统地探讨。而在中国学者中，吴志良在《生存之道》一书中也稍有论及，同样没有予以深论。这些著作，对华政衙门虽然没有专章论述，但给澳门华政衙门的研究提供了许多葡文的史料以及有益的启示。近期郑爽发表了《从〈澳门宪报〉中文史料看华政衙门的司法程序》[①]，试图对华政衙门审理华人案件时的司法程序进行论述，但受制于背景知识与史料解读不够，无法体现要旨。本文在参考前人成果的基础上，以《澳门宪报》中文史料为中心，试着对这一专题进行较系统的论述，以就正于方家。

一 澳葡政府对华人的政策与华政衙门成立

澳门既非因协约而割让，也非因协助中国剿灭海盗而赠与，而是因应当时明朝对外贸易政策，广东地方政府默许葡人居留澳门，直到1570年，葡人地租银存入国库，其租居的地位才从事实上与法律上得以确认。1582年澳门议事会成立，随后获得葡西联合王室的承认，澳门议事会成为葡国管治居澳葡人的民选机构。1587年，《澳门大法官章程》明确规定，澳门

---

[*] 陈文源，暨南大学文学院副教授，历史学博士。
[①] 郑爽：《从〈澳门宪报〉中文史料看华政衙门的司法程序》，载《澳门历史研究》（澳门）第9辑，澳门历史文化研究会，2009。

司法机构只管葡人，不得干预中国人之间的案件。① 在此后的两百年间，澳门议事会之理事官基本遵守这一规则。在对居澳华人的管理方面，议事会只是协助广东地方政府调查、处理治安案件以及华洋之间的民事、刑事案件，在维护澳门社会秩序中发挥了一定的作用。

18 世纪中叶起，国家主义思潮在欧洲蔓延，在主权不可分享的观念影响下，葡国一直谋求将澳门变为其殖民地，出现了将澳门完全纳入葡国王室管辖之下的趋势。1784 年葡国王室颁布《王室制诰》，试图改革澳门的管理体制，削弱议事会的权力，强化澳门总督管辖权，其第三条圣谕规定：澳门总督应有更多的司法管辖权及权威，而目前他们很少或根本没有这些权力。为此，阁下应命令该城的议事会不得在没有听取澳门总督意见并获同意及许可之前，决定任何有关中国或王室的事宜；在未达成统一意见的情形下，应知会本省总督及兵头讨论决定。② 很显然，葡国王室将对华务的管理视为改革澳门官僚体系的重点之一。葡国当局十分清楚，对于居澳华人的行政、司法管理权，不能一蹴而就，他们采取"蚕食"的策略。1792 年，为清剿珠江口海盗，广东政府求助于澳葡政府，澳葡政府借此向广东政府提出九点要求，其中四点涉及对华人的行政、治安、司法管理权③，但遭受当时香山知县许敦元的拒绝。

1803 年 3 月 26 日，葡国王室颁布法令，对澳门司法进行了改革，法令的第六条规定："若发生杀死华人案件，理事官应下令逮捕犯人，以此避免中国官员给本澳及其居民贸易带来危险、混乱和麻烦。经过查访后，如实从速立案，提交总督及议事亭成员在议事亭会审。议事亭所有成员将应召参加会审。若犯人被判普通死刑，立即执行，由我的法律审判我的子民比将他们交给上述中国官员听其倒行逆施、肆意侮辱要体面些。"④ 根据龙思泰与徐萨斯的诠释，如杀人犯是基督徒，不得交给

---

① 〔葡〕叶士朋（António Manuel Hespanha）：《澳门法制史概论》，周艳平、张永春译，澳门基金会，1996，第 62 页。
② 转引自吴志良《生存之道——论澳门政治制度与政治发展》，澳门成人教育学会，1998，第 390～391 页。
③ 刘芳辑《清代澳门中文档案汇编》，章文钦校，澳门基金会，1999，第 411 页。
④ 《澳门理事官章程》，载《海外委员会宪报》之《最新法规》第 1 卷，1834～1851，第 271 页。引自〔葡〕萨安东《葡萄牙在华外交政策（1841～1854）》，金国平译，葡中关系研究中心、澳门基金会，1997，第 106 页。

中国官员，案件须由澳门议事会审理，如果案犯根据葡萄牙法律被定为有罪，就应由澳门法庭判他死刑，由一名基督徒的刽子手执行。① 葡国法令首次公开向中国司法制度提出挑战。尤其是，明确将华人基督徒纳入其管理的范畴内，这是为实现管理华人迈出的十分巧妙的一步。

为了实现将华人置于葡萄牙当局直接管辖之下，1843年吐利威啦·边哆（Silveira Pinto）总督与1845年比加哆（José Gregório Pegado）总督曾提出过一种构想，改革澳门行政体制。一是成立政务委员会，将华人事务移交政务委员会处理，架空议事会处理对华关系职能。甚至说，应将理事官隶属政务委员会。② 二是为了避免葡人直接管理华人所引起的抵触情绪，将香山县丞或华人保长纳入澳葡的管理体系中，听从葡人指挥。"对那里的华人居民进行管辖，将由居民中的长者推举出保甲长隶属于议事亭理事官。"③

1846年8月20日，亚马留（João Maria Ferreira do Amaral）据海外省法令进行改革，将对华事务从议事公局中分离出来，纳入澳门政府的管理职能，隶属于澳门辅政使司衙门（Secretaria geral do Governo de Macau），实际上转由澳门总督控制，以使澳门政府独揽一切对华交涉大权。④ 1849年，亚马留在与香山县丞交涉关于迎接中国官员入澳的礼仪时，就明确指出："中国官员以对一葡萄牙殖民地拥有管辖权的方式进入澳门是不合适的。只允许他（县丞）行使管辖权，因为的确将其视为领事或居澳华人的保长。华人的表现由他向总督负责。因此，华人最好承认他为权威。"⑤ 亚

---

① 〔葡〕龙思泰：《早期澳门史》，吴义雄等译，东方出版社，1992，第80页；〔葡〕徐萨斯：《历史上的澳门》，黄鸿钊、李保平译，澳门基金会，2000，第163页。

② 总督于1846年1月26日致海事及海外部公函，海外历史档案馆，二部，澳门，1846年函盒。引自〔葡〕萨安东《葡萄牙在华外交政策（1841~1854）》，金国平译，葡中关系研究中心、澳门基金会，1997，第104页。

③ 《葡中关系史史料汇编》第一卷，第94、96号文件。另有《伦敦公众档案局藏广东省档案注释目录》，哈佛东亚丛书第六十三种，剑桥，马萨诸塞，东亚研究中心，哈佛大学，1975年。文中收录了《耆英及黄恩彤回拒理事官提出的将澳门华人置于葡萄牙法律管辖之下的请求的公函》（1845年9月2日），第663号文件《钦差耆英就澳门理事官将澳门华人置于葡萄牙人控制之下的请求致广东政府及总理衙门的公函》（1845年9月4日），参见〔葡〕萨安东《葡萄牙在华外交政策（1841~1854）》，金国平译，葡中关系研究中心、澳门基金会，1997，第107页。

④ 参见吴志良、汤开建、金国平主编《澳门编年史》（4），广东人民出版社，2010。

⑤ 总督于1849年1月26日致海事及海外部公函，海外历史档案馆，二部，澳门，1849年函盒。引自〔葡〕萨安东《葡萄牙在华外交政策（1841~1854）》，金国平译，葡中关系研究中心、澳门基金会，1997，第111页。

马留将澳门视作葡国的领土,将香山县丞化身为中国的领事或居澳华人的代表,这样做的结果:一是借助县丞来稳定居澳华人的情绪;二是提升了澳葡政府与广东政府交涉的级别。明清两朝,所有澳门事务均被视为广东地方政府的事务,亚马留的设想一旦实现,那么,他与县丞的所有交涉就变成了国与国之间的交涉。

亚马留的殖民管治措施,主要是采取两种手段:一是在领土的占领上采用了较强硬的立场,二是对于居澳华人的管理方面,则显得较为柔性。领土的占有是其殖民管理的标志,对华人的管理则是殖民管理的实质。亚马留曾说:"欲将澳门城变为完全的葡萄牙辖境,需将华人居民置于我们的法律之下。"① 因此亚马留在改革澳门的行政制度时,一是将管理居澳华人的行政职能纳入政务委员会,由总督直接领导,二是拒绝服从澳门同知、香山知县的管辖,而且策略性地将香山县丞化身为中国的领事或居澳华人的代表。

亚马留遇刺后,澳门管理由政务委员会代理执行。此后的澳门总督为了解决澳门所面临的政治、经济与社会危机,极力拉拢居澳华人,稳定澳门的社会基础。1852 年,该葡政府成立特殊的部门——华政衙门(Procuratura dos Negócios Sinicos),由政府的理事官兼理,并颁布了《关于检察官署的刑事诉讼章程》。1862 年 12 月 17 日又公布了《华务检察官署章程》,赋予其处理华人之间或被告为华人的争议的权限,初步确立管理居澳华人的基本原则,慎重处理居澳华人的案件,② 华政衙门的格局基本形成。

1865 年,澳葡政府对华人的管理又进行了更彻底的改革,依照 7 月 5 日法令规定,理事官由澳门总督在现任市政议员中推举候选人,最终由葡国王室任命。这样其名依旧,却产生了一种直接向政府负责的新官员,将理事官彻底脱离于议事亭。1877 年 6 月 11 日的训令又规定了理事官"要从受过法律教育的法学家中挑选"。③ 经过这些变革,澳葡政府关于华人的

---

① 总督于 1847 年 6 月 21 日致海事及海外部公函,海外历史档案馆,二部,澳门,184 年函盒。引自〔葡〕萨安东《葡萄牙在华外交政策(1841~1854)》,金国平译,葡中关系研究中心、澳门基金会,1997,第 106 页。
② 〔葡〕叶士朋:《澳门法制史概论》,周艳平、张永春译,澳门基金会,1996,第 52 页。
③ 〔葡〕叶士朋:《澳门法制史概论》,周艳平、张永春译,澳门基金会,1996,第 52 页。

管理政策可以得到更好的落实，管理人员更加专业化。

至1894年2月20日，葡国殖民部颁布《新海外省司法管理章程》，因受司法必须统一的观念影响，章程裁撤了海外殖民地原有的司法委员会（包括澳门司法委员会）及作为司法机关的华务检察官署，其职责转由法区法院之法官行使。在这次改革中，华政衙门丧失了其司法职能，成为仅仅是管理华人一般的经济民生事务的机构。

二　华政衙门之组织结构

澳门华政衙门于1852年成立，随后又经过1862年7月5日法令、1865年7月5日法令、1877年6月11日法令、1877年12月20日法令及1881年12月22日法令五次重要改革，华政衙门机构逐渐完善。根据《澳门宪报》记载，华政衙门的职责大体分两部分，一是诉讼，二是政事。其机构由三大部分组成。

第一，政府机构，由理事官、国家律师、翻译官、书吏、华文先生、传话、差役组成。理事官乃华政衙门的最高长官，又称检察长，宪报发布华政衙门重要文告时，以"大西洋钦命澳门理事官办理华政事务"称呼。依照1865年训令，理事官必须受过法律教育，由澳门总督在民选议员中推举候选人，最终由葡国王室直接任命，向澳门总督负责。

近代华政衙门（华政厅）理事官一览表

时　间	人　名	备　注
1879年4月26日	梁绍（L. Ferreira）	澳门理事官办理华政事务
1879年6月28日	伯多禄（Pedro Nolasco da Silva）	署理
1879年9月27日	花赓（Ignacio Miguel Leitão Manso de Lima Falcão）	
1880年3月23日	施伯多禄（Pedro Nolssco da Silva）	署理
1880年6月5日	巴（Antonio Joaquim Bastos Jr.）	
1881年6月11日	何利华（Antonio Marques d'Oliveira）	
1882年12月23日	马（Lourenço Marques）	署理
1883年7月7日	梁（L. Ferreira）	署理
1887年6月10日	德利士（Joaquim Candido da Silva Telles）	署理
1889年7月18日	简（J. Candido S. Telles）	署理

续表

时 间	人 名	备 注
1889 年 12 月 5 日	何利华（Marques）	
1890 年 10 月 9 日	沙（Francisco Maria de Salles）	
1892 年 1 月 14 日	卫（Bazilio Alberto Vaz Pinto da Veiga）	华政务厅
1893 年 10 月 21 日	沙（Salles）	署理
1894 年 6 月 23 日	梁（Leoncio Alfredo Ferreira）	
1900 年 5 月 12 日	罗（Fernando José Rodrigues）	
1903 年 1 月 17 日	刚（J. B. Gonsalves）	
1903 年 5 月 30 日	江（José Augusto Pereira Gonsalves Junior）	
1903 年 10 月 24 日	辛（J. A. Santos）	署理
1905 年 2 月 25 日	马（José Luiz Marques）	
1906 年 11 月 24 日	金（Barão de Cadoro Carlos）	
1907 年 4 月 27 日	黎（Carlos de Mello Leitão）	
1908 年 10 月 17 日	斐（Ferreira Marques）	
1909 年 7 月 17 日	黎（Carlos de Mello Leido）	

注：本表根据《〈澳门宪报〉中文资料辑录（1850～1911）》整理而成，其时间不是任命的时间，而是在宪报首次出现的时间。

书吏，属于理事官的助手，一般性的公告多以书吏的名义发布，宪报称"大西洋澳门华政衙门写字"。

国家律师，华政衙门内设有专业律师代理华人的一切诉讼，1884 年 1 月 1 日，华政衙门公布澳门注册律师名单：叭之咕（Albino António Pacheco）、巴士度（António Joaquim Bastos）、吡唎喇（Vicente Saturnino Pereira）、租遮·施唎呲（José da Silva）、哆唎士（Francisco Maria do Salles）。并称："除以上五位外，毋许别人在本衙受人请托代办衙内之事。现查得有数人常以大言欺人，图骗钱财，自称有力能，并有人事可以代人包揽词讼等谎。盖此等人固无律师之权，亦无代办之责，实为欺诈之徒耳。且此等人与衙门书吏并无势力，本官经已饬令署内书吏各房，如有此等人到署，定行斥逐。"[①]

[①] 吴志良、汤开建主编《〈澳门宪报〉中文史料辑录（1850～1911）》，澳门基金会，2002，1884 年 1 月 5 日第 1 号。

翻译官，华政衙门内设有翻译官公所，由一正一副翻译官与多名助理组成，主要负责政府有关政令及行政、司法文书的翻译工作，《澳门宪报》1879年2月8日第6号公告："自今以后，澳门宪报要用大西洋及中国二样文字颁行，由翻译官公所译华文较对办理，并正翻译官画押为凭。"① 若有华人承充生意需签订合同，也需翻译官将合同译出华文，并由翻译官签字画押，方可生效。华文先生，一名是正华文先生，一名为助理（在《澳门宪报》称"帮办先生"），主要是审阅翻译官的政令与文书之翻译是否符合中国的文字表达习惯。1882年12月28日任了正华文先生罗熙耀、帮办华文先生徐华舫二人，"理事官凭该札谕饬令该两先生照中国事例，清心嘱咐该两先生尽其本分。"② 传话，澳葡政府执行涉及华人事务，由传话人沟通、传达政府的旨意。1882年华政衙门的传话人是沙威（Mauricio Xavier）、罗罢士（J. T. Robarts）。差役的名，主要协助华政衙门管理华人社会治安、调查诉讼事证等。

第二，由政府专设一个公会，负责调查华人之民情，对涉及华人的律例适时地提出修订意见。法令规定其成员必须是"熟识华政衙门情形及国家办案政治律例者"。如1880年，该公会则由以下人员组成：律例秀才柯唎威喇（Bacharel Ednardo Alfredo Braga de Oliveira），现任本澳按察使司，举为公会主席；巴度（Antonio Joaquim Bastos Junior），现任华政衙门皇家律政司；梁绍（Leoncio Alfredo Ferreira），现任西洋政务厅，前署理事官；卑哆禄（Pedro Nolasco da Silva），正翻译官兼副理事官，因现任理事官（请假养病），特委署理；玛琪仕（Eduardo Marques），副翻译官，举为公会书记。③

第三，华人咨询委员会。早期关于华人之间的民事纠纷，涉及对中国风俗习惯的解释，一般由当事人双方聘请共同信任的人来提供意见，并以此作为最终裁决的法理依据。后来，澳葡政府为了规范司法程序，制订了

---

① 吴志良、汤开建主编《〈澳门宪报〉中文史料辑录（1850～1911）》，澳门基金会，2002。1879年2月8日第6号公告称："自今以后，澳门宪报要用大西洋及中国二样文字颁行，由翻译官公所译华文较对办理，并正翻译官画押为凭。"
② 吴志良、汤开建主编《〈澳门宪报〉中文史料辑录（1850～1911）》，澳门基金会，2002，1882年12月23日第51号。
③ 吴志良、汤开建主编《〈澳门宪报〉中文史料辑录（1850～1911）》，澳门基金会，2002，1880年4月24日第17号。

规则，按照相关规定："在华人风俗习惯未编纂成法典之前，先在检察官署内成立一个由十二名华人组成的委员会。当委员会需要运作时，其成员从每年澳门纳税最多的四十位华人居民中抽签选出。当检察官需要时，委员会负责为其解释华人的风俗习惯。"[①] 1881年何利华（Antonio Marques d'Oliveira）在其出任理事官的公告中称："查华政衙门定章，原有明文，须要遵守华人之律例风俗，然此等律例风俗，本官虽未深悉，惟冀有陪审秉公华人可以出其意见，或与本官晤商，如此，庶可以匡本官之不逮。至尔等陪审秉公，须照公平之心，实事求是，竭力勖勉。"[②] 华人咨询委员在华政衙门审理案件时充当陪审员的角色，负责对中国风俗习惯的解释，因此，在审理华人之间的案件中起到相当重要的作用。

三 华政衙门之职能的演变

华政衙门的理事官作为政治官员，负责与中国官员交涉；作为行政官员则拥有管理居澳华人的行政与司法职权。根据《华务检察官署章程》的规定，理事官的工作主要包括两大部分，即一般司法权限与非司法性职责，也就是说，一管诉讼，二管政事。从《澳门宪报》的中文资料来看，在19世纪90年代以前，华政衙门的职责主要表现为以下几个方面。

第一，负责审理与执行华人之间及涉及华人的诉讼案件。依照相关章程，所有涉及华人的刑事、民事以及治安案件首先要禀告华政衙门，相关华籍嫌疑人要押解华政衙门收监。华政衙门有权审理轻微的刑事案件以及华人之间的民事纠纷，并执行相关的判决。华政衙门还负责对违规华裔的执法："如该铺事头或司事既送到公物会公所，不肯即刻遵第十七款缴银，则该管理领牌之簿书吏宜写报单，并同此人送到华政衙门，其差役所立案券亦送交理事官查核。至该报单要公物会书记或代书记办事之人签名为据。第一附款：理事官当政务厅之职，或代理事官办理之员，即到欠公钞之铺行将其货物或什物逐一点明，所点之物须足填公钞及费用为止，即在该铺店即刻将所点货物出投发

[①] 〔葡〕叶士朋：《澳门法制史概论》，周艳平、张永春译，澳门基金会，1996，第54页。
[②] 吴志良、汤开建主编《〈澳门宪报〉中文史料辑录（1850~1911）》，澳门基金会，2002，1881年6月11日第24号。

卖，以为抵偿所欠领牌公钞及各费用，并须令欠主当面亲见出投。第二附款：所有点物出投发卖之各案券，并所欠公钞银，一切送交公物会，以便出牌登注簿内。"①

第二，负责翻译、宣传澳葡当局的相关法令、法规以及政策。凡政府颁布新的涉及经济、民生及社会治安之法令，均由华政衙门组织翻译，由理事官签署刊登宪报，向华人晓谕。

第三，负责搜集居澳华人对政府政策、法规的意见，并转达相关部门的解释或修订。1880年5月巴（Antonio Joaquim Bastos Jr.）出任理事官兼理华政衙门，其上任文告称："惟本官更有分内应守之事，盖分内者即是本官专责，因本官名为办理华政事务，则可知本官办理非徒审案主政而已，然必以保护华民为主。须令各守本澳居民章程，如遇有章程饬令，或有不公，或是苛刻，为华人所苦者，本官定必详禀上司，务求照公办理。尔华人当知本官为民父母，不仅以一秉至公，办事无偏，乃为尽职，是必以慈爱之心、保护之意，推及于尔华人也。"② 如澳门华商对1883年澳门议事公局社会治安条例表达了不满，经华政衙门转达，1884年1月议事公局给予了修订，增加两座庙宇的开放，放宽节庆、祭祀活动燃放炮竹的禁制。"澳门议事公局为加增告示数款事。查于一千八百八十三年八月初二日出示后，有本澳最巨华商禀情事，兹批准其所求，议定加增数款列左：第一款内，兹加增数附款如后：第四附款，查第一款之第一附款内，前所准华人六庙不在禁内，兹定加多两庙，亦一体不在禁内：一庙在大街，一庙在下环街之皇家新街。第五附款，自华正月初三至廿五日，准各店铺行商由晨早五点钟起至晚夜十二点钟止，准华人烧放炮竹。第六附款，如有酬神建醮教内各事，并娶亲等事，倘先有禀上议事公局求情，方准自早五点钟至夜十二点钟烧放爆竹，惟要先于廿四点钟之前禀准领照，即将该照转呈巡捕统领查阅画押方可，但所准祇一夜矣。"③

---

① 吴志良、汤开建主编《〈澳门宪报〉中文史料辑录（1850~1911）》，澳门基金会，2002，1880年7月12日第28号附报。
② 吴志良、汤开建主编《〈澳门宪报〉中文史料辑录（1850~1911）》，澳门基金会，2002，1880年5月29日第22号。
③ 吴志良、汤开建主编《〈澳门宪报〉中文史料辑录（1850~1911）》，澳门基金会，2002，1884年1月28日第4号。

第四，执行葡国海外部关于华人的相关政策。如华人欲加入葡国国籍，必须经由华政衙门审核，并在宪报上公示，始能正式加入。

第五，负责居澳华人的生育婚丧注册。为规范对居澳华人的管理，澳葡政府1886年6月13日颁布婚丧产育之注册章程，"兹所立新章定于西纪本年八月初一日、即华七月初二日创行，惟开办当始，暂时准任人意，或注册，或不注册亦可。至于注册各件，系因婚姻、生死及实认私出之子女冒充正根之子女，并华人择立继子等事。该注册系在华民政务厅举行，除安息日外，每日十点钟至三点钟开办。其暂时注册之事，则归本衙门政务厅写字办理。"①

第六，鸦片战争前后，澳门的苦力贸易十分猖獗，深受社会诟病。19世纪70年代起，澳葡政府为了规范相关的贸易活动，颁布了劳务输出章程。依照相关章程，华政衙门负责审核华人劳工资格，并与英签订相关合同，报澳门总督审批。② 使传统的"猪仔"买卖披上合法的外衣。

从19世纪80年代起，受西方国家主权理论影响，学界认为属地居民必须与本国国民享有统一的司法权。1887年中葡最终签订了《和好通商条约》，葡国得以永居管理澳门。此后，上述对澳门的司法改革影响深远。1894年2月20日，葡国殖民部颁布了《新海外省司法管理章程》，对海外属地的司法体系进行较大的改革，取消了澳门司法委员会，改革是有司法职能的华务检察官，其司法职责统一由澳门区法院的法官行使，较轻微的案件可由市政法官或平民法官负责。③ 至此，澳门华政衙门结束了原有的司法诉讼功能。从《澳门宪报》中文史料来看，从1894年起，华政衙门发生了明显的变化。首先，从称谓上，华政衙门改称华政务厅署，与西洋政务厅署相对应。其次，华政务厅署不再处理诉讼事务以及华人入籍等问题，这些业务统一归由政府专业部门按察使司办理。最后，华政务厅署除沿袭原来华政衙门的政事部分事务外，改革后，其处理的事务更接近经济

---

① 吴志良、汤开建主编《〈澳门宪报〉中文史料辑录（1850~1911）》，澳门基金会，2002，1886年7月22日第29号。
② 吴志良、汤开建主编《〈澳门宪报〉中文史料辑录（1850~1911）》，澳门基金会，2002，1881年10月5日第45号。
③ 〔葡〕叶士朋：《澳门法制史概论》，周艳平、张永春译，澳门基金会，1996，第55页。

与民生，①主要体现在以下两个方面。

第一，在经济管理方面。（1）近代澳门各行各业主要实行承充专营制度，华政务厅署负责各类商业承投章程的落实、监督。如白鸽票、山票、闱姓等承投，华政务厅署负责审核承投者及其担保人的资格、收管按金、监督开票以及督查经营者是否按章程规定经营，并对违犯章程者的进行处罚。"所有票厂事务及稽查该厂之权，系归华政务厅办理。"② 每个获得承投项目者均招募巡役，负责巡查非承投者的侵权行为，这些巡丁必须持有华政务厅署"签名盖印兼经辅政司画行"之工作牌照，"倘该丁既无牌照而又恃强截搜，许即鸣捕保护或觅证人来署指控，以凭惩办"。③（2）依照 1903 年 10 月 28 日的当铺章程，华务厅署负责当铺的领牌与监管，包括当铺的营运、违规处理、东主与按押者纠纷的调解。④（3）依照 1907 年 8 月 24 日公布的《贩卖枪炮军器并制造炮竹章程》，华政务厅署协助管理军事枪械买卖及炮竹制造，负责查核牌照、监督枪械、炮竹及相关原材料的进出口、监督枪械交易及登记枪械购买者资料等。⑤ 由上可见，改革后，华政务厅署主理了澳门重要的经济领域。

第二，在社会管理方面，主要体现为对特殊的社会流动人员依法进行管理。（1）华政务厅署负责给华人乞丐发放牌照，对经查核符合条件者，"即可发给凭照一纸，须将该乞姓名、年岁、有无妻室、原籍何处、身裁、

---

① 李长森在《百年摇篮，树老花香——澳门理工学院中葡翻译课程百年沧桑》一文中认为：1885 年 11 月 2 日，澳门政府颁布法令，将隶属于澳门辅政司衙门的华政衙门独立出来，升格为华政厅（Repartição do Expediente Sínico）。成立该厅的主要目的是实现澳门行政当局与广大华人社会的语言沟通问题，澳门政府需要在社会、文化、经济、法律等诸多方面对华人实施管理，而其中最主要的就是翻译工作。为了充分发挥该署的职能和作用，就有必要对充当笔头和口头翻译的人员进行正规培训，因而也就需要设立一个培训翻译人员的机构（载《澳门理工学院学报》2008 年第 4 期）。
② 吴志良、汤开建主编《〈澳门宪报〉中文史料辑录（1850~1911）》，澳门基金会，2002，1903 年 5 月 9 日第 19 号、1909 年 6 月 5 日第 23 号。
③ 吴志良、汤开建主编《〈澳门宪报〉中文史料辑录（1850~1911）》，澳门基金会，2002，1906 年 7 月 7 日第 27 号。
④ 吴志良、汤开建主编《〈澳门宪报〉中文史料辑录（1850~1911）》，澳门基金会，2002，1904 年 1 月 9 日第 2 号。
⑤ 吴志良、汤开建主编《〈澳门宪报〉中文史料辑录（1850~1911）》，澳门基金会，2002，1907 年 8 月 24 日第 34 号。章程规定：凡卖军器店"必须设簿一本，在该簿内登记买者姓名及某项枪械某日入铺某日卖出若干，一一登注明白，以备查核。附款，此簿逐页编列号数，由华政厅画押于上"。

面貌以及盲跛聋哑各疾、应在某处、如何行乞注明照内，另给硬牌一面，写乞丐二字，西人用洋字写，华人用华字写，俾该乞挂在胸前。"①（2）依照《娼寮章程》，华政务厅署有权对娼妓实施规范管理，包括注册或注明工作牌照、定期进行身体检查等。②（3）根据《澳门佣工章程》，华政务厅署负责澳门的劳务市均管理，比如审核华人佣工的资格，并登记注册，对其受雇佣情况进行跟踪调查，调解雇主与佣工的纠纷。但是，华政衙门只可对不遵守相关章程者进行罚款、注销注册、逮解回籍的处罚，较为严重者或不服处罚者则交由按察使司审理。③

结　语

自从亚马留在澳门推行殖民管治以后，澳葡政府对待居澳华人的管理采用了拉拢、安抚的政策。第一阶段，策略性地将香山县丞视为中国的领事或居澳华人代表，以稳定殖民管治初期华人的对抗情绪。第二阶段，在澳葡政府内设立华政衙门，以较为柔性的方式管治居澳华人，实现其对澳门的全面管治。第三阶段，中葡签订《和好通商条约》后，确立了葡国永居管理澳门的地位，随之以司法统一的观念，将华人的诉讼统一交由按察司署办理，并将华人风俗习惯进行葡式法典化，从而实现葡国对居澳华人按葡国律例管理的目的，至此，葡国完成了对澳门进行殖民管治的司法程序。在澳门的殖民化过程中，澳门华政衙门在不同的阶段中起到了安抚、稳定华人社会的作用。

［原文载于《华南师范大学学报》（社会科学版）2011年第1期］

---

① 吴志良、汤开建主编《〈澳门宪报〉中文史料辑录（1850～1911）》，澳门基金会，2002，1900年5月12日第19号。
② 吴志良、汤开建主编《〈澳门宪报〉中文史料辑录（1850～1911）》，澳门基金会，2002，1905年7月19日第28号附报。
③ 吴志良、汤开建主编《〈澳门宪报〉中文史料辑录（1850～1911）》，澳门基金会，2002，1902年9月13日第37号。

晚清澳门华政衙门源流考

张廷茂[*]

鸦片战争既是中国与西方国家关系的转折点,也是澳门历史的转折点。此前,葡萄牙人在中华帝国体制内以内部自治的方式生存了近三个世纪;此后,葡萄牙政府改变了对华政策,逐步实现了将澳门独立于中华帝国体制的政治目标,撇开中国政府对澳门地区进行殖民管治。治权的改变是鸦片战争后澳门历史的最大变化所在。此一变化既改变了澳门历史的发展进程,亦为后人的研究带来了许多新的课题。

摆脱中国官府的管辖之后,摆在澳葡当局面前的现实问题,就是如何管理这个由华人占据绝大多数的海外飞地。在对澳门地区实施殖民管治的过程中,澳葡当局逐渐将此前管理其内部事务的市政自治机构扩增延伸为一个以澳门总督为首、具有完整部门体系、对整个澳门地区进行殖民管治的飞地政府。在此过程中,因应华人管理的需要,澳葡当局渐次建立起一个专门对华人进行管理的政府机构部门——华政衙门。众所周知,澳门历史上华人一直占据人口的主体。在澳门当局扩占管治的背景之下,澳门华人社会的经历无疑是一个值得研究的主题;而要研究这个主题,最好的切入点即是澳葡当局专门管理华人的部门——华政衙门。

一 研究状况与史料

早在1960年,幼年时代即来澳定居的葡萄牙史学家文德泉神父

---

[*] 张廷茂,暨南大学历史系教授。

(Pe. Manuel Teixeira) 于《澳门教区月刊》上发表《华政衙门》的短文，是为现代葡萄牙学者研究华政衙门的第一篇专文。该文以一页多的篇幅简略追述了华政衙门的形成过程，提及了《1847 年敕令》、《1852 年总督令》、《1866 年①海事海外部部令》、《1877 年总督令》等，随后开列了一份《华政衙门理事官姓名及任期（1583～1884）》的清单。②

1990 年，另一位葡萄牙学者马里亚诺（José Gabriel Mariano）发表了《澳门华政衙门（1583～1894）》一文，其中披露了更多、更新的资料。③

葡萄牙史学家施白蒂（Beatriz Basto da Silva）编撰的多卷本《澳门编年史》自 1995 年陆续问世以来，曾为研究澳门历史的中外学者所广泛引用。作者在第三卷（19 世纪）的多个年份涉及华政衙门问题，提到了《1863 年训令》、《1865 年敕令》、《1869 年部令》等，但内容甚为简单，尚有多份重要文献没有涉及，例如《1862 年章程》、《1877 年章程》、《1881 年章程》、《1894 年部令》等，且有多处错误。④

由葡萄牙当代著名史学家马尔克斯（A. H. de Oliveira Marques）主编的《葡萄牙人在远东的历史》第三卷中，亦有部分内容论及澳门华政衙门，其中特别列举了《1877 年章程》赋予华政衙门的主要职责，对本文的写作有一定的参考价值。⑤

葡萄牙学者对澳门华政衙门研究较为丰富的内容见于叶士朋（António Manuel Hespanha）所著《澳门法制史概论》。作者在该书第四章第四节中以"澳门法律及司法的多轨制"为题讨论了华政衙门。作者参考了前述文德泉和马里亚诺的文章，但在某些细节上较前两者更为丰富。书中较为详细地征引和分析了《1867 年改革委员会报告书》、《1877 年华政衙门章程》、《1880 年改革委员会报告》、《1881 年新章程》以及《1894 年海外省

---

① 应为"1865 年"。——引者注。
② Pe. Manuel Teixeira, "A Procuratura dos Negócios Sínicos", in *Boletim Eclesiático da Diocese de Macau* (Vol. LVIII, № 673, Maio de 1960): pp. 431 – 441.
③ José Gabriel Mariano, "A Procuratura dos Negócios Sínicos de Macau (1583 – 1894)", in *O Direito* (Ano I, Número 2, Dezembro de 1990): pp. 18 – 22.
④ Beatriz Basto da Silva, *Cronologia da História de Macau* (Vol. 3, Século XIX, Macau: Direcção dos Serviços de Educação e Juventude, 1995), pp. 119, 122, 154, 176, 187, 197, 208, 212, 215, 216, 217, 220, 226, 234, 237, 242, 288.
⑤ A. H. de Oliveira Marques (dir.), *História dos Portugueses no Extremo Oriente* (3.º Volume, Macau e Timor: Do Antigo Regime à República, Lisboa: Fundação Oriente, 2000), pp. 67 – 68.

司法管理新章程》的内容。① 叶士朋的研究为目前所见葡萄牙学者中对华政衙门研究最为翔实的成果，对本项研究具有重要的参考价值。然而正如该书的标题所显示的那样，整体而言，该研究仍属于概述性成果，尚有一些重要的文献未见征引，对华政衙门源流之梳理和阐述仍留有较多有待发展的空间。

澳门回归祖国以来，中国学者对晚清时期澳门历史颇为关注，就多个方面的专题开展了研究，不断有新的研究成果问世。然而就华政衙门而言，似乎未见具有重要参考价值的专文发表。最近两年来，笔者在阅读《澳门宪报》时，于未被汉译的葡语文本中检索到了大量有关华政衙门的文献。这些文献大体上可分为四类：一是葡萄牙政府和澳葡当局有关的政令和法定章程；二是专门委员会就华人管理问题所提交的调研报告；三是华政衙门运作过程中由理事官发布的各种官方文件（包括通告、命令和裁定等）；四是华政衙门理事官定期向澳葡政府提交的部门工作报告。前两类文献，前述的研究成果已经披露和研究过其中的一些，而后两类文献则基本没有被研究过。本文旨在依据上述文献，并结合其他文献，对晚清时期澳门华政衙门形成发展的源流做一个梳理，希望有助于对晚清时期葡萄牙扩占管治背景下华人社会的研究。

二 议事会理事官

理事官署（Procuratura）发端于1583年首届议事会（primeira vereação do Leal Senado）成立时的理事官（Procurador），他作为市政议会（vereação municipal）的成员之一，负责财税事务。不论晚清时期的调研报告，还是前文所述的研究论著，都持这种观点②。就从追溯历史渊源的意

---

① António Manuel Hespanha, *Panorama da História Institucional e Juridica de Macau* (Macau: Fundacao Macau, 1995), pp. 54-64.

② "Relatório acerca das Attribuições da Procuratura dos Negócios Sínicos da Cidade de Macau, 21 de Março de 1867", in *Boletim Official*, Vol. XIII, No 12, 25-03-1867, p. 62; "Relatorio do Agente do Ministerio Publico Junto da Procuratura, acerca dos Negocios do Mesmo Tribunal, Macao, 17 de Março de 1880", in *Boletim Official*, Vol. XXVI, No 15, 10-04-1880, p. 95; Pe. Manuel Teixeira, "A Procuratura dos Negócios Sínicos", in *Boletim Eclesiático da Diocese de Macau*, Vol. LVIII, No 673, Maio de 1960, p. 431.

义上来讲，这一看法大体上是可以接受的。然而，如果就其权限和职能的演变来看，二者之间的关系则需要认真辨析。

葡萄牙人定居澳门伊始，并无常驻的行政首脑，更无常设的管理机构。按照王室的规定，中日贸易船队总指挥在驻留澳门期间充当居澳葡人的行政长官，另有一位王室法官负责管理葡人社区内部的案件。1583年，在一位主教的召集之下，居住澳门的葡萄牙人通过选举，决定按照葡萄牙历史上市政模式建立一个自治性质的机构——议事会（近代称为"议事公会或者议事公局"）。

从现存该机构的会议文件可知，最初用的名称为"中国天主圣名之城"（Casa da Câmara da Cidade），稍后有了"Senado"一词①，它们的意思都是"市议事会"。直到1810年，葡萄牙流亡政府授予议事会"Leal"之衔，遂有了"Leal Senado"一词，意为"忠诚的议事会"。截至1841年，在议事会的档案中，尚未出现"Câmara Municipal"（市政厅）和"Governo Municipal"（市政府）字样。

该议事会由两名普通法官（Juiz Ordinário）、三名议员（Vereador）和一名城市理事官（Procurador da Cidade）②构成③。其中，理事官的主要职责是，受议事会委托，管理居澳葡人小区的财税事务，以及与收支有关的其他事务。对于理事官的名称及其职责，中外文献俱有记载。如《澳门记略》曰：

> 理事官一曰库官，掌本澳蕃舶税课、兵饷、财货出入之数，修理城台街道，每年通澳签举诚朴殷富一人为之。蕃书二名，皆唐人。凡郡邑下牒于理事官，理事官用禀呈上之郡邑，字遵汉文，有蕃字小印，融火漆烙于日字下，缄口亦如之。凡法王、兵头、判事官，岁给俸一二千金有差。理事官食其所赢，不给俸④。

---

① Antonio Aresta e Celina Veiga de Oliveira（eds.），*O Senado：Fontes Documentais para a História do Leal Senado de Macau*. Macau：Leal Senado de Macau，1998，pp. 25，101.
② 学术界对"Procurador"有不同的译法，如"检察官"、"民政官"等。笔者认为采用历史上出现过的名称"理事官"为宜。
③ Antonio Aresta e Celina Veiga de Oliveira（eds.），*O Senado：Fontes Documentais para a História do Leal Senado de Macau*. pp. 52，58.
④ 印光任、张汝霖：《澳门记略》，赵春晨校注，澳门文化司署，1992，第152～153页。

中文文献中虽有"督理濠镜澳西洋理事官"这一全称，但多是理事官呈禀时的自称①，中国官员在下行文书中很少使用这一称谓。对于葡萄牙人的兵头、判事官、理事官、红棍官等，中国官方皆以"夷目"（Cabeças dos Bárbaros）称之；而作为议事会（Vereação）成员（Vereador）之一的城市理事官，即被称为"夷目唩嚟哆"②，并且成为中国官员下行公文中最常用的名称。

从名称上看，晚清时期华政衙门的理事官之名，的确是从以前的理事官传承过来的。然而，一个更具实质性的问题是，理事官究竟何时成为一个华政官，或曰亚马留时代之前的理事官是否具有管辖澳门城内华人的权力。

根据前引《澳门记略》的记述，作为"夷目"的"西洋理事官"，他所能督理的"濠镜澳事务"自然属于"夷务"；而所有夷目均为我郡邑官府之所下辖。所以，西洋理事官不可能成为管理华人事务的华务官。1834年7月12日，理事官向中国官员提出七项禀请，其中仍自称"Eu o Procurador Intendente dos Negócios Europeus do Districto de Macau"。③ "Negócios Europeus"一词清楚地表明，他所督理的是"西洋事务"；而《澳门宪报》等文献中出现的"华务"、"华政"等，对应的葡语词汇是"Negócios Sínicos"。

其实，关于葡萄牙人在澳门的司法地位，西方文献早有正确的记载。1828年科英布拉出版的《回忆澳门》一书援引法国赴华使团成员小德金的话说："1800年时，澳门城内有8000名中国人……他们只受中国官员的管辖。"④ 居住澳门的瑞典商行监督龙思泰亦指出：

在外国人获准居留澳门以后，中国的仆役、手艺人、商人等，也

---

① 刘芳辑《清代澳门中文档案汇编》，章文钦校，澳门基金会，1999，第353～355页；C. A. Montalto de Jesus, *Macau Histórico*, Macau: 1ª edição portuguesa da versão appreendida em 1926, Livros do Oriente, p. 58.

② 关于"唩嚟哆"这一译名的词源，我理解和赞成金国平先生的论述。参见金国平《夷目唩嚟哆考证》，见金国平《西力东渐：中葡早期接触追昔》，澳门基金会，2000，第111～112页。

③ António Manuel Hespanha, *Panorama da História Institucional e Juridica de Macau*, p. 102.

④ José de Aquino Guimarães e Freitas, *A Memoria sobre Macáo*, Coimbra: A Real Imprensa da Universidade, 1828, p. 15.

来到这里，与外国人杂居在一起。但他们生活在一名中国地方官员的管辖之下。根据1587年2月16日颁布的王室条例，驻澳门的王室大法官（Ouvidor，中文史料作"判事官"——引者注）不得干预该中国官员对中国人的管辖权和裁判权。①

直到19世纪中期止，居澳葡人对他们所处的这种地位大体上也是认同的。②

然而，19世纪中叶后，在葡萄牙对澳门进行扩占管治的背景下，出现了理事官自始就对华人具有管辖权的说法。以华政衙门署理事官佩雷拉（António Marques Pereira）为秘书的改革委员会在1867年3月21日提交的调研报告中称：

> 澳门城理事官署发端于1583年首届议事会成立之时，它是本殖民地最古老的公共部门，在许多方面也可认为是最重要的部门；历史记忆了属于它的大量权限，只是缺少对其加以明确和规范的立法而已。
>
> 如其名称所示，澳门理事官署自始就是议事会的一个税务委员（o fiscal do Senado）。但是，随着议事会增加了管理该殖民地和管理公共钱物的职责，导致了理事官署权限的增加，使之成为公共财物的受托管理员（delegado gerente）和一切管理措施的实施者。
>
> 正是在这一阶段，时间的推移迫使理事官更加谨慎和特别地行使职责。中国人最初是不准进入这个居留地的，后来他们逐渐进入城内，开设店铺，经营手工业，随身带来了各种经营活动。随着华人人口的不断增加，中国官员觉得应该注意他们，来到这里对他们进行司法管辖。就这样，在澳门居留地出现了两种不同国籍的司法权的共存，而这种局面在这个葡萄牙殖民地的初期是不存在的。
>
> 这个事实使得理事官在华民事务权限的演变进入了第二阶段，此

---

① Anders Ljungstedt, *An Historical Sketch of the Portuguese Settlements in China and of the Roman Catholic Church and Mission in China*, Boston: 1836; Hong Kong: Viking Kong Hong Publications, 1992, p. 23.
② António Manuel Hespanha, *Panorama da História Institucional e Jurídica de Macau*, pp. 54-64.〔葡〕萨安东：《葡萄牙在华外交政策（1841~1854）》，金国平译，葡中关系研究中心、澳门基金会，1997，第1、115页。

后管理华民成为它的主要形态。在这个阶段，除了继续作为受议事会之托维持本地利益与这个临近国家和谐关系的联络人之外，理事官日益成为一个调解官（juiz de paz），即一切发生在基督徒与华人间的诉讼案件的预审官（juiz de instrução）。①

按照这里的说法，葡萄牙人在澳门的这个居留地，最初完全由议事会管理；后来随着入城华人的增加，才有了管理华人的中国官员，分享了他们对华人的管理权，从而形成了两个司法权共存的局面。这就是延续到19世纪的所谓理事官自始就有权管辖华人的传统。

负责澳葡统计部门并受命对澳门华人开展调研的桑巴约（Manual de Castro Sampaio）在于同年10月出版的《澳门华人》一书中，继承和发展了该报告中的说法：

> 议事会行使政府（o governo）职责，对国民进行管理，而原来只是税务官的理事官，也成为公共财物的受托管理员（delegado gerente）和一切管理措施的实施者。华人群体的不断扩大，导致在澳门设立了中国官员对华人进行管理。以前充当本地政府（o governo do estabelecimento）与中国当局之间中介人的理事官署有了法庭的性质，理事官上升为基督徒与华人之间诉讼案件的法官，中国官员对此加以认可，因为他们将理事官视为他们的下级官员，而在一些时候前来理事官署的华人诉讼者比前往华官法庭的人还多。②

值得注意的是，另一个委员会在1875年3月3日提交的《关于华政衙门的报告》中有了不同的说法：

> 然而，随着时间的推移，商业关系倍增，本殖民地增长到了值得支付地租的程度；随着繁荣局面的出现，聚集在我们旗帜下的华人群体不断增长……导致了葡人与华人之间的不断冲突。

---

① "Relatório acerca das Attribuições da Procuratura dos Negócios Sínicos da Cidade de Macau, 21 de Março de 1867", in *Boletim Official*, Vol. XⅢ, №12, 25 - 03 - 1867, p. 62.
② Manuel de Castro Sampaio, *Os Chins de Macau*, Hong Kong: Typographia de Noronha E Filhos, 1867, pp. 56 - 57.

这种事态使得中国政府以管理华人为理由在这里设立了一个名为香山县丞（assessor do governador do districto de Heong-san）的官员。就是这位官员对澳门的华人进行民事和刑事上的管辖。

正如华葡之间多次发生的冲突那样，双方往往求诉于理事官，他是议事会的成员，负责维系与中国当局的对外关系。在这样的情况下，双方不能达成和解时，该理事官就用已知的事实进行司法管理。

伴随着葡萄牙政府削减中国官员参与华民事务的努力，理事官的权限有了很大增加，直到1849年亚马留总督被刺、中国官员撤离之后，理事官具有了华人的民事和刑事法官的职能。[①]

这个报告的说法虽仍有不确之处，但已经有了明显的不同：不再断言中葡双方分享了华人管辖权，而是明确指出理事官是在1849年之后才具有管辖华人的权限。这样修改比较符合历史实际。

驻华政衙门国家律师[②]于1880年3月17日提交的《关于华政衙门法庭的报告》进一步指出：

议事会由民选产生，理事官任期一年；其权限不仅在于充当市政税务官（vereador fiscal），还受议事会委托实施所有的政治和财经措施。然而，理事官职责的特征是，就本市的政治问题与中国当局保持联络，并将中国罪犯和那些欠葡萄牙人债务而又不愿就还债方式达成和解的人交给驻扎这里的官员左堂（tso-tang）。

随着1849年中国海关被逐出和官员的突然撤离，理事官才因形势所迫有了华人法官的性质，并逐步扩大对华人的管辖权限……[③]

国家律师的说法与前述1875年委员会报告虽有不同，但有一点是一致

[①] "Relatorio da commissão sobre a Procuratura dos Negocios Sinicos de Macau, 3 de Março de 1875", in *Boletim Official*, Vol. XXI, № 12, 20-03-1875, p. 57.

[②] 华政衙门建立后，葡萄牙政府派一位法官常驻澳门华政衙门，作为葡国政府的代表（Agente do Ministerio Publico Junto da Procuratura），澳葡当局给出的中文名称为"驻华政衙门国家律师"。

[③] "Relatorio do Agente do Ministerio Publico Junto da Procuratura, acerca dos Negocios do Mesmo Tribunal, Macao, 17 de Março de 1880", in *Boletim Official*, Vol. XXVI, № 15, 10-04-1880, p. 95.

的：他也并不认为澳门历史上存在过一个中葡双方分享华人管辖权的事实经历，并且明确指出，理事官是在 1849 年中国官员撤离澳门之后才具有了对华人的管辖权。

现代葡萄牙学者的研究中也有值得注意的正确表述。前引文德泉神父说：

> 在那时候，本殖民地的财政管理权属于议事会，理事官是公共财物（dinheiro público）的司库（tesoureiro）和掌管人（regente），中国人称之为 Cunfu（tesoureiro）；后来，他成为中国当局与葡萄牙人之间的中间人（o intermediário），即外交联络人（o negociador diplomatico）；若干年后，他成为领导一间审判华人之间以及华人与外国人之间案件的法庭的法官；或许实际需要使他承担了这些职责，而没有计划和书面决定……1849 年，一直在澳门对华人行使管辖权的中国官员撤往前山，而理事官转而拥有了这种权力①。

叶士朋则客观地注意到 1587 年王室敕令对大法官不得干预当地官员对华人司法审判权的规定，中国在澳门设海关、左堂等官对华人行使政治及司法管辖权的事实，以及中国官员对 1834 年理事官备忘录中要求对华人罪犯处罚的驳定，进而正确指出："华人将所有涉及华人在内的，即是被告为葡萄牙人的刑事案件，收回由自己的司法裁决……当中国方面要求对被葡萄牙人指控为刑事案犯的华人进行处罚时，葡方就必须把华人移交给中国司法籍贯处理。"②

然而，时至近年，在专门研究理事官唛嚟哆的论著中，却仍有一些似是而非的说法：

> 实际上委黎多除管理澳门华人事务外，还兼任澳门财政长官、海关总监、公共事务主管等职。还要代表议事会同中国政府打交道。③

---

① Pe. Manuel Teixeira, "A Procuratura dos Negócios Sínicos", in *Boletim Eclesiástico da Diocese de Macau*, Vol. LVIII, № 673, Maio de 1960, p. 431.
② António Manuel Hespanha, *Panorama da História Institucional e Jurídica de Macau*, pp. 42 - 45.
③ 汤开建：《委黎多〈报效始末疏〉笺正》，广东人民出版社，2004，第 25 页。

按照这里的说法，"管理澳门华人事务"不仅是理事官的职责，而且还是主要职责，其他方面的职责反倒成了"兼任"之职；再者，在鸦片战发之前的历史时期，澳门什么时候有过所谓"澳门财政长官"、"海关总监"、"公共事务主管"之职？！

关于明清时期中国政府对澳门的管辖问题，中国学者已经发表了大量论文，专著也有几部。然而，有两个基本事实一直没有得到较好的说明。

其一，中国政府始终坚持对华人的完整管辖权，坚决杜绝澳葡夷目越权插手华人事务，并多次挫败澳葡夷目越权管理华人的企图。这方面的情况，不仅有关史书多有记载，更大量地反映在清代中国官员管理澳门的文书之中。综合各种记载来看，主要有如下几个方面：第一，中国官员抵制澳葡官员控制入澳华人数量并对华人出入澳城加以管理；第二，中国官员制止澳葡当局插手处理华人在澳违章建筑、私自搭盖等问题；第三，中国官员严禁澳葡官员擅自搜查华人屋宇宅舍；第四，中国官员禁止澳葡当局以夷人之例反加之于华人；第五，中国官府严禁澳葡当局介入华人之间的纠纷和矛盾；第六，中国官员反对澳葡当局对华人施以私刑；第七，中国官员挫败澳葡当局阻止中方对澳门华人行使管辖权的企图；第八，中国官员力驳澳葡当局越权管理华人的无理要求，维护管理华人的专有权。[①]

其二，澳葡理事官在中国官方与葡人社区的中间角色。前引葡语文献都提到理事官代表议事会与中国当局联络以维系双方关系一事。这的确是理事官的一项重要工作。然而，这种中间角色的真实性质是需要认真分析的。众所周知，葡萄牙人以缴税纳租、遵守法纪、服从管理为条件在澳门城内居住生活，经营海上贸易。他们虽然建立了具有市政会议性质的自治机构议事会，但是中国官员并不把它当作一级管理机构来看待，而是分别把他们的管理人员称为"夷目"。中国官府在对葡人社群进行管理时，不可能直接面对个体的葡人，所以必须有一个中间环节。鉴于理事官在议事会内负责财税收支等事宜，那么每年向中国政府支付商税、报告船只出入和缴纳地租之事，自然就成为他不可慢怠的责任。由于这几件事非同小可，理事官的地位也就变得特别重要，事实上成为中国官员管理澳门葡人

---

① 详见张廷茂《清代中叶中国政府对澳门华人的管理》，《暨南史学》第六辑，暨南大学出版社，2009，第368~376页。

的主要联系人和不可缺少的中间环节。前引《澳门记略》有"郡邑下牒于理事官,理事官用呈禀上之郡邑"之说。另有史料记载:"凡文武官下澳,率坐议事亭上,彝目列坐进茶毕,有欲言则通事翻译传语。通事率闽粤人,或偶不在侧,则上德无由宣,下情无由达。"① 这就是说,中国官员与理事官之间的文书往来,具有上传下达的作用。中国地方官员用札谕等下行文向澳葡理事官下达命令,包括宣布朝廷谕令、追缴商税和地租、发布有关裁定等;理事官则用呈禀上行文向中国官员提出葡人的诉求,包括投诉居澳华人的不法行为等。这种往来关系的内涵,远远超出一般性的联络。这是一个主权国家的地方官员对赁居其领土的外国人群实施管辖的过程。阅读中国官员与理事官之间的文书,频频出现"谕到该夷目,即便遵照"、"该夷目毋得徇延干咎"、"毋得迟违,致干重咎"、"该夷目竟置若罔闻,寔属玩视法纪"等语句;常有理事官之呈禀因内容不实或越权而被驳斥为"混禀"、"渎禀"、"狂谬"等,而所禀事实不清者则被严令"确切查明,据寔禀复"。这里,管治者对被管治者的那种强制性显示得非常清楚了。事实上,明清时期中国政府针对澳葡的管理章程中,除了规定葡人必须遵守的条款,还对理事官等夷目规定了强制性责任,即除了违反规定的葡人自己受到惩处外,还要连带追究理事官的责任,对夷目"一并究处"②。而在档案文书中也常常写着"谕到该夷目……转饬澳夷"、"立将所辖澳夷黑奴人等严加约束,不可纵令在于望厦各处闲游滋扰,自贻罪戾"、"札到该夷目,立即将滋事之黑奴等言行责处约束"等。就连中国官员判处华人给葡人受害者的赔补款项,也要由理事官转交。③ 在有关论著中,人们常常看到这样的说法:中国政府授予了理事官管理葡人内部事务的权力。其实,纯粹的葡人内部事务原本就应该是他们自理,无须中国官员授权;而仔细阅读中国官员与理事官之间的文书就可以发现,其中所涉及的问题没有几件可以算得上真正的葡人内部事务。所以,理事官所谓的中间角色,其实就是中国官府实施对居澳葡人社群管治过程的必要环节,面对中国官员,作为"夷目"的理事官,有约束葡人的责任,同时还必须

---

① 申良翰:《香山县志》卷十《外志澳彝》,康熙十二年(1673)刻本,第3页。
② 印光任、张汝霖:《澳门记略》,赵春晨校注,澳门文化司署,1992,第79、84、94页;刘芳辑《清代澳门中文档案汇编》,章文钦校,澳门基金会,1999,第433页。
③ 刘芳辑《清代澳门中文档案汇编》,章文钦校,澳门基金会,1999,第18、20页。

履行协助和配合中国官员管治葡人的义务。

总之，在鸦片战争之前中国政府管辖澳门的根本格局之下，不管葡人内部如何争权夺利，也不论葡国政府如何调整总督和议事会之间的权力，理事官作为一名不能管理华人的"西洋事务理事官"的地位始终未变。由管治与被管治的关系所决定，理事官在中国官员与葡人社区之间的所谓中间角色，不过是中国政府管治澳门葡人社群的一个必备环节，其实施是配合并执行中国当局的治理措施。这一点，是我们在研究明清时期中国政府管辖澳门、居澳葡人之政治地位以及理事官与晚清华政官之历史渊源时必须明确的问题。

三 华政理事官

1842年《南京条约》的签订标志着中国政府开始失去在对西方国家关系中的主动权；在英国割占香港的刺激下，葡国政府开始着手改变澳门的政治地位。本来，在1836年12月7日通过的组建葡萄牙亚非属地（Os Dominios Africanos e Asiaticos）政府的《王室敕令》中，尚未提到澳门。然而，在1844年9月20日，葡国政府却发布王室敕令，将澳门、帝汶、梭罗及其附属地合并组建为一个"澳门帝汶梭罗省"。该敕令对理事官的规定是："城市理事官（o Procurador da cidade）将具有与中国当局保持联络所必需的所有权限。"[①] 这里仍沿用"o Procurador da cidade"之称，而且仅提到"a communicação com as Authoridades Chinas"（与中国当局保持联络），尚未出现"procuratura"（理事官署）和"negócios sinicos"（"华务"或"华政"）字样。可见，这个敕令对理事官尚未作出明显的改变。

1846年亚马留总督到任后，在澳门推行殖民扩张，对澳门华人实施管辖，并将设于澳门的中国官员逐出澳门。随着亚马留对华人的管辖权的擅夺，原为"西洋理事官"的职责开始发生变化。

根据1847年8月20日第526号敕令，决定在华人事务的管理方面将议事会的理事官署（Procuratura do Leal Senado）归属于省政府秘书处（Secretaria do Governo，澳葡当局译为"辅政司署"），除了在纯粹的市政

---

① "Decreto de 20 de Setembro de 1844", in *Boletim Official*, Vol. I, No 1, 08-01-1846, pp. 1-2.

事务方面，理事官不再对议事会负责。① 理事官开始从市政事务中部分地分离，开始有了与以前不同的责任。

在1848~1850年澳门总督发布的有关猪肉承充专营通告和牛肉承充专营通告中，先后有"procendido o leilão na Procuratura"，"procedido o leilão na Procuratura"，"procedido ao leilão na Procuradura"，"procedido o leilão na Procuratura"等短语②，意思是"在理事官的办公处所进行拍卖"。"procuratura"一词的使用，显示理事官开始由议事会的一个职位向一个部门演变。

虽然亚马留采取行动对华人进行管理，但由于中国官员仍在澳门行政，所以，中国官员的管辖权只是开始遭到破坏。只有在中国官员被迫撤离澳门后，这方面才有了显著的变化。正如前引文献所指出的那样：1849年，在澳门对华人行使司法管理权的中国官员撤往前山，理事官开始拥有了这种司法权③。

自1851年起，《澳门宪报》开始刊登由理事官发布的针对华人或者与华人有关的通告（包括猪肉和牛肉专营招投公告）。其中，发布地点落款处有"Cartorio da Procuratura"字样；公告的汉译文本将公告的发布者"Procurador"译为"大西洋理事官唛嚟哆"④。"Cartorio da Procuratura"意为"理事官事务所"，表明此时已经初步具有衙署的性质。"理事官唛嚟哆"沿用了明清时期的名称，此后成为澳葡官方采定的通用名称。在1851年5~6月发布的公告中，开始将"Procuratura"汉译为"本哆署"或者"本理事官署"⑤。表明其发布的公告具有官方性质。另外我们注意到，此

---

① Pe. Manuel Teixeira, "A Procuratura dos Negócios Sínicos", in *Boletim Eclesiático da Diocese de Macau*, Vol. LVIII, No 673, Maio de 1960, p. 431.

② *Boletim Official*, Vol. III, No 1 (No 36), 09 – 02 – 1848, p. 144; *Boletim Official*, Vol. III, No 2 (No 37), 17 – 02 – 1848, p. 9; *Boletim Official*, 4.° Anno, No LXII, 20 – 03 – 1849, p. 11; *Boletim Official*, V Anno, No 90, 25 – 08 – 1850, p. 138.

③ Pe. Manuel Teixeira, "A Procuratura dos Negócios Sínicos", in *Boletim Eclesiático da Diocese de Macau*, Vol. LVIII, No 673, Maio de 1960, p. 431.

④ *Boletim Official*, Nova Serie, Vol. 6, No 7, 04 – 01 – 1851, p. 1; *Boletim Official*, Nova Serie, Vol. 6, No 8, 11 – 01 – 1851, pp. 5 – 6; *Boletim Official*, Nova Serie, Vol. 6, No 9, 18 – 01 – 1851, p. 9; *Boletim Official*, Nova Serie, Vol. 6, No 11, 01 – 02 – 1851, p. 18.

⑤ *Boletim Official*, Nova Serie, Vol. 6, No 25, 10 – 05 – 1851, p. 73; *Boletim Official*, Nova Serie, Vol. 6, No 31, 21 – 06 – 1851, p. 98.

时尚未出现"Negócios Sínicos"(华政)的字样。

这一时期,理事官不仅发布了一系列针对华人或者与华人有关的公告,还在《澳门宪报》刊布其办公情况概览。从这些文献中我们了解到,理事官署对澳门华人行使了多个方面的管理职责。发布针对华人和与华人有关的公告,发布公告并主持专营权承充的招投活动,向华人行铺、快艇发放营业牌照,调解和裁断华人之间的冲突,处罚违规违纪的华人等①。

鉴于葡萄牙夺取澳门管制权的努力尚处于开始阶段,一切都在草创之中,理事官对华人的管治也缺乏完整性和确定性。他虽然开始实施对华人的管理的职能,但是缺少相应的规章,理事官署作为一个部门也尚未建立起来。

"是基玛良士总督(Governador Isidoro Francisco Guimarães)第一个认识到为理事官署华人诉讼制定规则和方法的必要性,他通过1852年1月19日的第104号训令(Portaria № 104),概要地规定了刑事与民事诉讼规则。"② 这个训令虽然多有文献和论著提到,但一直未见披露全文。《澳门宪报》1852年第17期刊布了该总督所发布的多个训令,可是唯独未刊第104号训令。所以,目前我们只从文德泉神父的文章中看到了其中的两款内容。

第一条规定:"本市理事官系专门处理华人事务的官员,其所作出的最后决定须得总督确认。除了总督和理事官外,其他任何机构不得干预华人事务。"该款规定了理事官在处理澳门华人事务方面的专责,确立了他作为华政官的法律地位。

第九条规定:"在重大案件上,理事官的判决须得总督的确认,后者在认为必要时可将裁决或其他决定写入诉讼案卷。"③ 基玛良士总督的训令将理事官署归属于辅政司(Secretaria Geral),其对重大案件的判决须由总督确认。这从法律上表明,理事官署开始向隶属于总督的一个负有专责的部门发展。

---

① "Synopse da Procuratura de 6 a 12 de Julho de 1851", in *Boletim Official*, Vol. 6, № 35, 19 - 07 - 1851, p. 115.

② "Relatorio do Agente do Ministerio Publico Junto da Procuratura, acerca dos Negocios do Mesmo Tribunal, Macao, 17 de Março de 1880", in *Boletim Official*, Vol. XXVI, № 15, 10 - 04 - 1880, p. 95.

③ Pe. Manuel Teixeira, "A Procuratura dos Negócios Sínicos", in *Boletim Eclesiático da Diocese de Macau*, Vol. LVIII, № 673, Maio de 1960, p. 431.

此外，我们在前引驻华政衙门国家律师1880年3月《关于华政衙门的报告》中，也看到一些关于1852年第104号训令的概述：

> 据此敕令决定：一切华政事务都应该通过理事官处理，但最后决定取决于总督；理事官可以判处的处罚包括用戒尺打男孩的手心、用细枝条抽打，至多50下（男人），罚款最高金额为5两银子；最后，在所有诉讼案件中，理事官应在宣读判决之前就在澳门处罚罪犯还是将其移交中国当局的问题与总督协商①。

这里的概述同样显示了理事官在管理华人事务上的专门地位，及其对总督的隶属关系。从这个概述中还看到，理事官尚未获得管理华人的完整权力，其所判决的刑事案犯须解送香山的中国官员。对此，驻华政衙门国家律师在其报告中指出：

> 随着1849年中国海关被逐出和官员突然撤离前山，理事官因形势所迫而具有了华人法官的性质，并逐步扩大了其管辖华人的权限；从那以后，理事官管辖华人民事案件的权限被确定，同时也确认了将罪犯解送给香山官员的做法；这个做法逐渐被中止，缩减仅限于重犯，直到1864年全部被废除②。

这个时期，理事官署的人员编制也开始增加。对此，前引国家律师的报告也为我们提供了宝贵的信息：

> 理事官在成为华政官后仍为议事公局官员，所以，直到1864年为止，常常是市政机构的监察员充当衙役（officiaes de deligencias）。根据1851年8月8日第32号省令（portaria provincial № 32），卡瓦略（Pio Maria de Carvalho）被任命为首个文书（amanuens），他还兼任理

---

① "Relatorio do Agente do Ministerio Publico Junto da Procuratura, acerca dos Negocios do Mesmo Tribunal, Macao, 17 de Março de 1880", in *Boletim Official*, Vol. XXVI, № 15, 10 - 04 - 1880, pp. 95 - 96.

② "Relatorio do Agente do Ministerio Publico Junto da Procuratura, acerca dos Negocios do Mesmo Tribunal, Macao, 17 de Março de 1880", in *Boletim Official*, Vol. XXVI, № 15, 10 - 04 - 1880, p. 95.

事官署的保管员和司库之职。1852年，西芒（Benjamim Simões）被任命了第二位文书，据他自己证实，他不知不觉地得到了文书的职位，甚至到了二级衙役（2° official de diligencias）的位置，其公职仍在认真地履行。另外还有一位中国文案（letrado china）；后来随着公务的增多，其人员编制也逐步增加，其大部分由本部门的金库支给酬金，该收入来自罚金以及快艇营业牌照收入[①]。

理事官署依据1852年训令规定的规则运行了10年。在这10年间，澳门的华人人口增长，商业活动发展，葡萄牙的扩占有了较大推进。原有规章的不足和形势的发展，需要对理事官章程加以改进。因应这一需要，1862年12月17日，基玛良士总督发布第67号总督训令，决定实施由12条款构成的《理事官署章程》（Regulamento da Procuratura），内容如下：

> 鉴于应该以明确的方式确立理事官署民事诉讼的程序，按照该部门所采行的制度，并听取总督公会（Conselho do Governo）的意见，现决定实施下列章程，作为该部门继续进行民事诉讼所应遵行的规则。
>
> 第一条：理事官署依据法律审理不属于按察司衙门（Juiso de Direito，意为"地方法官"，澳葡当局汉译为"按察司衙门"）的民事案件，即华人之间的案件以及葡人或其他外国人为原告而华人为被告的案件。
>
> 第二条：凡理事官不能在其署内以调解而结束的案件，继续由诉讼双方所指定的仲裁人作出即决裁定，诉讼双方有向总督公会（Conselho do Governo）上诉的权利。
>
> 第三条：理事官署的司法程序为：（1）原告以其签字确认的申请书陈述起诉的全部理由并同时出示证据、包括姓名和住址在内的证人名单，须宣布对案件负责的被告人，指定仲裁人和签订仲裁协议。（2）由理事官向被告发出传票，确定诉讼程序开始之日期，这一天理

---

① "Relatorio do Agente do Ministerio Publico Junto da Procuratura, acerca dos Negocios do Mesmo Tribunal, Macao, 17 de Março de 1880", in *Boletim Official*, Vol. XXVI, № 15, 10 - 04 - 1880, p. 97.

事官将为被告确定十天时间用于准备答辩,同一天,诉讼双方也将指定仲裁人并签订仲裁协议。(3)在开审之日,收到申请书的司法文书提起诉讼,在案卷中说明这一天原告及其代理人提交了申请书,同日已向被告发出传票告知开审之日,并向其提供了原告申请书及证人名单的复件。(4)被告在规定的十日内陈述其对起诉书的答辩词,其中应该推断出一切辩解、一切例外和一切可能免除责任的证据,答辩词不可增加,亦不可重复,同时须提供一切他所要出示的证据,出示并宣读包括姓名、职业和住址在内的证人名单。(5)被告一经提交答辩词,司法文书即将该答辩词及证人名单之复件交给原告或其代理人,在司法档案中登入文书移交,并注明日期;如果被告未能在规定的十日内提出答辩词,将不可避免地被剔除,并不能因任何理由或优待恢复答辩的资格。(6)收到答辩词后,理事官将确定十天的时间作为验证的期限且不得延长,在此期限内,诉讼双方的所有证人都将在公开会议上当着理事官、诉讼双方及其代理人以及仲裁人的面被询问。(7)每个证人将由理事官以高声就其所涉及的问题单独提问,不可问与他无关的问题;仲裁人与反方或反方代理人可向理事官陈述对方的证词证据不足,理事官即要求提出证据;司法文书只能忠实记录下证人的证词,不得稍有出入。(8)验证期限结束后,双方各有五天时间查阅案卷,做好准备辩论的笔记,但不得在卷宗上写任何东西;收回双方的卷宗后,理事官将确定辩论和审查证据的日期,仲裁人、诉讼双方及其诉讼代理人在这一天均需到场;同日结束辩论后,案卷将被交与仲裁人,其期限依照仲裁协议中的确定为十至二十天。

第四条:如果仲裁人对他们的裁决全部或部分意见不一,案卷将转交在仲裁协议中指定的第三仲裁人,由其作出裁决;如果没有指定第三仲裁人,现有仲裁人将被要求指定第三仲裁人;如果仲裁人对指定人选意见不一,就由理事官来指定第三仲裁人。

第五条:仲裁人一旦做出一致的裁决,或是由第三仲裁人做出了裁决,理事官即核准该判决,全部生效。

第六条:遇有上诉,案卷将被呈交给辅政司署(Secretaria do Governo),以便在总督公会(Conselho do Governo)会议上呈出,该会将以多数意见做出裁决,并由全体成员签字画押。

第七条：前述条款所规定的仲裁人裁定事项，仅适用于价值超过一百元的诉讼请求；价值低于一百元的诉求则由理事官按照下列方式作出口头裁决：（1）向被告发出传讯，理事官约定日期，届时原告被告双方到场，分别呈出自己的证据（书面或证人均可），理事官听取证词、看阅证据后，当即对案件作出判决，令人将案件的内容、诉讼双方及证人的姓名、证词摘要以及理事官的判决等加载一个由他编号并画押的专用册簿内，并由理事官、诉讼双方、双方证人签字画押，同时宣布判决开始生效之年月日；（2）价值低于一百元的诉求，将继续免费。

第八条：判决一经做出（不论书面还是口头）即付诸执行。

第九条：判决之执行由理事官按照本署惯用之方法进行。

第十条：华人之间的案件，其仲裁人必须是华人，由他们尽可能指定定居澳门的商人为仲裁人更好；他们的裁决书用中文书写。

第十一条：在葡国人或者其他外国人控告华人的案件中，依据双方意愿，仲裁人可以是华人，也可以是其他国籍的人；在这样的案件中，双方可以请自己的诉讼代理人或律师到场，并可提呈用葡文书写的诉讼请求和其他证据并由代表他们的代理人和律师签字。

第十二条：各项收费遵循本训令所附的价目表[①]。

1862年章程进一步明确了理事官署的民事裁判权的范围，规定了诉讼双方的上诉权力，制定了具体的司法程序和仲裁制度，并编制了诉讼收费标准。然而，这个过程仍有明显的缺陷，其中之一即葡人控告华人的案件双方可以请自己的诉讼代理人或律师到场辩护，但是华人之间的案件却没有同样的安排；此外，司法卷宗显示，有一些没有合法资格的人在理事官署从事律师的职业。于是，澳门总督公会（Conselho do Governo）于1863年5月21日通过第20号政令，对1862年的理事官署章程加以补充：

第一，将前述章程之第十一条推及华人之间的诉讼案件，华人诉讼者可依法以适当形式雇请获得合法资质的律师对华人案件进行辩护。

[①] "Portaria Nº 67 do Governador de Macau determinando a execução do Regulamento da Procuratura de 17 de Dezembro de 1862", in *Boletim Official*, Vol. IX, Nº 4, 27-12-1862, p. 14.

第二，明确禁止没有律师资格的人在理事官署行使律师职责，诉讼人没有律师愿意为其案件辩护的情况除外。

第三，只有在这种情况下才允许没有律师资格的人在理事官署充当辩护律师，但须由理事官批准诉讼双方的辩护人的任命，并向他们宣布该代理人或辩护人须依法承担法律责任，不论是在本案中要求的，还是在一切其他法庭所实行的。

第四，为了达到司法审判应有的规范，理事官将确定每周的周三和周六为民事案件的庭讯（audiencias）日，其余的工作日将用于处理刑事和治安案件的普通公文，以便维持更好的工作秩序。

第五，上述四项规定视为 1862 年 12 月 17 日章程的补充和组成部分，具有完全的法律效力①。

然而，理事官仍然是市政议会的成员之一，每年从议员中选出，这是一种异常现象，因为这取决于总督的行政与政治权限，而总督不解散议事会就不能解除理事官的职务。于是，1865 年 7 月 15 日，葡国政府通过海事海外部颁布了专门针对华政衙门的法令。其内容如下：

鉴于目前的华政理事官（o procurador dos negocios synicos em Macau）是澳门市政厅（camara municipal）的财税官（o vereador fiscal），政府必须接受一个民选的官员，而在必须解除其职务时又不能不解散他为其中一员的市政机构，因此，必须立刻消除可能由此导致的危险的困境；利用宪法（carta constitucioal da monarchia）补充案第十五条第一款之授权，并听取海外委员会（conselho ultramarino）和部长会议（conselho de ministros）的意见，现颁布以下法令：

第一条，澳门天主圣名之城华政理事官将由王室任命，按照澳门总督之提议从可当选为议员的人中间产生，并将获得 60 万厘士（600MYM000）的年薪。附款：在本敕令第四条的规定付诸实施之前，该职位继续行使现行章程授予他的权限。

---

① "Portaria Nº 20 do Conselho do Governo de Macau determinando as disposições adicionais do Regulamento de Procuratura de 17 de Dezembro de 1862", in *Boletim Official*, Vol. IX, Nº 25, 23 – 05 – 1863, p. 98.

第二条，正如迄今为止的那样，该理事官将继续兼任澳门政务厅（conselho de Macau）行政委员和司法委员会（conselho da junta de justiça）委员之职。

第三条，华人为被告的商业案件，依照法典由仲裁人当华政理事官在场时裁定。

第四条，澳门总督和总督公会将为华政理事官署（procuratura dos negocios synicos）制定新的章程，并立刻呈报政府批准。

第五条，废除与此相反的法律①。

该政令改变了理事官的产生办法，将理事官署与议事公会（camara municipal）分离，将理事官（Procurador da Cidade）命名为华政理事官（Procurador dos Negócios Sínicos）（1879 年 2 月 1 日《澳门宪报》刊出中译名"澳门理事官"或"华政衙门理事官"②），规定其为王室任命的政府官员；将"理事官署"命名为"华政衙门"（1877 年 5 月 12 日《澳门宪报》刊布的政府机构名称葡中对照表将其译为"华政衙门"③）；确认了澳门现行章程所授予理事官的权限和职能。

结　语

综上所述，我们可以对澳门华政衙门的源流作出一个结论性的梳理。以 1865 年的葡国政令的颁布为标志，作为一个政府部门，有了固定的名称："澳门华政衙门"（Procuratura dos Negocios Synicos）。我们知道，理事官在 1844 年之前的葡语文献中一般写作"Procurador da Cidade"（意为"议事会理事官"），或作"Procurador Intendente dos Negócios Europeus do Districto de Macau"（意为"濠镜澳西洋事务督理官"）。1848 年之后出现

---

① "Decreto do Rei sobre o Procurador dos negocios synicos em Macau, em 5 de Julho de 1865", in *Boletim Official*, Vol. XI, № 39, 25 – 09 – 1865, p. 156.
② 《大西洋钦命管理水师军务兼管外洋属地政务部尚书多马斯利未罗（Thomás Antonio Ribeiro Ferreira）为咨会事》，《澳门宪报》1879 年 2 月 1 日第 5 号，第 33、34 页；《大西洋钦命澳门地扪及所属地方总督吧嗦叮尔咕子爵施札饬遵照事》，《澳门宪报》1879 年 4 月 12 日第 15 号，第 82 页。
③ "Nomes das Repartições Publicas de Macau", in *Boletim Official*, Vol. XXIII, № 19, 12 – 05 – 1877, p. 78.

了"Procuratura"和"Cartorio da Procuratura"(《澳门宪报》刊出的中文译名为"理事官署")。1852年和1862年的总督令亦沿用"Procuratura"一词,1865年的葡国部令中出现了"Procurador dos Negocios Synicos em Macau"(澳门华政理事官)和"Procuratura dos Negocios Synicos"(澳门华政衙门)。此后,这两个名称连同稍后刊出的汉译名,一直沿用到1894年华政衙门被撤销为止。

鉴于理事官毕竟是议事会成员中与中国官方联系最多的"夷目",便以其为基础延伸扩大而形成了一个管理华人事务的部门,甚至连"理事官"之名也被延续下来。然而,这种渊源关系不能掩盖了从"理事官"到"华政官"过渡的实质性变革:理事官由原来的民选议员变成了由王室任命的政府官员;由原来市政机构中的一员变成了一个政府部门的长官;由原来的西洋事务理事官变成了整个澳门的华政官员。总之,华政衙门是在中西关系出现新的格局、澳门治权发生改变的根本前提下形成的一个全新的部门。

1865年的葡国部令确认了澳门现行章程的法律效力,即1852年、1862年和1863年澳门总督训令所规定的华政理事官章程,意味着华政衙门作为一个独立于议事公局而隶属于政府的单独的政府部门得到了葡国中央政府的批准,标志着澳门华政衙门的基本形成。

此后随着历史的发展,葡国政府先后于1877年和1881年批准实施了新的更加全面翔实的《澳门华政衙门章程》,1894年葡国政府颁布实施《海外省司法管理章程》,撤销了澳门华政衙门,代之以"Procurador Administrativo dos Negócios Sínicos"(澳门华政务厅)。这方面的内容,笔者将另文讨论。

(原文载于《韦卓民与中西方文化交流——"第二届珠澳文化论坛"论文集》,社会科学文献出版社,2011,第210~230页)

三 法律实践篇

从东波档看清代澳门的民事诉讼及其审判

刘景莲[*]

葡萄牙里斯本国立东波塔档案馆中收藏的1567件清代文书,[①] 中国学者称之为东波档。东波档文书大部分用中文书写。葡萄牙档案专业用语称其为汉文文书（Chapas Sinicas）。东波档汉文文书内容涉及澳门行政、司法、贸易、防务、税收、文化诸多方面,绝大多数为中国广东地方政府与葡澳机构间有关澳门事务的往来公文。文书除极少数抄件外,大部分为公文原件,是研究澳门的第一手资料,具有极高的史料价值。

东波档文书原存澳门议事会,后流落到葡萄牙。19世纪末,随里斯本圣母嘉撒修院（Convento de N. Senhora da Graca de Lisboa）的文书,一并被移交东波塔档案馆收藏。自20世纪50年代起,已故台湾大学教授方豪神甫和华裔学者、西班牙马德里大学教授卜新贤先生先后对这批文学编号整理,撰文介绍其重要的史料价值。大陆学者对这批宝贵的中文档案虽有极大的兴趣与关注,但苦于难见。1989年,澳门历史档案馆将东波档汉文文书全部缩微复制,为文书的出版提供了重要的条件。1997年,刘芳对缩微胶卷全部编目,出版《汉文文书——葡萄牙国立东波塔档案馆庋藏澳门及东方档案文献》。1999年,《清代澳门中文档案汇编》一书由澳门基金会出版,书中收有刘芳辑录的东波档1567件文书中的1509件。东波档汉文文书档案的刊出,为澳门史研究进一步深入提供了新的发展契机。

东波档中的民事案件司法文书共67件,包括民事诉讼、民事审判文书两类,记录了42宗与经济纠纷为主的民事案件。民事诉讼与民事审判文学

---

[*] 刘景莲,中国社会科学院历史研究所副研究员。
[①] 1576件文书中,其中乾隆二十二年（1757年）至道光二十年（1840年）间,即清中期的文书1461件,占全部文书数量的93%。

书是民事诉讼活动与诉讼结果真实的文字记录与凭证，是民事司法过程中的必然产物。① 东波档民事案件司法文书，作为民事诉讼、民事审判既丰富又生动的真实记录，反映出清代中期澳门适用的民法及民法在澳门实施的具体过程，即澳门所用民法"动、静两态的种种细节"。② 东波塔民事案件司法文书与现存同一时期的其他档案文书，诸如徽州文书、巴县档案中的民事案件司法文学相比，具有独特的史料价值。徽州文书、巴县档案中的民事案件，双方当事人都是华人。而东波档记载的则多为发生在澳门华人与葡萄牙人间的涉外民事案件。

东波档中的民事案件集中为钱货、借贷和租屋诉讼三大类。三类案件充分体现出在清政府特殊政策管理下，澳门商品经济发展的特色。本文在对东波档民事档案系统研究基础上，着重探讨清代中期发生在澳门的三大类民事案件的案发特点、司法审判程序及司法实施特点。

澳门华、葡间民事诉讼案件的案发特点

以洋商买办为代表的官商与数量众多的中小私商是清代澳门中、外贸易活动的积极参与者，而东波档民事案件的涉案者主要是华人中、小私商。

明清时期，洋商买办成为政府特允与葡人进行大宗货物专营买卖的官商。葡人"所需食物等物，因语言不通，不能自行采买，向设有买办之人"，由买办将葡人所需"在省买运回澳"。③ 洋商买办由澳门同知"就近选择土地殷实之人"充任，④ 开具族长、保令切节后，由澳门同知发给腰牌印照。澳门所需的米食，修船、修屋所需的铁、钉、木、石，清朝用以制造弹药的硝砂以及葡商所需的白铅均属洋商买办专办物资之列。葡船运到澳门的碱砂、硝砂必须如实申报，由清政府指定的硝商负责统一采买。在外贸垄断带来的可观利益诱惑下，虽然有少数中、小私商在内的各类人

---

① 宁致远：《中国司法文书》序言，香港文化教育出版有限公司，1995。
② 张伟仁：《清法制研究》，《中央研究院历史语言研究所研究集刊》之七十六，1983，第62页。
③ 梁廷枏：《粤海关志》卷十七《禁令》一。
④ 梁廷枏：《粤海关志》卷二八《夷商》三。

物铤而走险，不顾清政府的禁令，从事走私活动，但绝大多数中、小私商在澳门是租葡人房屋开铺，"往往与夷人交涉"。[①] 华人在澳从事经营各类日杂、裁缝、面包、油漆、缸瓦等小本生意，为澳门华、葡居民日常生活提供服务，为葡商代购清政府允许的小宗外贸货物。华、葡间的租屋与钱货交易，因资金困难，时而亦互相借债。华、葡民间经济活动，虽有不成文的"惯例"互相约束，但仍不免发生民事冲突。东波档记录下的42件民事纠纷中，钱货交易纠纷10件，借贷纠纷6件，租屋纠纷21件，其他经济纠纷5件。纠纷的产生，主要是由于违反经营"惯例"，违背钱货、钱债、租屋活动中签订的合约（和约、字约）引发的。

一 钱货交易惯例与纠纷

明中叶葡萄牙人入居澳门后，以既无材料、亦无生产品的澳门为中心迅速编织起海上贸易网，依仗由中国大陆提供的国外所需的丝、茶、瓷等货，充当"海上马车夫"，大发其财，随之带来了澳门的繁荣。清时的澳门经济不及明时，但经济的支柱仍是对外贸易。葡商海上运输所需的物资，由在澳的华人洋行买办，华人中、小私商代为采办，华、葡商人间钱货交易不断。钱货交易过程中，特别是订货、交货过程中易生冲突。为避免冲突，中、葡商人将约定俗成、共同遵守的订货、交货"惯例"写入合约中。而华、葡间钱货交易中的纠纷，正是由于违反惯例，违背合约而引起。

钱货交易中，订货惯例有两个重要环节。首先，双方签订合约。签订合约时，订货双方及担保人必须在场并在文书合约上签字，具备上述条件的合约才具有法律效应。我们在此强调合约有效性的意义在于，经济生活中合约有书面形式，亦有口头协议。而未形成文字的口头协议是无效的，无法律约束作用。东波档中的一个案例即说明这点。嘉庆二十二年（1817年），一葡商与裕昌店发生订货诉讼。裕昌店按中、葡商人间的订货惯例，认为仅限于口头允诺的协议无效而未准备货物。葡商在交货日期未拿到口头预订的货物。状告裕昌店违约，要求赔偿损失。香山县查明案件真相，按照商人间订货签约的旧日惯例，驳回原告的赔款要求。

[①] 刘芳辑《清代澳门中文档案汇编》，章文钦校，澳门基金会，1999，第549页。

澳门华、葡间签订的合约内容明确，写明订货的数量、品质规格及价钱。东波档中存有嘉庆五年（1800年）十一月，华商赵盛官与葡人架尾玉白素瓜梳乍签订的一份委托购货合约："立接货帖人赵盛官，今接到先翁架尾玉白素瓜梳乍二号白糖一百五十担。胡丝秤每担价银肆员贰毫半，约以来年七月内交货。"①

商人订货惯例的第二个环节，是订货者必须先交一定的定银，以示信用保证，其他货款留待交货时付清。这一点在合同中亦明确写明。上面提到的赵盛官与葡人的订货合约签订后，作为订货方的架尾玉白素瓜梳乍即交定银三百员。接到定银后，华商依约准备货物。"言明价值之后，即交定银，限期交货"。②

钱货交易中的惯例亦有被写入合约中的。即华商在合约规定的日期保质、按量交货，外商亦按期在华商交货的同时，交齐扣除定银外的其余货款。对交货中出现的违约行为，根据惯例并在合同中写明，交货期限内，任何一方违反惯例都将受罚。华商若不能按约交出货物，需赔偿商葡双倍的订金；葡商若无力交付全部货款，定金罚没。正所谓"如至期无银，定银消去。至期无货，定银倍罚"。③嘉庆五年（1800年），葡商土孟亚吉仔委托华商梁亚信为其承办货物，双方签订协议，交付定金后，葡商无力支付货款，又恐失去定金，故反告华商未办货物，请判还其所交定金。香山县查明："梁顺即梁亚信，铺在大街，所有置办该夷回澳时摆列铺面，来往民夷无不目睹。总之，该夷无银出货，又假手赊取钻石戒指，欲图扣抵定银"。香山县判定葡商违反惯例，特谕葡澳唛嚟哆通知葡商"遵照向订章程，毋得任违"。④

二　借债惯例与纠纷

文书中称"揭借"的借贷债务与商人间的货款拖欠不同，利银是两者间的重要区别。商人间拖欠货款，概无利钱。直至道光二十年（1840年），

---

① 刘芳辑《清代澳门中文档案汇编》，章文钦校，澳门基金会，1999，第215页。
② 刘芳辑《清代澳门中文档案汇编》，章文钦校，澳门基金会，1999，第530页。
③ 刘芳辑《清代澳门中文档案汇编》，章文钦校，澳门基金会，1999，第530页。
④ 刘芳辑《清代澳门中文档案汇编》，章文钦校，澳门基金会，1999，第530页。

这一商界惯例仍在实行。借贷则向有利银。澳门华、葡间的借债活动，立有契约性的借银"字约"。字约中写明借银多少，利银多少。揭借除偿还本（母）银外，还要加还一定的利银。从东波档中的钱债冲突文书看，借贷利银的高低由借贷双方谈定，并在字约中明确月息利率、每月利银的数量。乾隆三十八年（1772年），容传结向葡人故连数借银一百员，月息二分。① 乾隆五十三年（1788年），玛利亚向陈阶生借银四十员，每月需还利银四员，② 月息十分。嘉庆十九年（1814年），澳葡通事陈大满借给林亚沛葡银八十三员，月息只有一分五厘。③ 借贷利息的高低由借、贷双方订立，与借贷时间长短有关。借款时间越长利息越高，借款时间越短，利息就低。玛利亚向陈阶生所借的月息十分的四十员钱，借款时间至少为四年半，即乾隆五十三年（1788年）五月到乾隆五十六年（1791年）十二月。而容传结所借二分月息的一百员钱，借款时间只一年，即乾隆三十八年（1772年）到乾隆三十九年（1773年）。

借贷者按字约上双方商定的数量定期还银。每次还银，都在字约上一一注明还款时间、所还数量，并在字约上由双方画押。遇有钱债纠纷，详列债务借、还详细名目的字约就成为呈堂的重要物证，也是官府判案的主要依据。乾隆五十六年（1792年），葡妇玛利亚揭借望厦林氏银两，讨还中双方发生争执、打闹。香山县饬差唤林氏到案问讯，据林氏供称："小妇人大丈夫陈阶生于五十三年五月内曾出借番银四十员与澳门番妇玛利亚，立有番纸收执炳据陆续收到利银四十员，现有那番妇每次还银取原纸画押，可以验据。"④

葡人与华人借贷活动中的拖欠行为，有的还形成纠缠不清的三角债。乾隆五十九年（1794年），葡目禀称，华民蔡鸿德欠葡人晏哆呢雷渣卢银五十两，要求照数还清。此时蔡鸿德已故，香山县饬差招蔡鸿德的儿子蔡亚连到庭。蔡亚连禀称，"蚁父所欠晏哆呢雷渣卢五十两已于五十二年还过二十两零四钱……蚁父生前素有澳夷噎喱忌欠本银一百五十两，晏哆呢

---

① 刘芳辑《清代澳门中文档案汇编》，章文钦校，澳门基金会，1999，第526页。
② 刘芳辑《清代澳门中文档案汇编》，章文钦校，澳门基金会，1999，第521页。
③ 刘芳辑《清代澳门中文档案汇编》，章文钦校，澳门基金会，1999，第544页。
④ 刘芳辑《清代澳门中文档案汇编》，章文钦校，澳门基金会，1999，第521页。

呀喇沙欠本银九十一两，均有番纸欠约可凭。"① 葡、华人间的债务互欠，在澳门屡见不鲜。

三　租屋惯例与纠纷

东波档文书中记载租屋纠纷的文书有40件，事关21宗案件。其文书件数、案件数量在民事纠纷中所占比例过半，而且诉讼多发生在嘉庆年间。这与中、葡限制华人入澳与葡人向华人出租房屋政策的变化有关。

明清政府虽限制葡人在澳的发展规模，屡令禁止新建房屋，但葡人在澳所建房屋数量不断增加。明万历四十二年（1614年）间，海道俞安性与澳葡订立禁约，"禁擅自兴作。凡澳中夷寮，除前已落成，遇有毁烂，准照旧式修葺。此后敢有新建房屋，添造亭舍，擅兴一土一木，定行拆毁焚烧，仍加重罪。"② 清乾隆十三年（1748年），张汝霖、暴煜详拟的《澳夷善后事宜条议》，以汉、葡两种文字刻于石碑。"禁擅兴土木。澳夷房屋、庙宇，除将现在者逐勘察，分别造册存案外，嗣后只许修葺坏烂，不得于旧有之外添建一椽一石，违者以违律治罪。房屋、庙宇仍行毁拆，变价如官。"③ 清政府限制葡人只能在原有基础上改造房屋，不许擅自添建。为杜绝葡人私建房屋，清政府还对建房所用物资实行限制，规定"木板、灰石、砖瓦各店勿得私卖。"④ 尽管如此，葡人仍可通过华人从中周旋，谎称在原有地基上修建，得到清政府的盖屋许可。"瞒禀照旧修复，拼工包整"。⑤ 至嘉庆二十五年（1820年）时，澳葡房屋数量已"溢出数倍"。⑥

明末清初，在日本、马来亚先后中断与葡人贸易，特别是清初禁海令的重创下，澳门经济快速滑落。1748年《澳夷善后事宜条议》颁布时的澳

---

① 刘芳辑《清代澳门中文档案汇编》，章文钦校，澳门基金会，1999，第525页。
② 申良翰：《香山县志》卷十。根据申志，俞安性勒石立碑"澳夷"的禁约有两个，一在万历四十一年，有关禁倭问题；一在万历四十二年，禁倭、禁买人口、禁兵船骗饷、禁接买人口、禁擅自兴作，五条禁令。
③ 印光任、张汝霖：《澳门记略》，赵春晨校注，澳门文化司署，1992，第79页。
④ 刘芳辑《清代澳门中文档案汇编》，章文钦校，澳门基金会，1999，第78页。
⑤ 刘芳辑《清代澳门中文档案汇编》，章文钦校，澳门基金会，1999，第1505页。
⑥ 刘芳辑《清代澳门中文档案汇编》，章文钦校，澳门基金会，1999，第1505页

门，处于人口"少于昔"、经济"贫于昔"的状况。① 所以，房屋的增加与葡澳人数并不成正比，葡人对房屋的需求量不大。即使在1760年后，清政府对外商在广州的行动进行限制，各国商务机构纷纷到澳租房，澳门房屋仍是过剩。"今在澳夷约六百余家，每家约三男而五女，其楼房多空旷无居人。"②

18世纪末之前，清政府与葡澳目的不同地采取限制华人在澳居住的政策，除特别允准，华人在澳定居、租房即被视为非法。乾隆九年（1744年）印光任实施的七条规定中，严格限制华人入澳："凡贸易民人，悉在澳夷墙外空地搭篷市卖，毋许私入澳内，并不许携带妻室入澳。责令县丞编立保甲，悉加查察。"③ 葡萄牙人从他们在澳门建立的最初的居留地开始，就试图独占澳门，也限制华人居澳。1697年规定：除在澳门机构澳门议事会登记的华人外，其他华人必须在三天内离开，否则将被交给中国官员发落。1711年，澳门议事会甚至将葡人违令租给华人的几所房子推倒，几所由中国人自造的房子在中国官员的命令下也被推倒。1749年清官员与澳葡联合议定，只有70名中国工匠、10名屠夫、4名铁匠、100名挑夫可以暂留澳门城内工作，但他们也不能永久定居。中、葡限制性的措施，挡不住华人入澳的步伐，来澳华人的数量在不断增加。居澳华、葡人员的比例在发生变化，葡人的数量呈下降之势，华人数量增加。1793年，澳门人口一万两千人，华人已占一半以上。④ 中、葡政府虽曾限制葡人租房给华人，但面对大量空闲的房屋，葡人仍将房屋租赁给华人居住、经商。在"以资尔等日用，本属两有便益"的大势下，⑤ 中、葡政府对华、葡居民租屋问题上的态度也不得不有所改变。1793年，果阿总督弗朗西斯·达·库尼亚·梅内泽斯（Frasncis da Cunhae Menezes）终于批准并承认了澳门葡人向华人出租房屋的事实。⑥ 随着18世纪末葡人向华人出租房屋合法化，华、葡间由租屋而引起的诉讼也随之见诸公堂。

---

① 《小方壶斋舆地丛钞第九帙·澳门图说》，又见同治《香山县志》卷八《海防》。
② 《小方壶斋舆地丛钞第九帙·澳门图说》，又见同治《香山县志》卷八《海防》。
③ 印光任、张汝霖：《澳门记略》，赵春晨校注，澳门文化司署，1992，第79页。
④ 斯当东：《英使谒见乾隆纪实》，叶笃义译，三联书店（香港）有限公司，1994，第455页。
⑤ 刘芳辑《清代澳门中文档案汇编》，章文钦校，澳门基金会，1999，第474页。
⑥ 〔瑞典〕龙思泰：《早期澳门史》，吴义雄等译，东方出版社，1997，第72页。

谈论华、葡间的租屋诉讼，有必要了解华人所租房屋的屋况，由此可知何种房屋易引发诉讼，也有利于我们对租屋诉讼案发特点的认识。在对发生诉讼房屋进行综合考察后发现，房屋产权、房屋层次位置、租屋用途及租屋方式等方面的问题易引发诉讼。

华人在澳所租房屋有葡人私产，有寺产。私人产权的房屋易发生诉讼，而属于寺产的诉讼很少。东波档中寺产的房屋诉讼只有吴阿杰因故未交足贞女院租金、①区亚兴拖欠尼姑寺房租两案，②其他的租屋纠纷概为租葡人私产房屋引发的。华人所租葡人私房多位于楼下。葡人在澳，出于防潮的考虑，喜欢把住所建成院落式的小楼。"夷畏卑湿，故好楼居"。③葡人居楼上，而将潮湿的楼下空房租与华人。华人愿租临街房。它既可用来开铺经商，又可兼为住所。正是这种从葡私人手中租来用作店铺的临街房易发生诉讼，17件租屋诉讼中有15件如此。

华人在澳租赁葡人房屋，除直接向葡人租用现房外，还存在另两种租屋方式。其一是在葡人房屋破损或是在葡人原有屋基空地上，"自捐银两修造"，每年直接向葡人地主交租，即"递年纳夷地租者"；其二是从原承租者手中顶租，"与民人用银顶手"。房屋顶租者每年向原承租人交租，原承租人将顶租人所交房租的一部分交葡人屋主，房屋顶租户成为"每年另纳夷人地租者"。④

房屋是一种磨损性的消耗品，随年月推移，风雨侵袭，存在损坏问题。况且华人向葡人所租房屋，有的原本已是"烂屋"。对于破损房屋的修理，澳门民间向有规矩。房屋的维修费用全部由承租户承担，租主只管照收租金。"历年房屋损坏，都系租户自行修复，租主只坐收净利"。⑤经租户投资修理后的房屋，租户与租主都签有协议。协议中除写明房屋地点、朝向、租金及房子状况外，特别写明房屋经租者用银若干曾加修整。注明租居者在不欠租的前提下，具有永久居住权。文书中唯一偶存乾隆五十三年（1788年）的一份租屋原议批纸，以汉字、葡文各书一面，这份协

---

① 刘芳辑《清代澳门中文档案汇编》，章文钦校，澳门基金会，1999，第511、513页。
② 刘芳辑《清代澳门中文档案汇编》，章文钦校，澳门基金会，1999，第486页。
③ 《小方壶斋舆地丛钞第九轶·澳门图说》，又见同治《香山县志》卷八《海防》。
④ 刘芳辑《清代澳门中文档案汇编》，章文钦校，澳门基金会，1999，第504页。
⑤ 刘芳辑《清代澳门中文档案汇编》，章文钦校，澳门基金会，1999，第474页。

议为我们清楚提供了经过租户修理过的房屋，其租户与租主应享有的权利。"共大鬼先翁了若京间爹炉租到屋一间，在红窗门坐西北向东南。其屋原系瓦面，墙壁四处废烂，系叶宅自捐银修整，言明其屋租每年番面成元，上期租银六十大员。订明其屋系永远叶宅子孙实居，其屋主永远不能超租，亦不能清言变卖此屋取回之话。恐口无凭，现有大鬼番纸交执存照。"①

顶租人从原租屋者手中顶租葡人房屋，新租主与转租者间同样签有"预约"协议，同时转租者也要将他与房屋的拥有者签订的协议——上手预约，交给新租户。房屋顶租者的权益，由此受到两份字约的双重保护。嘉庆九年（1804年），王岱宗所租屋遭雨，后墙倾塌，准备兴修。葡人屋主不允，要求王岱宗迁离。王不服，告到香山县，缴上"夷批番字一纸，上收顶约一纸"。②王岱宗将他与原租主签订的预约及葡人与原租主的协议，黏附在状纸上一并作为呈堂的证据。

东波档中的华、葡居民间租屋诉讼表现为葡人以修屋为名的迫迁行动，实质是由葡人意欲提高租金引起的。从租屋纠纷文书中可知，澳门房屋租金处于上调中。一般而言，乾隆中叶前，华人租赁用以居住的房屋每间房租六员左右。文书中有年租三十两的焦园围房屋七间，③吴阿杰六员所租贞女庙房屋一间。④同期用于经商的铺屋比用于居住的房屋，租价高出两、三倍，租银在十八员左右，印证了文献所言"岁租番钱十余员"。⑤乾隆末年，澳门房屋租金开始上调。文书记载，张谭氏之夫张亚发"乾隆三十二年（1767年）批赁万威亚婆风信庙左侧烂屋一间及门口空地一块，每年租银十八员。"至乾隆五十年（1785年），葡人将张谭氏所租房屋租金增加六员，限按月交清。⑥嘉庆年间铺屋的年租金比乾隆中叶上涨近四倍，价格在六十至七十员间。嘉庆四年（1799年）杨亚旺租唛嚟哆Manuel Pereira 位于圣多明我堂右侧的铺屋一间，年租金七十二员。⑦嘉

---

① 刘芳辑《清代澳门中文档案汇编》，章文钦校，澳门基金会，1999，第505页。
② 刘芳辑《清代澳门中文档案汇编》，章文钦校，澳门基金会，1999，第488页。
③ 刘芳辑《清代澳门中文档案汇编》，章文钦校，澳门基金会，1999，第476页。
④ 刘芳辑《清代澳门中文档案汇编》，章文钦校，澳门基金会，1999，第511页。
⑤ 印文任、张汝霖：《澳门记略》，赵春晨校注，澳门文化司署，1992，第147页。
⑥ 刘芳辑《清代澳门中文档案汇编》，章文钦校，澳门基金会，1999，第479页。
⑦ 刘芳辑《清代澳门中文档案汇编》，章文钦校，澳门基金会，1999，第509页。

七年（1802年），黄亚秋租葡人龙口井处房屋一间，"言定每年租银六十大员"。① 嘉庆十四年（1809年），潮州人苏朝元在板樟庙租屋一间居住，年租六十员。十七年时，此屋的租价加到七十二员。②

乾隆末年开始的房租上调是由两种情况造成的。一是由葡人屋主借来澳华人增多，房屋紧张，直接向租户加价造成的。"查澳门房屋，地窄人多，思住者众。夷人希冀加租，屡欲迁居易主，往往以欠租为由，禀请押迁"。③ 乾隆五十八年（1793年），葡人若瑟山多以出租的三层楼④铺屋十间年久失修为名，请县令下令租户搬走修屋。此案经朱县丞查明，"铺舍十间瓦面墙壁各皆完固，并无朽烂，显系夷人若瑟山多借词修整，妄冀加租"。⑤

第二种情况是承租房屋的华人转租，顶租过程中由华人将租价上调。"查澳门民人租赁夷屋居住，遇有损坏，俱系租户自行修整。如有迁移，后住之任，另偿修费，名为顶手，其数额较租额二三倍不等。而夷人悉照旧额收租，从无加增之例"。⑥ 租户将房屋转租，房屋的顶租人要负担前承租者自行修整房屋的费用，房价由此会高出原租二三倍，转租者中间收益。葡人屋主不满足只照收原租，往往违反协议，以修屋为名迫迁，与租户发生诉讼。乾隆四十五年（1780年），华人王维新租葡人哪宅味兰打小铺一间，修缮后加价转租他人。葡人屋主认为，王氏"转赁增租肥己"，⑦葡人对华人加价转租不满，以致借故停租引发诉讼。

华、葡民事案件司法审判程序及审判特点

华、葡间民事案件的司法审判程序与内地基本相同，但基于涉外案件的独特性，司法程序上又有不同于内地之处，主要表现在华、葡原告身份

---

① 刘芳辑《清代澳门中文档案汇编》，章文钦校，澳门基金会，1999，第482页。
② 刘芳辑《清代澳门中文档案汇编》，章文钦校，澳门基金会，1999，第515页。
③ 刘芳辑《清代澳门中文档案汇编》，章文钦校，澳门基金会，1999，第513页。
④ 汤开建教授在2000年3月发表在《广西民族学院学报》上的《嘉庆十三年〈澳门形势图〉》一文中谈到，三层楼地处澳门西南海边，近下环街。此楼至少建于乾隆朝以前。为澳门著名西洋建筑，楼高三层，颇具规模，远近闻名。
⑤ 刘芳辑《清代澳门中文档案汇编》，章文钦校，澳门基金会，1999，第474页。
⑥ 刘芳辑《清代澳门中文档案汇编》，章文钦校，澳门基金会，1999，第474页。
⑦ 刘芳辑《清代澳门中文档案汇编》，章文钦校，澳门基金会，1999，第490页。

的不同，决定其首先投诉机构的不同。

清朝诉讼案件中，原则上规定应由原告亲自到官衙申诉，禀控立案，只有年老、因病、因伤及其他重大事故而不能亲自控告时，才可委托他人代为控告。与葡人发生诉讼的华人，遵照清朝规定执行，直接到香山县丞、知县衙门控告，无须经澳葡机构。华人呈控一般用呈词、呈状、控词、状词、讼词的书面形式禀告，俗称为状子。而与华人发生诉讼的葡人原告，首先应向澳葡机构中的唛嚟哆报告。澳葡机构对事端初步了解后，由唛嚟哆作为葡人原告的代理人，将案件用中文禀文的格式，上呈香山县丞、知县，由香山县丞、知县负责审理。澳葡当局作为原告代理，往往偏听偏信葡人的一面之词，以致受到牵连。乾隆五十七年（1792年），葡妇玛利亚投告华人林氏，葡目唛嚟哆并未细心查察字约物证，依葡妇所言，将歪曲的案情禀报香山县丞。林氏在县丞衙门当堂出示葡妇签名的字约。唛嚟哆以查办不实，混听混报，形成诬告，被责"嗣后遇有应禀事件，毋得仍前，率混偏徇。合并申饬，凛之慎之，毋违。"[1]

澳葡机构中为葡人工作的华人身份如何认定，牵涉到他们遇有冲突首先向谁申报的问题。澳葡机构中有从事翻译工作的华人——番书、通事。"番书两名，皆唐人"，[2] 负责将澳葡向清政府呈递的禀文起草、翻译、誊写成中文呈禀。通事多为广东、福建通晓葡语的华人，在中葡官员的接触中起联络、沟通作用。他们"或偶尔不在侧，则上德无由宣，下情无由达"。[3]

番书、通事的身份，被清政府视为"葡人"。嘉庆十六年（1811年），三十二家华人在位于澳门城墙外的水坑尾搭屋而居，两广总督令澳门同知督察此事。经过调查，澳门同知将充当泥瓦匠的三十一家华人留居原处，只有曾任通事的陈亚满，"不应留居围外，应令夷目查明围内民房大小，价值相等者，押令更换。以免民夷错处，致紊中外关防"。[4] 身份本是华人的通事，被清政府视同"夷"，必在澳城墙内居住。身份被视为葡人的番书、通事，其诉讼程序与葡人相同，遇有冲突，首先应向澳葡机构申诉。

道光年间，华人作为原告的民事诉讼，诉讼程序发生了变化。道光五

---

[1] 刘芳辑《清代澳门中文档案汇编》，章文钦校，澳门基金会，1999，第521页。
[2] 印光任、张汝霖：《澳门记略》，赵春晨校注，澳门文化司署，1992，第152页。
[3] 申良翰：康熙《香山县志》卷十《外志总序·澳夷》。
[4] 0025 AHM/C0615－025。

年（1826年），香山县丞告示在澳华人："尔等嗣后如有夷人欠债等事，向讨无偿，务当据实指名，投赴夷目处代为追给。如遇夷人向闹，尔等赴署禀诉，以凭饬令夷目追究，毋许擅与夷人争论吵闹，滋生事端。"① 华人作为原告的民事案件，不再首先上诉香山县，而是先报告葡目，由其调解处理。如调节无效，再向香山县投诉。这种变化只是为了华葡间民事纠纷的妥善解决，并不涉及清政府对澳门司法权的改变。

道光以前，无论原告为华人还是葡人的民事案件，审判程序与中国内地相同。审判权掌握在以香山县为代表的清朝地方政府手上。一般的钱货、钱债诉讼，香山县丞以谕文的形式直接发文澳葡当局结案。难以解决的租屋诉讼及个别的债务诉讼，由香山县丞转禀香山知县、澳门军民府判理。东波档中的21宗租屋诉讼中，5件由香山县丞处理，其余16件由香山县丞禀告香山知县、澳门军民府处理。

作为官吏考核的一项内容，清政府对民事案件审理时限有明确规定："州县自理事件，限二十日审结，上司批发事件，限一个月申报"。② 一般民事案件的审理时限，接到报案后只有二十天。难以解决的要报上司审批的案件，审时例限可延长为一个月。澳门的民事案件审理也基本遵照这一规定。即使有的案件先后有不同的审理阶段的几份相关文书存在，但香山县下发的谕文开头必有原告何时、何事的报案，而最后一份谕文的时间即结案的时间。由这两个时间差便可推算出案件判理的时间。东波档中由香山县丞、知县负责审理的民事案件，接到报案后多在规定的二十天内完成调查判理。如乾隆五十七年十二月二十二日葡目禀告，葡人多明我投报华人久欠货银，十一月四日香山分县根据葡人提供的线索，将调查结果谕知葡目，前后共十四天。③ 乾隆五十九年五月四日葡目代禀，华人蔡鸿德欠葡人银两，同月二十二日香山分县判决发谕，历时十八天。④ 但东波档文书中也有延长审理时间的现象，主要集中在房屋加租案的审理上。如蕉园围加租案，东波档中现存三份文书，⑤ 早的在嘉庆四年十一月，迟的在嘉

---

① 刘芳辑《清代澳门中文档案汇编》，章文钦校，澳门基金会，1999，第549页。
② 《清史稿》卷一四二，《志》一一七，《刑法志》一。
③ 刘芳辑《清代澳门中文档案汇编》，章文钦校，澳门基金会，1999，第523页。
④ 刘芳辑《清代澳门中文档案汇编》，章文钦校，澳门基金会，1999，第525页。
⑤ 刘芳辑《清代澳门中文档案汇编》，章文钦校，澳门基金会，1999，第477、476、478页。

庆五年四月，审时长达六个月。记载张谭氏与万威租屋诉讼的有两份文书，时间在嘉庆五年九月和六年二月，审理同样长达六个月。王岱宗控告葡人将其所租铺屋强行搬迁案，有五份相关文书。最早的一份在嘉庆九年（1804年）十月初五，最晚的一份签发日期在嘉庆十年（1805年）三月初七，前后也长达六个月。

对清朝地方政府关于华、葡案件的审理，葡国当局曾有微词。1783年4月4日，葡国海事暨海外部部长卡斯特罗（Martinho de Melo e Castro）以女王唐娜·玛利亚一世（D. Maria I）的名义向印度总督发出的谕令中曾说，清朝负责管理澳门事务的地方官员"胆小怕事，只图谋私，且不识法律，不讲理性"，对案件的审理有失公允，葡国住澳居民"无人可以申诉"。[1] 然而，东波档的记载却恰恰相反。对华、葡诉讼中涉葡人的正当利益，清朝地方政府必究不息。例如，乾隆五十七年（1792年），葡人多明我向葡目投诉，华人巴士向多明我买货，欠银四十二员，负约不还，寻访无踪。接到葡目的禀报后，香山县丞当即饬差唤讯，几经周折，终将巴士查获。经审理所欠货款属实后，判巴士按规定偿还所欠葡人货款。又鉴于被告实在贫穷，为保证葡商利益，香山县勒令被告姐夫郭端盛保领巴士，限时还款。郭端盛代缴银三十员，其余十二员请求宽限。香山县丞为此发文，令多明我先收领银两，并转告延期缴款之请。[2] 由此可以看出，香山县并不因此案事关华人、时间久远（事发在乾隆五十六年，报案在一年后）及误报案发地点而弃置不理，而是不厌其烦，秉公判案。这种不分内外，一视同仁的做法，也正是乾隆皇帝力主提倡的。乾隆将"护内地民人而贱外国、屈小邦"，视为清朝要革除的"明朝陋习"，[3] 因而对侵吞外商银两的贪官污吏惩处甚严。广东地方官吏将乾隆帝中外一视同仁的理念贯彻到具体的案件判理中，将租居澳门的葡人与华人一样看待，"世居澳门，即系本县子民"。[4]

香山县对民事案件的审理，主要以双方当事人所签的合约为根据，实

---

[1] 1783年的《王室制造》，译文见吴志良《生存之道》，澳门成人教育出版社，1998，第392页。
[2] 刘芳辑《清代澳门中文档案汇编》，章文钦校，澳门基金会，1999，第563页。
[3] 《清高宗实录》卷一一六八，乾隆四十七年十一月辛丑。
[4] 刘芳辑《清代澳门中文档案汇编》，章文钦校，澳门基金会，1999，第612页。

现公正判决。这些合约主要以流动的财货——钱、货及用以出租的房屋为主要的物权内容。订货合约要写明标的、价款、酬金、期限及立约人的权利、义务等。借贷合约写明借款数，偿还期限，利息数额。租屋合约写明房屋的地点、间数、价钱及是否具有永租权。清代中国内地的契约有红契、白契之分，红契是向官员交纳税银，加盖官印，得到官方认可的。白契是民间私立的，遇有诉讼，官府原则上不予承认。澳门的契约则多是民间手写的白契，在案件的审理中，作为重要的呈堂证据，官府承认其合法性。在经济诉讼中，葡澳当局也承认这种字约的凭据作用。对没有字约的诉讼案件处理，则比较困难，地方官员往往慎而又慎，不轻易下结论，甚至不了了之。嘉庆二十一年（1816年），葡人若拿厘雇华人泥水匠修整围墙，因相识已久，未曾立约，"惟指天盟誓而已"。① 完工后，葡人拖欠工钱，工匠告官。泥水匠因无约为凭，只祈望葡人良心发现而已。

（原文载于《清史论丛》2001年号，中国广播电视出版社，2001，第186~196页）

---

① 刘芳辑《清代澳门中文档案汇编》，章文钦校，澳门基金会，1999，第546页。

清代澳门中葡司法冲突

乔素玲[*]

中国传统法律首先在澳门受到西方法律的挑战。中葡法律在澳门的冲突，最终促成清代司法制度的渐变。近年来，这一问题已引起学界关注，如李雪梅的《澳门明清法制之史证》、[①] 刘景莲的《从东波档看清代澳门的民事诉讼及其审判》，[②] 但这些研究主要强调中国政府对澳门所拥有的司法主权，至于中国司法管辖权在澳门的实际执行过程中所遭遇的挑战及变革，至今尚无专文探讨。事实上，虽然中国政府规定澳门所有案件均适用中国法律并由中方审理，但中国司法权在澳门的行使并不顺利，华葡冲突案件的处理过程相当曲折。居澳葡人蔑视中国法律，澳门"夷目"公开与中方对抗，企图实行治外法权，造成涉外案件审理错综复杂。中葡双方司法冲突日趋激烈，中国传统司法制度遭到挑战。本文主要通过档案资料揭示清代中葡法律冲突及其对中国司法制度的影响。

一 中葡居民的纠纷与冲突

葡萄牙人自明嘉靖三十二年（1553 年）赁居中国澳门后，就试图独占澳门，限制华人居澳。直到清乾隆五十七年（1792 年）以前，中国政府和澳葡当局均对华人居住澳门采取限制措施，华人在澳门定居、租屋均被视为违法。史载："凡贸易民人，悉在澳夷墙外空地搭篷市卖，毋许私入澳

---

[*] 乔素玲，暨南大学法学院教授。
[①] 米健：《澳门论学》，法律出版社，2001，第 201～217 页。
[②] 中国社会科学院历史研究所明清史研究室编《清史论丛》，中国广播电视出版社，2001，第 186～196 页。

内，并不许携带妻室入澳。"① 所以，18 世纪末以前，真正与葡萄牙人杂处的华人数量有限，华葡居民间纠纷相对较少。乾隆五十八年后，限制华人居住澳门的各种措施被废除，果阿总督准许澳门葡人向华人出租房屋，华人纷纷涌入，澳门人口大增。18 世纪末，澳门人口已达 12000 人，其中华人 8000 人。② 随着华人数量增多，澳门已成"华夷杂处"之地，华葡居民冲突案件呈上升趋势，中西法律文化接触在澳门全面展开，冲突为其主流，交流往往表现为冲突的结果。

《葡萄牙东波塔档案馆藏清代澳门中文档案汇编》（以下简称《汇编》）显示，从乾隆五十八年至道光二十三年（1793～1843 年）澳门的法律纠纷总计 93 起，其中租赁、钱债等民事纠纷 44 起，失窃、伤殴和命案等刑事案件 52 起。③

民事案件最为集中的是租赁、钱债和借贷三大类，其中数量较多、影响较大的是房屋租赁纠纷。明清政府一直非常重视澳门土地管理，规定葡萄牙人不得在澳门买卖土地、擅建房屋，但葡人却在澳门不断扩建房宅，擅自建造房屋、教堂。嘉靖四十四年（1565 年）俞大猷就已指出："商夷用强梗法盖屋成村，澳官姑息已非一日。"④ 万历二十四年（1614 年）俞安性等针对葡人的违法行为制定了《海道禁约》，规定："凡澳中夷寮，除前已落成遇有坏烂准照旧式修葺，此后敢有新建房屋，添造亭舍，擅兴一土一木，定行拆毁焚烧，仍加重罪。"⑤ 清政府也一再禁止葡人在澳门擅自建房，但随着葡萄牙势力的扩张，土地和房屋使用权却逐步为葡人占据。1711 年，果阿总督竟责成澳门议事会禁止中国人在澳门获得地产。1718 年又重申这一训令，并命令议事会将以前卖给中国人的所有房屋统统买回。此后，一直禁止中国人在澳门置买房舍。清初澳门华人所住房屋，均向葡人租赁，或向葡人租地自造，或直接租用葡人房产。据《广东新语》载：清初，葡人房屋多为三层，"己住楼上，而居唐人其下"。华人所租房屋主

---

① 印光任、张汝霖：《澳门记略》，赵春晨校注，澳门文化司署，1992，第 79 页。
② 〔葡〕徐萨斯：《历史上的澳门》，黄鸿钊、李保平译，澳门基金会，2000，第 169 页。
③ 刘芳辑《葡萄牙东波塔档案馆藏清代澳门中文档案汇编》，章文钦校，澳门基金会，1999。
④ 黄启臣：《澳门通史》，广东教育出版社，1999，第 67 页。
⑤ 申良翰：康熙《香山县志》卷十，广东图书馆 1958 年版油印本。

要用于自住和经商，也有部分转租他人。"其赁于唐人者，皆临街列肆。"①这一情况到嘉庆时仍无明显改变，"澳中居民所住铺屋，谁非与夷人租赁？或白地自造，或日久倒塌，屋客捐修，如不欠租，不能任意取回，百十年来无异。"② 清中叶以后，澳门人口稠密，土地和房屋供应日趋紧张，房产价值骤增，葡人常找借口强迫华人搬迁，企图借机增加房租，导致租赁纠纷大幅上升。从乾隆五十八年至嘉庆十二年（1783～1817年），华夷租赁纠纷案21件，主要包括迫迁、增租、拖欠租金、拆毁添建等。较有代表性的是乾隆五十八年至嘉庆二十年（1783～1825年），葡人若瑟山多（Jose Santos）6次与华民发生租赁诉讼，包括迫迁华人、任意拆建等，被中国官吏斥为"蔑视国法，抗违定例"，遭到阻止。③

为了防止华葡租务纠纷发生，澳门向有定例，葡人出租铺舍，所有修整工料，任租赁者转顶与人，如果不欠租金，出租者就不能收回铺业，亦不能加租。但葡人一直企图打破此项禁例，特别是澳门房价上升之时，葡人私自加租现象时有发生。如张亚发在乾隆三十二年（1767年）租赁万威（Manuel）亚婆风信庙旁一间房屋和一块空地，当时每年租金18员。乾隆五十年（1785），年租金增加到24员。④ 嘉庆十一年（1806年）苏超元租赁葡人房屋一间，每年租银60员，至十四年又增加12员。⑤ 增租导致的民事诉讼时有发生。如嘉庆七年（1802），葡人央的陡士（Jodao de Deus）与郭宁远为房屋转租发生纠纷，央氏请求官府押迁，郭宁远到香山县提起诉讼。香山县下令将店铺交还郭宁远，转给刘姓开张，照旧纳租。央氏不服，上书澳门理事官，要求转于广州府审理此案。⑥

清中叶以后，不少华人在澳门经商，常与葡人发生赊账、借贷等钱债

---

① 屈大均：《广东新语》卷二，中华书局，1985，第36页。
② 刘芳辑《葡萄牙东波塔档案馆藏清代澳门中文档案汇编》，章文钦校，澳门基金会，1999，第278页。
③ 刘芳辑《葡萄牙东波塔档案馆藏清代澳门中文档案汇编》，章文钦校，澳门基金会，1999，第283页。
④ 刘芳辑《葡萄牙东波塔档案馆藏清代澳门中文档案汇编》，章文钦校，澳门基金会，1999，第262页。
⑤ 刘芳辑《葡萄牙东波塔档案馆藏清代澳门中文档案汇编》，章文钦校，澳门基金会，1999，第280页。
⑥ 刘芳辑《葡萄牙东波塔档案馆藏清代澳门中文档案汇编》，章文钦校，澳门基金会，1999，第264页。

纠纷。据《汇编》所载，乾隆十年至道光二十三年（1745～1843年）共发生钱债纠纷23件，主要有吞骗货银、赊欠、骗取货物、拖欠酬劳等。为了减少此类纠纷，道光五年（1825年）香山县专门为华人追讨夷人赊欠钱债而发布告示，晓谕民众："嗣后如有夷人少欠钱债等事，向讨无偿，务当据实指名，投夷目处代为追给。如遇夷人向闹，尔等赴署禀诉，以凭饬令夷目查究，毋许擅与夷人争论吵闹，滋生事端。"①

涉及中葡居民的刑事案件主要有失窃、伤殴和人命案件。据《汇编》统计，乾隆七年至道光五年（1742～1825年）华葡失窃案28件，居刑事案件之首；华葡争斗伤殴事件也时有发生，乾隆四十二年至嘉庆二十一年（1778～1816年）共发生华葡伤殴案件14件，其中10件为葡人殴伤华人。特别是每年"洋船回帆之际，每有无知水手上岸，与内地民人争斗，致滋事端，"香山县要求地保和夷目加大查禁力度，力保民夷相安无事。②中国官方一再重申："夷人居住澳门，久沐天朝恩典，自应安分守法营生，一有持械打架，律难宽纵，"命令理事官对夷人严加管束，将凶犯"查照夷法，从重究处。"③涉及华夷的人命案争议最大、影响广泛，从乾隆五十三年至道光二十二年（1788～1842年）共发生命案8件。包括乾隆年间的做遮笠比（Jose Lopes）被杀案、汤亚意被杀案，嘉庆年间的汤亚珍被杀案、陈亚莲被杀案和道光年间的张润胜勾串民人蕃稍出洋抢劫杀人案、陈亚友伙同黑奴偷窃并杀死葡妇案等。

二　中葡官方围绕司法权的斗争

在明清政府的默许下，澳葡当局负责澳门的部分行政管理事务，享有一定的自治权。从万历十一年（1583年）开始，明朝政府即授予葡萄牙市政议会行政长官"夷目"的职衔和直接管理澳门葡人事务的权力。万历二十三年（1595年）作为澳门葡人自治行政机构的市议事局正式成立，它集

---

① 刘芳辑《葡萄牙东波塔档案馆藏清代澳门中文档案汇编》，章文钦校，澳门基金会，1999，第301页。
② 刘芳辑《葡萄牙东波塔档案馆藏清代澳门中文档案汇编》，章文钦校，澳门基金会，1999，第320页。
③ 刘芳辑《葡萄牙东波塔档案馆藏清代澳门中文档案汇编》，章文钦校，澳门基金会，1999，第327～330页。

行政与司法职能于一体，具有一定的司法审理权：葡人内部（包括其他外国人）发生的轻微民刑案件，由法官开庭审理；重大案件由总督组织高级法庭审判；杀人等重大案件，特别是华葡争斗杀伤命案，则由中国司法机关审理；此外，澳葡当局还设置监狱，驻扎军队。市议事局的成立，标志着葡人行使法权的开始。当时刚上任的两广总督陈瑞就曾诘责葡人违背中国法律。中葡法律文化存在较大差异，利害冲突显著，特别是澳葡当局处心积虑地要攫取治外法权，双方有关法律适用的争议持续中断，直到道光二十九年（1849年）澳门总督亚马留单方面强行取消中国政府对澳门的司法审判权。

澳门地属香山县，开埠后一直由香山县管辖，重大民刑事务主要由县令处理。明末清初，中国政府对澳门的管理比较宽松，中葡双方冲突并不激烈。"惟民番交涉事件，罪在番人者，地方官每因其系属教门，不肯交人出澳，事难题达，类皆不禀不详。即或通报上司，亦必移易情节，改重作轻，如斗杀作为过失，冀幸外结省事，以故历查案卷，从无澳夷杀死民人抵偿之案。"① 但随着澳门贸易地位的提高，中国政府深感有必要加强管理。雍正九年（1731年）于澳门前山寨设立县丞衙门，乾隆八年（1743年）基于澳门为"夷人聚居之地，海洋出入，防范不可不周"，原驻"县丞一员，实不足以资弹压"，将肇庆府同知移驻澳门，"专管海口，约束澳夷，"香山县丞和澳门驻军也归其指挥。② 乾隆十四年（1749年）中方进一步加强对澳门的管制，议定《澳夷善后事宜条议》12条，其中第5条规定，澳门葡人不仅要接受《大清律例》的约束，还要遵守澳门地方治安条例。管制强化了澳葡当局的不满情绪，中葡冲突加剧。澳葡当局常利用直接管理澳门事务之便，千方百计维护葡人利益，强制华人搬迁，包庇犯罪葡人，擅自按照葡国法律处理纠纷案件。中国政府竭力维护在澳司法主权，经常是行政、外交、经济手段并用，有时甚至不惜通过停止对澳贸易、撤出居民、切断供应等措施，迫使澳葡当局就范，中葡双方对执法权的争夺白热化。如乾隆五十二年（1787年），黑奴醉倒营地街，澳葡当局

---

① 中国第一历史档案馆编《明清时期澳门问题档案文献汇编（一）》，人民出版社，1999，第198~199页。
② 中国第一历史档案馆编《明清时期澳门问题档案文献汇编（一）》，人民出版社，1999，第196~197页。

责备华人店铺卖酒给黑奴，乘机带领黑奴拆毁营地街的华人店铺，纵容黑奴到望厦村寻衅滋事，广东督抚令广州知府张道源、香山知县彭翥亲自到澳门弹压，"晓以法律，严切开导，谕以兵威，"葡人感到畏惧，齐集议事厅，罢免生事的理事官，出具日后不敢对抗中国政府命令的文件，补拆毁铺棚 13 间。① 然而，嘉庆九年（1804 年）又发生葡人瘦鬼迫迁华人王岱宗案。理事官提出按葡国规定办理，"西洋规例，不拘何人租赁房屋，后来原主要还自居或翻盖情事，即当给还原主，"请求中方押迁王岱宗。香山知县则强调不能将西洋规例加于华人，"逼令迁居，断不可行。"理事官对判决表示不服，瘦鬼也拒受王岱宗租金。虽然香山县丞多次饬令葡人遵守成案，照旧收租，双方僵持达一年之久。② 嘉庆年间，监生史惠元与葡人发生三角债纠纷，理事官擅自派人将史惠元诱至家中，拳打脚踢，声称"伊为库官，自当法令一新，所有华人欠伊夷帐，概行立追。"③ 为此，香山知县一再告诫理事官，"嗣后澳内遇有民夷交涉事件，务须据实具禀本县，听候究办，毋令黑奴人等前往争论，致滋事端。"④ 嘉庆四年（1799 年），蕉园围房屋租赁纠纷案演变成澳葡和华人大争讼。葡人率领黑奴强迫租户搬迁，得到澳葡当局支持。华人监生容大振、生员林德川等人联名具文要求免迁。双方争持达两年之久，历两任知县才得到解决。⑤

中葡双方对伤殴案件的处理分歧也很大，中方坚持案件按内地同类案件程序审理，葡人要求按葡萄牙法律判处。实际上，每当外国人殴伤华人案件发生后，理事官经常隐匿犯人，争夺行刑权，增加了中方在澳司法权的行使难度。乾隆九年（1744 年）夷人宴些卢扎死中国商人陈辉千案发生后，中国官吏为如何处理凶犯感到左右为难，"若径行搜拿，追出监禁，恐致夷情疑惧，别滋事端。倘听其收管，无论院司不能亲审，碍难定案承

---

① 刘芳辑《葡萄牙东波塔档案馆藏清代澳门中文档案汇编》，章文钦校，澳门基金会，1999，第 259 页。
② 刘芳辑《葡萄牙东波塔档案馆藏清代澳门中文档案汇编》，章文钦校，澳门基金会，1999，第 266 页。
③ 刘芳辑《葡萄牙东波塔档案馆藏清代澳门中文档案汇编》，章文钦校，澳门基金会，1999，第 326~327 页。
④ 刘芳辑《葡萄牙东波塔档案馆藏清代澳门中文档案汇编》，章文钦校，澳门基金会，1999，第 324 页。
⑤ 刘芳辑《葡萄牙东波塔档案馆藏清代澳门中文档案汇编》，章文钦校，澳门基金会，1999，第 259~261 页。

招，并虑旷日迟久，潜匿逃亡，致夷人益生玩视法纪之心。"几经交涉，澳葡当局仍然拒绝交出凶犯。两广总督亲自出面，决定"将凶犯应行绞抵之处明白示知，各夷目遂自行限日，眼同尸亲将凶犯宴些卢于本月十三日用绳勒毙。"① 最后，葡人迫于压力，同意按清朝法律判处宴些卢绞刑，但在执行死刑时又故意破坏刑具，企图以假死刑蒙混过关。表明死刑执行权也并非完全由中国官吏掌握。如乾隆五十九年华人杨亚熙被黑奴打伤，理事官隐匿不报，香山县丞为此谕令澳门理事官："澳夷住居天朝地方，理应恪遵法度，严饬黑奴人等，毋许滋事逞凶。"② 华葡人命案更是双方争议的焦点。按照规定，凡属重大杀人案件，特别是华葡杀伤命案，应由中国司法机关审判，一般以通行律例为断案依据，由广东督抚将有关案情、审讯经过、依据法律等专门上奏。但澳葡当局一直企图打破这一规则，特别当凶犯是葡人时，更是百般狡辩，或坚持按葡萄牙法律处理，或藏匿包庇罪犯。乾隆十三年（1748 年），华人李廷富、简亚二被葡萄牙士兵杀害，按规定凶手应交中方审判。澳门总督却藏匿罪犯。经中方多次交涉，澳葡又按葡方法律，"不候具题部覆，竟自擅行发遣"，将凶手流放地满。广东巡抚岳浚等出于无奈，同意了葡方方案，结果受到乾隆皇帝责备。③ 岳浚等清朝官吏的尴尬和无奈、死刑执行权的旁落，无不显示清朝法律对澳门现实社会调控力的减弱。

18 世纪中葡双方在澳门涉外案件处理权上的斗争，基本为中方占据上风。但由于澳门行政事务实际管理权逐步为澳葡当局窃取，中方判决执行难问题日益突出，中国司法权威明显降低。如嘉庆年间，谢清高多次诉称：葡人晏多呢方锡架（Antonio Fonseca）自乾隆五十八年（1793 年）借贷其番银 150 员，一再拖欠不还。香山地方官也多次饬令追讨欠款，但理事官一直不予理睬。④ 嘉庆四年的蕉园围地租诉讼案，尽管香山两任知县

---

① 中国第一历史档案馆编《明清时期澳门问题档案文献汇编（一）》，人民出版社，1999，第 199 页。
② 刘芳辑《葡萄牙东波塔档案馆藏清代澳门中文档案汇编》，章文钦校，澳门基金会，1999，第 321 页。
③ 中国第一历史档案馆编《明清时期澳门问题档案文献汇编（一）》，人民出版社，1999，第 240~244 页。
④ 刘芳辑《葡萄牙东波塔档案馆藏清代澳门中文档案汇编》，章文钦校，澳门基金会，1999，第 270~273 页。

先后 4 次下文禁止迫迁，但澳葡当局始终无动于衷，可见中方判决执行之难。① 中方在刑事案件的处理上也难以如愿。乾隆三十八年（1773 年）英国人斯科特（Francis Scott）杀害中国居民案发生，葡方包庇凶手，拒绝将犯人押往内地审判，中方坚持严正立场，停止对澳葡的粮食供应。几经周折，葡人终于交出凶手，由中方判处死刑。② 但葡人并未罢休，继续争夺澳门司法权。乾隆五十四年（1789 年），夷目些嚒试啼英杀死张亚意，香山知县一再饬令理事官交出人犯，但理事官却以"该犯夷平日良善，并非有意杀人"为犯人开脱。③ 乾隆五十七年，华人汤亚珍被葡人杀死，香山县督促理事官速查真凶，进行法办。但澳门理事官先是包庇凶犯，后又要求"自行法治"，通事也设法躲匿，导致无人译传。香山知县和澳门同知先后下文 12 次催促查办并交出人犯，理事官一直以种种借口拖延。④ 1803 年葡萄牙摄政王下令，凡死刑案件，如被告是基督教教徒，就绝不可将之交中国当局审理；如确实有罪，也应由澳门法庭判处死刑，由基督徒刽子手行刑。1805 年葡人杀害一名华人，凶手企图赔偿 4000 员私了。中方通知澳葡缉拿凶手，澳门总督拒绝执行，中国政府立即停止对澳门的粮食供应。但澳门总督不顾中国政府禁令，擅自对罪犯进行审判并判处死刑。为了防止中国政府劫持犯人，澳督甚至集结军队保护刑场。在这次事件中，中国对澳门的政策发生变化，香山县令不再像以往那样撤出中国居民，切断与澳门的一切联系，只是命令中国居民停止向葡萄牙人提供劳工、粮食和日用品。⑤

上述史实表明，清中叶以后，虽然多数中葡纠纷能够按照中国司法制度审理，中国官吏在澳门仍然具有较高的权威。但由于澳葡当局竭力破坏，中国在澳司法权已开始动摇，不仅审判权的落实一波三折，判决执行难问题也日趋突出，鸦片战争后中国对澳门司法管辖权的丧失绝非偶然。

---

① 刘芳辑《葡萄牙东波塔档案馆藏清代澳门中文档案汇编》，章文钦校，澳门基金会，1999，第 260~262 页。
② 〔瑞典〕龙思泰：《早期澳门史》，吴义雄等译，东方出版社，1997，第 99~100 页。
③ 刘芳辑《葡萄牙东波塔档案馆藏清代澳门中文档案汇编》，章文钦校，澳门基金会，1999，第 331~332 页。
④ 刘芳辑《葡萄牙东波塔档案馆藏清代澳门中文档案汇编》，章文钦校，澳门基金会，1999，第 332~337 页。
⑤ 〔葡〕徐萨斯：《历史上的澳门》，黄鸿钊、李保平译，澳门基金会，2000，第 164 页。

三 传统司法变革之滥觞

中葡双方在澳门法律冲突的不断加剧，也迫使清政府在坚持清朝法律为基本原则的前提下，适当参照澳门当地习惯和西方例律，略作变通地处理涉外案件，西方法律制度开始向中国传统法制渗透，尽管在空间上仅限于澳门，但仍可视之为中国传统司法变革之滥觞。

首先，中国官吏在不违背清朝法律的前提下，以尊重双方当事人的合意为原则，处理澳门华葡间的民事纠纷。史料显示，居民私自增租现象相当普遍。此举虽属违法，但如果没有当事人提起诉讼，中国官吏一般不加干涉，坚持不告不理原则。前述张亚发、苏超元所租铺屋加租，数年后因迫迁提起诉讼，中国官吏仅仅禁止葡人迫迁，并不过问加租之事。但是，一旦有人起诉，就会按照惯例禁止加租。乾隆五十五年（1790年）葡人勒增泗和等铺租金，为香山知县许乃来禁止，成为后来判决此类案件的依据。嘉庆七年（1802年）铺户张延芳被迫加租后向香山县提起诉讼，要求禁止，得到支持。① 表明中国官吏所强调的是当事人双方是否合意。

其次，为了解决《大清律例》与现实社会脱节问题，提高司法活动的有效性，中国官吏将澳门当地习惯作为审理华葡民事纠纷的重要依据。香山县官吏在审理乾隆五十八年（1793年）葡人若瑟山多（Jose Santos）迫迁三层楼铺户一案时，强调以天朝法度为准，如双方另有约定，则应遵守旧定章程。明确指出，按照惯例，"澳门民人租赁夷人房屋居住，遇有损坏，俱系租户自行修整。如有迁移，后住之人，另偿修费，名为顶手，其数较租额二三倍不等。而夷人悉照旧额收租，从无加增之例。"警告澳葡当局"遵天朝之法度，守旧定之章程，不得稍有袒护，滋生事端"，命令理事官告诫夷人不得迫迁，也不得借口修整，希图加租。② 嘉庆十二年（1807年）发生葡人百文与华民叶罗氏租屋纠纷，澳门理事官请求押迁叶罗氏，香山县则3次下文督促澳门理事官饬令百文照旧收租，并再次强调

---

① 刘芳辑《葡萄牙东波塔档案馆藏清代澳门中文档案汇编》，章文钦校，澳门基金会，1999，第263页。
② 刘芳辑《葡萄牙东波塔档案馆藏清代澳门中文档案汇编》，章文钦校，澳门基金会，1999，第258页。

"批赁铺屋,如有坏烂,铺主不肯出银修葺,铺客捐银代修,议定租价,立有永远批帖,应听其居住输租,即或转输别人,亦不得过问"的惯例。①

再次,对于涉外债务纠纷的处理主要采用经济手段。按照清朝法律,民事关系的调整主要采用刑罚制裁手段,对负债不偿者按欠债数量和拖欠日期的不同而判处不同的刑罚和经济处分,"五两以上违三月笞一十,每一月加一等,罪止笞四十;五十两以上违三月笞二十","百两以上违三月笞五十——并本利给主。"②但对于澳门华葡居民的债务纠纷,却只采用追缴欠债的手段,不仅不使用刑罚,甚至没有经济制裁,开创了中国民事案件非刑法化的先河。

最后,对于葡萄牙人的死刑执行方式有所变通。按照清朝法律的规定,死刑分斩(立决、监候)、绞(立决、监候)二级四等,对于杀死中国人的外国罪犯,应该判处死刑,并由中国方面负责行刑。但对于被判处死刑的澳门葡人,只采用绞刑的行刑方式,即使对于杀伤多人的案犯,也避免施加斩首之刑,并允许行刑前由神父为罪犯祈祷。乾隆时夷目些嘛试啼英用刀戳死张亚意,按照斗殴判处绞刑,并根据西方法律规定准许神甫为之念经祈祷。③

综上所述,中西法律文化交流首先以冲突的形式在澳门全面展开,中葡法律在澳门的冲突与交流,使中国传统司法制度受到西方法文化的冲击并开始发生动摇。正是通过澳门,中国开始接受西方法律制度的影响,启动了与国际接轨的历史进程。

[原文载于《暨南学报》(哲学社会科学版) 2002 年第 4 期]

---

① 刘芳辑《葡萄牙东波塔档案馆藏清代澳门中文档案汇编》,章文钦校,澳门基金会,1999,第 275~277 页。
② 《大清律例·户律·钱债》,四库全书本,第 14 卷。
③ 刘芳辑《葡萄牙东波塔档案馆藏清代澳门中文档案汇编》,章文钦校,澳门基金会,1999,第 331~332 页。

清代广东涉外司法与文化冲突

唐伟华[*]

明清时期,广东作为对外经贸往来的重要口岸,吸引了世界各地的商民前来贸易和居住,尤其以广州、澳门两地为多。在地区经济发展的同时,广东地方文化的发展呈现出多元格局。异种文化之间的冲突无处不在,尤其表现在司法领域。可以说,司法领域中的冲突既是不同制度间的交锋,又是不同法律文化与价值观念的碰撞。本文根据各种的档案资料以及中外学者的历史记录与研究成果,从民、刑两个方面探讨清代涉外司法领域内文化冲突的种种表现及实质。

一 民事诉讼的冲突

由于客观原因,各种历史文献对于清代广东涉外民事诉讼的情况缺乏详细记录。然而,由于中外民商之间频繁的经济往来,相关的民事案件也并不少见,《清代澳门中文档案汇编》(下文简称《汇编》)收录当时40余起民事案件,其中有半数为房屋租赁纠纷,有的牵涉澳门、广州两地的中外民商。

房屋租赁纠纷案件主要来自葡人房主与华人租户之间围绕产权与租金发生的纠葛。清政府为了严格控制澳门的外国人口数量,对他们原本有限的住房规模愈加严格限制,乾隆十四年(1749年)曾经颁布章程:"将西洋夷人现有房屋若干、户口若干,逐一查明造册申报,已添房屋姑免折毁,不许再行添造寸椽。"[①] 嘉庆年间重申:"澳夷房屋只准修葺坏烂,不

---

[*] 唐伟华,青岛大学法学院副教授,法学博士,主要从事法律史研究。
[①] 梁廷柟:《粤海关志》卷二八。

得于旧有之外增建一椽一石，违者以违制论罪。"① 这一政策客观上加剧了澳门地区的人地矛盾，造成房、地产价格大幅上涨，相关的民事案件也日见增多。首先是针对房屋产权的诉讼，大致包括两种情况，一是屋主因为租户违背契约任意转租房产而兴讼。如嘉庆十三年（1808年），葡人"万威吡喱诉杨亚旺案"。②

原告万威吡喱称，自己原有铺屋一间，深二进，于十多年前租给杨亚旺做铺屋开张生意，年租银72员（当时广东流通的西洋银币）。双方签订合同，声明"止许杨亚旺开张，不能另批租赁"，十年之间杨亚旺共支付租银800余员。此后，杨在没征得屋主同意的情况下，将铺面转租给容可茂，业主认为这侵犯了自己的房屋产权，便诉请香山县，要求解除合同并要回房产。杨亚旺称：他生意亏本，欠容可茂债务，于是两人商定以杨的铺屋转租给容收益抵债。另据杨称，业主房屋本有一进，另一进系自己加费添建。容可茂对此予以证实。两位被告均指责业主兴讼居心不良，企图"混禀背批，暗图加租"。知县没有追究杨亚旺的违约行为，而警告葡人业主不可"混禀滋讼，希图加租"，认为杨的转租是迫不得已，情有可原，故不予追究。判决维持现状，责令业主"照旧收租，毋庸更张"。

根据本案所示，澳门华葡之间租赁房屋一般以契约为据，葡人业主收取租金并将房屋的使用权"永远"转让，如华人不拖欠租金，则不能随意中止合同；业主为了保障财产的最终处分权，也在契约中声明不准租户任意转租。双方的"合意"是这种永租契约成立的必要条件，但长期以来，租户因为付出了大量租金而逐渐产生对房产的支配意识：既然自己对永租权付出了如此代价，当然不能白白将产业轻易退还，必然要以各种形式"私相授受"。类似的违约转租行为，在其他案件中也不无反映，不过多数未引起地方官重视。

另外一种情况来自葡人屋主不满租户随意改造和修缮自己的房屋而兴讼。如味兰哒诉王宗岱案、叶罗氏诉百文案、做遮山哆诉黄怀贤案等等。审理结果多以葡人败诉。原因是地方官常以"郭南泉案"与"黄玉成案"的判决作为先例，③ 做出对葡人业主不利的判决。乾隆五十二年（1787

---

① 梁廷枏：《粤海关志》卷二九。
② 刘芳辑《清代澳门中文档案汇编》，章文钦校，澳门基金会，1999，第509页。
③ 祝淮：《香山县志》卷四。

年），华人租户郭南泉等卖酒给葡人的黑奴，导致黑奴醉酒闹事，葡人与郭等人交涉无果，一怒之下强行收回房屋并行拆毁，引发争执。地方官获知消息后，以出兵相威胁，甚至以禁止澳门贸易、切断粮、水供应来迫使葡人屈服。嘉庆四年（1799年），葡人业主万威冼地试图增加华人房租，后者"以屋非夷造为辞"抗拒不交，引起争讼。清政府对这两个案件的处理形成如下原则：（1）华人承租葡人房屋，如不拖欠租金，不准葡人取回房屋；（2）"铺屋建自夷人，则为夷业，建自民人，则为民业，或有典卖，即为受主之业，听居住各自收租，各守各业"。① 这两则看似明确的规定实际上对葡人业主非常不利，以嘉庆十八年（1813年）"做遮山哆诉黄怀贤一案"② 为例：

葡人做遮山哆原有屋一间，于乾隆末年租给黄怀贤父亲，"当日议明，此房坍坏破损，系夷房主修整"。后黄父去世，黄怀贤接管铺面，"忽于本年三月中旬，怀贤买向夷说称：伊现买备砖料，修补房屋。夷当即回复：此房若有破坏，俟缓数日，夷应带工匠修补，伊既买备砖料，照价退还。迨至二十六日夷前往看视，见该房业已动工拆卸改修，伊意将墙垣全行拆毁，改作华人房屋，将来占为己业。夷见此情形，随即向问，据怀贤云：有亲戚要此房开铺，是以拆卸改修。夷闻言以理论止，不料伊不理论，反恶言辱骂。声称：伊今必要改造，开张酒店，如有人阻挡，伊即殴打……且又探闻黄怀贤已将此房转卖于人，今系华人亚君租赁修造，每年租银六十员。夷闻此言，殊觉骇异……澳门地方华夷杂处，夷人房屋租与华人贸易居住者甚多，若似此强横欺占，夷人苦累何堪？"

从上文描述可以看出，这种"永租权"的运作方式与明清以来盛行于土地上的"永佃制"十分相似。虽然同属不动产，但房屋与土地有着根本的不同，它有一定的使用寿命，会老化、损坏甚至坍塌，导致性状的完全改变。如果租户在租期内对原屋进行大规模修缮、改建甚至拆除重建，则长期以后，必然根据以上原则而衍生出对"自修""自建"房屋的所有权，导致葡人原所有权的实际消亡，或仅仅保留名义上的所有权。葡人业主每每看在眼里，却无能为力。因为根据以上的两项原则，他们很难通过诉讼

---

① 刘芳辑《清代澳门中文档案汇编》，章文钦校，澳门基金会，1999，第496页。
② 刘芳辑《清代澳门中文档案汇编》，章文钦校，澳门基金会，1999，第515页。

夺回房屋的所有权。葡人理事官为此呼吁广东布政司设立专门章程保护葡人权益，[1] 后者表示将"立时秉公查办"，但司法实践却一仍其旧。葡人业主无法通过当地法律来维护自身权益，只有自行解决，冲突也就愈加难以控制。

除了屋的产权，租金是引发争讼的另一个重要原因。这种案件有的起于葡人业主增加房租；有的来自于华人租户拖欠租金。如前所述，华葡之间的租赁合同一般为期较长，在合同的长期履行中，难免发生双方无法预料的情况，一旦影响到合同的正常履行，纠纷便随之而来。以清代澳门房地产市场为例，清政府曾极力控制澳门外国人口的数量，但自乾隆八年（1743）至十五年（1750），澳门人口仍然从 5500 人迅速增至 22000 人，嘉庆年间又有攀升。[2] 同期澳门的房、地租售价格也节节看涨。乾隆三十二年（1767）前后，一间铺屋的租金要 18 至 24 员，到乾隆四十五年（1780）就涨到大约 36 员，到乾隆五十年以后至嘉庆年间蹿升至 60 员、70 员甚至 100 员不等。[3] 其中，商铺租金又远较住房昂贵。有的华人租户看到有利可图，便将铺屋转租，或将居住房屋作为商用房转租，收益非常可观。如乾隆四十五年（1780）陈奇珍将房屋转租，仅顶手价就得到 200 两白银；[4] 乾隆五十八年（1793）张允平转租铺屋给文亚雄又得到顶手银 180 两。[5] 许多葡人房主认为这使自己蒙受了损失，希望增加房租，但普遍遭到租户抗拒，引起争讼。除了市场因素，社会动荡和战乱也带来意想不到的影响。如嘉庆十七年（1812 年）澳门贞女院诉吴阿杰案。[6]

据被告吴阿杰称："小的自祖上历今，租赁澳门水坑尾夷人贞女庙房屋一间居住……每年租银清缴无欠，嘉庆十三年，因红夷登岸，澳内铺民惊慌逃走，小的亦同妻子搬迁数月。是年只住数月，故交屋租银半，下半年并未居住，应让一半。去年七月间……小的见屋已倒塌，想扣去年租银修理房屋，故不曾交纳"。此前，业主曾当面反对吴阿杰自行翻修房屋。

这同样是因情势变更导致合同无法正常履行的典型案件。从案件的背

---

[1] 刘芳辑《清代澳门中文档案汇编》，章文钦校，澳门基金会，1999，第 821 页。
[2] 郑天祥：《澳门人口》，澳门基金会，1994，第 25 页。
[3] 刘芳辑《清代澳门中文档案汇编》，章文钦校，澳门基金会，1999，第 479～505 页。
[4] 刘芳辑《清代澳门中文档案汇编》，章文钦校，澳门基金会，1999，第 488 页。
[5] 刘芳辑《清代澳门中文档案汇编》，章文钦校，澳门基金会，1999，第 504 页。
[6] 刘芳辑《清代澳门中文档案汇编》，章文钦校，澳门基金会，1999，第 511 页。

景分析，西方殖民者觊觎澳门已久。嘉庆初年，英国兵舰多次在澳门附近海面滋事，并于嘉庆十三年悍然登陆，企图以武力占据澳门。① 此事引起澳门社会恐慌，中国居民纷纷逃入内地，本案吴阿杰就是逃难平民之一。由非常事件引起的情势变更，使双方都蒙受了一定的损失，也使原来合同履行产生困难。面对这种情况，如何兼顾双方利益，从中协调以避免纠纷显得更加重要。从今天的角度分析，吴阿杰自行免除房租、强行翻修的确对业主的正当利益有所侵害；但当时香山知县的判决不仅免除了吴阿杰避难期间的欠租，而且认为他自行扣租修屋虽未征得业主同意，但迫于特殊情况，所为"亦属人情"，不予追究。

从以上民事纠纷的审判中不难发现，不同法律文化之间存在冲突，而不同的社会历史则是引起现实冲突的根源。中国传统法律建立于自然经济形态及"家国一体"的政治体制之上，具有与生俱来的宗族本位的伦理特色，包含着重视个人义务、漠视私权的文化特点。儒家思想中原本就有"君子喻于义，小人喻于利"的观念，传统法律中有关财产所有制度的规定如"卑幼私擅用财"、"别籍异财"等内容，更体现出浓厚的伦理色彩，有意削弱个人之权利要求。以前述杨亚旺案为例，在审判中，地方官并不关心外国业主的所有权是否受到侵犯，反而更加重视当事人有无贪"利"害"义"的行为与动机。这种审判标准体现了中国传统民事司法的价值取向，在一个层面上反映了传统社会中人们特有的天道观念与是非标准。上文提到的两项民事审判惯例在逻辑上存在内在矛盾，也可以说明传统法文化对于个人权利认识的模糊。西方人因此认为："儒家礼的概念与我们对'个人权利'的态度截然不同。我们把维护个人利益奉为美德，为'权利'罩上一层神圣的光环。而他们轻视个人利益，解决权利纠纷的总倾向是让而不争。"② 在这种环境中，人们即便有对权利的渴望与争取，也要有意无意地披上道义的外衣，在情理、伦理的名义下进行，否则便不能见容于普遍的价值观念。在乡土式的传统社会中，民事纠纷一向被称为"细事"，其处理以"平情息讼"为上。亲族调解、以情理动人为主要内容的民事解决机制就有了存在的前提。连地方官也常常扮演调解的角色，如蓝鼎元任

---

① 刘芳辑《清代澳门中文档案汇编》，章文钦校，澳门基金会，1999，第1439~1453页。
② 〔美〕本杰明·史华兹：《论中国的法律观》，史హ慈、高鸿均译，载张中秋《中国法律形象的一面》，法律出版社，2002。

广东潮阳知县时，曾审理一件"兄弟讼田"案：

"父没，剩有余田七亩，兄弟互争，亲族不能解，至相争讼。余曰：'田土，细故也，弟兄争讼，大恶也，汝两人各伸一足，合而夹之，能忍耐不言痛者，田归之矣。但不知汝之左足痛乎？右足痛乎？'"①

亲情的感召和刑罚的威慑下，两兄弟抱头痛哭、言归于好。这类"平情息讼"的事例不胜枚举，这样的官员则常常被百姓奉为"青天"。说明在以礼俗为秩序的传统社会中，调节民事纠纷更有效的手段是情理说教而不是严格适用法律。这是导致传统法律重刑轻民的一个重要因素。反过来，传统法律重刑轻民的特色也是调处息争存在的现实依据，也就是说，成文法律的不完善性也驱使地方官在情、理的范畴中寻求适用的内容作为补救的措施。而西方法律文化的发展历程则完全不同，古希腊罗马海外贸易的繁荣推动私法的发达，法律中处处体现着对私权的重视。中世纪以后，市场经济的发展伴随其法文化的进一步演变。如在产权问题上，18世纪以来的思想启蒙运动鼓吹大力"自由""平等"，推动以个人为本位的近代产权理论的形成，资产阶级革命胜利后，新的法典纷纷将这种精神确定下来，体现在各项具体的内容之中。例如，针对物的租赁有如是规定："如在租赁期间，租赁物急须修理，不能延至租赁其间终了时，不拘对承租人有何不便，甚或在修理期间被剥夺租赁物一部的使用，承租人均须忍受之"。② 上文味兰哒诉王宗岱案中，外国业主为了阻止华人任意改造自己的房屋结构，就援引了这项法律，以"西洋规例，不拘任何人租赁房屋，后来原主要还自居或翻盖情事，即当给还原主"为由请求收回房产。另外，在对"契约"的理解上，西方也经历了一番曲折历程。早期罗马法强调双方"合意"，即契约必须得到严格的遵守而不得随意更改。但市场经济与社会环境瞬息万变，迫使人们在履行契约时更注重适应客观现实，通过适时修订，尽量避免或减少对双方的损失。这就是民事法律中所谓的"情势变更"原则。它在17世纪以后市场经济的迅速发展中得到广泛适用。从根本上说，这是对契约自由的更好诠释，说明人们对"公正"的理解也在随着社会的发展而发展。前述华葡诉讼案中，外国业主根据市场行

---

① 蓝鼎元：《鹿洲公案·偶记上》。
② 《法国民法典》，商务印书馆，1979，第1724条。

情增加租金，却被华人视为敲诈勒索，也正说明了这种契约文化与公正观念的差异。

二 商事纠纷的审理与冲突

清代广州、澳门的对外经贸往来频繁，中外民商之间经济往来繁多。有关钱货债款的经济纠纷经常发生。债务额从几十上万，甚至数十万元不等。地方政府在处理方法上也有所区别。以澳门为例，相当一段时期内，小额债务常常由当事人之间自行解决，有时引起争执或摩擦，无助于解决纠纷且对社会秩序造成不良影响。道光五年（1826年）香山知县年下令："如有夷人少欠钱债等事，向讨无偿，务当据实指明，投夷目代为追给"；①如遇华人拖欠葡人货款，则一般由葡人理事官出面向香山县提起控诉，不许民人自行索讨。然而，葡方常常对清地方政府司法程序的烦冗表露不满，议事会曾经抱怨说：

"那个城市里的基督教居民一直同华人及中国官员签订合同及赊购商品。当华人不按合同履行债务时，他们便向大法官申诉……但中国皇帝的大臣们不希望澳门的司法机关受理针对其臣民的案件或是逮捕他们，也不希望他们有审判权，所以迫使基督徒将其诉请交于中国皇帝法院的大臣处理。去年在广州针对基督徒作了一项判决，由一位中国官员前来执行命令，这样若要改变判决就得花大量的钱财"。②

常识告诉我们，贸易的发展需要市场有机调节、资金不断周转来实现增值。相应地，商事纠纷也不同于一般民事纠纷，需要一套更加高效与快捷的解决机制。传统政府行政与司法不分、司法中民、刑不分的结构特征根本不相适应这一要求，更谈不上专门的仲裁机构。这一责任只能由地方官包揽，效率之低下可想而知。清政府地方官每次赴澳料理事务，总要遵循一套繁琐的行政礼仪，花费大量人力物力，葡人感到负累的同时，不得不限制葡人与华人签订类似的贸易合同。

除了繁琐的司法程序，清政府处理涉外商事纠纷的态度与方式常常引

---

① 刘芳辑《清代澳门中文档案汇编》，章文钦校，澳门基金会，1999，第549页。
② 〔葡〕叶士朋：《澳门法制史概论》，周艳平等译，澳门基金会，1996，第74页。

起争议。嘉庆二十五年（1820年）华商曾永和指控葡人眉额带呖拖欠债务七万多银元，地方官要求葡商遵照十三行对外商的赔偿先例，"洋行一商拖欠，众商派填，久经定例。澳夷欠债，自应比照摊偿"，这一厢情愿的判决招致外商的强烈抵制最终作罢。① 十三行是一口通商时期设于广州由政府直接控制的"官商"组织，兼理澳门商务，主要负责对外贸易中评定货价、承揽货税以及充当外商担保。商业必然要求诚信，行商与外商相互之间曾拥有良好的商业信誉，前者曾多次主动承担外商的货物损失，"行商对于公司要求补偿茶叶屑碎及不足重量之损失，毫不踌躇予以接收，此时对于生丝亦予以同样信赖"；② 外商也多次免除行商的巨额债务、极力维护商业伙伴的信誉。然而，政府的贪求使行商们入不敷出、负债累累，却得不到任何扶持。为了抵偿债务，行商们多被抄家入狱、发配充军，同时，行商一家欠债、众家分担，这种连带责任使他们不堪重负，纷纷破产。他们的商业信誉不断下降。外商也承认："中国商人本身受到极其苛重的勒索，以致使他们的偿债能力被损害。"③ 据称，当时国际商务中通行一项仲裁惯例：在两国当局出面预闻其事之前，当地可资利用的救济办法必须尽量利用以挽救事态，但"在广州，外国人可利用的法庭是没有的，经由仲裁所商定的办法又不能实行"。④ 从西方来看，罗马时代商法的发展与其自由贸易与市场经济的发达有着密切的关系。中世纪以后，地中海沿岸的自由贸易迅速发展，近代商法系统渐趋形成，影响整个欧洲，如在意、德、法、西等国家的自治城市中，到处设有专门的商事仲裁法庭，从根本上保护和推动地区贸易发展。而古代中国以自然经济为基础，封建国家为了维护统治的稳定而采取"重农抑商"的基本国策，这就决定了国家不可能为贸易发展提供自由的市场环境与合理的商务仲裁机制，同时，专制政府在商业中的垄断政策也不可能给民间的仲裁机制以充分的发展空间。这种以自然经济为基础的法文化形态从根本上不能适应商品经济与自由贸易的发展。相应地，中国传统商人阶层也与西方不同，他们缺乏独立

---

① 刘芳辑《清代澳门中文档案汇编》，章文钦校，澳门基金会，1999，第548页。
② 梁嘉彬：《广东十三行考》，广东人民出版社，1999，第360页。
③ 〔美〕马士：《中华帝国对外关系史》第一卷，张汇文等译，上海书店出版社，2000，第99页。
④ 〔美〕马士：《中华帝国对外关系史》第一卷，张汇文等译，上海书店出版社，2000，第188页。

与自治的经济及社会基础，只有同封建官僚肌体密切结合才能获得生存和发展，因而自身缺乏自治与独立意识形态，没有可资凭借以对抗压迫与腐败的社会力量。

三　刑事司法审判中的冲突

清代广东是对外经贸往来的重要港口，在广州、澳门居住、贸易的外国人口较多。在中外商民的日常交往中难免发生各种摩擦，也不乏刑事案件的发生。由之引发的各种冲突就更加突出，表现尤为激烈的是关于外国人杀死华人案的审理。其中，外国人对于清政府司法原则与程序的不满是冲突的关键所在。

清代广东涉外刑事审判中引起争议的焦点是对外国人罪犯的量刑原则。以澳门为例，葡人留居澳门上百年，其间不乏华、葡民人之间因冲突而引发命案的例子，然而见诸笔端者实属少见，尤其是葡人杀毙华人案件，直至乾隆八年陈辉千案以后才始有记载。本案情况大致如此：乾隆八年冬，华人陈辉千酒醉之后路遇葡人晏些卢，因口角引起斗殴，被晏些卢戳伤身死。双方就此案的处理产生冲突。根据两广总督策楞上奏：

> 西洋夷人犯罪，向不出澳赴审，是以凶犯于讯供之后，夷目自行收管，至今抗不交出……据夷目禀称，蕃人赴居澳境，凡有干法纪，俱在澳地处置，百年以来，从不交犯收禁，今晏些卢伤毙陈辉千，自应仰遵天朝法度，拟罪抵偿，但一经交出收监，违犯本国禁令，阖澳夷目均干重辟，恳请仍照向例，按法处治……民夷交涉事件，罪在蕃人者，地方官每因其系属教门，不肯交人出澳，事难题达，类皆不禀不详，即或通报上司，亦必移易情节，改重作轻，如斗杀作为过失，冀幸外结省事，以致历查案卷，从无澳夷杀死民人抵偿之案。今若径行搜拿，追出监禁，致恐夷情疑惧，别滋事端。①

根据文中所示，在此之前的同类案件发生后，葡人多以种种借口拒绝把人犯交给广东地方政府审问；当事的地方官只求在其任内太平无事，生

---

① 《柔远全书·乾隆朝·刑部》。

怕处理不好而连累自己，为了规避责任，尽量求得大事化小、息事宁人。同时，地方官员常收受葡人贿赂并互相勾结，对受害人家属威逼利诱以求私和命案。长期以来，在双方之间似乎形成一种"默契"与"惯例"，成为葡人不服从清朝司法管辖的借口。必须指出的是，这种"惯例"的形成是一些地方官个人徇私枉法的结果，并非通过正当的司法程序或外交谈判而产生，更不代表清中央政府的意愿。乾隆帝闻知此事以后，对地方官的处理甚为不满，在他的直接干涉下，案犯晏些卢最终被绞决。此后，便产生了针对外籍罪犯的"一命一抵"的立决死刑原则。我们知道，《大清律例·名例》规定："凡化外人犯罪者，并依律拟断"，就是说，对外籍人犯的定罪量刑也按照大清律进行。但晏些卢案之后，外国人杀死华人案一律实行"一命一抵"，清律中因故杀、误杀而产生的立决和缓决的量刑区别不再对外国人犯适用。在这一前提下，统治者允许司法程序稍作变通，如将死囚就近关押于澳门的葡人监牢，无须解送省监，甚至允许神甫按照本国习俗为犯人做临刑祷告等。① 在此后的澳门、广州的同类案件的审判中，"一命一抵"原则曾多次被援引使用，如乾隆三十八年（1773年）英国人斯科特案、道光元年（1821年）意大利人德兰诺瓦案等等。后者是美国商船上的水手，因"丢弃或投掷一个瓦罐，据称正碰在一个小船上的一个女人的头上，致他落在水里"，受害人身亡，而德兰诺瓦被处以绞刑。② 有时，地方官为了贯彻"一命一抵"原则，使案件尽快结束，不惜采取极端手法，以乾隆三十八年英国人斯科特案为例：

"一名中国人在澳门被谋杀，怀疑是一个英国人所为，地方当局将他逮捕并关进监狱。按照惯例，澳门的市政当局首先审理了案件……没有任何证明表明，斯科特是那个凶手……中国地方官员向这个城市发出威胁，并执拗地要得到犯人……（市政当局）召集了一次大会或叫商议会，一些有地位的人特别是其中一位现任议事会成员争辩道：'同意牺牲一名无辜的人是不公正的，已经进行了足够精确地调查，证明这名英国人无罪，我们就应该将拒绝把他递解的理由告知中国地方官员，并应坚持到底，直到成功使他免于屈死'。教区的代理主教却作出了与此不同的辩解。'有道德

---

① 刘芳辑《清代澳门中文档案汇编》，章文钦校，澳门基金会，1999，第606页。
② 〔美〕马士：《中华帝国对外关系史》第一卷，张汇文等译，上海书店出版社，2000，第120页。

的人认为'，他说，'当一位暴君威胁要毁灭某地时，即使他要得到的是无辜者，公众就可以对这位无辜者说，你应该站出来，将自己交出，以使这一方之地免于不可避免的毁灭，这是比个人生命更有价值的……'理事官补充道：'中国的地方官员已经将小贩赶走，决心让我们饿死。因此我们最好将这名英国人递解'"。①

最终，清政府利用切断给养、中断贸易的手段威胁迫使澳葡当局交出了斯科特，随即施以绞刑。这一判决使西方各国商团哗然，他们在叱责审判不公正的同时，结合斯科特与德兰诺瓦等案件的处理结果，提出对待在华的外国人犯罪方面，也应该严格按照《大清律例》的规定进行公正地审判，如："英国人表示他们服从中国的法律，但是经验却驱使他们去辩论什么是法律和怎样执行法律。这种法律本身是清楚的，可以扼要地概括如下：一、故意和预谋杀人判处斩首（清律：凡谋杀人造意者，斩；凡斗殴杀人者……故杀者，斩）。二、纵无明白的杀人意图而在斗殴中杀人……都判处绞刑（清律：凡斗殴杀人者，不问手足、他物、金刃，并绞）。三、纯粹由于过失而杀人或伤人得用付给死者家属或受伤者以一种赔偿费方式赎罪（清律：若过失杀伤人者，各准斗杀伤罪，依律收赎，给付其被杀伤之家）。四、由于合法的自卫而杀人是正当的，不受惩处（见清律'夜无故入人家'、'杀死奸夫'条之原则）……在以上引证的每个案件英国人的主张是罪状应属于第三项和第四项，而中国人却主张每个案件应属于第二项，对于这种罪状的惩处是绞刑。"②

根据上文稍作分析，第一，当时的外国人对清政府的法律并非茫然无知，他们提出的主张也是建立在清律的基础之上。第二，外籍案犯与华人适用不同的量刑原则，所谓"一命一抵"，实际上就是一种立决死刑，它的实行其实抹杀了因事实与动机的不同而产生的区别量刑。另外，这种原则带来的司法程序上的简化更使外国人对清政府法律的人道主义与公正精神提出质疑，因为根据这一原则，外国罪犯实际上被剥夺了上诉、复审以及经历秋审的机会。我们知道，在一般情况下，秋审作为司法程序中的重要环节，许多监候待决的死囚往往因为皇帝法外开恩而免去一死。于是，

---

① 〔瑞典〕龙思泰：《早期澳门史》，吴义雄等译，东方出版社，1997，第99页。
② 〔美〕马士：《中华帝国对外关系史》第一卷，张文汇等译，上海书店出版社，2000，第127页。

"十八世纪末和十九世纪初来中国的欧洲人抱怨说,他们遭到了歧视,由于诉讼程序的简略而得不到公正的对待"。① 除此之外,还应注意到,专制制度下的地方官员只对皇帝负责,为了遵行皇帝命令,他们甚至可以闭目塞听,装聋作哑,只求目的而忽略过程。以德兰诺瓦案为例,当时由番禺县主持审判,为了使审判尽快结束以向上交差,"该县听取原告方面的证据,而不准对于这种证据予以翻译,也不准被告方面提供证明或申辩,就宣判了罪状。"② 在这种情势下,无论在形式上有多么完善与公正的司法程序,都不可能为审判带来公正的结果。

起初,乾隆诏准实行"一命一抵"原则的主观意图在于"上申国法,下顺夷情",③ 既要力图杜绝地方官贪赃枉法、改重就轻的可能,又要向外国人昭示天朝法律严明公正的形象,使他们心服口服、深怀畏惧而不敢稍犯。在严厉执法的同时,于某些手续上稍为变通,也是为了使外国人心生感激、主动向化。但实际效果恰恰相反,这不仅没有博得"化外人"诚心向化,反引起他们的强烈反对。我们一直认为"化外人有犯"条似乎可以诠释封建政府涉外司法的全貌,但事实并非完全如此,不恰当地说,至少在涉外刑事案件的审判中,清政府实际采用了一套未见诸文字却行用于实践的"特别法","一命一抵"原则就是很好的诠释。于是,外国人在司法中真正面对的并非清帝国法典,而是一位全能的君主,他的意志体现在司法领域的各个环节,他的好恶与价值观念是影响司法审判的最关键性因素。这是封建专制制度下法文化的重要表现,是造成文化冲突的内在原因。17世纪以后,西方各主要国家先后摆脱封建专制制度,确立资产阶级专政,以自由、民主、平等为价值理念的法律文化逐渐普及,强调法律的至高无上与严格遵循,主张一切人无论性别、国籍、种族、宗教信仰,均享有同等的法律人格。当时西方国家的商团来到中国以后,出于客观需要,主张要与华人享有平等的法律地位并同等适用法律。但清政府在司法中实行的区别性政策却一再引发争议与冲突。面对争端,清政府很少主动

---

① 〔美〕爱德华:《清朝对外国人的司法管辖》,张汇文等译,载高道蕴《美国学者论中国法律传统》,中国政法大学出版社,1994。
② 〔美〕马士:《中华帝国对外关系史》第一卷,张汇文等译,上海书店出版社,2000,第120页。
③ 《柔远全书·乾隆朝·刑部》。

采取正常的外交手段从事解决，却常常采用断水断粮、武力胁迫的方式迫使外国人屈服。在这种情况下，外国人反应也各不相同，葡萄牙人为了能继续保持在澳门的居留及贸易特权，往往采用贿赂手段买通清政府地方官来逃避刑罚；英国商团则往往利用其海上优势，以扬帆逃逸的办法躲避刑事制裁。最终，西方商团通过各种或明或暗的手段从事实上破坏了清政府的司法管辖权。

四 结语

17、18世纪以来，随着西方近代资本主义国家兴起，世界各国、各地区之间的往来与沟通也日益频繁。根据这种需要，新的世界格局及其游戏规则也在逐步形成。此时，地处东方的清帝国则是另外一种景象，统治者固守"天朝上国"的自大观念，一如既往地将自己与外国视为君臣与宾主的关系，从而影响到涉外事务的处理。产生了种种制度与文化的冲突，尤以涉外司法领域为甚。这种不正常状态的长期延续，不仅使清帝国的法制得不到外国的理解与遵守，更从根本上损害了自己的国家尊严。可以说，近代西方列强在华攫取领事裁判权、中国司法主权的沦丧，无不与此有着密切的关系。今天，我们担负民族复兴的使命，必段顺应历史潮流，以平等、积极的姿态参与世界事务，为实现这一目的创造有利的国际环境。

（原文载于《西南政法大学学报》2004年第4期）

论清代前期澳门民、番刑案的法律适用

林 乾[*]

一 澳门中外理刑官的设置

澳门作为清代前期重要的中外交汇之区，由数以万计的葡萄牙人和内地民众的聚居（据乾隆七年地方官的报告，澳门有西洋人计3500多人，内地民众2000多人），民、番交涉案件的增多，尤其是其作为西方传教士进入中国内地传教的前沿阵地，清朝政府愈加认识到加强管理的必要。雍正八年，在澳门设置香山县丞。乾隆七年，广东按察使潘思榘上奏提出，对居住在澳门的西洋人虽然"不必与编氓一例约束"，但也应该"明示绳尺，使之遵守"，他奏请仿照理瑶同知之例，在澳门设置府佐一员，"专理澳夷事务，兼管督捕海防"，即可宣布朝廷德意，又能申明国家宪章。乾隆帝随即批准这一奏请。[①] 次年十一月，经吏部议覆，在澳门正式设置了府、县二级行政管理体制，即在澳门（前山寨）设同知一员，下辖把总二员、兵丁一百名，以县丞属之。但当时同知一职仍然以海防为重，兼管在澳民番；并将香山县丞移驻澳门，专司稽查，民番一切词讼，仍详报同知办理。[②] 清朝官方文献一般称前者为澳门同知、澳门海防同知、广东海防同知等；后者称为澳门县丞。这也是清朝政府对澳门的最直接的二级军事、行政管辖，也是清朝最早设立的管理在华外国人事务的机构之一。至

---

[*] 林乾，中国政法大学法律史学研究院教授。
[①]《明清时期澳门问题档案文献汇编》（第一册），人民出版社，1999，第193页。
[②]《清高宗实录》卷二百四。

乾隆十三年六月，经兵部等会议，确立了此后，"澳内地方以同知、县丞为专管，广州府香山县为兼辖，其进口出口与内洋事件以专守汛口与驾船巡哨之把总为专管、同知为兼辖"的行政体制①，自此，澳门同知由专重海防的府级机构向以行政为主的地方机构转变，这是澳门在清朝历史地位上的一次明显提升。至鸦片战争前的道光十九年，林则徐以澳门为各国商人贸易总汇之区，该处虽设有同知、县丞各一员，唯官职较小，奏请移驻道员。清朝当即照其所请，饬令高廉道易中孚驻扎澳门，督同该同知等查办夷务。② 至此，澳门在行政层级上已远远高出原来管辖其的广州府和香山县，凸显了近代前夕澳门地位的重要性。

二 陈辉千案上升为"令"的法律意义

发生在澳门的乾隆八年十月十八日的陈辉千案件，在清朝处理中外刑事案件中具有不同一般的法律意义。该案案情并不复杂。案发当天，在澳门从事贸易的民人陈辉千吃酒醉后，在路途遇上夷人（注，直到1858年订立的中英《天津条约》的第51款才明确规定：嗣后各式公文，无论京外，内叙大英国官民，自不得提书"夷"字，这是中国在签署外交文件中，首次明确规定不得用"夷"字等歧视性字词，本文在使用相关文献时一仍其旧，仅为表述上的方便，并不代表本人的认识，特此说明）晏些卢，两人由口角进而打斗，最终陈辉千被晏些卢用小刀戳伤身死。香山县随即对尸体进行例行检验，填报尸格（即在验尸报告上签字）后向上级通报此案。

按照清朝的法律规定，徒刑以上案件要实行逐级审理制度，也即按照法律初步拟定罪名后，将案犯及卷宗移交上级衙署进一步审理。但发生在民、番之间的这起人命案似乎遇到了麻烦，基层司法官员在寻找其他审理程序。果然，香山知县秘密禀告说：西洋夷人犯罪，向来不出澳门赴审，因此，凶犯在讯供之后，由夷目即西洋人头目自行收管，故至今仍没有将凶犯晏些卢交出。广州将军、署两广总督策楞会同巡抚王安国批饬香山县

---

① 《清高宗实录》卷三百十七。
② 《清高宗实录》卷三百二十九。

务必"照例审拟招解",即强调按照清朝法律规定的程序将犯人提解。香山县不敢怠慢,经过多次督催,夷目的回复着实让地方官难以裁断:番人附居澳境,凡是遇有干犯法纪的事情,全在澳门地方处治,百年以来从不交犯收禁,本次晏些卢伤毙陈辉千,自然应该遵照天朝法度,拟罪抵偿,但是,一经将犯人交出收监,违犯本国(指葡萄牙)禁令,全部在澳门的夷目均要受到严惩,故此恳请仍照向例,按法处治。这个"向例",就是由夷目按"夷法"自行处置。

因事关国家司法主权,策楞感到问题严重,遂于乾隆九年正月十五日向乾隆皇帝上密札报告此案。根据策楞的调查,自明朝中叶开始,西洋人在澳门寄居已经200多年,现有人数不下三四千人,都是由该国国王分派夷目管束,番人有罪,夷目全部按照夷法处治,重罪将人犯悬挂在高竿上,用大炮打入海中;轻罪则提入三巴寺内,在神前罚跪,忏悔完结。只是一遇有民、番交涉案件,罪在番人时,地方官每因其系属教门,不肯交人出澳,事情难以题达,因此都是既不禀告也不通详,即使偶尔通报上司,也一定改换情节,改重为轻,如将斗杀作为过失,希冀外结省事,因此检查历年的案卷,从没有澳夷杀死民人抵偿的案件。策楞提出:此案如果直接搜查人犯,就会令西洋人疑惧,难保不会另有事端发生;如果听任夷目收管,不但旷日持久,难保犯人不潜匿逃亡,更会使夷人藐视天朝法律。因此案"天朝政体攸关",经与护理广东巡抚的布政使托庸等酌商,饬令按察使委派广州知府,督同香山县前往办理。据广州知府金允彝详报,他宣布法律,告知夷人所犯罪行应该处以绞刑。各夷目自行限定时间,亲眼同受害人的亲属将凶犯晏些卢本月初三日用绳索勒毙。策楞认为,此案起斗殴,并非故杀,因此按照清朝法律,晏些卢应该判处绞刑,一命一抵,情罪相符。

接下去,策楞想以此案为例,作为处理相关案件的法源。为此他提出:沿自唐律的"化外人有犯"的法律规定,本来与内地不同,而澳门的西洋人都信仰宗教,其起居服食,更与其他夷人有区别,如果按照本朝法律将人犯押解上级衙署审判,夷情实有不愿,而且,凶犯不交出,地方官就会有相应行政处分,如果不明确制定法例,恐怕他们顾惜考成,容易开启姑息养奸之弊。故特请皇帝降旨:以后在澳门的外国人犯杀人罪应处以斩绞刑、而外国人情愿抵偿的,该县相验时,讯明确切,由按察使司核明,详报督抚再加复核,一面批饬地方官同夷目将犯人依法办理,一面据实奏明，并钞供报部查核。以此"上申国法，下顺夷情"。一周以后，乾隆帝在奏折上朱批：该部议奏。① 刑部随即奏明，基本赞同策楞的建议，但表述上更加明确："嗣后在澳民番，有交涉谋害斗殴等案，其罪在民者照律例遵行外，若夷人罪应斩绞者，该县相验之时，讯明确切，通报督抚详加复核，如果案情允当，该督抚即行批饬地方官，同该夷目将该犯依法办理，免其交禁解勘，仍一面据实奏明，并将招供报部存案。"皇帝下旨，"诏可其奏，著为令"。②

"令"作为法律渊源的一种，尽管其效力不如律例，但在没有相关立法的条件下，"令"具有与律例同等的法律效力。乾隆九年令的基本精神是程序上没有按照徒刑以上案件逐级呈转制执行，因而减省了将外国犯人交禁解勘的程序，这对夷人而言是很大的便利，其次是执行权由双方共有，而清朝官员有监督权。

唐律"化外人相犯"的原则是指："同类自相犯者，各依本俗法；异类相犯者，以法律论。"这一立法原则体现了"属人主义"与"属地主义"的统一。属人主义是指法律仅适用本国人，不论是否在国内或国外，非本国人虽在该国领域内也不适用；而属地主义是指法律仅适用该国辖区内所有人，不论是否本国人；本国人不在本国，则不受本国法律约束。《唐律疏议》（卷第六《名例》）在解释该项法律时着意指出，"化外人"是指"蕃夷之国，别立君长者，各有风俗，制法不同"。因此，"其有同类自相犯者，须问本国之制，依其俗法断之"。这里的"同类"是指同一国籍之人，按本国法律裁断；而异类相犯，即不同国籍之人，"皆以国家法律，论定刑名"。即依据唐律裁断。前者采取"属人主义"，表示对外国法律的尊重；后者采取"属地主义"，表示对本国主权的维护。宋律③相沿不改。明律将唐宋律中"属人"与"属地"相结合的立法修改为单纯的"属地"原则，即"凡化外人犯罪者，并依律拟断"。④ 清律沿用了明律的属地原则，但正如诸多法律已成具文一样，事实上，这条法律在清朝建立的100多年间尚没有找到适用的案例。而在乾隆九年令中，尽管以属地原

---

① 《明清时期澳门问题档案文献汇编》，人民出版社，1999，第198～199页。
② 印光任、张汝霖：《澳门记略》，赵春晨校注，广东高等教育出版社，1988，第34、36页。
③ 《宋刑统》卷六。
④ 《大明律》卷第一。

则为主，但已含有属人的因素。更值得注意的是，尽管此类民、番刑案不断发生，乾隆帝又以"性矜明察"著名，每阅谳牍，"以万变不齐之情，欲御以万变不齐之例"①，但在《大清律例》中，既没有对"化外人有犯"律进行修改，也没有乾隆九年定例的内容。那么，封疆大吏屡屡援引并被称为"定例"的该项法例，究竟是作为判例法在援引，还是另有定例？这仍是值得进一步讨论的问题。

三　司法执行权之争

乾隆九年令订立后，就死刑案件而言，援引该项法律并没有什么问题，但在徒刑、流刑案件的执行上却遇到了很大问题。令乾隆帝大为光火的是地方官对相关案件处理上的软弱态度，尤其是司法执行权的缺失。

这是乾隆十三年的一个案例：在澳门的民人李廷富、简亚二两人，因夜入哑吗嚧的宅院，哑吗嚧等将二人打死，随即又将其尸体抛入海中。广东巡抚岳浚依据澳门同知的禀详，对哑吗嚧处以流刑，岳浚上奏时援引乾隆九年督臣策楞奏明之例，请"照夷法安插"，即交给夷目安插到地满（帝汶）。乾隆帝得知此案处理意见后，认为这是清朝司法主权的缺失，遂于十月初三日召见广州将军锡特库，面谕称：岳浚沿用内地律例，仅将罪犯交付夷目发往其地，其流放与否，岳浚何以得知？此端断不可启。彼杀死我一人，即当偿还一命。岳浚太过软弱，其优柔寡断之习，尚未改正，倘若策楞在，绝不如此软弱办理。②当天，乾隆帝又通过大学士，发上谕斥责岳浚，指称该案仅据夷犯一面之词，肯定另有致死原因，而夷人来到内地，应该小心恭顺，益知守法，如果仅照内地律例，将来更肆无忌惮，"办理殊为错误。况发回夷地，照彼国之法安插，其是否如此办理，何由得知？"如果彼国置之不问，二人之死，不如同草菅人命吗？乾隆帝强调："以后遇有民夷重案，务必按律定拟"。他还指示刑部将岳浚所奏驳回，另行究拟，如果该犯尚未发回，即遵驳办理。③乾隆帝同时指令将此案交由

---

① 《清史稿·刑法志一》。
② 《明清时期澳门问题档案文献汇编》，人民出版社，2000，第240页。
③ 《明清时期澳门问题档案文献汇编》，人民出版社，2000，第241页；参见《清高宗实录》卷三百二十六。

两广总督硕色办理。

岳浚从上谕及广州将军传谕中，已经感到事态的严重，为求补救，他密札澳门同知张汝霖，传谕夷目将二犯羁押提解。十一月十六日，岳浚接到刑部驳审咨文后，又通过按察使多次催令将夷犯押解到案。按察使吴谦志（有言旁）行令张汝霖再审。但张汝霖并不认为他援用法律有何不当。他辩称：夷人住居与汉人界址各别，李廷富、简亚二黑夜无故进入哑吗嚧库房，虽然没有获赃，有邻人亲眼所见，并非在别处打死，因此拘执擅杀，按法律最高处以徒刑，因为有弃尸水中情节，故加重拟以流刑，故"情罪相符"。① 而按照"救大不救小"的司法潜规则，岳浚将责任完全推卸到张汝霖身上。因为夷目已将二犯搭乘洋船十二月十六日发往满地了。岳浚为此上奏说，张汝霖是承办此案的人，他听任夷人发遣，有玩忽职守之责。②

回过来再看张汝霖。据他的《澳门记略》记载，哑吗嚧、安多尼实际是夷兵，由兵头若些包庇，二犯藏匿不出，督抚下令停止交易，并要驱逐居民，若些增兵缮械，打算负隅顽抗，但没有得到更多人的支持。因而按照"夷法"：凡事确有见闻者，天主所不宥。当天鸣鼓集讯时，称目睹的有3人，称耳闻的有33人。若些没有办法，只好将二犯绑送而来。"准诸夷法，永成地满"。③

在这个多事之秋，总督硕色于当年十二月二十六日正式到任，岳浚唯恐办理有误，立即将全部案卷交给总督，并将同知及该夷目参处。因人犯已脱走，这场缺席的审判只具有形式上的意义了。硕色提出部驳案件不能久拖不结，而地满又远隔重洋，是大西洋所辖烟瘴地区，夷人将二犯发往该地并非虚应故事，而澳夷都是大西洋博尔都噶尔国人（或是Portugal的音译），该国王若望曾雍正五年遣使，因此请求"照夷例完结"，仍行文该国王严饬夷目，约束番夷，毋许擅自与民人争斗滋事。乾隆帝也一筹莫展，只好朱批道：览奏，另有旨谕。④ 这个"旨谕"就是承认既成事实。不过，皇帝还是将此案提高到处理外交事务上。他对军机大臣说：凡外夷

---

① 《明清时期澳门问题档案文献汇编》，人民出版社，2000，第243页。
② 《明清时期澳门问题档案文献汇编》，人民出版社，2000，第242页。
③ 印光任、张汝霖：《澳门记略》，赵春晨校注，广东高等教育出版社，1998，第35页。
④ 《明清时期澳门问题档案文献汇编》，人民出版社，2000，第245页。

久居内地，驭之之道，必当轻重适宜，恩威并济，如本无大故而有意刻核搜求，招怨启衅，固为不可；若既干犯国宪，因恐其生事，姑息优容，夷人罔知礼法，由此益加骄纵，必致犯案渐多，是欲图省事而反以滋事也。认为"今此案办理，已觉示弱外夷，但既经远扬，势难复行追获，只可就案完结。嗣后遇有此等案件，必须执法处置，使夷人知所敬畏，不宜稍为迁就。"并说硕色为人"流畏葸，苟且退缩"，命传谕申饬之①；他还坚决支持刑部的做法，称刑部两次驳诘，诚为允当，以后遇有此等案件，务宜详细研鞫，执法惩究，不可徒事姑息，以长夷人骄纵之习，致滋事端。②

十四年十二月，因为擅自将哑吗嚧等发往地满，又因他事牵连，葡萄牙派官员审理了驻澳门的兵头安多尼若些的利，将其处以抄家充发之罪，地方大员多次向乾隆帝奏报此次处理情况。③

四 传统五刑的具体适用

值得特别提出的是，经办此案的张汝霖因为"谬泥前例"，即以乾隆九年令为判案的法律依据，被贬官一等。但由地方官的挽留，张汝霖与香山县详筹善后事宜，制定了具有重要历史意义的治澳法令12条，经广东督抚奏准，用汉、番两种文字，勒石刻碑，要求在澳门的外国人严格遵守，其中第4、5、6三款，不但严禁夷人、夷兵羁留、拷打违反法律的民人，遇有华人拖欠债务及侵犯夷人之事，夷人必须禀官究追，不得私行拘禁、鞭责，违者按清朝法律治罪。法令第5款还明确了夷犯解讯程序，规定：夷人犯有命盗重案，罪应处死者，遵照乾隆九年定例，将夷犯就近交给县丞，协同夷目，在该地严密处所看守，取县丞印记，收管备案，免其交禁解勘，同时申详督抚，详加复核，如果情罪允当，即饬地方官眼同夷目依法办理；其犯军流徒罪人犯，止将夷犯解交承审衙门，在澳门就近讯供，交夷目分别羁禁收保，听候律议，详奉批回，督同夷目发落；笞杖人犯，檄行该夷目讯供，呈覆该管衙门核明罪名，饬令夷目照拟发落。④

---

① 《清高宗实录》卷三百三十六。
② 《清高宗实录》卷三百四十。
③ 《明清时期澳门问题档案文献汇编》，人民出版社，2000，第247、253页。
④ 印光任、张汝霖：《澳门记略》，赵春晨校注，广东高等教育出版社，1998，第37页。

治澳法令第五款规定了发生在澳门的中外之间的刑事案件的处理原则及具体程序，比乾隆九年令有更强的操作性，而且，从死刑到徒流笞杖刑，涵盖了中国传统法律的五刑，是对乾隆九年令的延伸与补充。更为重要的是，清朝在整个司法过程中，握有绝对的控制力。这是清朝拥有司法主权的最好证明。

自乾隆九年令颁布后，尤其是经由乾隆十三年案的教训，以后地方官在处理民、番刑事重案时格外谨慎，死刑案件大多遵照乾隆九年令处理。如乾隆三十一年夷人水手伊些尼掷伤民人郑亚彩案，由广州知府同香山县前往澳门，饬令夷目将凶犯处以绞刑；乾隆三十三年安多尼也殴死民人方亚贵案，也按照乾隆九年令，将犯人用绳索勒毙；乾隆三十八年案也援例处理。如果地方官适用法律不当，也将得到及时纠正（如乾隆五十六年广东巡抚郭世勋奏报澳门夷人庇哆卢戳毙民命案，虽然遵照定例处以绞刑，但乾隆帝斥责郭世勋将夷人罪应斩绞之例牵引声叙，命传旨申饬！）①

作为即将进入近代的18世纪，发生在澳门的民、番刑案以及由此引申出的法律适用，在惯性的中国，以后的皇帝也要求"照例妥办"，强调"天朝体制，断不可失。外夷衅端，断不可启"②。但是，颟顸的帝国在一天天腐蚀，当年的法律并没有在以后的中外交涉上起到更多的作用。

（原文载于《澳门研究》第40期，2007）

---

① 《明清时期澳门问题档案文献汇编》，人民出版社，2000，第507页；《清高宗实录》卷一三九三。
② 《清宣宗实录》卷二百六十二。

四　法律文化篇

澳门东西方法律文化初探

赵炳霖[*]

四百多年来，澳门作为中国与西方文化的交汇区和桥梁，使东方文化和西方文化在交流中互相融合，研究和探索澳门在东西方文化交流中的法律文化问题，是探讨现实澳门社会进一步发展中的重要组成部分，本文提出初步探讨和管见供论者参酌。

一

社会学家和人类学家研究发现，人类的社会秩序是在一定文化的基础上建立起来的，因而文化逐步成为一个重要研究课题。英国历史学家和人种学家泰勒在1871年出版的《原始文化》一书中认为，文化是一种复合的整体，它包括知识、信仰、艺术、道德、法律、习惯以及作为社会一分子所获得的任何其他能力。泰勒在一百多年前所提出的这一文化观念和学说，强调文化在人类社会是一种使社会赖以存在的观念和能力，迄今为止，这种看法仍有重大影响。

宗教、艺术、科技、文学等等，固然是社会文化的重要组成部分，但在文化的诸形态中，法律文化也占有一定位置。从历史的进程来考察，法律文化的进化与发展直接制约着社会的发展状况，公元前451~450年欧洲的罗马国家共和时期从《十二表法》开始所形成的罗马法是奴隶制社会完备的法律，成为世界上商品生产社会的第一部完备的法律，反映和促进了罗马社会的繁荣和发展。罗马社会的法律观以罗马法学家塞尔苏斯

---

[*] 赵炳霖，原上海社会科学院法学研究所研究员。

(Celsus) 对法律所下的著名定义为代表："法律是善良与公正的艺术。"罗马法中的格言是，正直生活，不害他人，各得其所。这种罗马时代以善良与公正为中心的法律、权利与道德不分的法律文化，支配和调整罗马社会的种种行为。中国历史上春秋战国时代的诸子百家学说，其中也包括了法律文化的各种观点，迨至秦统一六国建立中央集权制度过程中，汉族文化地区中代表人们共同心理状态的适应家族制度的孔孟正统派儒家学说，逐步被韩非、李斯为代表将重礼变为重法的法学家学说所代替而作为当时法律文化的核心，李斯劝秦二世行督责书所谓"明君独断，权不在臣"，即体现出法家学说的思想。在这种专制剧毒的思想支配之下，以致出现法家政治从秦始皇时富国强兵、摧毁领主势力，而逐步转变为秦二世时的极端专制、刑罚残酷，因而导致秦灭亡的发展过程。从中外历史发展的进程分析，可以充分看到法律文化作为文化的一部分在社会发展中的重要作用。

各国的法学家对法律文化曾作出各种论述和解释。美国法学家李·S.温伯格认为，"法律文化包括人们对于法律、法律机构和法律判决的制作者，诸如律师、法官和警察等人的知识、价值观念、态度和信仰，人们使用法律的意识，人们对于法律解决问题的能力所抱有的希望，人们选择法律的解决办法或非法律的解决办法的意愿，以及人们遵守法律判决的程度"。[①] 有的学者以法律的传统来解释法律文化，或者认为法律文化就是决定法律制度、法律机构和法律文献作为社会文化中所处地位的态度和观念。学者们对法律文化可以从不同的角度去理解，借以阐述一定的文化现象，这均是允许的。

笔者认为，法律文化乃是人类社会中一定群体所存在着的一种生活秩序或方式，而这秩序和方式是具有普遍意义的，以及与法律有关的心理愿望和外部行为。对法律文化的探索，有助于对一定社会现象进行较深的研究，以寻求促使这个社会向前推进的途径。

二

自从 16 世纪中叶葡萄牙人踏进澳门这块中国固有的领土，使中国封建

[①] 〔美〕李·S. 温伯格、朱迪思·W. 温伯格：《论美国的法律文化》，潘汉典译，《法学译丛》1985 年第 1 期，第 1 页。

王朝的大门被打开,在葡人筑室定居开展贸易的发展过程中,澳门逐步成为东西方经济交流的重要国际商埠,既是葡萄牙经印度到中国去日本的贸易航线枢纽,也是从中国经菲律宾到墨西哥再达秘鲁的贸易航线的起点。

在澳门经济繁荣的时期中,随着东西方经济交流的推进,澳门也成为东西方文化交流的一个重要的交汇区,多位学者在宗教、科学技术和文化艺术等方面论述了澳门在东西方文化交流中所处的不可忽视的历史地位:是西方文化传入中国内地的窗口,也是东方文化西渐的通道。笔者认为,在研究澳门东西方文化交流这个大的课题当中,应当注意探讨法律文化这个分支课题,这不仅仅因为法律文化这种文化形态在历史上直接或间接地影响着澳门在这块土地上社会群体的发展,而且也关系着澳门在回归祖国后的未来繁荣与稳定。

关于法律文化的基本内涵、成分或要素,学者的看法各异,一般的论者认为,构成法律文化的深层次成分是法律心理、法律意识和法律思想体系,而以深层次成分为依托的外在表层结构则为法律规范、法律制度、法律机构和法律设施等,因而可以把法律文化概括为内在的法律心理或意识和外在的法律现象,外在的法律现象是由内在的法律心理所决定的,每一个社会的法律文化既有相互联系的一面,又有相互不同的一方面,各个社会的法律认知、法律情感各不相同,而对法律的评价也各不相同。[1]

就澳门四百多年来历史进程来分析,澳门的法律文化是在东西方经贸及其文化交流过程中逐步形成其自身的某些特点,初步看来,有以下两个问题值得我们研究。

(一) 澳门社会成员多元化与法律文化

在一个社会中,不同的社会成员由于其固有的生活方式和语言而形成各自文化传统和法律文化观念。要研究澳门的法律文化,就必须首先从澳门社会成员多元化入手。

关于澳门人口的组成和文化传统,学者已有多篇论著阐述。但总的说来,在50多万澳门人口中,绝大部分(约占总人口的95%)是华人,其

---

[1] 关于法律文化要素,参见王子琳、张文显主编《法律社会学》,吉林大学出版社,1991,第四章。

次是占3%~4%的土生葡裔,再次是不到1%的来自里斯本的葡萄牙人,此外,还有少量来自东南亚和世界各国的外籍人士。

澳门社会成员这一多元化的组成,自然会给澳门的法律文化带来相当深刻的影响。从构成澳门社会成员绝大部分的华人来分析,有长期居澳门而持有葡国护照的,也有居澳门的新移民。应当认为,在华人社会群体中自然受到葡国文化传统和法律文化的直接影响,但400多年来仍然保持了中国文化的固有传统,中国的孔孟儒家学说仍然熏陶着华人,他们不仅至今仍然保持中国人的传统生活习惯和风俗,而且在法律的认知、感情和判断的取向上,也是从早期的男尊女卑、守节烈女、崇信帝王、听命家长的支配下,随着时代的前进而逐步有所演变。时至今日,许多论者均认为,现今的澳门社会中,在葡萄牙人掌权的情况下,由于葡籍华裔在经济上所处的支配地位,在政治倾向上较为保守,形成地方长者协调社会重大问题的家长政治色彩。①

当我们论及华人的法律文化时,既要看到华人的法律文化是渊源于中国传统文化这一面,同时还必须看到某些法律文化受西方和葡萄牙法律文化影响的另一方面。有的论者提出1984年澳门选举制度改革后,在立法会和市政选举中华人进行选民登记和投票率很低,反映了华人的公民意识低,②这似可认为在华人的法律文化中,其法律情感的取向是重大问题,不是由人民决定而是取决于某些特定人。但是,这种在政治上的冷漠感随着法律情感取向的改变而增强了政治参与感,其公民意识就会提高。1992年9月澳门第五届立法会选举,其投票人数占登记选民数的近60%,投票率破历届纪录,证明澳门市民包括华人的法律文化和公民意识有了提高,对澳门的前途感到乐观和有信心。

在研讨澳门法律文化与社会成员的联系中,除了上面论及的华人文化传统及其法律文化外,另一方面就是葡萄牙人的文化传统及其法律文化的影响。少数来自里斯本的葡萄牙人,自然是以葡萄牙人的法律文化影响于澳门,这不仅表现在属于宪法性的法律及民法典、刑法典、民事诉讼法

---

① 黄汉强在《澳门经济、政治与社会》一文中分析,澳门这一特殊的社会中,地方长者在澳门社会中占有重要地位,其中庸的思想言行在澳门社会中有很大的影响。笔者认为,这一论断对研究澳门的法律文化是有重要意义的。参见黄汉强《澳门经济、政治与社会》,《澳门社会科学学会学报》(创刊号)1986年9月。
② 魏美昌《迅速变革社会中的多元主义》一文中分析了澳门社会多元化的根源和表现。参见魏美昌《迅速变革社会中的多元主义》,《澳门社会科学学会学报》1991年总第8期。

典、刑事诉讼法典等这些法律规范均适用于澳门,而且法官均由葡萄牙人担任,其裁决案件时也大体是运用西方的法律文化观念和法律意识。

所以,从澳门法律文化的总体上看,占支配地位的是葡萄牙法律文化。但是,在论及葡萄牙法律文化时,我们要特别注意探讨在澳门社会中的土生葡裔这一特殊阶层的法律文化,这部分世居澳门而与祖国及其亲友疏远甚至失去联系,懂得华语甚至与华人通婚,因而在他们的文化观念和法律意识方面自然就形成东西方法律文化的联合体,他们不仅有其特殊的地位与利益,在华人与葡国统治间起桥梁作用,而且在他们身上逐步形成了与澳门命运相关的澳门法律文化,在法律知识、情感及评价的取向上,是反映了东西方文化交会这一特点的。

(二) 澳门历史的发展与法律文化

一种法律文化的形成,是受该社会历史发展过程所制约的。研究澳门的学者一般将葡萄牙人占据澳门的四百多年历史,划分为进入澳门开始贸易时期、取得居留发展贸易时期和统治澳门时期。若从法律文化这个角度来看,则可以1887年12月葡萄牙政府与中国清政府签订的《中葡和好通商条约》作为界限分为两大阶段。

在前一阶段近三百年的漫长岁月里,虽然东西方文化交流已十分频繁,甚至葡萄牙人取得了在澳门的居留权、贸易权和自治权,但是,当时澳门的法律文化居支配地位的仍是中国的法律文化,案件的裁决仍由中国政府依中国法律审断,即使涉及中葡人民之间的刑事案件,清朝的雍正、乾隆皇帝往往还发出上谕,按《大清律例》决断。[①]

迨至《中葡和好通商条约》签订以后,在葡人取得了"永居管理"澳门的过程中,葡萄牙的法律文化逐步在澳门取得了支配地位,是非的判断,罪与非罪的划分,也逐步由葡萄牙法律所代替。

三

根据中葡两国的《联合声明》,1999年后澳门将回到祖国的怀抱,但

---

① 印光任、张汝霖:《澳门记略》,印光任、张汝霖在18世纪中叶曾先后任清政府的澳门同知,《澳门记略》应是研究澳门法律文化的重要材料。

是，在"一国两制"的政策下，澳门的经济社会制度和政治法律制度将有别于内地。据此，澳门的法律文化也将有别于内地。研究澳门法律文化的目的，在于使人们注意到当澳门回到祖国大家庭后应将那些在东西方长期文化交流的过程中所形成的有利于澳门今后稳定与繁荣而又不与"一国两制"相违背的法律文化保持下来。

从这一要求出发，笔者认为，在探讨今后澳门法律文化的发展趋向中，有以下三个问题值得加以研究。

（一）与澳门法律文化特点相适应的澳门法律本地化问题

关于澳门到 1999 年的过渡时期中，有识之士已经提出了澳门的法律本地化和大力培养双语法法律人才问题。实际上，为了达到实现一国两制，澳门的法律改革均离不开法律文化这个课题。四百多年来，澳门的法律文化虽渊源于中国内地和葡萄牙，但已逐步形成既不同于中国内地也不同于葡萄牙的某些特点，换句话说，为了适应澳门到 1999 年的过渡，法律改革要在一国两制前提下考虑到澳门本地的实际情况。

澳门的法律文化，包括法律理念的知识和司法制度，实际应以独立于葡萄牙法制而为广大澳门居民的接受程度为依归。众所周知，葡萄牙的法制渊源于大陆法系，而中国自古以来均强调为民众所共同遵守的法典，唐太宗的贞观之治，即强调"有司断狱，多据律文"[①]。这显然与英美法系强调判例的不成文法不相同。而中华人民共和国的法律理念也十分重视统一的法律体系的建立，而与大陆法系的某些特点相似。因此，强调法制的统一，做到"有法可依，有法必依"，似乎应是澳门法律文化的主要之点。

根据中葡两国《联合声明》的规定，今后澳门所保持的是与基本法不相抵触的澳门本地法律。而目前在澳门所适用的主要法律基本上都是葡萄牙法律，如 1867 年的葡萄牙法典，1888 年的葡萄牙商法典，1886 年的葡萄牙刑法典以及葡萄牙的民、刑诉讼法典和法院、检察院组织法等，这些法典均十分陈旧，而且许多规范均与澳门的实际情况脱节而根本无法执行，至于从今后澳门经济发展（包括挖掘澳门本地资源潜力和吸收外来资金两个方面）需求看，现行法律与完善澳门经济法规的要求相距更远。

[①] 《贞观政要》，上海古籍出版社，1978，第 244 页。

因此，适应澳门法律文化特点，制定澳门本地法律，已成为当务之急。1992年12月澳门立法会审议通过的澳门政府1993年施政方针中，提出了实现法律现代化作为优先目标，其重点放在修订刑法、民法、刑事诉讼法、民事诉讼法典和商法典方面。极盼澳门法律本地化的工作在今后有一个大的进展。

（二）商事法律的制定和修订，似应以诚实信用原则作为重心

完善的商事法律，是发展经济所必需的。从法律文化这个范畴来观察，中国人自古就已形成"货真价实，童叟无欺"这个传统的观念来指导人们的正常交往，唐朝名相魏征上疏唐太宗说："德礼诚信，国之大纲，在于君臣父子，不可斯须而废也。"[1] 诚实信用原则作为法律原则，起源于罗马法，而为近代各国民法所接受，葡萄牙法律自不例外，中华人民共和国《民法通则》则明确规定民事活动应当遵循诚实信用原则。

据此，在澳门法律本地化过程中，民商事立法自应考虑贯彻诚实信用原则，行使债权，履行债务，均应贯穿诚实及信用。为利于巩固社会生活，维护正常交易，禁止滥用权利，以及补充、解释法律、契约，贯彻商事立法的交易安全性这些理论基础，诚实信用原则乃是各国民商事立法和学说所公认的一项基本原则。

（三）在家庭法的制定中贯彻团结和睦家庭的法律观

家庭是组成一个社会的基本单位和共同体，亲属法、婚姻法、家庭法甚至包括继承法都属调整家庭关系的法律。

就法律文化而言，具有什么样的家庭观就会制定出什么样的家庭法，而家庭法又直接或间接影响社会的发展。中国传统的法律文化是重视家庭成员之间的关系，我国自古即形成"老吾老以及人之老，幼吾幼以及人之幼"的尊老爱幼的好传统。当然，封建社会中存在着的君臣父子的封建伦理观念自应属于摒弃之列。

然而，从澳门的社会实际而言，虽然社会成员多元化，但团结和睦的家庭是社会稳定和发展所必需的。因此，在澳门法律本地化和修订民法典

---

[1]《贞观政要》，上海古籍出版社，1978，第18页。

的过程中，仍应贯彻夫妻在家庭地位中的平等和相互扶养，父母抚养教育子女，子女对父母赡养扶助，夫妻间、父母子女间有相互继承遗产的权利以及非婚生子女与婚生子女有相同权利，等等。

此外，一些适合葡萄牙情况而不适合澳门的规范更需要重新考虑规定，例如结婚的法定年龄，葡萄牙民法最低法定婚龄（男 16 岁，女 14 岁）自不适用于东方社会的澳门。[①]

（原文载于吴志良主编的《东西方文化交流》论文集，澳门基金会，1994）

[①] 关于葡萄牙法定婚龄，转引自李志敏主编《比较家庭法》，北京大学出版社，1988，第 67 页。

澳门与礼仪之争

——跨文化背景下的文化自觉

吴志良[*]

澳门地域很小，人口也不多，但澳门作为南中国最早对外开放的贸易港口和中西文化交流的桥梁，是欧风东渐的突破口，在某种意义上，也成为近五个世纪中西文化交流碰撞的场所，身临其境地见证了其间的得失成败和高低起伏。

有趣的是，在方圆数里的弹丸之地，生活于此的华洋民族却能共处分治、和睦与谐，无论从政治上还是文化上都没有太大、太多的冲突。一直以来，我们更多地从利益驱动的角度去分析这一现象，很少从利益本身所蕴含的文化自觉的视角去考察中葡文化的各自基本特征和精神及其能够在澳门共处并进的底蕴。澳门跨文化环境的形成和发展，实在与中葡文化的自觉及其包容性密不可分。

本文试图以澳门葡人的自我定位以及礼仪之争时期中葡的反应和表现为案例，从经验层次初步探讨跨文化背景下的文化自觉问题。

一 葡萄牙人在澳门的文化自觉

葡萄牙人"立埠于澳门，实为泰西通市之始"。[①] 自1557年起，葡萄牙人在没有任何协议的情况下得以在"普天之下，莫非王土"的天子脚下"筑室建城，雄踞海畔若一国"[②]，到1887年通过《中葡和好通商条约》获得"永居管理澳门"的权利，直至1999年才最后从中国领土上撤走，无

---

[*] 吴志良，澳门基金会行政委员会主席。
[①] 王之春：《清朝柔远记》，赵春晨校点，中华书局，1989，第361页。
[②] 王之春：《清朝柔远记》，赵春晨校点，中华书局，1989，第7页。

论在西方殖民史上还是中外关系史上，都是一个异数。更加令人叹为观止的是，中葡人民在澳门的和睦共处虽然是基于不同社群分治的前提，但文化、思想和风俗习惯差异如此之大的民族，竟然可以在方圆数里之地共同生活几个世纪而不发生重大武力冲突。

正如我们之前有机会①指出，葡萄牙人之所以能够在澳门立足，是因为他们中国观②的变化。被称为欧洲第一个赴华使节的葡萄牙人皮莱资（Tomé Pires）在1516年完成的《东方志》中虽然对中国的不少事物惊赞不已，但是仍足足用了一个段落来讨论征服中国的可能性。他认为，控制中国沿海应是相对容易的事情："用印度总督（阿尔布克尔克）征服马六甲的10艘船只，便足以轻易控制整个中国沿海。"③皮莱资之所以口出狂言，是因为葡萄牙当时是世界上最强大的海上帝国，在非洲和印度洋所向披靡，战无不胜。但从在福建死里逃生的葡商加利奥特（Galiote Pereira）1560年前后成书的《中国见闻录》和克鲁兹（Gaspar da Cruz）1569~1570年出版的《中国事务及其特点详论》看，葡萄牙人对强大明朝中国的现实情况则已明显有了更加全面正确的认识，这也促使他们改变态度，采取以柔制刚的对华商贸策略，并有意识地调整自己的角色——从印度洋的征服者逐渐转变为南中国海的贸易者，最终得以定居澳门。

明清政府基于其时国内局势，亦采取了较为务实的政策，一直视澳门葡人社区为一个特殊的蕃坊，是唐、宋以来泉州、广州等蕃坊的延续。而居澳葡人自始至终保持高度的文化自觉性，奉行双重效忠的原则④：一方面循葡萄牙中世纪的市政传统，组织议事会（又称议事亭）依葡萄牙法律和风俗习惯进行内部自治；另一方面，他们深明对天朝帝国的致命性依

---

① 吴志良:《生存之道——论澳门政治制度与政治发展》，澳门成人教育学会，1998，第341~353页。
② 吴志良:《16世纪葡萄牙的中国观》，载《东西交汇看澳门》，澳门基金会，1996，第149~170页。
③ 〔葡〕阿尔曼多·科尔特藏（Armando Cortesão）:《皮莱资的〈东方简志〉及弗朗西斯科·罗德里格斯书（A Suma Oriental de Tomé Pires e o Livro de Francisco Rodrigues）》，科英布拉，1978，第364页。
④ 金国平、吴志良:《再论"蕃坊"与"双重效忠"》，载《镜海飘渺》，澳门成人教育学会，2001，第86~121页。

赖，遵守中国律例，对广东当局、特别是直辖他们的香山县政府恭顺臣服，并缴交地租，在澳门半岛上也基本上能够与华人和平共处，甚至通婚生子。这一经济海防的互利性及葡人政治双重效忠的灵活变动原则，正是澳门长期生存发展的根本。

以下的文件，可以充分反映出不同时期葡萄牙人对自己身处澳门的境况的切身、客观认识。

早在1582年，一本佚名的关于葡萄牙王权在印度所拥有的城市和堡垒的书就指出："该城（澳门）的居民几乎全部是葡萄牙人、混血基督徒和本地人。虽然它是属于中国国王的土地，那里并有他的官员负责征收当地的税项，然而，上述居民是由我葡萄牙王国的法律和法例来管治的……"①

1583年，两广总督陈瑞为了更好地管理澳门，召见了澳门葡人两位代表。而这次召见，不仅确定了明朝政府治理澳门的模式，也直接催生了居澳葡人的自治组织议事会。当事人之一西班牙耶稣会桑切斯（Alonso Sanchez）神甫回忆召见过程时说："两个人磕过头后，对都堂（陈瑞）说，葡萄牙人从来是中国国王的臣民及忠实仆人，将都堂大人奉为主人及庇护人。听了这话，都堂的态度缓和了下来，怒容烟消云散，还说想将葡萄牙人收作子民。他对两人大加恩施，给了他们几块银牌（chapa de plata）。我看见他给了罗明坚神父的两三块这样的牌子。这是宽过于长的半块银板，如同盾牌。上面写着持有人有出入中国的特权，可晋见都堂，任何人不得加以阻拦。"②

议事会1621年的一份文件也直截了当地指出："中国的皇帝是我们身处澳门这地方的主人……"，而1637年的另外一份文件则进一步阐述这一观点："在这里我们不是身处由我们征服的土地上，不像我们在印度的那些堡垒，那儿我们是主人……但是在中国皇帝领土上我们没有一掌之地，此外，

---

① Anónimo Livro das cidades, e fortalezas, qve a Coroa de Portvgal tem nas partes da Índia, e das capitanias, e mais cargos qve nelas há, e da importancia delles, Lisboa, 1960, p. 75.

② 《耶稣会桑切斯神甫受菲律宾总督佩尼亚罗沙（Don Gonzalo Ronquillo de Peñalosa）、主教及其他陛下的官员之命从吕宋岛马尼拉城使华简志》，西班牙塞维亚东西印度总档案馆，菲律宾档79-2-15。译自欧阳平（Manel Ollé Rodriguez）《菲律宾对华战略：桑切斯及萨拉查（Domingo Salazar）在中国事业中（1581~1593）》，巴塞罗那彭佩法不拉（Pompeu Fabra）大学博士学位论文，1998，第2卷，第89页。

虽然这城市是属于我们的国王，但所述的地方则属于中国皇帝……"①

同一时期，葡印编年史家朴加罗（António Bocarro）也引用了议事会因为葡人被指窝藏日本人而给广东当局的一份"回禀"，来说明早期澳门葡人的状况："关于我等蓄养倭奴一事，我等齐声回禀大人如下：谢天谢地，六十多年来我等被视若中国子民，遂得以安居乐业、成家立室、养育子孙。我等从未有违王法之举。从前，一名叫 Charempum Litauqiem（曾一本与林道乾）的海盗与该省的官员及国王作对。他犯上作乱，准备夺取广州。于是，中国官员招我等前去与他们并肩作战。我们出银两、人手、船只与军火。敌众我寡，但我等毫无畏惧，奋不顾身杀敌，将其全歼并俘获九艘船只。我等将船上俘获之物如数上缴官员。后王室大法官获一冠帽、通事获一银牌奖赏。因此，我等颇受敬重，加上我们的功劳，向来将我们视为良民。而所有这一切，全部在官府有案可查。"②

1777 年，澳门主教兼总督基马良士（D. Alexandre da Silva Pedrosa Guimarães）在 8 月 8 日致议事会的一份鉴定书中，很好地阐述了澳门葡人的双重身份："这些法律、命令在（葡萄牙）领地内得到了有效的贯彻。在那里，（葡萄牙国王）他的权力是绝对的、自由的、专制的、坚定的，而在中国这一角落里，国王陛下的众多权力仅仅对于他的臣民来讲是绝对的、坚定的、自由的、专制的，而这些臣民又受制于中国皇帝，因此，从制度上来讲是混合服从，既服从我主国王又服从中国皇帝，我不知如何可以强行并违背这块土地主人的命令。中国皇帝势力强大，而我们无任何力量；他是澳门的直接主人。澳门向他缴纳地租，我们仅有使用权：本地不是通过征服获得的，因此，我们的居留从自然性质而言是不稳固的。"③

议事会 1837 年 12 月 5 日向印度总督写信④，讲述澳门葡萄牙居留地的起源及其当前政治社会情况时还承认："本居留地并非葡萄牙征服所得，

---

① 转引自 Luís Filipe Barreto《澳门——历史文化分析的要素》，澳门《行政杂志》1995 年第 30 期，第 960 页。
② 朴加罗（António Bocarro）：《印度旬年史之十三》（Decada 13 da India），Lisboa，1876，Vol. II，第 729 页。译文参见金国平《中葡关系史地考证》，澳门基金会，2000，第 73 页。
③ 《澳门档案》，第 3 系列，第 16 卷，第 4 期，澳门官印局，1971，第 206~207 页。
④ 全信于 1839 年在果阿官印局印刷的《观察家》（Observador）杂志第 8、9、10、11 期上刊登。1841 年 7 月的《海事殖民年报》（Annais Maritimos e Coloniais），第 8 期，第 353~370 页转载。

只是中国人不断特许（concessão）葡商居住，没有国王与国王或政府与政府之间的协议或契约。澳门居留地在中国以及葡萄牙法律管辖的情况如下：中国的土地给葡商使用，葡商为葡萄牙臣民，一直服从葡萄牙的法律和风俗习惯。""澳门这一居留地最适合拥有一议事会或市政府形式的政府，目前，因为它系一个温和的政府，可以保持与华人（这一土地属于他们）的友好关系，避免他们产生妒忌。此形式最适于贸易，这是往昔葡萄牙人唯一的目的。的确，与地方当局或官员的交往使得市政府成为葡中两国人民之间唯一的纽带，理事官则成为与中国官员一切联络的中介。此种情况延续至今。他是获中华帝国合法承认的唯一官员，在皇帝面前对本居留地负责。因华人因循守旧，反对革新，所以派往澳门的总督及按察使虽有管辖权及指挥权，至今只获承认他们对葡萄牙人的权威。中华帝国官员并不承认他们，决不允许他们不通过理事官进行合法联络。理事官使用议事会的公章，中华帝国官员仅仅承认它。"

同一天，议事会以从这天涯海角，从这遥远的中国发出的正义的呼声为理由上书葡萄牙议政会，更这样猛烈抨击那些将澳门等同于葡萄牙王室其他领地并试图将王权渗入澳门的人的论点：

"称澳门为与达曼（Damão）或第乌（Diu）相同的征服地系无稽之谈，过去一直向皇帝缴纳，现在仍然在支付地租及沉重的船钞。因为这一居留地的起源世人皆知，就连外国人都一目了然，并非耍两下笔杆子就可以在中国占得一席之地。英国凭它的威力，使尽了解数，至今仍未在中国立住脚跟。任何一个欧洲国家从未与中国动过干戈，何时葡萄牙人征服了澳门？皇帝未将其赠与，现仍收地租。本澳居民及其财产仍在沉重的税收之下，何谓此系葡萄牙领土？"[①]

鸦片战争前的1839年9月26日，澳门法官巴士度（José M. Rodrigues Bastos）致函葡萄牙海事暨海外部部长时也对此直言不讳："从我们涉足此地起，政府从未就我们与华人、与这个国家的关系作出任何必要的指示。这块土地是中国的，为此，我们每年向中国皇帝缴纳地租。"约半年后，他更进一步指出"葡萄牙只有使用权，而无所有权。即使这一使用权也是

---

① 《庇礼喇（Marques Pereira）遗稿》，里斯本地理学会图书馆，文档A。

有限的"。①

中华人民共和国成立前不久，葡萄牙总理萨拉查（Oliveira Salazar）1947年11月25日在国会致辞时表示："远东战时和战后发生的事件——印度尼西亚的动乱、中国的解放、印巴的独立，都对我们在那些地方的细小领地造成影响，亦令政府产生担忧，虽然（那些领地的）居民都（对我们）全心全意……澳门背靠中国，作为其国民的休憩和避难之所，战后完成了欧洲在东方的使命，但一直未能享受应有的安宁。中国在作出牺牲和战胜数十年来处处为其完全行使主权而设置的所有限制后解放了，且做得很好。作为有关条约的签署国，葡萄牙也很高兴地赞同废除在其领土内那些可能伤害中华民族名誉和感情的机构或特权。由于对情况的不完全了解或某些中国报纸的煽情，（中国人）作出了既与事实不符亦跟我们所处环境不相称的推论。然而，葡中两国的良好关系、之间的友谊和相互的关照，并无受到这些事件的干扰。"②

而1966年葡萄牙外交部长的诺格拉（Franco Nogueira）在澳门发生"一二·三"事件③后更加不无感叹地说："我们从未真正拥有澳门的主权，我们的生存，全赖中国的善意，并一直与其分享权威。由于至今未明的原因，北京现在认为我们冒犯了应属于他们的那部分权威，并将这种感觉表现出来。我们需要承认此点，且在这方面予以让步。"④

由此可见，葡萄牙人可以长期在天朝的土地上生存，根本的原因是他们从开始居留澳门就表现出比较清醒的文化自觉，面对强大的中国，只求经济互利共荣，不刻意也难以表现其政治、军事、科技或宗教、文化的优越性或将其价值观强加于华人，一旦有所表露，便遭到中国当局的抵制和压抑，最后以妥协或失败收场，回复平等相处的状态。换言之，只要西方文明具有文化自觉，抛弃其向来所表现的政治、军事、科技或宗教、文化优越性，是可以与非西方文明和平共处的。澳门便是一个活生生的例子。

---

① 〔葡〕萨安东：《葡萄牙在华外交政策》，金国平译，澳门基金会，1997，第14页。
② Oliveira Salazar, Discursos e Notas Políticas（《政治演辞和笔记》），1943~1950, Vol. IV, Coimbra Editora（1951）：303-305.
③ 吴志良：《生存之道——论澳门政治制度与政治发展》，澳门成人教育学会，1998，第259~286页。
④ Franco Nogueira, Um Político Confessa-se（《一个政治家的自白》），Porto, Editora Civilização（1986）：208.

二 礼仪之争与澳门

澳门从16世纪繁盛至19世纪衰落的近300年，也是中西文明初次大规模碰撞和交融缓进的300年，甚至可以说是西方文明在中国边缘上盘旋徘徊的300年。以利玛窦（Matteo Ricci）为首的耶稣会士一度令在华传教事业发展蓬勃，然而，他们毕竟是以儒法传圣教，当礼仪之争兴起，天主教宗教神权与中国封建专制皇权发生激烈冲突至无法调和时，曾经十分热衷"夷教"的康熙帝在晚年也怒斥罗马教廷干涉中国内政，颁令驱逐传教士出境，西方传教士只是在数学、天文学、医学、西洋艺术等方面为朝廷所用，中西文化深层的思想交流并无多少长进，礼仪之争互不相让，以致两败俱伤，清廷又将国门关闭。

在礼仪之争过程中，澳门也试图发挥作用，以调和清廷与罗马教廷的关系，可惜葡萄牙已经今非昔比，最后无功而返。不过，从其努力的过程中，仍然可以看到澳门－葡萄牙的角色、特别是其文化的自觉。

我们知道，葡萄牙早在1514年就获得教宗尼古拉五世（Nicolau V）颁发无限期征服异域的权利及其保教权[1]，而东方保教权的具体体现是：(1)任何从欧洲出发的传教士前往东方必须取道里斯本，乘坐葡萄牙船只，并获得葡萄牙宫廷的批准。传教士除效忠教宗外，还需宣誓承认葡王的保教权；(2)教宗向东方任命主教的人选，须得到葡王的认可。葡萄牙有权在传教区建筑教堂，派遣传教士和主教管理这些传教区的教会，当然，有关的费用也由葡萄牙提供或津贴。[2] 所以，早期的西方传教士完全是通过澳门进入中国内地的。

---

[1] 〔葡〕瓦雷（AntÓnio Manuel Martins do Vale）：《在十字架与龙之间：18世纪葡萄牙在华保教权（Entre a Cruz e o Dragão: O Padroado Português na China no séc. XVIII）》，里斯本新大学博士学位论文，2000，第81~82页。

[2] 〔瑞典〕龙思泰：《早期澳门史》，吴义雄等译，东方出版社，1997，第174页；罗光：《教廷与中国使节史》，传记文学出版社，1969，第176页；阿拉乌热（Horácio Peixoto de Araújo）：《耶稣会会士在中华帝国——第一个世纪（1582~1680）（OsJesuítas no Império da China: O Primeiro Século (1582~1680)）》，澳门东方葡萄牙学，2000，第19~68页及《耶稣会（传记－主题）历史词典（Diccionario Histórico de la Compañía de Jesús: Biográfico Temático)》，罗马－马德里2001，第3卷，第2943~2945页。

耶稣会东方传教团巡视员范礼安（Alexandre Valignani）1578 年在澳门曾经对传教工作发出指示，要求传教士必须了解中国的礼俗、社会和民情，改变在其他国家采取的传教方法，并选派懂得中文的传教士进入中国传教。① 利玛窦 1582 年进入中国后，身体力行，实践此一策略，以移花接木的形式，将天主教义融入儒学中来传播福音，且取得了相当的成功。正如他的同伴罗明坚（Ruggieri Michele）所言："在初期，我们必须在这个国家小心行事，不宜操之过急，不然很容易丧失既得利益而无法补救。我这样说，是因为这个国家对外国人极端敌视并特别惧怕葡萄牙人和西班牙人，视他们为侵略民族。"② 白晋（Joachim Bouvet）在 1697 年还认为："要使中国人从情感和理智上倾向于我们的宗教，世界上没有比向我们显示基督教合乎中国古代哲学传统更好的东西了。"③

到远东传教的耶稣会士利用自己的世俗知识结交当地的士绅阶层，用当地的语言、文字、哲学讲解《圣经》，最终接近宫廷和皇帝，使全民族皈依，也是 1552 年客死上川的圣方济各·沙勿略（Francisco Xavier）的理想。且不论他们的目的或者企图④，但他们在运用此权宜之计中表现出来的对中国文化的了解和尊重，也就是文化的自觉性，还是值得赞赏的。然而，利玛窦去世后，他的另一位同伴龙华民（Nicolas Longobardi）就以维护宗教的纯洁性为名，对祭祖敬孔畏天等中国礼仪提出了质疑，从而掀起了礼仪之争。幸好，由于葡萄牙拥有保教权，这时期耶稣会内部的礼仪之争在澳门得到了协调，其他教团没有卷入；没有扩散到欧洲，也没有惊动罗马。⑤

---

① 《利玛窦中国札记》（上册），中华书局，1983，第 142 页。
② 〔意大利〕王都立（Pietro Tacchi Venturi）：《利玛窦神甫历史著作集（Opere Storiche del P. Matteo Ricci S. I)》，马塞拉塔，1913，第 2 卷，第 420 页。
③ 〔法〕裴化行（Henri Bernard）：《中国圣人与基督徒哲学》，天津，1935，第 145 页。
④ 谢和耐认为，传教士利用中国古籍借题发挥，"他们的意图是清楚的，即使用这种方法使中国的传统内乱，从而从内部改造它们。"〔〔法〕谢和耐（J·Gernet）：《中国文化与基督教的冲撞》，于硕等译，辽宁人民出版社，1989，第 48 页〕实际上，西班牙人征服菲律宾并在美洲取得节节军事胜利后，一度也有对中国进行军事征服的念头，前述的耶稣会神甫桑切斯（Alonso Sanchez）便是出谋献策者。只是他们所遇到的朱明帝国的文明发展程度远远超出被他们以血腥手段所征服的美洲印第安部落的社会形态，因此他们调整了对华策略（金国平：《耶稣会对华传教政策演变基因初探——兼论葡、西征服中国计划》，载《西力东渐——中葡早期接触追昔》，澳门基金会，2000，第 120～157 页）。
⑤ 李天纲：《中国礼仪之争：历史、文献和意义》，上海古籍出版社，1998，第 281 页。

然而，随着葡萄牙东方帝国的衰落及其保教权逐渐旁落，特别是法国外方传教会的介入以及两国对保教权的争夺，礼仪之争在康熙年间又再次爆发，且不可收拾。

礼仪之争为中西文化交流带来的灾难性深远影响，至今仍然可以感觉到。对事件的性质，法国启蒙运动的精神领袖伏尔泰（Voltaire）在 18 世纪作出了生动的总结。实际上，他也对欧洲人缺乏文化自觉性作出了批判：

"在非难这个大帝国的政府为无神论者的同时，我们又轻率地说他们崇拜偶像。这种指责是自相矛盾的。对中国礼仪的极大误会，产生于我们以我们的习俗为标准来评判他们的习俗。我们要把我们偏执的门户之见带到世界各地。跪拜在他们国家只不过是个普通的敬礼，而在我们看来，就是一种顶礼膜拜行为。我们误把桌子当祭台，我们就是这样地评论一切的。我们在适当时候将会看到，我们的分裂和争吵，怎样导致了我们的传教士被赶出中国的。"①

在中国，康熙皇帝一向对耶稣会士爱护有加，对天主教内部的礼仪之争虽早有所闻，但保持了宽容和中立。1700 年 11 月 30 日，康熙皇帝即应耶稣会士的请求，下达了关于祭祖祭孔只是爱敬先人和先师而不是宗教迷信的谕旨：

"康熙三十九年十月二十日治理历法远臣闵明我、徐日升、安多、张诚等谨奏，为恭请睿鉴，以求训诲事。窃远臣看得西洋学者，闻中国有拜孔子，及祭天地祖先之礼，必有其故，愿闻其详等语。臣等管见，以为拜孔子，敬其为人师范，并非祈福佑、聪明、爵禄也而拜也。祭祀祖先，出于爱亲之义，依儒礼亦无求佑之义，惟尽忠孝之念而已。虽立祖先之牌，非谓祖先之魂，在木牌之上，不过抒子孙报本追远，如在之意耳。至于效天之典礼，非祭苍苍有形之天，乃祭天地万物根源主宰，即孔子所云：'效社之礼，所以事上帝也'。有时不称上帝而称天者，犹主上不曰主上，而曰陛下，曰朝廷之类，虽名称不同，其实一也。前蒙皇上所赐匾额，御书敬天二字，正是此意。远臣等鄙见，以此答之。但缘关系中国风俗，不敢私寄，恭请睿智训诲。远臣不惶悚待命之至。本日奉御批：'这所写甚

---

① 〔法〕伏尔泰：《风俗论》，梁守锵等译，商务印书馆，1996，第 221 页。

好，有合大道。敬天及事君亲、敬师长者，系天下通义，这就是无可改处，钦此！'"①

教宗克莱门十一世（Clemente XI）派遣的特使多罗（铎罗，Carlo Thomas Maillard de Tournon）1705年抵达中国后，礼仪之争的矛盾激化了。康熙年底第一次接见多罗后，觉察到教宗特使来华的真正目的，次年6月24日，下了一道御批，严正表明了朝廷的立场：

"前日曾有上谕，多罗好了陛见之际再谕。今闻多罗言，我未必等到皇上回来的话，朕甚怜悯，所以将欲下之旨晓谕。朕所欲言者，近日西洋所来者甚杂，亦有行道者，亦有白人借名为行道者，难以分辨是非。如今尔来之际，若不定一规矩，惟恐后来惹出是非，也觉教化王处有关系。只得将定例，先明白晓谕，命后来之人谨守法度，不能稍违方好。以后凡自西洋来者，再不回去的人，许他内地居住。若今年来明年去的人，不可叫他居住。此等人譬如立于大门之前，论人屋内之事，众人何以服之，况且多事。更有做生意，做买卖，此等人亦不可以留住。凡各国各会皆以敬天主者，何得论彼此，一概同居同住，则永无争竞矣。为此晓谕。"②

同年8月，康熙在热河接见"愚不识字，妄论中国之道"的颜珰（Charles Maigrot）之后，更加对教宗特使在中国传教士中搬弄是非、制造混乱产生了厌恶。8月13日（康熙四十五年七月初十日），他再次作了一个重要的谕批，加强对传教士的管束：

"朕以尔为教化王所遣之人，来自远方，体恤优待。尔于朕前屡次奏称并无他事，而今频频首告他人，以是为非，以非为是，随意偏袒，以此观之，甚为卑贱无理。尔自称教化王所遣之臣，又无教化王表文。或系教化王所遣，抑或冒充，相隔数万里，虚实亦难断。今白晋、沙国安将赏物全行带回。嗣后不但教化王所遣之人，即使来中国修道之人，俱止于边境，地方官员查问明白，方准入境耳。先来中国之旧西洋人等，除其修道，计算天文、律吕等事项外，多年并未生事，安静度日，朕亦优恤，所有自西洋地方来中国之教徒，未曾查一次。由于尔来如此生事作乱，嗣后不可不查，此皆由尔所致者。再者，尔若自谓不偏不倚，先后奏言毫无违

---

① 方豪：《中国天主教史人物传》第二册，香港公教真理学会，1970，第317页。
② 陈垣：《康熙与罗马使节关系文书》（影印本）（二），故宫博物院，1932，无页码。

悖，则敢起誓于天主之前乎？朕所颁谕旨，及尔所奏行诸事，尔虽隐匿不告知教化王，然朕务使此处西洋人，赍书尔西洋各国，详加晓谕……我等本以为教化王谅能调和统辖尔等教徒，原来不能管理。尔等西洋之人，如来我中国，即为我人也。若尔等不能管束，则我等管束何难之有。"①

然而，多罗依然我行我素，1707年1月25日在南京发表公函，宣布罗马教廷已经禁止祭祖祭孔礼仪的决定，这样，迫使清廷采取更加严厉的措施：传教士要么具结"领票"，效忠皇帝，要么就被赶出中国了。同年4月19日，康熙在苏州向西洋教士发布谕旨，态度强硬：

"谕众西洋人，自今以后，若不遵利玛窦的规矩，断不准在中国住，必逐回去。若教化王不准尔等传教，尔等既是出家人，就在中国住着修道。教化王若再怪你们遵利玛窦，不依教化王的话，教你们回西洋去，朕不教你们回去。倘教化王听了多罗的话，说你们不遵教化王的话，得罪天主，必定教你们回去，那时朕自然有话说。说你们在中国年久，服朕水土，就如中国人一样，必不肯打发回去。教化王若说你们有罪，必定教你们回去，朕带信与他说，徐日升等在中国服朕水土，出力年久，你必定教他回去，朕断不肯将他们活打发回去，将西洋人头割回去。朕如此带信去，万一尔教化王再说，尔等得罪天主，杀了罢。朕就将中国所有西洋人等都查出来，尽行将头带回西洋去。设是如此，你们教化王也就成个教化王了。你们领过票的就如中国人一样，尔等放心，不要害怕。"②

与此同时，他派人到广州，要求多罗出示教宗的委任状，但遭到拒绝。于是，康熙下令将多罗押解到澳门，交由葡人严加看守，直到他派出的龙安国（Antonio de Barros）及薄贤士（Antoine de Beauvollier）从罗马回来说明情况为止。此外，再派出代表在华耶稣会立场的艾逊爵（艾若瑟，Joseph-Antoine Provana）远赴罗马，向教宗陈情，希望解决争议。可惜，虽然多次催促，他派去的特使音信全无，令他既焦急又生气，直至康熙五十五年（1716年），还令两广总督想方设法追问此事：

"复于五十五年十一月内，奉旨兼武英殿监修书官伊都立等红字票一百五十张，散给各天主堂居住之西洋人，并外国洋舡内体面商人，俱给与

---

① 中国第一历史档案馆编《康熙朝满文朱批奏折全译》，中国社会科学出版社，1996，第435页。
② 陈垣：《康熙与罗马使节关系文书》（影印本）（四）。

带给往西洋去，催取回信；至今未见回信。事关奉旨事理，可传集在省各堂西洋人，谆切晓谕，仍着各堂西洋人应行转知澳门西洋人，一体上心，寄信前往，催促从前两次差去龙安国、艾若瑟等回信。此事西洋人关系重大，不可不同心设法，催取回信。倘或以国远延搁推诿，或恐自误矣！特谕。"①

五十九年（1720年），康熙闻说有传教士带来教宗告示，但没有轻信，依然要等候特使回来：

"朕为此事差去的艾若瑟尚未回来，教化王岂有私传告示之理？看此必定是多罗、颜当一党的小人坏事，说谎胡行之语。"②

从前面可以看到，康熙在处理这件事情时充分表现出王者风度和前所未有的克制。我们再看看葡萄牙人在此过程中、特别是在多罗到澳门后采取的行动。

从沙勿略起，葡萄牙王室作为中国差会的保护人和赞助人，与耶稣会有着十分密切的相互利益关系。可以不夸张地说，在相当长的时间内，澳门是一个由议事会与耶稣会共管的城市。耶稣会的"宫廷神甫"在中国地位特殊，对维护葡萄牙王家保教权权利有着不同一般的功能，因此，葡萄牙政府常常与罗马的政策针锋相对，而保持与耶稣会的一致性。耶稣会依靠葡萄牙君主的支持，竭力维护在东方的传教霸权，而葡萄牙人也依靠耶稣会从皇帝处获得对其在华利益的恩泽与庇护，以扩大葡萄牙在整个基督教世界的声望，确保作为远东一个主要商站和罗马天主教传教基地的澳门的生存和发展。

这一奇妙的策略联盟，在多罗代表教廷出使中国造成的危机期间尤为突出。他的行动虽然代表了罗马的利益，却对抗了葡萄牙王家保教权和葡萄牙耶稣会差会的利益，还严重危及澳门的安全。"礼仪之争"并不仅仅是中国与教廷之间外交交涉，这一冲突涉及对远东持有保教权的葡萄牙王室及其同盟者耶稣会的传统利益，因此，葡萄牙人也积极参与了"礼仪之争"的外交交涉。

多罗于1702年7月4日以教皇特使的身份离开罗马。按照保教权的惯

---

① 方豪：《中国天主教史人物传》第三册，香港公教真理学会，1970，第32页。
② 方豪：《中国天主教史人物传》第三册，香港公教真理学会，1970，第33页。

例，前往远东必须在里斯本启程。但通过与法王路易十四（Luís XIV）的磋商，多罗决定从西班牙南部的加的斯（Cádiz）乘坐一艘法国船东来，后又绕道去了马尼拉。在经澳门入华时，未进澳城，只是在附近的青洲作了短暂停留，便前往广州。这一切，极大触犯了葡萄牙保教权的权利，引起了葡萄牙及其盟友耶稣会的强烈不满与反弹。

此外，多罗曾在康熙皇帝面前，采取敌对葡萄牙人的态度，要求驱逐葡萄牙传教士。如果这样，葡人认为势必导致澳门的毁灭。为了保全他们在澳门的生存和天主教在华的传教事业，葡萄牙王室和耶稣会的反应异常激烈，因而积极配合康熙皇帝智斗教廷特使。

中文史料中迄今为止未见康熙或广东督抚与澳门当局联络关押多罗的文件，但葡萄牙档案中却保留了康熙有关圣旨的葡译本：

"康熙四十六年，康熙皇帝遣 Topbao 和 Pacala[①] 二位大人往广东传旨督抚：'……此外，着 Topbao 向多罗传朕圣旨：你初来我朝当面禀朕言，此来仅为教化王谢朕之恩泽，可后来节外生事，前后言语相抵，实在可疑。你现去澳门，等待龙安国及薄贤士返回。待有分晓后，你事再作定夺。'二位大人于 6 月 17 日抵达广州，20 日，总督索尔图（Tsurató）及巡抚召见宗主教。他双膝跪地（这是习惯）接旨。宗主教的随行也获通知与他一同前往澳门。宗主教请求宽限几天做准备，获恩准了三天。据说，他一再说宁愿关在中国，也不愿落在其头号敌人葡萄牙人手中。6 月 30 日，他在中国一位小官员的押解下抵达澳门，移交给议事会。议事会出具了收据，必须在皇帝调取时随时交出他。"[②]

在关押教廷特使一事上，中、葡、耶稣会三方有着不同的利益。康熙皇帝为多罗的"南京命令"所触怒，为维护传统的中国礼仪，为保持堂堂天子的尊严和大清国的国威，为确保其特使龙安国、**薄贤士及艾若瑟**安全回到中国，为保护他身边的"宫廷神甫"，从而毅然决定由澳门的葡萄牙人监禁教廷特使。这一做法并不过分，只是"以牙还牙"，而且棋高一着，

[①] 二人的满或汉名待考。

[②] Relação sincera, e verdadeira do que fez, pertendeu, e occasionou na Missão da China o Patriarcha de Antiochia Carlos Thomas Maillard de Tournon, BA, cod. 52 - IX - 22. 译自〔葡〕萨安东《葡萄牙及耶稣会参与中国礼仪之争及康熙皇帝与教廷关系研究文献集》，澳门东方葡萄牙学会，2002，第 2 卷，第 49 号文件："康熙皇帝谕旨，勒令宗主教多罗退回澳门，在那里等候至皇帝特使龙安国及薄贤士神甫从罗马返回。1707 年 5 月 22 日。"

不仅为自己留下回旋的空间，也为葡萄牙政府直接介入此事创造了条件，令其有机会直接与教廷交涉。从葡萄牙方面来看，主要目的是坚定维护其在华的既得利益，力阻教廷干涉其保教权内的中国事务。耶稣会则为了保全它在中国宫廷的传统特殊地位。葡萄牙和澳门利用协条双方直接冲突的居间调解身份，强化自己在罗马和北京之间的地位，对他们在澳门的生存形成更加有力的保障。葡人管治下的澳门通过耶稣会同清廷发生了密切的关系，在"礼仪之争"过程中，发挥了巨大的中介作用。其中，讯息传递及人员往来的桥梁功能尤为突出。

多罗被监禁在葡萄牙当局管辖下的澳门而造成的尴尬局面，造成了葡萄牙王室与教廷关系的空前紧张，为葡萄牙的外交带来了难题。教皇一再向葡萄牙国王要求恢复特使的自由并对大逆不道的澳门当局进行处罚。澳葡当局除开派重兵看管多罗外，还处罚了那些听多罗指示的人士。多罗去信教廷驻里斯本大使投诉说：

"我在澳门的监狱中度过了6个月的流放生活。迫害我的人的野蛮远远超过了异教徒，简直骇人听闻。这个不幸的城市变成了人类的耻辱，成为华人对热情的福音的传播者的施行最严厉惩罚和折磨之地。

……我得知，几个神甫说一国的君王有权惩罚有所冒犯又不进行满意解释的他国国君的大臣。假设我发布了上述通谕（《南京命令》）而大大冒犯了皇帝的话，是因为这些被歪曲了的恶毒的话有时导致了这位异教徒君主（其本性是正义而怜悯的）采取暴烈的做法。

……（澳门葡人的行为）给我们的宗教，也给他们的国家带来了污点。这是无可补救的。该城唯唯诺诺，对与葡萄牙人的自由格格不入和对葡萄牙国王的统治有害的事情一概接受。这对葡萄牙王室的世俗统治的损害也绝不算小。或许会以失去澳城的危险或华人的暴力来作解释。这不过是借口，因为华人见到这些基督徒的做法，见到对教皇的大臣且得到了皇帝承认的陛下的代表如此粗暴，惊奇不已。即使在更糟糕的情况下，皇帝的对待也要好得多，（与葡人的粗暴行为）无可比拟……

糟糕的是，他们的暴行写进了呈送异教徒官员的报告里。他们在这些官员处滥用葡萄牙国王的名义来为亵渎王名的劣行寻找依据。说什么这样做是执行葡萄牙国王的命令。"①

在欧洲方面,葡王遣使②罗马,企图从教皇处获得对多罗在华不当行为的惩罚,运用葡萄牙外交的所有影响力支持康熙皇帝的特使,以获得取消多罗在中国礼仪问题上所作的错误决定。在耶稣会传教士看来,康熙已经表现出极大的容忍,教皇应该三思而后行:

"这样一个伟大的君主,尽管是异教徒,却表现出了承认(教宗)陛下在宗教方面的主权权威。虽然对在他的帝国中出现的反对他们的十分悠久的习俗新的做法怀有恼怒,还是将此争端及对此习俗的解释提交陛下的法院。在对上述礼仪的性质发表什么决定之前,实在应该听他的意见。

……即使不是为了其他目的的话,通过重新审查也可以向世人表明教廷在这样重大的争端中是多么的严谨与成熟。当中国基督徒得知陛下了解了一切可以了解的情况后才作出的这些声明,他们将更加愿意顺从、尊敬地接受陛下的感情。"③

在中国方面,葡王也制定了遣使中国的计划,试图向康熙皇帝说情,争取恢复教廷特使的自由。耶稣会负责人金弥格(Miguel do Amaral)神甫

---

① Carta do Cardeal de Tournon a Monsenhor Conti, Núcio Apostólico em Lisboa, relatando as circunstâncias da falência da sua Missão e atribuindo – as aos Padres da Carte; comportamento dos Bispos de Pequim, de Macau e de Ascalon; circunstâncias da sua detenção em Macau e responsabilidades dos Jesuítas e das autoridades portuguesas na mesma. MS, I, pp. 125 – 137. 译自〔葡〕萨安东《葡萄牙及耶稣会参与中国礼仪之争及康熙皇帝与教廷关系研究文献集》,第2卷,第56号文件:"多罗红衣主教致教廷驻里斯本大使孔迪(Conti)蒙席函,汇报其使命失败的情况,将其归咎于宫廷神甫,北京主教、澳门主教及阿什克伦(Ascalon)主教的表现;他在澳门被拘禁的情况及耶稣会及葡萄牙当局在此事件中的责任;艾若瑟(Provana)、陆若瑟(Arxó)及魏方济(Noel)神甫启程前往欧洲。1707年12月10日~1708年1月11日。"

② 国王于1711年8月29日为丰特斯(Marquis of Fontes)公爵大使下达的详细指令,可见布拉藏(Eduardo Brazão)《唐若昂五世与教廷:1706~1750年间葡萄牙与教廷政府之外交关系》,科英布拉出版社,1937,第5163页。

③ Representação dos Padres da Companhgia de Jesus, Missionários no Império da China, ao Papa, alegando as graves perturbações causadas por Monsenhor de Tournon, o descontentamento do Imperador e o consequente risco da Missão, e solicitando – lhe, por isso, o adiamento de qualquer decisão em matéria de Ritos Chineses até à chegada a Roma dos enviados Padres Provana, Arxó e Noel. ASV, Albani 234, fols. 142r – 143v. 译自〔葡〕萨安东《葡萄牙及耶稣会参与中国礼仪之争及康熙皇帝与教廷关系研究文献集》,第2卷,第68号文件:"在中国传教耶稣会神甫上教皇书,汇报多罗蒙席造成的严重混乱,中国皇帝的不悦及差会的危险,因此请求延缓任何有关中国礼仪的决定,等待特使艾若瑟(Provana)、陆若瑟(Arxó)及魏方济(Noel)神甫的到达。1708年末。"

建议选择会士麦大成（Francisco Cardoso）神甫从印度出使中国。此议获葡印总督科斯达（D. Rodrigo da Costa）的赞成，国王也予以了批准。①

带着一批送给康熙皇帝的厚礼和在果阿以国王的名义写的指示信，麦大成神甫于1710年5月10日离开葡印。他的使命是：向皇帝赠送礼物，说服他允许澳门卸下监管多罗的负担并将多罗转往果阿，保护澳城的利益和支持专属传教士的保教权政策。

当麦大成神甫于1710年7月26日抵达澳门时，多罗已去世两个月。为此，此次使团的主要使命落了空，但麦大成神甫与数学家阳秉义（Francois Thilisch）神甫一起获得了康熙皇帝的接见。②

在礼仪之争中，康熙皇帝一再要求传教士遵守"利玛窦的规矩"，但罗马教廷明显缺乏自知之明，也缺乏解决问题的勇气和诚意。礼仪之争要到1939年才完全解禁，但仍然是被动的，视为一种妥协和容忍③，令人叹息。值得庆幸的是，在利玛窦来华400年后，罗马教廷终于在1981年2月18日，保罗二世（Paulo II）在马尼拉对中国大陆的基督徒说："无疑，你们的国家是一个伟大的国家。她不仅仅幅员辽阔，人口众多，尤其是历史悠久，文化丰富，拥有千百年来培育的道德价值。耶稣会会士利玛窦一开始便理解并珍重中国文化。他应该成为众人的楷模。然而某些人却未理解中国文化。过去的困难再大，毕竟已是过去。现在我们应该着眼未来。"④1982年，教宗在庆祝利玛窦来华400周年纪念会上更加明确指出："尽管过去有过困难与不理解，而且目前仍存在，利玛窦在教会及中国文化之间筑起的桥梁屹立不倒。我坚信，教会会展望未来，勇敢地沿着这条路走下去。"⑤ 保罗二世的这番话，反映出梵蒂冈对异端文化的承认及其文化自觉

---

① 参见国王1711年3月22日致总督函，里斯本国立图书馆，第8529号抄件，《国王陛下国务委员会成员、印度总督兼总司令梅内泽斯（Vasco Fernandes Cezar de Menezes）1713年1月季风回文集》，第165页。
② 参见丰塞卡（Francisco da Fonseca）神甫1714年3月11日致阿威罗公爵夫人函，ASV（Archivio Segreto Vaticano，梵蒂冈秘密档案馆），阿尔巴尼（Albani），第261号，第196正面~197反面。
③ 李天纲：《中国礼仪之争：历史、文献和意义》，上海古籍出版社，1998，第108~122页。
④ 《耶稣会（传记主题）历史词典》（Diccionario Histórico de la Compañía de Jesús: Biográfico Temático），第3卷，第3372页。
⑤ 《耶稣会（传记主题）历史词典》（Diccionario Histórico de la Compañía de Jesús: Biográfico Temático），第3卷，第3372页。

性的唤醒，也折射出"礼仪之争"的沉痛教训实在应该为世人深刻反省和吸取。

"礼仪之争"是中西文化第一次大规模的正面碰撞，也是中国历史上第一次同西方的重大交涉，其影响深远广大。事实上，其在欧洲涉及的范围更加大于它在中国的影响。但就历史意义而言，"礼仪之争"所造成的中国与西方文化交流的断裂，可以说既影响了中西文明的互相交融和理解，造成中西民族近代的严重隔阂，也深刻影响了中国近代历史的走向。在某种意义上，多元文化交流的中断，尤其是中华帝国与世界的脱轨，一定程度上改变了世界文明发展的方向，更造成了近代中国的落后。我们应该多从这个角度来探索和反思"礼仪之争"对中国历史的深远影响，西方人士亦要从中认识和领会文化自觉对不同民族、不同文明和睦相处、共同发展的重要性。

（原文载于《澳门研究》第 16 期，2003）

法律殖民与文明秩序的转换

——以十九世纪中期澳门法律文化的变迁为例

周 伟[*]

对于19世纪澳门政治法律问题的既有研究仍然以宏大主题为主,尤其集中于一般性的主权-治权转换问题的讨论,而对这一转换带来的殖民管治的法制构造少有探讨。这些研究也多受"传统-现代"、"法治-人治"二元分析框架的影响,讨论空间并没有充分敞开。笔者试图从秩序类型的转换切入,分析这一时期殖民管治的策略及其法制构造,并借此管窥非西方区域法律文明秩序兴起的历史脉络及其理论意涵。

一 秩序转换与澳门法的变迁

文化是"人类生活的样法",[①] 在这一族群生活方式的整体呈现中,法律文化则构成它的框架。正是基于这一整体性的视野,我国法理学者於兴中提出了一种以文明秩序为核心的法律文化研究新视角,"文明秩序是形成一个社会的政治、经济乃至文化秩序的基础,是一种元秩序(meta-order)",[②] 他将人类的文明秩序分为源自西方的宗教文明秩序、法律文明秩序和源自中国的道德文明秩序这三种秩序类型。他指出,法律文明秩序解决了传统秩序类型都没有解决好的生命必需的问题,促进了人类智性的发展,并且伴随西方的全球扩张成为现代世界的强势文化。[③]

---

[*] 周伟,清华大学法学博士。本文为澳门科技大学法学院黎晓平教授主持的澳门基金会项目"澳门法律文化研究"的后期成果之一。
[①] 梁漱溟:《东西文化及其哲学》,商务印书馆,1922,第24页。
[②] 於兴中:《法治与文明秩序》,中国政法大学出版社,2006,第19页。
[③] 於兴中:《法治与文明秩序》,中国政法大学出版社,2006,第18~33页、第52~62页。

顺着於兴中的视角，其实我们还可以进一步追问，现代中国从"道德文明秩序"（礼法模式）到"法律文明秩序"（法治模式）的演变过程中，断裂和转向究竟是如何发生的？法律这一"法律文明秩序"的核心，如何挣脱礼法模式的羽翼，在复杂的历史脉络里，演绎法治的中国故事？而且，我们应该反思，这一演变的结果好吗，如此这般对吗？

为了避免泛泛之谈，我们可以而且应该借助一个典型样本——19世纪澳门法律文化的变迁为例展开分析。澳门法律文化是中西法律文化碰撞、交流的典型的也是最早的个案。我们深切感到，不追究同一时期在中国大地展开的中华法系及其现代变迁这一大问题，不追究现代西方全球殖民扩张带来的强势法律文化霸权这一大问题，我们就无从把握澳门法律文化。

（一）到底有没有澳门法

澳门法律文化的研究对象自然是澳门法，但是这一问题在当前澳门法律问题的争论中变得模糊了。部分学者基于对葡萄牙本土的法典法文化在澳门留下的实际遗产的怀疑，以及对于回归后澳门法发展前景的判断，否认澳门法的存在。这一观点认为："只是在澳门回归中国、澳门特别行政区成立之后才有澳门法，在此之前是没有澳门法存在的。"其理由是："在澳门被葡萄牙占领之前，澳门只是广东省香山县管辖的一个小地方，施行中国法。从1849年到1999年，葡萄牙对澳门事实上实行'殖民统治'期间，被强制直接实施葡萄牙法。葡萄牙人不仅在澳门直接适用葡萄牙中央法律法规，而且向澳门指派葡萄牙法官和检察官、以葡语为唯一官方语言，根本没有考虑因澳门本地的政治经济文化社会条件而做出调整，没有经过任何的转化。"[①] 这一问题涉及澳门法律文化及澳门法律史研究的核心问题：我们研究的到底是无甚特别的在澳门的法律（中国法或是葡萄牙法）还是自成一体的澳门法律？明辨这个问题的根本在于我们如何理解朝贡体系下澳门法律的构造，以及殖民主义下澳门法律的演变。而对于本身就深陷现代法学世界观的当代中国法律人来说，这并不是轻而易举的，我们更多的是站在现代法治的立场上批评澳门法的现状不够现代、不够法治。这使得我们

---

① 谢耿亮：《法律移植、法律文化与法律发展——澳门法现状的批判》，《比较法研究》2009年第5期。

忽视了澳门法演变所经历的复杂的历史脉络及其丰富内涵。

笔者认为,澳门法自始就是成立的。1557年葡人被许可居澳并享有自治以来,明清政府针对澳门有一系列专门的措施,并且明清政府的这些治澳法律具有很强的延续性。在这种朝贡体系的礼仪关系中,澳门华人和葡人各得其宜,澳门法也形成了相对独立的一个子系统。特别是18世纪的清朝帝国,它成功构建并巩固了一个政治法律制度多元混合的多民族帝国。在这样的帝国结构中,各地域、各民族并不需要共享一套现代意义上的国家的法律体制,这样的构造容许也造就了一个相对独立的澳门法。而在1849年葡萄牙对澳门进行实际的殖民管治之后,澳门法也在各种关系的张力中演变成为一种特有的殖民地法律构造,形成既不同于中国内地又不同于葡萄牙本土的相对独立的一套体系。要把握这种特有的构造,我们就不能固守法律本本,而是要把握那使得某些法律本本虚置、某些传统习惯复活背后的那套法律殖民话语及其权力运作机制。

(二) 秩序转换下的法律文化变迁

19世纪中期,资本主义条约体系终于冲破了清帝国主导的东亚朝贡体系。相应地,传统礼法模式的那一套义理、礼仪和法律渐渐失去合法性,新的知识类型、权力策略、法律形式、规训方式逐步占据霸权地位。这也就是礼法模式(道德文明秩序)的衰落及法治模式(法律文明秩序)的兴起。这不仅是一个理论问题,对于澳门来说,它首先是一次已经发生了的历史大事件。这一时期,借助于英国取代中国在东亚地区的主导地位,葡萄牙有计划、分步骤地终结了澳葡自治性的议事会体制,建立了殖民管治的总督体制。这一根本转换改变了澳门的法律理念、法律渊源、法律制度和法律设施,称得上是澳门法律文化的一次大断裂、大转型。无论落实的程度如何,民主、宪政、法治、权利、义务、法典、法院等构成的新的法律文化至少已经成为具备意识形态合法性地位的话语和体制。而且,这次断裂和转向使得澳门在复杂的历史脉络中形成了一种特殊的殖民地法律构造。

本文的论述遵循一种以文明秩序为核心的法律文化研究视野,结合共时性的法律史考察,深究19世纪中期澳门法律文化变迁的历史脉络与理论意涵,力图把握葡萄牙殖民管治的法律策略及其冲击下的澳门法律文化变迁,进而把握这一个案所揭示的文明秩序转换的逻辑,管窥法治模式(法律文明秩序)全球霸权的建立及其在非西方区域的历史性兴起。最后,笔者将对这一法律文化变迁和文明秩序转换的典型事件作一适当的评价。

二 帝国建设、殖民主义与法律文化

欲深究19世纪中期澳门法断裂的历史脉络,必须首先把握葡萄牙殖民管治所针对的对象——清帝国在18世纪中期确立的澳门法律体制。有必要指出的是,今人大多忽略了明清政府一系列治澳法律措施的智慧和用心,尤其是18世纪的清帝国统治者在清醒的国际视野下对西方资本主义全球殖民扩张的防范和抵抗。其次,我们对同时展开的全球文明秩序转换与殖民地法律文化的关系也要有一个总体把握。最后,我们将深入分析殖民管治对澳门政治法律地位的重大影响。

(一)帝国建设下的澳门法

总体来看,18世纪清政府的治澳措施是及时有力的,这一时期澳门法律文化的发展也是良性而有成效的。第一,在明政府的基础上,清政府进一步加强了澳门的军事防卫和贸易税收管理。第二,清雍正九年(1731年),鉴于"澳内汉番杂处,并无文员驻扎,弹压稽查",在前山寨设立县丞衙门。乾隆八年(1743年),县丞衙门移至关闸以南的望厦村,"专司稽查民番,一切词讼",直至1849年才被迫迁回前山寨。这初步实现了对澳门华洋社区行政、司法事务的日常化管理。第三,乾隆九年(1744年),为统一治澳事务,清政府设立澳门同知一职。至此,治澳机构趋于完备,"100多年间,澳门同知做了大量工作,措施得力,管治卓有成效。"[1] 第四,法律体系日益完善,通过一系列专门性的法律规范不断解决澳门华人和葡人之间的法律适用问题,从而形成了一套行之有效的法律体制。解决法律适用问题的专门规范,如乾隆九年(1744年)的《乾隆九年定例》和《管理澳夷章程》、乾隆十四年(1749年)的《澳夷善后事宜条议》等,都产生了很好的效果。[2]

---

[1] 黄鸿钊:《澳门同知与近代澳门》,广东人民出版社,2006,第52页。
[2] 参见黎晓平、何志辉《澳门法制史研究》,澳门基金会,2008,第79~126页。

纵观清代历史，澳门事务向来在全局层面受到清政府重视，现存历史档案载有几代帝王就澳门问题的多次批示，中央和地方高级官吏也是公函往来不断。澳门这个弹丸之地始终受到高度重视。中国官员特别是高级官员始终清楚自己肩负的重大政治责任，他们对澳门局势的了解及掌控程度都是很深的，他们也很少在原则问题上让步。这不仅是出于对朝贡体系及其规范秩序的维护，新近的学术研究还表明，清帝国的统治者对于西方资本主义的全球扩张及清帝国面临的严峻形势有着清醒的认识。早在康熙五十年（1711年），康熙皇帝即说出了这样一番话："海外西洋等国，千百年后，中国恐受其累，此朕逆料之言。"因此，我们后人应该明白："许多时候，满清王朝和中国政府在当时临时拼凑和运用的种种存活策略，其目的本在于遏制西方列强的侵略……实际上，清王朝对帝国主义的全球扩张和侵略进行如此面对面的、日复一日的斗争，这在当时完全是一件新鲜事。"① 事实上，清政府成功地拖延了一百多年。清帝国的治澳法律体制体现了高度的防范性：防范入侵；防范海盗；防范异质文明；礼仪之争后防范天主教；等等。这一视野有助于我们将近代以来的中西冲突拉入共时性框架，而不是什么传统与现代之争。

我们必须认识到，清乾隆九年（1744年）形成的完备治澳模式，这实际上是传统中国治道应对西方资本主义扩张所能给出的最好成绩。18世纪清政府始终坚持在朝贡体系下安置澳门问题，兼顾原则性和灵活性。日趋强化的治澳体制表明，清政府改变了初期灵活运用各种策略、借助多元认同、多样体制的方式来巩固帝国统治，在内外压力下，转向了一种寻求更集中、更具掌控力的体制。比如，对澳门的财政汲取能力得到迅速提升，管辖澳门的广东粤海关年征关税由乾隆中期的45万两增至道光时期的156万两。② 这种增强内部统一性、强化管治能力和资源汲取能力的方式自然是帝国建设的一部分，但这也是我们当前学界所讨论的现代国家建设的要求。③

---

① 刘禾：《帝国的话语政治——从近代中西冲突看现代世界秩序的形成》，二联书店，2009，第103页、第150～151页。
② 参见项怀诚主编《中国财政通史》（清代卷），中国财政经济出版社，2006，第87页。
③ 参见汪晖《现代中国思想的兴起》（上卷第二部：帝国与国家），三联书店，2007，第579～678页。

但是，清政府的强化措施打破了澳葡社区基于"双重效忠"的议事会体制的稳定性。① 一种更加日常化的行政、司法、贸易、关税、军事管理体制，必然要摧毁澳葡社区模糊含混的政治法律认同及其自治体制的效力，这套帝国体制现在把"夷目"为首的澳葡社区视为它的一个基层环节。而要内化这一信从异质文明秩序的澳葡社区，并不是轻而易举的。澳葡社区的自治空间日趋狭隘，引发了葡人的诸多反弹。等到葡萄牙民族——国家建设的逻辑延伸至海外，要求对澳门实施更集中、更具掌控力的体制之时，澳葡的议事会体制也就在夹击之下彻底崩溃。

（二）殖民主义与法律文化霸权

澳门在1849年后受到葡萄牙事实上的殖民管治，诚然，它不是政治法律意义上的殖民地。② 实际上，殖民主义是这一时期澳门法律文化变迁的构成性力量。殖民主义是现代资本主义全球扩张的产物，马克思早已指出全球殖民体系是资本主义生产方式展开的前提，资本主义强权用经济、政治、军事等手段压迫和掠夺弱小族群，摧毁殖民地社会固有运行机制，并构建出一套意识形态化的殖民话语。值得注意的是，很多经验研究表明，殖民主义一般都不会贸然中断殖民地固有的制度和风习，宗主国的法律往往只是一个宰制的外表，殖民地法律转变有限，更别说和宗主国一样的"自由"、"民主"、"法治"了。但是如果我们又转而把殖民主义设想为"残酷高压、歧视排斥为主的形态，那我们就会遮掩了一些更诡妙、细致的，但亦更危险的方式"。③ 因此，我们不能被表面的现象所迷惑，法律并没有自己的历史，它向来是颠倒的现实，我们必须把握这一法律现象背后那套精巧的殖民管治策略及其法律后果，把握这套机制如何既扭曲变形殖民地法律传统，又部分保留一些法律习俗；既让法治的本本失效，又确立了法治的文化霸权。

殖民主义在一个侧面支撑了现代西方法律文明秩序的兴起，没有欧洲强

---

① 关于双重效忠问题，参见吴志良《再论"蕃坊"与"双重效忠"》，载《镜海飘渺》，澳门成人教育学会，2001，第86~121页。
② 澳门是否属于殖民地的问题，参见金国平《葡语世界的历史与现状》，《行政》第16卷第61期（2003年第3期），第854~858页。
③ 许宝强、罗永生选编《解殖与民族主义》，中央编译出版社，2004，第11页。

权在全球殖民实践的成功,那种认为自然权利立基于人最强烈的欲望,且"公共幸福要求释放和保护贪欲,就等于是说随心所欲地聚敛尽可能多的货币和其他财富乃是正当的或正义的"[①] 的现代政治哲学就不可能摆脱欧洲自身旧观念、旧制度、旧势力的束缚,更不可能得以证成。正是遵循这一立场,才能历史地展开人们追逐利欲→利欲转化为权利→权利(力)之间由法律来调整这一法律文明秩序的核心逻辑。[②] 而这正是资本主义全球殖民扩张的历史写照。诚如马克思所言,殖民主义这个"异神","原来是和欧洲各个旧神,在祭坛上并占一席的,但它在一个好日子,一记一蹴,把它们全部打到了。它宣布货殖(Plusmacherei)是人类最后的唯一的目的。"[③] 在这里话语和实践相互证成、相互强化,它力图使世人相信这套东西不仅是最强的、最好的,而且还是最后的。而这就是现代西方法律文化生成的历史逻辑。

法律文化霸权是在交互影响的基础上形成的。对于被殖民者而言,诉诸殖民地正式法律制度未必就是承认殖民者的法律权威,诉诸传统的风俗习惯也未必就是反抗这一权威,被殖民者有自己的理性选择。对于殖民者而言,提供一套漏洞百出又未必真正实施的正式法律体制,又容许多元规范的存在,既保证了最小成本的管治,又能最大限度地掩饰现实,最后还树起了大写的"法治"和"权利"。因此,我们不仅要把握这一精巧的法律管治策略,又要揭示这其中的反抗,"如果对于殖民话语之诡计有所警觉,就能够呈现本雅明所说的第二个传统,即抵抗的历史。"[④]

(三) 殖民暴力、主权与治权

18世纪欧洲启蒙运动倡导的理性主义成就了一种基于主权观念的普遍抽象的政治法律体制,这对于殖民地来说意味着对法律多元主义的否认。"自18世纪中叶起,认为主权应是统一、不可分割与分享的国家主权概念开始占主导地位,从而各种竞合的政治、司法权力并存的局面才变得令人困惑不解。"[⑤] 从此,法律卷入政治主权问题,属人法日益不被接受,法律的地域

---

① 〔美〕列奥·施特劳斯:《自然权利与历史》,彭刚译,三联书店,2006,第251页。
② 於兴中:《法治与文明秩序》,中国政法大学出版社,2006,第3页。
③ 马克思、恩格斯:《马克思恩格斯论殖民主义》,人民出版社,1962,第301页。
④ 刘禾:《跨语际实践》,宋伟杰等译,三联书店,2008,第33页。
⑤ 〔葡〕叶士朋:《澳门法制史概论》,周艳平、张永春译,澳门基金会,1996,第46页。

(领土范围)效力优位。这是理解 19 世纪欧洲法律殖民政策的重要前提。

18 世纪末葡萄牙开始寻求在澳门建立一种更"理性"、也更具掌控力的体制,1783 年,海事暨海外部部长卡斯特罗(Martinho de Melo e Castro)以葡萄牙女王的名义发布《王室制诰》,批评澳门议事会对中国官府唯命是从,对葡印总督和澳门总督傲慢无礼,因此决定限制议事会权力,加强总督权力,重设王室大法官(1787 年),澳门政治开始染上殖民色彩。[①]这一进程在 19 世纪得到加强,葡萄牙 1820 年实行君主立宪后的第一部宪法(1822 年)[②]首次宣称澳门为其领土。1835 年终结了澳葡议事会政体。1836 年,葡萄牙为澳门任命了一名初级法院法官,澳门成为葡萄牙司法体制的一个审级。1844 年与帝汶(Timor)和索洛尔(Solor)组成一个由澳门领导的海外省。[③]

将葡萄牙单方面改变现状的意志落实,暴力是必不可少的。暴力是一切现实政治法律秩序隐秘的基础,它只在关键时刻、例外状态出场。鸦片战争打破了清帝国主导的东亚朝贡体系,葡萄牙方面急于借势使澳门获得与香港一样的地位。现在,葡萄牙人要把清帝国确立的澳门法律体制颠倒过来,即由传统帝国下的中方管治、葡人自治转向现代主权原则下的葡方管治、华人自治,"对那里的华人居民进行管辖,将由居民中的长者推举出保长,隶属于议事会理事官"。[④] 1846~1849 年间的澳门总督亚马留就是这一政策的执行者,他用暴力终结了近 300 年华洋共处分治的体制,他相继采取了一系列重大措施:向关闸内所有居民征税(1846 年);停止缴纳地租银(1848 年);封闭中国海关行台(1849 年);驱除县丞衙门,剥夺中国官府行政、司法管辖权(1849 年,县丞衙门于 1888 年一度迁回);占领氹仔岛(1851 年)。

这些行动都是撇开议事会进行的,而长期自治的议事会明显对葡萄牙官方的力量缺乏信心。资料显示,直到 1847 年这些不谙政治的商人们仍然

[①] 参见吴志良《澳门政治发展史》,上海社会科学院出版社,1999,第 122~125 页。
[②] 澳门深受此次自由主义革命的影响,土生葡人还掀起了落实宪法、反对在澳葡萄牙贵族、反对政治经济特权的市民运动,这成为澳葡社群向现代民主法治社会转型的重要契机。相关介绍参见程曼丽《〈蜜蜂华报〉研究》,澳门基金会,1998。
[③] 参见〔葡〕徐萨斯《历史上的澳门》,黄鸿钊、李保平译,澳门基金会,2000,第 181~182 页、第 64 页。
[④] 参见吴志良《澳门政治发展史》,上海社会科学院出版社,1999,第 130 页。

在力图维系澳门法律体制的既有格局,他们提醒葡萄牙政府,澳门华人"受其本国政府的管辖,不像在此定居的外国人,从未按我们的法律办事。需要补充的是,华人在澳从业者均向其本国纳税。鉴此,本议事会殊不明白为何欲强迫他们向葡萄牙政府缴税而不破坏最基本的平等原则、不废除三百年来葡萄牙人恪守的条约信义、不冒与中国政府断绝一切友好往来的危险"。① 事实表明,议事会对葡萄牙暴力运用有限性的判断是正确的,在中国官衙被迫撤出澳门后,华人社群的权力真空造成澳门社会的巨大动荡,商业精英大批离开澳门。澳葡当局的强硬派也很快意识到暴力导致的格局转换无力长久维持,澳门地位的单方面改变"缺乏葡中两个政府间的普通协议而未得到确定,它是靠武力维持的……在政治、贸易、道德、宗教及财政上形势日益恶化。最令人担心的是澳门的彻底崩溃指日可待……似乎我们应放弃对华公开动武的看法已成定局"。② 此外还有不应忽视的其他原因,澳门是不出产任何资源的殖民地,它是中外商业贸易的云集之地,它依赖于华人资本,这需要与华人的友好关系为前提,因此暴力运用的必要性也是有限的。因此,在保护和扩展既有成果的同时(如1864年占领路环岛,1883年强编望厦、龙田两村户籍),澳葡当局转而寻求清政府的承认和帮助,但清政府始终没有在主权问题上让步,最终签订的《中葡和好通商条约》(1887年)只是认可了葡萄牙对澳门不得让与第三国的治权。

这一格局对于殖民管治之后的澳门法律文化变迁有着重要影响。暴力的有限性决定了葡萄牙在澳门推行的殖民主义是一种相对弱势的殖民主义,它必须更多地依赖、利用澳门本地既有的社会结构、权力关系和法律传统。

三 殖民管治的法律策略

在上述背景下,笔者首先将梳理葡萄牙殖民主义的法律策略及其制度构造,随后对这一策略背后的逻辑——一种"实用和经济"的殖民逻辑展开细致分析。

---

① 参见吴志良《澳门政治发展史》,上海社会科学院出版社,1999,第136页。
② 参见吴志良《澳门政治发展史》,上海社会科学院出版社,1999,第148页。

(一) 法律殖民策略及其构造

殖民管治自然会发布宗主国主权象征的正式法律体系。葡萄牙所属的欧陆法典法文化是现代自然权利论和现代民族——国家建制的主要成就，也是法治模式（法律文明秩序）的主要成果。在一系列体现主权决断的重要法律法令之后，作为海外省，葡萄牙主要法典也先后延伸适用于澳门，如《葡萄牙刑法典》（1854 年适用于澳门，下同）、《葡萄牙民法典》（1869 年）、《葡萄牙民事诉讼法典》（1882 年）、《葡萄牙商法典》（1894 年）等。其中，在 1869 年葡萄牙决定将《民法典》延伸适用于殖民地的法令中，明确指出婚姻家庭法不适用于澳门华人。对于热衷现代法治的人们来说，成熟的欧洲法典法文化植入澳门法，自然是进步的。只是这套正式的以法典为骨干的法律体系似乎仅仅用于宣示，它和澳门社会不大相干，"除一些行政命令外，几乎所有的法律均来自于葡萄牙本土……甚至究竟有多少葡萄牙本土法律延伸到澳门适用都是本糊涂账。"[1] 不仅如此，19 世纪中期以来的葡萄牙政府是典型的中央集权式官僚体制，严重缺乏灵活性，"受制于中央集权统治……怎能明白这么一个殖民地却要最少等候数月的书来信往，才能解决其行政管理中一件无足轻重的事情，如减收税项、登记地籍，或撤销一条已过时、有害、不再适用的法律条文？"[2] 这些法律在澳门推行的实效也就可想而知。而且这套搬来的葡萄牙法律本本惊人地脱离澳门实际，"主要用于非洲和其他殖民地的章程法例……却也不幸地应用于澳门，尽管它们只会不知不觉地吓跑可能来的投资。"[3] 这一正式法律体系是虚置的，"中国居民一直以来都生活在葡国法律之外。"[4] 这套正式法律体系以及大陆法系国家司法构造几乎不反映澳门法的实际运行，它自有其他妙用。

葡萄牙殖民澳门的法律策略及其构造究竟是怎样的？它又如何弥合各种分裂的要素，掩饰、维系它的殖民统治，进而让被殖民者接受或者是忍受它？

---

[1] 刘高龙、赵国强主编《澳门法律新论》（上册），澳门基金会，2005，第 4 页。
[2] 参见吴志良《澳门政治发展史》，上海社会科学院出版社，1999，第 192 页。
[3] 参见吴志良《澳门政治发展史》，上海社会科学院出版社，1999，第 197 页。
[4] 米也天：《澳门法制与大陆法系》，中国政法大学出版社，1996，第 21 页。

1. 澳葡在提供秩序的意义上建构合法性

第一，鸦片战争破坏了清政府在华南沿海的管治效力，海盗再次猖獗，而他们现在最惧怕的是西式炮舰。澳葡利用西式炮舰协助广东方面打击海盗以换取广东对其治澳的容忍和协助，但这同时也意味着它至少分享了（如果不说侵蚀的话）清政府在这一区域的政治权威。第二，19 世纪中期清帝国内乱加剧，尤其是波及大半个中国的太平天国运动（1851 ~ 1864 年）严重破坏了南方地区的社会结构，清政府已无力提供基本的社会秩序。大批南方绅商进入相对稳定的澳门避乱，澳门人口数一度破纪录达到八万多。因此，澳葡的殖民管治效力是被清帝国的败落比上去的。第三，为澳门华人提供只有政府有能力提供的基本秩序，借此获得被殖民者的间接承认，1867 年澳门组建了军事性的警察队伍。例如 1870 年，氹仔哨所抓获一名惯偷并对其杖击 75 棍时赢得了当地百姓的欢呼。1880 年，氹仔炮台官兵抓捕在小横琴岛劫掠的多名海盗时，得到了当地村民的大力帮助。[①]

2. 外交层面上借助英国，通过相互承认确立合法性

比如 1846 年澳葡当局勒令所有驳船登记交税时，引发 1500 多中国人与之对抗，香港总督调军舰前来协助澳门总督。1880 年，澳门与香港间的华人罪犯引渡协定生效。

3. 在建构合法性的同时，实施一种循序渐进的蚕食策略

从空间上来看，1557 ~ 1849 年澳门社会的格局是双核三社区模式，"双核"即以议事会为中心的葡人政治中心、以望厦村为最终落脚点的中国政府管治中心；"三社区"即城墙围筑起来的葡人社区、以望厦村和妈阁村为主的"乡村中国"社区以及中葡混合社区。[②] 1849 年以后，澳葡开始北向望厦至关闸间区域、西向大小横琴岛、南向氹仔和路环两岛扩张，并于 1863 年拆毁城墙。澳葡当局在不断试探的过程中，遵循先易后难、逐步稳固的蚕食策略，及时为所占区域提供基本秩序和公共服务，建立公共机构，建设公共基础设施。这其实为澳门引进了当时西方的城市管理经验，它是一种城市政府为分工细密、人口集聚的城市提供有效公共服务、

---

① 〔葡〕施白蒂：《澳门编年史——十九世纪》，姚京明译，澳门基金会，1998，第 179 ~ 180 页、第 220 页。
② 严忠明：《一个海风吹来的城市：早期澳门城市发展史研究》，广东人民出版社，2006，第 85 ~ 89 页、第 48 页。

推动城市发展的现代治理。澳葡当局开银行、办邮政、通电缆、连电报、办学校、设图书馆，以及其他基础设施建设。澳葡当局实施高起点的城市管理体制，表明他们不是单方面强迫华人纳税、服从，他们还会提供公共服务，因此，这种模式的推进更易巩固。

4. 建构逐利性商业社会，确立法律文明秩序

朝贡体系下的澳门贸易是纳入传统中华帝国的礼仪、法律关系中的一种安排，基于这种义利之辨的伦理观，中国的官员和行商必须对外贸事务负全部责任，官员对地方秩序及华夷交涉事务负全责，行商对外商所有行为负全责，一有过失，即被严厉问责。这是一种政治、社会效果导向的，而不是明晰的利益关系调整导向的制度安排，它在明清时期形成了一种商人通过与权势官员建立依附关系来保护财产的非正式产权制度。这样一套制度在伦理本位（财富被贬低）、强政府体制（中央集权官僚制）和科举制度（商人的子弟也能出仕）的社会结构中是稳定的。[1] 比如，之前驻澳门的户部关口官吏们的显赫权力及其包庇的特定商人令澳门葡人惊羡，而另一方面明清以来中央政府因腐败撤换的广东官吏也不胜枚举。因此，这一构造下的澳门是贸易云集之地，却不是一个逐利为向导的社会。在澳门的华人社区，科举之路依然是最好的出路；而在澳葡社区，那时人们的逐利贸易和天主教传统之间也存在一定的张力。

因此，建构逐利性商业社会的前提是驱除伦理意识、道德禁忌。几个因素的交织促成了这一转变：第一，鸦片战争后的香港开埠及五口通商导致澳门贸易的没落，许多华商和土生葡人家族也纷纷迁往香港或者广州。澳门陷入严重的经济危机之中，求生存的逻辑使得澳门开始转向发展特种行业：苦力贸易（1850年以后的25年，澳门共贩运50万华人出洋）、鸦片走私（后正规化为鸦片专营）、赌博专营（1851年），允许指定区域开设"妓寨"（1851年）。[2] 从而形成了时任广东巡抚吴大澂概括的"惟藉赌馆娼寮，包私庇匪，收受陋规，为自然之利"[3] 的非道德甚至反道德的社

---

[1] 张宇燕、高程：《阶级分析、产权保护与长期增长——对皮建才博士评论的回应》，《经济学（季刊）》2006年第6卷第1期。
[2] 一般性的介绍，参见〔澳〕杰弗里·C.冈恩《澳门史1557~1999》，秦传安译，中央编译出版社，2009，第103~136页。
[3] 参见吴志良《澳门政治发展史》，上海社会科学院出版社，1999，第164页。

会利益格局,这种以邻为壑、追逐利欲的行业也只能在这个地方这个时期形成,在大一统政治区域内是不大可能的。第二,1850 年后内地战乱频仍,大量内地官绅商贾携巨资避入澳门,他们改变了澳门的社会结构,并使得华人从 19 世纪 60 年代开始主导澳门工商业,形成了一个能与澳葡上层分庭抗礼的阶层。① 利用结社自由,以澳门上流社会中的华人为核心,形成了以慈善社团为名的华人组织,典型的如澳门镜湖医院慈善会(1871年)和同善堂(1892 年)。这促成了一种以上层华人绅商为核心的澳门华人社区结构,部分填补了中国官府撤出后华人社区的权力真空。他们有实力向澳门总督提请修改葡萄牙商事法律(1880 年),并组织基于各种诉求的罢市行动。这些为澳门提供新一轮发展资本的内地精英基于一种生于乱世的挫折感,也陷入了求生存、图安定的"自我保全"的逻辑(这正是现代自然权利论的起点)。这两个主要因素提供了新秩序类型在澳门运作起来的前提。

在此基础上,作为现代文明理想之宣示的法治才好部分地展开。澳葡必须提供一个法治框架满足工商业精英的需求,因为中国固有的非正式产权体制业已崩溃,有产者正寻求一种新的产权保护体制。为了建立稳固的殖民管治的上层架构,澳葡当局既鼓励这些华人精英加入葡萄牙国籍,又为之提供一个大致的现代法治框架(在马克思主义看来,这是一种最有利于有产者的制度安排),一套正式的法律体系和司法制度,以及权利、契约、法典、法院、律师等新事物,比如,商业预审法院(1863 年),澳门立契官公署(1869 年)以及发布《律师从业暂行规章》(1869 年)。这样,澳门的葡人和精英华人之间就可以进入上文提及的"追逐利欲→利欲转化为权利→权利(力)之间由法律来调整"这一法律文明秩序的核心逻辑。

5. 维系华人认同,在婚姻家庭法领域遵从华人风俗

传统中国社会是伦理社会,遵循礼法模式(道德文明秩序),它的基础是家族伦理。葡萄牙民法之婚姻家庭法部分不适用于澳门华人实际上是对华人社会的核心领域让步。澳葡当局没有必要也没有动力不这样做,相反,在殖民管治结构下,它有必要、有动力去这样做。一种不稳固的殖民管

---

① 费成康:《澳门四百年》,上海人民出版社,1988,第 319~321 页。

治权威最好的出路就是尽量少和尽量巧地使用这种权威，以避免自身尴尬。这样做大量减少了最广大华人的抵抗，使得大多数澳门华人终其一生，官方司法于他们都是陌生的。因此，第一，中国人的遗产在划归葡萄牙籍人所有时，依照中国的风俗习惯办理（1862年）。第二，民法典之婚姻家庭法不适用于澳门华人，应依据中国的法律、风俗与习惯，并将这些习惯编成法典（1869年）。第三，西洋籍华人继承也可依中国风俗（1880年）。

正是意识到这是华人社会的核心领域，澳葡当局才策略性地以让步为前提，再将其纳入法律体制。在具体操作中，第一，成立了专门的华务检察官署，这是由议事会体制时期专门与中方沟通的理事官演变而来的。华务检察官署负责华人轻微刑事案件的一审，并依据华人风俗审理有关民事案件。第二，以解释风俗习惯为名，将华人核心精英纳入其中，"在华人风俗习惯未编纂成法典之前，先在检察官署内成立一个由十二名华人组成的委员会。当委员会需要运作时，其成员从每年澳门纳税最多的四十位华人居民中抽签选出。当检察官需要时，委员会负责为其解释华人的风俗习惯。"[①] 对于一般华人来说，它是在诉诸传统绅商权威；而对澳葡当局来说，这又是对其法律权威的承认。通过这套有些曲折的制度安排，既弥补了自身的权威不足，也给华人社群造成澳葡与华人精英共治澳门的印象。这有助于形成一个相对缓和的殖民管治的底层架构。

（二）"实用和经济"的逻辑

葡萄牙法学家叶士朋在总结葡萄牙殖民史时认为，海外殖民地的法律治理遵循一种"实用和经济的逻辑"，他解释道："海外属地地处遥远，缺乏能应用欧洲法律的司法官员，而且王国法律迟迟才到，所以经常处于一种'边界'的灵活状态中，不大喜欢官方法律的形式主义和精确主义。无论是美洲还是亚洲，那些居民并不是处在无政府的状态，其法律逐步由当地的习惯和实践以及组织、调整和化解冲突的方式构成，当这些因素与实际相适应时，便生根发芽形成真正有效的法律。"[②] 这一论述有助于我们进一步把握澳门法律殖民的构造。

---

① 〔葡〕叶士朋：《澳门法制史概论》，周艳平、张永春译，澳门基金会，1996，第54页。
② 〔葡〕叶士朋：《澳门法制史概论》，周艳平、张永春译，澳门基金会，1996，第21页、第4页。

由于一种弱势的殖民主义，这一特质在葡萄牙殖民管治澳门的情况中体现得尤为明显。在澳门地位长期不明确的焦虑中，澳葡当局做了两方面努力来搭建殖民管治的法律架构：第一，通过法治模式吸引华人资本入澳，结成澳门葡人与精英华人的上层结构；第二，通过提供基本的秩序和维系华人社会的伦理特质形成缓和的殖民管治的底层结构。至于其他方面，则如前面所提及的那样，这时的澳门法律实在是一本糊涂账，因为殖民地法制"刻意地维持既存制度的要素，限制法律的变化，以维持社会秩序。另一方面，被征服与被殖民的群体也会采取一些方式对征服者的法律移植做出回应，诸如在该法律体制内的调解与维权、巧妙的法律规避以及公然的反抗等等。"[1] 但是，这样一种社会构造和法律安排，和中国传统治道相比，比如东晋弱势皇权与强势士族结合的"王与马共天下"的治理模式，以及清帝国以"夷目"为中介的治澳模式，有什么区别呢，它何以现代呢？

最大的不同在于澳葡殖民当局所宣示的法治模式（法律文明秩序）这一全球文明秩序时代的新事物。在既有的殖民主义与法律文化问题的讨论中，研究者注意到：多元法律竞争是早期殖民统治的常态，这其实和现代民族－国家建制之前的欧洲法律格局也是一致的（王室法、城市法、习惯法、教会法、海商法等法律文化的多元格局）。这种方式是殖民主义初期的海外贸易及其"间接统治"的策略行为。到了19世纪，以垄断暴力为后盾的国家法才排斥其他"非正式、落后"的法源，多元法律秩序才转向国家支配的法律秩序。从而，殖民地法律文化格局也变成"国家的法律权威是单一的……多元化的社会群体、文化、宗教以及道德秩序仍可以留存于这个等级之中，但是现在它们却显然要服从这个覆盖一切的国家法律权威。"[2] 这一历史展开实际上是资本主义的法治模式（法律文明秩序）建立和它强化内外文化霸权的过程。文化霸权借助一套复杂的话语、权力及制度的构造将统治方式诉诸从属阶级同意（Consent），它把统治阶级的利益转换成为民众的常识。葛兰西认为，资产阶级文化霸权是通过资本主义生产方式之上的市民社会实现的，即社团、工会、学校以及新闻媒介等。据此，法治

---

[1] 〔美〕劳伦·本顿：《法律与殖民文化——世界历史的法律体系（1400～1900）》，吕亚萍、周威译，清华大学出版社，2005，第3页。

[2] 〔美〕劳伦·本顿：《法律与殖民文化——世界历史的法律体系（1400～1900）》，吕亚萍、周威译，清华大学出版社，2005，第146页。

才能起到既惩戒又教育的效果。① 它才能使世人相信这套东西不仅是最强的、最好的，而且还是最后的。法治模式的全球文化霸权是通过资本主义生产体制的全球扩张实现的，是在日复一日的工作中再生产出来的。

这一套澳葡当局殖民管治所能诉诸的合法性理据的证成，并不需要也不可能由葡萄牙完成。19世纪中期英国冲破了清帝国主导的东亚朝贡体系及其法律体制，随后西方列强寻求将中国逐步纳入资本主义生产方式，再辅之以治外法权和殖民管治，这就是新的秩序类型（法律文明秩序）建立文化霸权的过程，澳葡当局跟随这一潮流即可。

四 秩序转换之澳门事件的反思

19世纪中期澳门法律文化转向了一种特有的殖民管治构造，这一转换初步实现了将澳门这片土地上的意识形态上的合法性秩序由礼法模式（道德文明秩序）演变为法治模式（法律文明秩序），其中的法律策略已如上文所述。这一变迁可以称之为19世纪全球文明秩序转换的澳门事件，澳门也成为清末以来中国秩序转换的前哨。

必须指出的是，19世纪中期澳门法律文化的变迁并不成功，它没有导向一种有共识的秩序。澳门法律的本本不是澳门社会生活的真实表达，这一变迁所成就的澳门法律文化是分裂物的混合（礼俗文化与法治文化的混合）而非融合，它是半现代半传统的，它不具有真正的合法性。

不成功的原因在于澳门不是一种典型的以产业资本、机器大生产为核心的资本主义生产方式（这些最先进的生产方式当时只能留在宗主国），它仍然停留在商业资本的阶段，澳门只是资本主义文明的边陲。没有一套把所有社会成员裹挟其中的资本主义生产方式，它就无法落实"新的阶级权力正在展开的那些规训制度的历史上的一个重要时刻：规训机制征服了法律制度"②，进而无法产生基于个人主义（资本需要平等自由的个人）、

---

① 参见赵一凡《从卢卡奇到萨义德——西方文论讲稿续编》，三联书店，2009，第445～474页；〔意〕安东尼奥·葛兰西《现代君主论》，陈越译，上海人民出版社，2006，第95～96页。
② 〔法〕福柯：《规训与惩罚——监狱的诞生》，刘北成译，三联书店，2003，第259～260页。

权利（利益平衡）观念的一套法权安排，也就无法摧毁华人伦理社会的社群特质。因此，殖民管治所宣示的那套法治模式澳门本身是支撑不起来的，如果不是19世纪全球文明秩序的总体格局在提供这一支撑的话，法治的文化霸权是不足以长期维持的。

　　澳门华人的生产生活方式并没有大的改变，华商除了在与澳葡交往时遵循殖民管治当局的方式外，在大多数时候遵循华人社会的行为处事方式。比如，他们组织起以澳门镜湖医院慈善会（1871年）和同善堂（1892年）为代表的华人社团，虽然这需要澳葡当局的批准，但这绝不是西式的结社团体。这是传统中国城市社团的延续，明清时期中国城市商人团体的自我组织十分发达，清初江南商人的会馆公所在经济功能之外，又都以同乡联谊、敬祀神佛和慈善救济等名义向政府呈请"立案"，[1] 它提供了一套共同的规范，足以解决团体成员生活中的大多数问题。这是一种典型的借用殖民者的法律容纳华人既有社会团结的方式，一种新瓶装旧酒的进路。但是，更重要的改变在于澳门华人精英体认到中国传统文明秩序大势已去，所以他们送自己的子弟接受西方教育，赞助办报纸，资助甚至参与康有为等君主立宪派以及孙中山等革命派的事业，他们开始希望改变整个中国的命运。这种态度本身就表明了华人精英对法律文明秩序的整体接受，他们要反抗的是这套文化霸权之下具体的不平等关系。因此，中国的出路不是回到19世纪中期清帝国败落之前，而是应该在新的全球文明秩序的构造中奋力争取民族和个人的自由和权利，自觉创造新的生活方式。

五　结语

　　19世纪中期的澳门法律文化变迁处于一种复杂的历史脉络中，这期间有着深刻的义理纠缠，要认清这一点，就必须避开从传统到现代、从封建主义到资本主义这类历史单线进化的思维，转向共时性的法律史研究，让"传统与现代这一陈旧的框架变得索然无味，从而为解释现代历史打开了替代的途径。"[2] 在有些研究者看来，澳门好像是落后的、传统的中国学习

---

[1] 邱澎生：《由苏州经商冲突事件看清代前期的官商关系》，《文史哲学报》（台北）第43期，1995年12月。
[2] 刘禾：《跨语际实践》，宋伟杰等译，三联书店，2008，第42页。

先进的、现代的西方的一个前沿窗口,而忽视了现代性就是在中西互动的复杂历史脉络中生成的,这一非历史的价值预设限制了澳门研究的学术想象力空间。澳门法律文化研究尤其应该注意这个问题,世人钟情于澳门法律文化的斑斓色彩,学者更有责任揭示真实的澳门法史中诸多的不义和无奈,以一种历史正义论述说澳门法史及其法律文化,我们应该铭记:"澳门法涉及一个正义论题,但不完全可以用法律正义、道德正义或政治正义之类的概念来讨论,而是包括这些正义在内的且高于它们的一种正义,可称之为历史正义。"[1]

(原文载于《比较法研究》2011年第2期)

---

[1] 参见黎晓平、何志辉《澳门法制史研究》,澳门基金会,2008,第2~3页。

"一国两制"的伦理精神

黎晓平[*]

"一国两制"及其实践，引发了中外学术界持久、热烈而深切的关注。港、澳回归前，西方世界弥漫着悲观的看法，认为回归之日，便是这两个地区的自由终结之时。其中一些不怀善意的西方政客或所谓学者还极诋毁"一国两制"之能事，恶意中伤中国国家和政府，说什么"中国是一党专制的国家"、"中国共产党不可能容忍政治异己"等。然而回归十余年来，"一国两制"经受了时间和实践的双重检验，证明西方世界曾有的悲观预言和恶意诅咒是完全没有根据的。但这并不意味着"一国两制"不会遭遇新的挑战，不会面对实践中出现的新的问题，其中最重要的挑战或问题是："一国两制"之政治法律架构未能为"民主"提供空间和条件、铺平道路，换言之，不合乎"民主"的逻辑。香港一知名学者有如下看法——代表了香港一部分人的社会意识：回归后港人的权利和自由不仅得到了保障，而且获得了扩展，但"一国两制"没有回应港人的民主要求。简言之，"一国两制"有人权却没有民主。

西方人的论调尽管没有事实根据，但却有属于他们的价值观和政治法律理论，或者说有其思维逻辑的，而部分港人之观点则是奇怪的。他们的思维逻辑亦是西方式的，所谓"民主"、"人权"、"法治"之类。但即使依循这种逻辑，没有"民主"，何来"人权"？而他们承认的事实是没有民主，的确有人权。

显然，西方的逻辑是不能恰当地理解"一国两制"的，因为，"一国两制"既超越了西方社会的政治经验，也超越了其政治法律理论的框架。

---

[*] 黎晓平，澳门科技大学法学院教授。

"一国两制"是属于中国文明的创造,是中国之"道"的演绎。

构成一项政治法律制度的既是观念也是事实,既是事实也是目的。而观念和目的,乃是构成该项制度的精神要素。因而,对一项政治法律制度的理解,事实的观察虽有必要,但精神的探求则更有价值,唯此才可领悟其完整意义。

"一国两制"的精神是什么?有多种诠释:开放的精神、包容的精神、妥协的精神,甚至民主的精神、人权的精神等。或许这些可能是为"一国两制"体现的精神,但却不是其根本精神。我的看法是:"一国两制"虽然是以政治法律的形式存在的,但其本质上体现的是中国政治传统中的伦理精神,而非"民主"精神或者所谓的"人权"精神。

一 从中国政治传统谈起

近代以来,中西学人对中国传统政治之观察所形成的认识大致有两种。一为所谓的"专制主义",如孟德斯鸠"东方专制主义"之评论,如马克思主义者"封建专制主义"之教条,如自由主义者"集权国家"之论调等。一为所谓的"伦理主义",如梁漱溟"伦理本位"之见解,如梁启超"德治主义"、"礼治主义"之看法等。这两种不同的认识源于两种不同的思维逻辑或两种不同的认识尺度与价值尺度:一为西方的,一为中国的。明显地,运用西方的逻辑去认识中国的过去以及现在,达致的结论总是负面的,总是"不是",令我们不安,仿佛中国的世界和我们是不相容的。而依照自己的逻辑思考,则见出中国政治传统以其独特的温暖的伦理精神,条畅涵泳社会之生活,自有其意义与价值,使我们有所依赖与期待。更何况,西方的逻辑是外在的观察和剪裁,自己的逻辑则是内在的觉解和发掘,无疑更贴近事物的真实性。

这里"伦理"实有两重含义:一为人伦关系,即由家庭关系发展出来的一整套社会关系,关系即伦理;一为源于这些关系的"理",即相应的道德规范和原则。因之,伦理是为"伦"与"理"的统一。"父子有亲,君臣有义,夫妇有别,长幼有序,朋友有信"[①],此之谓也。这里,父子、

---

① 《孟子·滕文公上》。

君臣、夫妇、长幼、朋友概括了基本的人伦关系,有亲、有义、有别、有序、有信则是这些关系的规范与原则。引人注目者,在孟子的学说中,家庭关系(父子、夫妇)、政治关系(君臣)和其他社会关系(长幼、朋友)均属伦理关系,而每一种关系莫不自然有其"理"。

基于人伦关系及其规范和原则,亦即"伦理"来组织社会,建立国家,就是所谓的"伦理本位"或伦理主义。据梁漱溟先生的看法,就是"中国人就家庭关系推广发挥,以伦理组织社会","不但整个政治构造,纳于伦理之中;抑且其政治上之理想与途(道)术,亦无不出于伦理归于伦理者",总之是"融国家于社会人伦之中,纳政治于礼俗教化之中"。①

因此,中国人的国家观念与西方人的国家观念差异颇大。西方的"国家"在本质上是政治和法律的概念,告知我们的是国家的形式要素:人民、领土、主权以及国际承认,而非国家的本质和目的。而中国的"国家"则是一个伦理和文化的概念。中国相传已久的看法是:"国之本在家","积家以成国",目前流行的"国家"一歌,亦有"家为最小国,国为千万家"之吟咏。所谓"天下一家"、"四海之内皆兄弟",体现的则是中国国家观世界主义、大同主义、和平主义和仁道主义的伦理精神,这些是现代意义的西方国家观所不能涵盖和无法提供的。

相应地,中国政治就是以伦理为基础的政治,其根本法则就是伦理法则,其制度和立法恒以伦理为依据,所谓"一准乎礼",即以礼为标准和依据,这样的政治被称为"德治"和"礼治"。

"德治"和"礼治",在中国政治哲学上也叫作"王道",其根本意涵是:仁政、民本和贤人之治。法儒汪德迈(Vandemeerch)著有《王道》(*La Voie Royale*)一书,肯认和论述了"王道"上述意义和内涵。"王道"政治既非君主专制政治,亦非民主政治,而是一种伦理政治。今人蒋庆先生认为,"王道"政治在今天依然是中国政治发展之方向。②

---

① 梁漱溟:《中国文化要义》,学林出版社,2000,第80、83、17页。
② 蒋庆:《王道政治是当今中国政治的发展方向》,载中国儒学网,http://www.confuchina.com/03%20lunlizhengzhi/wangdaozhengzhi.htm。

二 中国政治的伦理精神

伦理精神,亦即道德信念、道德理想和价值向往,是一个民族精神中最核心的部分,对中国民族来说,尤其如此。伦理精神是中国民族生存的支柱和依赖,当然也是中国政治的支柱和依赖。

中国政治的伦理精神意味着什么呢?我曾不止一次地谈论这个问题,我的看法依然是:"仁爱、和谐、公义和统一"。这些在我看来,一直就是我们文明的特质、民族的精神和国家的事业,如果借用中国古典哲学的概念,可以说这就是中国之"道"。

中国之道,与"中国"的概念、中国文化的概念、中国民族精神的概念是合而为一的。它所蕴含的是历尽沧桑的生存智慧、饱满激扬的生命状态、纯正浩大的人间善业。

中国之道,也就是"仁爱、和谐、公义和统一",我已经说过,一直是我们文明的特质、民族的精神和国家的事业。我想进一步说,它一直而且永远是我们文明的方向、民族的信仰和国家的理想。

在法学意义上,根据我的理解,中国之道也就是我们国家的大宪章。毫无疑问,这样的大宪章与现代国家的宪法是不能等同看待的。它不是任何立法的作品,不是一时一地的一项政治宣言,也不是对某种可怜的个人主义或称自由主义或其他什么主义的诠释。它甚至不知道国家权力机构的划分与组合。在这种理解下,你可以说它根本就不是什么宪章。但我依然认为它是,而且是大宪章。它形成于久远的年代,除了文明和文明的历史而外不会有其他创作者;除了神圣的宇宙秩序和人生与人心之追求与向往而外不会有其他渊源;除了引导、规范人类过与自然秩序和人类本性的伟大法则相符合的生活而外不会有其他内容。的确,将这样的宪章称为国家宪法,显然不甚合适。因之,我称之为"文明宪章",其实,赋予其什么样的名称并不重要,它只是自然秩序和文明秩序的体现,所以必须被遵守。它的有效性甚至在人们对之弃而不顾的情形下也不会有丝毫减损。它的使命是使文明得到长久的维系,没有了它,人类社会与文明都将遭到毁灭,人类自身也将退化为野蛮人和动物。故《春秋》有云:"不若于道者,天绝之"。总之,它赋予我们文明、民族和国家以真实的、合理的、不朽的基础与法则，它循循引导我们通向生命通向善德通向未来的事业，不可抗拒，不可僭越、不可背离；它是我们国家和民族无可回避的、唯一的、现实的道路。孔子曰："道也者，不可须臾离也"，说的就是这个意思。

这种伦理精神，也就是中国之道，是我们民族和国家绵延于不绝、再立于既倒、浴火而重生之永不枯竭的力量源泉，亦为我们再启新局的源头活水。

当台湾、香港、澳门之问题凸显之时，"一国两制"的模式便在中国之道的昭示之下诞生了。

三 "一国两制"与中国伦理精神

前文谈到，"一国两制"不能在西方的逻辑中获得理解，然即使在该项制度提出之时的中国现实的政治和意识形态的框架之内，也不能获得解释。"一国两制"只有放置在中国古典的政治传统中才能获得依据、解释和理解。

"一国两制"远非"在一个国家中实行两种制度"之简单政治法律含义，"一国"或"一个国家"对中国人而言，意涵丰富，意味深长。

我们知道，中国至迟在商代就已经建立了国家，时间大约在公元前16世纪。到公元前221年，秦始皇建立起一个疆域辽阔的统一的国家，从此，尽管出现过分裂、民族战争或改朝换代，中华民族以其不拔的意志、卓绝的奋斗，顽强地拓展了国家的空间，完整地保留了自己的国家形式，最终凝聚为统一的多民族国家。数千年的政治实践，决定性地形塑了中华民族的国家观念和核心价值观：那就是"国家统一"，就是"一个国家"。或者简单地说就是"统一"。这与西方民族的历史经验是不同的，希腊时代的城邦，互不隶属，各自独立，从而开创了政治多中心主义的传统。观今日之欧洲，虽有民族和文化上之同源性，然国家林立，正是这种传统的写照。无论政治上的统一主义抑或多元主义，原本没有优劣高下之分，只是源于不同的传统，理解这一点是重要的。

中华民族的国家及其关于国家的核心价值观，在近代遭受了西方帝国主义和殖民主义最为无耻的践踏和伤害，忍受了无尽的屈辱，先是香港，后是澳门和台湾被强行从中国分离了出来，置于外族野蛮的管治之下。中国——中华民族的家园，被强盗们破坏得支离破碎。

历史的创伤迄今还未愈合，港澳回归了，还有台湾，我们的台湾！邓小平曾无比坚毅地说："一百年不统一，一千年也要统一。"[①] 这是中国历史的声音，是中华民族的声音。

由此可见，"一个国家"也就是"中国"，对中国人而言，就是他们的信仰，就是他们的事业，就是他们的梦想。

因而，"国家统一"就自然成为"一国两制"之基础意涵、主要价值、根本目的。这大概亦为人们常说"一国"是"两制"的前提和基础的意思。

问题是：国家如何统一？或，一国如何两制？

人类文明史的多数经验是：武力统一。但中国选择的是"和平统一"，中国政治传统中的"仁爱"、"和谐"的伦理精神被再次激活了。中国的"和平"观较西方的"和平"观，有其特色。根据西方的观点，和平是没有战争的状态，或战争中的间歇。中国"和平"观的"和"不仅有仁爱、和谐之深厚的价值观上的底蕴，更是在实践上处理自己与他人、个人与社会关系时相互以对方为重的伦理原则。孔子"和为贵"的名言在中国是尽人皆知的。孔子确立的是人们交往过程中的伦理原则：它要求通过交往双方间的相互理解、沟通，以化解紧张，抑制冲突，与此同时也要求彼此间同心同德，协力合作。这样的伦理原则，不但体现在中国处理港澳台的关系上，也体现在处理与世界各国的关系中。

国家的统一，不是同一化，而是追求"和"，追求不同制度相互尊重、包容、协作与互补，追求互利互惠和相互责任。"一国"如何"两制"之问题在此处便有了正解。

如果说，"一国两制"的主要目标是国家统一，是国家建设，那么，要建设一个什么样的国家呢？

这是"一国两制"所面临的难题。香港回归后引发了关于香港居民权、人大释法，特别是基本法第23条立法和香港政制发展等种种困扰"一国两制"的问题，相信此类问题还会有以激烈的形式出现的可能。台

[①] 邓小平：《一个国家、两种制度》，载《邓小平文选》第三卷，人民出版社，1993，第59页。

湾方面迄今不认同"一国两制"。声称中国民主了，才能谈统一，要民主统一中国。香港与台湾的意识与政治运动反映了伦理国家与西方现代意义上的"国家"之间的冲突，而"民主"则是这种冲突的焦点。

依照传统的说法，"民主是最不坏的政治"，可不知什么时候，民主成了最好的政治、理想的政治或者"普适的价值"。"最不坏"指的是较于其他政治，有它的"好"，民主的"好"可说尽人皆知；然"最不坏"毕竟还是"坏"，只是程度上有差别而已。"最不坏"的说法还有一个意义，那就是不得已而为之，人类有必要去追寻"好"的政治。

民主的"好"与"坏"是一个大题目，不是此处可以讨论的。这里谈谈"民主"与"一国两制"可能的冲突。"一国两制"是基于伦理关系的构造，是"伦理本位"的或伦理主义的。其建构的是一种和谐共存的社会秩序，遵循的是互爱、互敬、互助、互利的仁道原则和相互责任的义务原则。民主则是基于利益关系的构造，是所谓"权利本位"或个人主义的。其建构的是一种自由竞争的社会秩序，遵循的是竞争和个人权利至上的功利主义原则。这便是二者在根本精神上的差异。

民主政治的社会生活，往往是以个人权利和国家权力的计较、个人利益与公共利益的纠缠、私人领域和社会领域的争夺为主要内容的。故"争"或"生存竞争"是这种社会生活的基本法则，用耶林的话说，叫作"为权利而斗争"。这与中国伦理政治生活"和"的原则有显而易见的冲突。香港回归后引发的《香港基本法》第23条立法与香港政制发展之争论，其本质就是所谓为了"权利"的斗争。只是在这样的"斗争"中，违背了"相互责任"的伦理原则。只从国家获得权利而不尽义务和责任，漠视国家安全，即使在西方的民主社会也很难获得认同。中国的伦理政治的确不是以权利为中心的，因为义务、责任乃是伦理的本质。在相互义务、相互责任中，互助、互惠、互利得到事实上的实现，故梁漱溟先生认为，不讲权利，而权利自在其中。这也解释了为什么在香港"没有民主却有人权"的疑问。在香港，不但有人权，而且有较之在英国管治下的时期更为广泛的、更为基本的、更为真实的、更为有意义的人权。

权利的计较、利益的纠缠、生活领域的争夺，是为民主政治生活的内容。这些在柏拉图、亚里士多德的哲学中，早就被认为是不道德的，故他们对雅典的民主政治多有批评。于是，柏拉图便有基于伦理原则——社会等级——之"共和国"之创设，亚里士多德便有理想政体之追寻。在他们看来，国家生活是一个伦理的领域，是一种达于善的道德生活，而非功利计较的场域。所以，民主政治的非道德性和中国伦理政治之强烈的道德要求之间，也是有紧张关系的。比如，香港社会的民主要求，在国家生活和香港的社会生活中就有着强烈的离心离德的倾向；台湾的民主要求，则表现为强烈的分裂国家的倾向。在中国人看来，不认同国家，甚至分裂国家，而唯个人或少数人的私利是图，不管以什么名义和理由，均是不道德的。还有可以讨论的是：在西方，道德的缺乏可能是民主政治实践面临的一个大的危机。没有了伟大的道德与崇高的追求，没有了生命的意义，剩下来的就只有赤裸裸的私欲和利益，而不再有未来的希望。这是我们应该警惕的。

或许人们争辩说，保障和促进每一个成员的权利和利益，不正是民主政治最根本的道德吗？不正是国家的道德责任吗？当然，这不仅是民主政治最根本的道德，也是中国伦理政治中"民本"原则的题中应有之义。进一步说，要是不以此为依归，无论民主政治还是伦理政治，均失其存在之依据。道德不道德，是从社会成员间，以及个人与社会、国家间相互对待之关系中相互义务、相互责任来说的，诚如亚里士多德所言，道德乃"他者之善"，那意思是尊重他者，以他者为重。这也含有孔子"仁者爱人"的意思。倘若一个政治以个人主义为本位，放逐个人于权力和利益的争斗中，就叫作缺乏道德性，也很危险。

还有一个方面值得注意："一国两制"并非像少数人想象的那样，完全与民主无关。我的看法是，不仅有关，而且关系重大。那就是"两制"所蕴含的意义。"两制"不仅意味着承认港、澳、台地区的社会制度，更重要的是意味着这些地区的"自治"，而且是"高度自治"，其相应的表述为"港人治港"、"澳人治澳"、高度自治，若台湾实行了这一制度，自然是"台人治台"，并且是更"高度"的自治了。"自治"可以看作是民主政治的根本精神之一，并且在人类政治实践的历史中，自治也许是最真实可靠的政治体制。对经受过长期的外族野蛮殖民统治的港、澳、台三地的人民来说，自治何其尊贵！正是在这点上，见出"一国两制"之海纳百川、包容万象之政治上的创造性和想象力。然"自治"并非是无条件的，而是有其合情合理合法的条件。首先就是邓小平说的："港人治港"必须

"以爱国者为主体的港人来治理香港"。① 这是一条基于坚毅而深沉的国家信念与民族情感而提出的伦理要求，是一项不可置疑不可动摇的伦理原则。这一伦理要求和原则也适用于澳门和台湾。其次，就是必须依照全国人民代表大会——中国最高的国家权力机关——制定的宪法、特别为港澳地区制定的基本法来进行自治。这样的法治原则同样是不可置疑不可动摇的。否则，就没有"自治"。

"一国两制"之"自治"原则虽然在精神上与民主政治有契合，但在民主实践中，有可能遭受极为尖锐的冲突。在台湾，主张"台湾独立"的分裂势力就在不久之前通过"民主"选举方式占据了权力，并且制造了海峡两岸最为严重的冲突和对立。今后也不能排除"台独"分裂势力还会通过民主选举的方式占据权力的可能。在香港，少数的所谓民主派人士曾经是"逢中必反"，今天亦很难说他们是"爱国者"，他们人数虽少，但极有影响力和煽惑力，今天在香港立法会就已经有相当势力。当2017年香港特别行政区行政长官普选和其后的立法会普选之民主进程展开之时，这些非"爱国者"的少数人很可能就成了治理香港的人，那时，"以爱国者为主体的港人治港"的伦理原则和依宪法和基本法来治理香港的法治原则就会遭到损害甚至动摇，以致"一国两制"本身遭受威胁。这样说并非没有根据，《香港基本法》第23条立法迟迟不能推动，就是一例。

针对上述情形，现有港、澳基本法并未有周全的对策设计，也许始未虑及，也许社会和生活总是在发展变化的，不过，这些都不重要，重要的是坚持"一国"。"爱国者"的自治是"一国"之自然之义，是"一国"的伦理的和政治的要求。倘若出现上述情形，"一国"之伦理原则和法治原则将会发挥作用与力量，纠正或制止那种"自治"。"一国"与"两制"之不可分割性就在这里了。

四　"一国两制"与国家建设

这样，我们的讨论又回到"一国"上来了，现在让我们来回答前面提出的"建设一个什么样的国家"的问题。"一国两制"具有多方面的意义，

---

① 邓小平：《一个国家、两种制度》，载《邓小平文选》第三卷，人民出版社，1993，第61页。

国家统一，也就是国家建设是其主要意义和根本价值。因此，根本问题就是"一国两制"条件下建设一个什么样的国家，这和以往的国家建设还是有区别的。

区别在于，以往是"一国一制"，现在则是"两制"，要把"两制"统一在"一国"之内，要在一个国家中实行"两种制度"。这种情形使学界联想到外国某些国家的结构形式，进而提出"联邦制"或"邦联制"的主张，也有主张"一国两府"的。这些主张与"一国两制"的主旨是不一致的，与中国人的"国家"观念和中华民族关于"统一"的核心价值观更是相去甚远。"一国两制"不是权宜之策，国家统一是中华民族不变的、永恒的信念和意志。我前面说过，"一国两制"是属于中国文明的创造，是中国之道的演绎。"一国两制"条件下的国家建设所应遵循的，当然也是"中国之道"。质言之，国家建设的原理就是前面述及的"仁爱、和谐、公义和统一"。

"仁爱、和谐、公义和统一"也就是中国之道，是先民们以其不息的生命意志、参天洞地的智慧，求索到的宇宙社会人生的根本道理。这样的道理当然是一切政治法律的基础原理，是一切法则的根本法则。这样的基础原理，这样的根本法则对中国人言，是本源的而非外来的，是铭刻在心灵上的而无须他者启蒙的，是契合民族性情的而非水土不服的，是真实的而非虚妄的。奉行这样的原理，遵循这样的"道"，才能使我们中国人重新有了道德和价值的高度，重新有了自己的思考逻辑和语言，重新有了面对未来的自信和向往，并进而能够批判性审视流行的西方观念和制度，创造性地建设属于中国人的政治法律文明。真的，我们失去这一切已经很久了。

现在，建立一个"什么样的国家"的概念就清楚起来了，那就是：仁爱的国家、和谐的国家、公义的国家和统一的国家；那就是政治的国家、法律的国家、文化的国家和伦理的国家的统一。在这样的国家中，两制及两制下的人民能安其位、守其责、尽其能；两制及两制下的人民相互尊重、包容和互助；两制及两制下的人民共享国家的荣耀、尊严和价值；两制及两制下的人民在国家生活中能发挥最大的创造性，创造出政治、经济、文化、道德等多方面的成就，同时也发展和成就他们自身政治的、文化的、道德的质量和能力。在我看来，这样的国家可称为"和谐国家"，也就是真正意义上的"共和国"。

五 结语

"一国两制"的伦理精神昭示我们:"一国两制"处理的不只是国家与港、澳、台的关系问题,亦不只是解决国家统一问题,而且是我们究竟要建设一个什么样的国家的问题。它要求我们拔擢于中国文明秩序的崇高境界,在"中国之道"上行进。

(原文载于《一国两制研究》2012 年第 1 期)

怀柔远人：中葡法文化初交汇

汪清阳[*]

一 引言

人们多以"中西合璧"或者"东西文化交汇"来修饰澳门，由此彰显澳门所具有的包容的性格。这种性格，在落魄的葡萄牙诗人庇山耶[①]的诗歌中得到了充分的表达。[②]

在诗人的笔下，来自利比里亚的宗教文化与华人风俗习惯融合在一起形成了与欧洲截然不同的文化特质。这种文化特质，或中或西，或古或今，虽多元却也能共生而相得益彰。我们由此可以认为，澳门这座微型城市，具有接纳多元文化的勇气和果敢，而这种勇气和果敢，正是全球一体化进程中所必需的一种品质。基于这样的品质，澳门当仁不让地成为世界文化交流的一个微观缩影。

多元文化对澳门法治提出很高的要求。首先需要法律的制定者对诸种文化有着充分的认识，因为只有认识，才能尊重，只有尊重，才能协调诸种文化之间的关系；其次，诸种文化须形而上其共通法则，否则便会有所偏颇，失之端倪。

由此可窥澳门法治之难。如若侧重当中一种文化，则另一文化难以融

---

[*] 汪清阳，法学博士，澳门大学亚太经济与管理研究所访问学者。
[①] 梅洛·庇山耶（1867~1926），葡萄牙诗人。代表性著作有《漏钟》、《中国》，曾于1900年被委任为澳门物业登记局局长。
[②] 约瑟·奥古斯都·西亚贝拉在澳门东亚大学十周年校庆时所发表的《澳门与葡国诗》的演说，http://www.macaudata.com/macauweb/book145/html/04901.htm。

入法治视野,从而游离于成文法之外;如若两者同时偏重,则产生何为主体的问题,主体解决不当,则各文化之间将会相互排斥,从而使成文法成为多元社会之陪衬物。

因而,探究澳门诸文化之真正意蕴及关联关系,便是有作为之法治的先决条件。而诸文化当中,最为核心的当属以"礼"为代表的中华法文化和颇具拉丁风格的葡萄牙法文化。

通常将一个族群用以区分善与恶和正确与错误的深刻情感谓之法文化。法律制度与规范要获得其全部意义,就应对本族群的文化有着坚定而持久的信仰,就应该对本族群奉为永恒的、力图加以维护的价值观进行深刻理解并将之构造成鲜活的法律规则。这样的过程,并不能满足于对文化的纯粹性的、肤浅的认识,而应致力于解读其各层次所蕴含的意义。

就那些内涵丰富寓意深刻的文化来说,比如葡萄牙文化,这样的深入解读对一个局外人而言是极其困难的。资料之欠缺便是一个客观的理由,且在为数不多的资料里,多局限于表层方面的轻描淡写。法律被孤立于文化和社会背景之外,由此所获得的感官及视野是贫乏的。

即使是作为自己民族文化的中华法文化,这样的深入解读也是一件困难的事情。历史上的两次运动使我们对自己传统文化感到陌生。一次是提倡"德先生和赛先生"的新文化运动,它使国人对以儒家思想为代表的传统文化产生怀疑,而另一次则是以"打倒孔家店"为口号的"文化大革命",它将儒家思想视为人民革命的敌人。

这样肤浅的认识是危险的。缺乏应然的价值认识,人们在立法、适法的过程中往往会套用其熟悉的文化概念或价值去填补个中空白。如同我们在阅读一篇小说时,会借助我们脑子里的形象、信息和情节去填补故事里的空白。这样,就臆造了我们所要描述的制度,将不是属于对方而是属于己方的意图、意义、行动范畴等强加于对方身上。

当然,这种张冠李戴的错误做法,并非肇始于今日之澳门。且以1925年发生于澳门的一起华人离婚案为例。妻子张莲控告丈夫李华森残暴,要求离婚,而丈夫否认妻子的控诉并提出证据证明他不是麻风病患者。[①] 妻子的行为很大胆,因为在华人法文化中,只有在丈夫患上麻风病之前提

---

① 〔葡〕叶士朋:《多元文化结构下的法律与正义》,《行政》1983年第32期,第151页。

下，妻子才有提及离婚之资格。当妻子张莲上告法庭之时，是否已然采用了葡国人所奉行的价值标准，而断然否决华人法文化呢？其实不然，张莲此举意在让人知晓是其抛弃其夫。换言之，意在经由法庭诉讼宣判其丈夫为麻风病患者，以侮辱其夫。显然，此争讼之内核依然为华人文化价值观念，只不过套用了葡萄牙法律的外衣。

此现象卓然有趣，但亦引发若干思考。其中最为重要的是，渗透着"自由、民主、权利、平等"等被西方人称为真理的葡萄牙法律，在历经葡萄牙人数百年不遗余力的推广后，缘何依然只是华人社会中可有可无的制度"外衣"？此问题之回答，显然要回溯中葡法文化初交汇之历史，我们且将这一历史定位在16世纪葡萄牙人借居澳门至19世纪中叶鸦片战争开始的这段时期。

二 中葡法文化概要

我们有必要认真地认识中葡法文化，虽然如前所述，这种认识往往是肤浅的。

（一）中华法文化概要

中华土地之广袤，岂是万水千山一言以概之！

正是如此广袤之天地，我们的祖先一直过着以农耕生产为主的社会生活。他们世代眷恋着、守望着这片热土，只求靠自己勤劳之双手生产供妻儿老小填饱肚子的粗茶淡饭和免于受冻的布衣粗服，这就是中国传统的自给自足的自然经济。

在这个自给自足的经济体内，物产富饶、无所不有，所以无须假贸易以沟通有无，假金银以通达天下，稳定而有序的社会关系便是这个自给自足的经济体良好运行之关键。先辈们首先经由对自然界的观察去学习如何维系这种良好社会秩序，言传至今的"五行说"与"天道观"便是例证。

事实上，模仿自然现象寻找维持社会秩序的方法，并非仅现于中华文化中，在西方哲学中亦可寻见，比如亚里士多德的《形而上学》和《物理学》，就是从自然的角度去寻找秩序维持的手段。

自然界是一个令人惊叹的动静综合体，之所以谓之动，是因为自然界中发生着接连不断的变化；谓之静，是因为所有的变化皆遵循不以人的意志为转移的永恒的法则。动静之间,自然界完成了多元幻灭与重生的和谐统一过程。如同自然界一样,社会亦是不断发生变化的活的机体,亦有不以人的意志为转移的永恒的法则。而历史,将人类社会之变化与持久之间存在的这种张力,恒久地定格下来,并成为思想者——作为中华文化代表的儒家——构造思想的素材。

儒家哲学将维系社会和谐状态的关键方法,发展成"礼"的学说。于儒家学说中,礼是个多义词,既是"典礼",又是"仪式",再或者是对行为举止加以规范的标准和要求。在此意义上,礼是社会规范的重要因素,满足礼的要求,社会和个人就可以走向内部和外部均和谐的最高境界,"故圣人以礼示之,天下国家可得而正也"①。

作为规则和方法的"礼",经由习惯、典礼、仪式的方式,不仅为先祖、亦为今人之日常生活——无论出行、嫁娶、动土、开业、交易,抑或开光——提供了周详的细节。一旦社会生活有了礼的规范,那么人们就可以在社会关系的各个层面——家庭、朋友和整个国家——占有他们自己的位置,也就有了安宁和谐。

于"礼"之基础上,儒家形而上地抽象出两种思想,一种是基于已然良好社会秩序下的"中庸"思想,另一种则是基于个人道德自律下的"仁爱"思想。

"中庸"与平衡的概念相关,这无论从中国还是从欧洲思想体系来看都是如此。保持"中庸",意味着避免走极端,意味着追寻平衡,意味着寻求共识,意味着拒绝虚伪抑或哗众取宠的不切实际的举措,"舜其大知也与!舜好问而好察迩言,隐恶而扬善,执其两端,用其中于民,其斯以为舜乎!"② 在中庸之道下,秩序是万事之端,任何人都不能凌驾于他人之上,所拥有的权利亦不能超越秩序赋予的权利。因而,在由礼加以保障的自然状态下,没有个人权利或者自然概念的位置。

社会和谐不仅取决于宏观秩序的维系,在微观层面,还要求对他人有仁爱之心,即所谓"仁者,人也"。于字面而言,"仁"即二人亲密结合一起,亦即"仁爱"为人际交往中对个人修养的道德自律。于此自律前提

---

① 唐人杜佑将此注解为"人知礼则易教",引自《礼记·礼运》。
② 本意是一个人要想拥有正确的思想和观点,就要懂得取其中,不能只知其一,不知其二。引自《中庸》。

下,仁爱根据交往对象而衍生出不同的规范要求,爱至亲为孝悌,爱友人为忠恕。"仁爱"这一内生性的规范,无须假以外力干预。唯有对那些无仁无德之人,才能对之施以谓之为法的强制性规范,作为维持社会秩序的补充手段。在任何情况下,法以及与其共生的强制手段,尽管是正当的,都只能是一种日渐衰退的、不足够的、不太有效、不被提倡的规范手段,都只能是为仁爱所驭使的补充措施。于此下,"无讼"、"息讼"、"耻讼"之法律观,得以应运而生。

(二) 葡萄牙法文化概要

若非700多年前的几次航海探险,葡萄牙至今依然在不足10万平方公里的且多数为丘陵和峭壁的贫瘠土地上苦苦挣扎。由自然境遇观之,葡萄牙人是不幸的,至少他们不能融合其自我于自然之中以与自然共相游乐。因而,自然之制服,境遇之改造,便为几代葡萄牙人努力之所向。

自然之制服,须置自身于自然之对立面。于东方哲学思想——特别是中华天道观看来,这无异于痴人梦话!因而,赋予人果敢、个性以及冒险的精神,便为征服自然之首要条件。葡萄牙人的确具备这样的精神。15世纪之初,葡萄牙人在国王的第三个儿子——恩里克王子带领下,根据一本错误百出的著作——《地理学指南》,启动了征服大海的冒险行程。这一冒险行程,使葡萄牙摆脱了贫穷和落后的境遇。

冒险精神所获得的胜利果实,坚定了葡萄牙人关于个人观念及私权观念——特别是所有权——的信仰。而在此之前,罗马人长达几个世纪的统治,早已使葡萄牙人对"私权"这种源自罗马法文化的概念耳濡目染。在罗马法文化中,"各得其所"所衍生的私权保护,正契合了对冒险活动所带来的成果肯定之需,因而天然地受到航海家们的好感。

千万不要因葡萄牙人所具备之冒险精神,从而认定他们厌恶祥和而稳定的生活方式。事实上,相对于其他民族,葡萄牙人对安定性和确定性有着更深刻的追求。虽在字面意义而言,冒险与安定是一组反义词,但有时二者却也能良好地结合起来。其实这很容易理解。在自然境遇上的不安定性促使卢济塔尼亚人[①]本能地崇尚冒险,而冒险之终极目标在于追求一种

[①] 即葡萄牙民族,这缘于16世纪初葡萄牙诗人卡蒙斯流亡澳门时所写的《卢济塔尼亚人之歌》而得名。

安定的、确定的生活模式。法律的安定力，即法律规定某些行为与其后果之间稳定的因果关系的这一特征，正契合了卢济塔尼亚人追求一种稳定的、确定的、持久的、可预见的生活方式的要求，因而受到广泛的认可，并升华成其日常生活行事之准则。

历史上葡萄牙曾先后受到罗马人、西班牙人和法国人的侵略，英勇的卢济塔尼亚人进行了艰苦卓绝的抗争，最终都将殖民者驱赶出去。但是殖民者的法律及其所蕴含的思想——比如《拿破仑民法典》和自由主义思想——却最终在葡萄牙生根发芽，并切实地改变了当地人的思想和生活方式。葡萄牙法律史上一位著名的改革家——彭巴尔——为确立罗马法在葡萄牙的主体地位，还专门主持制定了所谓的《来自健全理性的法律》，排除了本土法学家学说理论在法律实践中的适用。当然，这样做并非基于对殖民者之崇拜使然，而是殖民者所带来的法律契合了卢济塔尼亚人对法律安定力的要求。

对安定力的追求，有的人求助于法律，而有的人却求助于一种超自然的被谓之"神"的东西。天主教在卢济塔尼亚人中有着绝对的支持率，因而，葡萄牙法文化——特别是婚姻家庭法——被深深地烙上了天主教文化的印迹。习惯婚——也就是天主教的教堂婚礼——在葡萄牙婚姻关系中一直居于主导地位，并且具备与民事婚一样的法律效力；离婚是一件羞耻的事情，虽然现代民法将之置于婚姻权利的鲜明地位上；为确保亲子关系的纯洁度，人们至今默默遵守着长达300天待婚期①这种今人认为不可理喻的制度。

（三）中葡法文化差异分析

如果不是葡萄牙曾经在澳门有过且影响至今的那段历史，中葡法文化之间的比较分析实在没有太大的意义。这是自然环境、人文环境截然不同的两个国度，差别所产生的陌生感是不言而喻的。借居澳门的半个世纪之前，葡萄牙人甚至还不知中国位处何方、路途多远，② 即便当时他们已经身处离中国不太远的马六甲。陌生感在中葡民族之间产生了不信任感，并延伸到法这种关于正义的永恒的事物中去。双方均试图适用己方关于法律

---

① 自前一个婚姻关系解除至另一个婚姻关系缔结之间必须经过的期间。
② 张天泽：《中葡早期通商史》，姚楠、钱江译，中华书局香港分局，1988，第36页。

的理解，去审视甚至判断对方行为的对错、得失。而这个问题至今仍困扰着澳门法律界，关于此所引发的法律"葡国化"、"本土化"抑或"国际化"之争论此起彼伏。正本清源，我们有必要认真厘清中葡之间关于法律认识之差异，有学者称，这便是法文化之差异。

第一，中华文化坚信良好的社会秩序从根本上说来是建立在遵守那些被一个社会所广泛接受的、正确的、由"礼"构成的生活准则基础上的；葡萄牙文化则坚信良好的社会秩序建立在个人私权，特别是所有权保护基础上的，而这样的保护，往往经由法的国家强制性予以保障。

第二，中华文化更多地认为法律至少是无用的，就一般而言却是有害的。譬如春秋时期成书的《周礼》就提出"礼不下庶人，刑不上大夫"，法只适用于无法道德自律的"小人"，对于高尚的人来说，道德自律已然足够，法之适用反致业已形成的良好秩序遭受破坏；而形塑于罗马法的葡萄牙法文化则将法律认为是最高的理性，是从自然生长出来，从而否定了情感、伦理等非理性因素在社会秩序维持方面的主导作用。

第三，中华文化认为争议应该在诉讼活动之外经由协商或者当事人相互宽恕加以解决。因为这种自愿的、通过协议解决争议的方法远比官方的、令人感到疏远的、代价昂贵和缓慢的判决更容易被人所接受，虽然后者能武断地判断某一方的对错，却不能使所有当事人达成长久的共识；葡萄牙人却乐于将争议交由诉讼活动解决，甚至参与与自身无涉的诉讼活动也是一件快乐、无比荣耀的事情，比如获委任为议事会裁判成员。

三　法文化初交汇

文化差异有时候往往会引发激烈冲突，甚至诉诸战争予以解决，比如天主教与伊斯兰教的文化、圣土冲突，就使整个欧洲陷入了"十字军东征"的长达几个世纪的"黑暗"时期。中葡文化之间的巨大差异，是否也在葡萄牙人借居澳门之初，碰撞出激烈的火花，甚至激荡出一种崭新的文化呢？

答案是否定的。"澳门四百多年的立法和司法演进存在明显的双轨特征，即华人社会一条线，葡人社会一条线。二者虽偶相汇合，但基本保持平行。"[①] 于明清政府而言，澳门为皇帝有条件赐给外国蛮人使用的另类

---

① 吴志良：《东西交汇看澳门》，澳门基金会，1996，第65页。

"蕃坊",对葡萄牙人适用特殊规则调整,即建立自治组织依据其自身风俗习惯及法律来管理内部事务,这一特殊规则构成了早期澳门"华洋共处、分而治之"的历史事实,构建了中葡法文化初交汇的基本场景。

(一) 分而治之

明清政府完全有条件、有能力将葡萄牙人驱逐出澳门,这一点毋庸置疑。事实上,许多官员亦认同此观点,并提出许多具体的驱逐方案,最直接的莫过于俞大猷的用兵驱逐方案,"今与之大做一场,以造广人之福"。[1] 然而,即使是在倭寇盛行、战争频发的海禁、迁海时期,明清政府也没有这么做,而是采取了"建城设官而县治之"[2] 的策略,对澳门直接行使主权,并赋予葡萄牙人一定的"自治权",准许其建立自治组织管理其内部事务。

1. 建城

就建城而言,明清政府首先扼澳门与香山县咽喉之地设置关闸,以"驭夷"于关闸之内。关闸初期隔5天开放一次,以为中葡商民交易。葡人虽可居住关闸之内,但擅自兴作是被禁止的,"凡澳中夷寮,除前已落成,遇有坏烂,准照旧式修葺。此后敢有新建房屋,添造亭舍,擅兴一土一木,定行拆毁焚烧,仍加重罪"。[3] 同关闸牌匾所著"畏威怀德"四字一样,明清政府"建城"之目的在于使葡人畏惧其声威,从而感怀其德惠。当然,葡萄牙人并未也不可能感怀明清政府"建城"之举,更多的时候,他们感觉到的是不便,只是碍于实力上的差异,而不得不服从于明清政府的管制。有时候,文化隔绝只需一堵围墙。"建城"举措下,中华文化在关闸之外,葡萄牙文化在关闸之内。这是一种半封闭式的文化自我保护机制,其主要目的在于避免稳定而有序的中华文化受蛮夷侵扰,从而影响粤海安宁。"建城"举措下,华夷交涉被固定在日常贸易、租务等行为方面,在统治者看来,贸易、租务属可控的行为范畴,并未触及一个社会关于善

---

[1] 俞大猷:《正气堂集》,福建人民出版社,2007,卷15。
[2] 卢坤、邓廷桢:《广东海防汇览》卷三,河北人民出版社,2009。
[3] 1614年(明万历四十二年),两广总督张鸣岗檄令海道副使俞安性将滞澳日本人驱逐出海。俞安性在驱逐居澳日人之后,又对澳门葡萄牙人约法五章,勒石永禁,史称《海道禁约》。

与恶、正义与非正义的我们称为法的文化的东西。

2. 设官

明清政府治澳官员依其职责分为两类,一类监管商贸海关事宜,此类官员一般驻扎澳门;另一类则为主管一般民政与司法事务,也就是香山知县。至清朝,朝廷以澳门人口日众,华夷难处,遂于香山知县之下分设县丞,专责察理澳门民夷事务。至于民政司法方面,明清政府移用保甲制度治理澳门。澳门开埠之初,明政府即在澳门城内推行保甲制度,"近者,督抚萧陈继至,始将诸夷议立保甲,听海防同知与市舶提举约束"。① 清时,林则徐亦曾多次重申保甲制度应严格适用,"……仿照编查保甲之法,将通澳华民,一体户编查"②。保甲制度以十户为一排,十排为一甲,十甲为一保,由此而设立保长,负责辖区内的事务。保甲制度是传统中国行之有效的管理模式,对人口流动少、结构稳定的人群较为合适,而对流动性强、结构复杂的葡萄牙人来说,却难以适用,这引发其诸多不满。但是,这一制度并没有因为葡萄牙人的不满而撤销,直至亚马留出任澳门总督之前,明清政府在澳门区域内,"不论是对葡人还是华人,一体使用保甲管理制度,却是不争的事实"③。保长在处理黑奴偷窃、协调华夷冲突、确认房屋四至等方面,起到了一定作用。一些争议经保长之协调,最终并未走向司法诉讼,从这个角度看,保甲制度过滤掉部分因争议所可能引发的中葡法文化冲突。当然,因为与葡萄牙人的"私权自治"的法文化理念相冲突,保甲制度往往受到葡萄牙人的抵制,故执行之效果难以与中国其他地区相比拟。

3. 自治

1583年,借居澳门的葡萄牙人仿照欧洲中世纪城邦自治模式,选举产生两名普通法官、三名市政官和一名理事官,组成议事会实施内部自治。对葡萄牙人而言,在一个陌生的国度内实施内部自治,这既是一种利益自保,又是一种文化自保。

对明清政府而言,葡萄牙人自治其实也是一种文化自保,所不同的

---

① 郭棐:《广东通志》卷六十九。
② 林则徐:《林文忠公政书》卷六,中国书店出版社,1991年。
③ 参见严忠明在2005年澳门历史文化学会第四届年会所发表的《保甲制、理瑶法与明清政府对澳门的管理》的演讲。

是，前者所保护的是利比里亚文化，而后者则是中华礼教文化。给予葡萄牙人自治，经由怀柔手段体现对葡萄牙法律及风俗习惯之尊重，一方面可以尽量减少本国民众在华夷交涉中受葡国文化影响之可能，而另一方面则可直接管制自治首领从而实现对葡萄牙人的限制。由此观之，认可葡萄牙人的议事会自治，反倒是一种法文化自保的手段。为此，议事会成立的第二年，明政府便将议事会理事官视同唐代的蕃长，封其为"督理蚝镜澳事务西洋理事官"，授其不入流的"二品"官衔，[1] 行使自行管理居澳葡人之权责及若干管理澳门中国商民之权力。但是，自治并不表示葡萄牙人拥有"治外法权"，若碰上葡人内部但危及澳门整体安定之纷争，明清官员便会适时地行使最终司法处分权。由今人法律观视之，给予葡萄牙人自治，只不过是明清政府在司法领域部分管辖权的让渡。

（二）偶相汇合

"建城"、"设官"、"自治"三种治澳政策，隔离人员往来于一墙之外，限制文化交流于体制之外，这是怎样的一种文化防御！于法文化而言，其结局对双方是一致的，即葡萄牙人信服自己的法律、风俗与法庭，而华人则信服自己的礼仪、乡俗及县令。不过，我们也不能据此认为，中葡文化"老死不相往来"，彼此没有发生任何联系。

1. 天主教中国化及中国教徒葡萄牙化

按葡萄牙学者瓦雷的说法，葡萄牙人之所以居留澳门，与实现天主教东方保教权是分不开的。早期借居蚝镜澳之葡人，多数为耶稣会士，[2] 他们将在澳传教视为己任。明清政府虽对葡萄牙人自行奉教不予禁绝，但却不许其引诱华人入教，并为此多次颁布严厉禁令，比如印光任在其《管理番舶及澳夷章程》中就规定，"其从前潜入夷教民人，并窜匿在澳者，勒限一年，准其首报回籍"[3]。

由于明清政府禁令加之华人对天主教所具有的陌生感，早期耶稣会士的传教活动开展得不是很顺利。耶稣会士开始反思传统的传教方法——

---

[1] Eudore de Colomban, "Resumo da História de Macau", *Macau Fundation* (1927): 14 – 15.
[2] António Manuel Matins do Vale, Entre a Cruz e o Dragão: "O Padroado Português na China no séc. XVIII", Universidade de Lisboa, 2000.
[3] 印光任、张汝霖：《澳门记略》上卷《官守篇》，广东高等教育出版社，1988。

"凡欲进教保守者,须葡萄牙化,学习葡国语言,取葡国姓名,度葡国生活"①——的恰当性,他们开始积极学习中文,了解中国习俗,使传教事业趋于"中国化"。在利玛窦、罗明坚等坚持传教"中国化"的耶稣会士的努力下,澳门天主教开始盛行,许多华人——包括商贩、雇工、通事——冒死潜入澳门受礼入教。至17世纪末,澳门人口约为20500人,天主教徒总数为19500人,这其中,华人天主教徒竟然多达18500人。②

久而久之,部分华人教徒渐被夷化,或更名、变服入教,或娶葡女为妻而长子孙,或借资本营贸易,或为葡人工匠,或为兵役,又或往来居住于葡人之家,以葡式生活为炫耀之资。

他们果真弃华人文化而独尊天主教?其实不然。早期华人对天主教之信奉,主要原因不外乎如下:其一,葡萄牙传教士在宣讲宗教教义之时,同时亦对其施以小恩小惠,如物质上之诱惑,或疾病上之治疗;其二,为使其在商业竞争处于有利地位,改变信仰以为商业活动之敲门砖。或者说,其对天主教之信奉,主要还是因为经济原因,具有浓厚的功利主义色彩,这也是至今闽粤一带将教徒入教谓之"吃教"或"吃洋教"的原因。华人入教并不意味着其在根本上动摇了对中华文化的信仰,对此龙思泰有一段经典的评价:"有若干中国人已信天主教。似乎主要是为了方便,而不是为了信仰。"③

2. 田土、房屋纷争

"建城"之制下,葡人不得随意加建房屋,"将西洋夷人现有房屋若干、户口若干,逐一查明造册申报,已添房屋姑免拆毁,不许再行添造寸椽"。④ 这一政策客观上加剧澳门田土、房屋的紧张关系,加之澳门人口不断攀升,造成租赁需求火爆,租金不断上调。因而,来自葡萄牙业主与华人租户之间围绕着产权与租金所生之纠葛日渐增多。《清代澳门中文档案汇编》收录了当时40余起民事案件,其中半数以上为房屋租赁纠纷(其余的为借贷纠纷)。这类案子有两个共同特征,其一,原告多数为葡萄牙业主;其二,裁决者为明清政府地方官员。

---

① 徐宗泽:《中国天主教传教史概论》,上海土山湾印书馆,1938,第169页。
② Manuel Teixeira. The Fourth Centenary of the Jesuits at Macao. Salesian School, 1964, p. 10.
③ 〔瑞典〕龙思泰:《早期澳门史》,吴义雄等译,东方出版社,1997,第42页。
④ 梁廷枬:《粤海关志:校注本》卷二十八,广东人民出版社,2002。

就第一个特征而言，葡萄牙人动辄兴讼自与其私权保护意识有关；华人多为被动应诉，在其看来，纷争本属不义之事，何况诉及法庭公然外传？因而，华人于应诉中，或指责葡人之不仁不义，比如"万威吡喱诉杨亚旺案"中杨亚旺指责业主兴讼居心不良，企图"混禀背批，暗图加租"；或以人情世故辩驳其行为之正当性，从而希冀将诉讼活动导入礼的范畴，由礼加以规范。涉及华夷之纷争，明清政府地方官员具有最终的司法裁决权。这是一批有着良好儒家教养且受到科考制度严格考验的特殊群体，他们将"礼"的维持视为己任，认为法律适用所带来之裁决只能短时维持稳定，却更容易引发更多的纷争。对于田土、房屋等涉及物质层面的"利"的关系之纷争，他们总是倾向于在诉讼的过程中有意识地对争诉双方进行"礼"的教育，动之以情、晓之以理，从而为其裁决披上情理、伦理等"义"的外衣，以符合儒家主流价值观念。所以其裁决则多数以"各守其业"、"毋庸更张"等以维持原有的社会秩序的结论出现。此情此景自然令葡萄牙人十分不满，所以在以后类似的争议中，他们选择有目的地规避明清政府之管辖，"外国人同外国人之间的商务纠纷，一向不告诉中国人，而这点也正符合于中国人的办法，即通过行会或用调解方式来解决民事诉讼案件——却从不向法庭控诉"。① 中葡两种法文化，有时候就像两条并行线，无论距离有多近，却永远也不会联结在一起。

四　怀柔远人，惠此中国

前所述及，明清政府"建城"、"设官"、"自治"之治，为文化防御之策。就战争角度而言，防御多指因敌强我弱，为消灭敌人、保存自我的一种手段。明清时期之中国，当真这般弱小？远在千里之外的葡萄牙王国，当真那么强大？我们有必要还原历史真相。

借居澳门之前，葡萄牙人在南中国海吃尽败局，先有屯门之役，后有西草湾之战，接连的失败使他们认识到中国的强大，为获取贸易利益，他们以晾晒货物为借口，经由行贿的手段才得以借居澳门。有必要提及的是，这是葡萄牙历史上最强大的时期。经过大航海的短暂辉煌，葡萄牙国

---

① 〔美〕马士：《中华帝国对外关系史》，张汇文等译，上海书店出版社，2000，第109页。

运逐渐衰退，国力日显薄弱，前有西班牙、后有法国，对其实施过殖民统治。所以，明清政府完全有能力、有条件驱逐葡萄牙人于国门之外，同时也有能力将借居于澳门的葡萄牙人及其文化融化于中国文化之内。为何独采取文化防御之策？为厘清此问题，我们有必要认真审视中华法文化中"化外人"之治所蕴含之原理。

（一）化外人之治

"诸化外人同类相犯者，各依本俗法；异类相犯者，以法律论。"针对异族文化，《唐律疏议》并非简单地直接抵触，而是采取包容之态度。此态度，令后世人赞赏不已，亦由此感怀唐时中华文化之强大生命力。

元朝建立后，中华文化遭遇空前破坏。因而，为恢宏中华正统，去除胡风夷气，《大明律》一改《唐律疏议》之做法，规定"凡化外人犯罪者，并依律拟断"，确立了中华法在解决"化外人相犯"中的主导地位。以今人法律观点视之，此规定确立了中华法属地管辖力。清袭明制，在《大清会典事例》亦规定，"凡化外来降人犯罪者，并依律拟断"。

如是观之，允许居澳葡人依其法律实施自治，岂不与《大明律》、《大清会典事例》等被奉为至高无上之国法相违背？明人张楷在《大明律集解附例·名例律》中，对"化外人"作出进一步的解释，"化外人即外夷来降之人，及收捕夷寇，散处各地方者"。换言之，化外人包含三类人，其一为归化之人，其二为侵犯中华安宁而被擒获之人，其三为散处中华危及社会秩序之人。反观之，若为中华之友人，至少不危及中华安全、社会秩序之友善之人，其法律、风俗习惯、价值理念值得尊重，因而其同类相犯者，可不依中华法，而遵其"本俗法"。

如此，我们便可明了，允许居澳葡人依葡式法律实施自治，而不强制其适用中华法，本身就建立在这样一种假设前提下，即明清政府并未将远来之葡人视为中华良好秩序之破坏者，甚至，在某种程度上是这种文明秩序有益的补充，因而，对其就应宽恕待之，包容其既有的风俗习惯与行事准则。毫无疑问，只有那些有着丰富礼仪教化的民族，才可能塑造出如此宽怀的法律文化。

（二）怀柔远人

史料文献中，明清政府官员下达给葡人的官文多现"柔远"二字，比如清康熙朝工部尚书杜臻巡视澳门时，曾提及"本朝弘柔远人之德，谓国家富有四海，何较太仓一粟，特与蠲免，夷亦感慕"。① 这绝不是什么外交辞令，它构成了明清政府处理葡人事务的主要原则。

孔子为鲁哀公讲解修身治国之道时曾说道："柔远人则四方归之，怀诸侯则天下畏之。"对未开化之蛮夷，经由优待、绥靖之方法，比如赐予、和亲、通商、教化，使四方归附，最终实现"礼"的秩序。这实际上是从儒家仁爱思想中对友人之爱所延伸出来的一种外交观，并长久地影响了明清政府的外交政策。

秉承此思想，明清政府在商贸、司法及宗教各方面均给予葡人优待。商贸方面，对在澳登记之商船减免1/3关税；司法方面，给予澳门议事会自治权；宗教方面，允许居澳葡人自由信教。有时候，明清政府给予葡人之条件甚或优于中国商民，比如康熙时期清廷与罗马教廷之间发生"礼仪之争"时，清朝采取禁止本国海商前往南洋贸易的措施，却仍本着"怀柔远人"的方针，允许澳门葡人出海贸易。

在明清统治者看来，此等优待，必能使葡人友善中华，而不至破坏粤海业已形成之良好之社会秩序。同时，秩序维持之余，亦可彰显中华文化之春秋大义，以使其在内心深处真正感怀、认同中华文化道德，从而实现四方归附、共惠中国。

因而，明清政府澳门之治，虽在表面上表现为一种文化防御之策，但在深层里蕴含着同化之意。其实，这也正是中华文化屹立千年、独傲世界的根本原因。文化从来就不是凭借武功得以永生，只有那些富含仁爱、和平内涵的文化，才是不死的文明。

五　结语

无论如何，澳门开埠之早期，中西传统的法律制度与渊源均在澳门得以体现，并进行了某种程度的交融。而议事会也取得了依据其"本俗法"——葡国法律调整其法律关系的空间。但是，这绝不意味着葡萄牙学者叶士朋教授所言的"双轨"司法体系的出现，葡人自治及葡式法律之适

---

① 杜臻：《粤闽巡视纪略》卷二，台北商务印书馆，1973。

用,是建立在中华法律规范没有触及或者不损害中华文化传统基础上的,违背此原则,他们则必须服从于中国政府及法律的管辖;同时,这也不意味着中葡法文化势如水火,发生着激烈冲突;当然,更不意味着中葡法文化交融,从而缔结出一种崭新的文化。

总之,在澳门这块土地上,在中葡不同文化背景下,中国以"怀柔远人"的气度接纳了葡国人,这体现出了中华文化的包容性。但这样的包容并未实现对葡萄牙法文化的同化,中葡两种法文化在澳门的纠葛在更深、更远的历史长河里绵延至今。

(原文载于《法律科学(西北政法大学学报)》2012年第1期)

殖民管治下的文化妥协

——1909年《华人风俗习惯法典》研究

何志辉[*]

关于1909年澳门《华人风俗习惯法典》，即使在澳门学领域亦长期未被学者关注。迄今所见屈指可数的中文成果中，有著述仅对该法之渊源、内容与特征略作简介[①]，亦有著述试图进行法文化的考察[②]，但前者之内容过于粗略，后者之考证及分析亦存在问题。笔者的相关著述对此曾一笔带过[③]，现有必要再将其置于澳门法律文化发展变迁之内，并从近代殖民管治的政治背景出发，重新探究这部法典之出台始末、制订原因及主要内容，借此透视近代澳门在殖民管治下的法律权威与法治体系关系的异质性和地方性。

一 出台始末：从保留适用到代为立法

自澳门开埠至鸦片战争前，中华法系之律例体系在此长期适用，不仅深深扎根于澳门华人社会，亦在一定范围内对澳门土生葡人的生活世界产生影响。由此形成的早期澳门法制发展格局，便是中华法系的主导治理与

---

[*] 何志辉，澳门科技大学法学博士、日本关西大学文化交涉学博士，澳门科技大学法学院副教授，西南政法大学法学研究所专职研究人员，兼任中国人民大学法律文化研究中心研究员。主要研究澳门法制史与法文化、近代中日关系与中葡关系史、近代中国法制史。迄今出版专著《治理与秩序：全球化进程中的澳门法》、《外来法与近代中国诉讼法制转型》、《华洋共处与法律多元》等8部，在境内外各类期刊及国际会议发表论文40余篇。

[①] 吴志良：《澳门政制》，中国友谊出版公司，1996，第41页。
[②] 黎晓平、汪清阳：《望洋法雨：全球化与澳门民商法的变迁》，社会科学文献出版社，2013，第38~55页。
[③] 何志辉：《近代澳门司法：制度与实践》，中国民主法制出版社，2012，第101~102页。

澳葡内部的有限自治。此种华洋共处分治格局虽迭经曲折而不绝，却也印证了中国政府对澳门拥有的全部主权。这一铁的事实是一切殖民主义者无论如何置辩也颠扑不破的。

然自鸦片战争以来，因列强环视下的国际时局促成葡萄牙对华政策的趁便调整，近代澳门社会逐步在形式上被纳入葡萄牙政府的殖民管治之下，维系了三百余年的共处分治状态遂因之告终。待1887年清政府与葡萄牙签署《中葡和好通商条约》之后，葡萄牙因缘际会获得了梦寐以求的所谓"永居管理"资格，进而据此将事实上的殖民管治演绎为近代国际公法意义上的殖民管治。澳门虽然并非像日据台湾或英占香港那样沦为"殖民地"，但大清律例体系也一如港台两地置于殖民统治的境遇，从此基本被澳葡政府强行排拒于澳门司法之外，取而代之者是万里之遥的欧洲法典编纂运动影响下的葡萄牙近代成文法律体系。

中华法系在近代澳门被排拒的过程，一方面是葡萄牙近代法典法体系的逐步延伸与法律适用过程，另一方面则是从澳葡政府下设华政衙门到1894年葡国司法统一改革下的澳门法区法院的司法建制过程。[1] 不过，澳门社会毕竟始终以华人占绝对多数，来自中国律例及法典的民事法制成分，也长期在此扎根并深刻影响着澳门华人社会，成为澳门民事关系及司法实践的最重要的法律依据。正因为有着根深蒂固的宗法文化传统，其对强行延伸适用于此的葡萄牙殖民法制的文化抵制尤为剧烈，在关涉人身关系的民事法制领域（主要包括婚姻、家庭与继承制度）逐步形成极为特殊的文化缓冲与兼容状态。

此种状态维系到辛亥革命前夕，《大清律例》虽在形式上被葡萄牙及澳葡政府排拒适用，但在实践中这种排拒于人身关系的民事法制领域并未全面奏效，以至于葡萄牙政府不得不作出妥协并颁行法令，以示对中国律例中的民事法制及传统民事习惯之效力的认可和兼容。作为这一认可的制度承诺，则是1909年澳门《华人风俗习惯法典》的制订和颁行。这部法典极为鲜明地体现出传统宗法文化的坚韧，由此形成的与葡萄牙殖民管治下之国家正式法的文化对抗，使对方不得不在形式上予以法典化的认可，并通过实质上的保留适用，借此来缓和殖民管治因匮乏历史正义与国际法

---

[1] 何志辉：《近代澳门司法：制度与实践》，中国民主法制出版社，2012，第73～108页。

理而时刻紧绷的威权危机。宗法文化对抗法典理性下的风俗习惯之法典化，据此成为近代澳门法制发展中的一道独特风景。

鉴于澳门社会长期以华人为主，华洋共处的格局保留着华南历史文化与风俗习惯传统，于1869年延伸适用的《葡萄牙民法典》在此难以真正契入人们的社会生活。在家庭制度、人身关系和财产关系等方面，华洋之间的文化隔阂使制度上的隔膜更趋明显。意识到华洋之间的文化隔阂与中葡之间的制度隔膜，葡萄牙政府在将《葡萄牙民法典》延伸适用于澳门之际，亦于1869年11月18日颁行一项法令，对民法典中不适合中国风俗习惯的规范部分作了相应保留。[①]

根据该法令第8条第1款B项规定，"在澳门，华务检察官权限内案件所涉及的华人风俗习惯"允许保留。[②] 此处所指的"华人"是就法律层面而言，既包括非葡籍的澳门华人，也包括在种族和文化上原属华人的葡籍人士。这条法令颁布后，澳葡政府下属的华政衙门之华务检察长负责的华人民事案件明显增加。对葡萄牙政府而言，这条法令既具有开明性质，究其实也是不得不然。不过，作为大陆法系国家的葡萄牙，崇尚基于理性主义的法典法文化，对于这套与法典精神相异的华人风俗习惯，实际是抱持疑惧态度的。将风俗习惯法典化，遂成为19世纪末20世纪初葡萄牙为澳门"立法"的任务之一。

1909年6月17日，历经40年对华人风俗习惯的"兼容"，葡萄牙海军暨海外事务部颁行了一部与欧洲法典编纂完全异质的《华人风俗习惯法典》。[③] 法典于1909年9月2日正式生效，把澳门华人在民事领域的风俗

---

① 参见〔葡〕施白蒂《澳门编年史：19世纪》，姚京明译，澳门基金会，2000，第176～177页；〔葡〕叶士朋《澳门法制史概论》，周艳平、张永春译，澳门基金会，1996，第56页。需要指出的是，有部分著作将其误作"1879年11月18日"，例如米健等《澳门法律》，中国友谊出版公司，1996，第26页。有部分研究不察其详，以讹传讹而沿袭出错，例如黎晓平、汪清阳《望洋法雨：全球化与澳门民商法的变迁》，社会科学文献出版社，2013，第39页。

② 〔葡〕叶士朋：《澳门法制史概论》，周艳平、张永春译，澳门基金会，1996，第49～54页。

③ 1909年澳门《华人风俗习惯法典》译文，参见黄汉强、吴志良主编《澳门总览》（第二版），澳门基金会，1996，第67～69页。该法典虽为"澳门省总督具奏"，唯因资料所限，目前难考其真正执笔者。有分析认为，从法典之表述风格、利益取向、意识形态等方面看，执笔者可能是熟悉葡国法律的澳门华商。参见黎晓平、汪清阳《望洋法雨：全球化与澳门民商法的变迁》，社会科学文献出版社，2013，第54～55页。

习惯以法律的形式固定下来,作为《葡萄牙民法典》在澳门地区的特别补充法。这部契合澳门华人社会法律需求的风俗习惯法典共33条,以当时广东和广西地区流行的风俗习惯为蓝本,对澳门华人的婚姻家庭、继承和相关民事问题作出较详细的规定,对不适合华人风俗习惯的部分民事法律规范作了相应保留。就内容而言,该法典主要规定实体私法规范,此外还规定了冲突规范,处理一般法律冲突和人际法律冲突,以及它与《葡萄牙民法典》和其他法例之间的冲突。例如,该法典第21条规定"遗嘱须依葡萄牙法例订立",第30条还允许当事人协议选择《葡萄牙民法典》以及其他法例或者排除对该法典的适用。

二 制订原因:情感、文化与经验的启迪

《华人风俗习惯法典》的制订,是葡萄牙政府基于澳门华人社会实际状况而作出的制度妥协,借此试图通过适度范围的文化兼容,促成葡萄牙民事法制在异质性的文化土壤的扎根。究其成因,主要在于澳门华人社会的民族情感不可调和,华南地区的宗法文化根深蒂固,而香港地区港英当局适度采行《大清律例》的做法则为此提供了直接的镜鉴。

(一) 民族情感之因素

澳门虽长期华洋共处,但毕竟是"王土"所在、"王法"所及之地。直到亚马留政府执政之前,占人口绝对多数的澳门华人,对于明清中国政府有着强烈的政治认同,从未想过会被纳入葡萄牙政府的殖民管治之下。虽然澳督亚马留凭借武力强悍推行殖民举措,包括驱逐中国官员、钉闭中国海关、征收华人赋税等,而清政府及广东地方官员对此未有及时回应,导致1849年刺杀亚马留的政治事件,为葡萄牙趁势通过外交讹诈攫取治权提供了口实,但澳门华人对澳葡政府的殖民管治从未真正认同。

此后,清政府虽已默许澳督亚马留生前所作的殖民管治措施,但直至1887年《中葡和好通商条约》缔结之前,葡萄牙对澳门的殖民管治是无据可循的,在近代国际公法上更缺乏基本法理。因此,澳葡政府对澳门华人社会的治理,通常只能转道利用社会中介力量来进行。实际上,澳督比加

多就曾提出一个构想，把华人的保甲制度纳入葡澳政府的管理体系。① 这一思路虽未被采行，由此演绎出来的华政衙门，即前期的华务检察官署及后期的华人专有法庭，则成为治理澳门华人事务的常规办事机构。即便如此，华政衙门处理的华人事务及案件还是非常少，绝大多数华人都依靠宗族势力或社团力量解决纠纷。

这种民族情感表现在法制方面，使得葡萄牙虽然通过颁行法令的方式，将其法典、法律及法令源源不断延伸至澳门适用，但这些异质性的制度始终像油浮在水面。由于这些法律赖以适用的文化土壤不同，契合欧洲资本主义自由竞争时代和个人主义精神的内容，在澳门这样一个于近代急遽蜕变为"赌城"的微型社会，所遭遇的便不仅是精神层面彼此产生隔膜，更在制度层面频频发生龃龉。因此，澳葡政府虽然取得对澳门华人民事纠纷的管辖权，但澳门华人内部真正诉诸澳葡政府并遵循司法途径的案件微乎其微。绝大多数的民间纠纷，或者以私了方式解决，或者借助宗族势力解决，或者借助社团力量解决。尤其是19世纪后期社团制度日趋发展②，原有的宗族逐步演变为宗亲社团，而各种同业公会及行会、商会机构也往往兼有调解或仲裁功能，民事及商事纠纷通常在此环节予以消化。

不独华人社会基于民族情感对葡萄牙法制的延伸表示排拒态度，甚至一些在澳居留的葡人尤其是澳门土生葡人，也对这套形式主义化的葡国成文法制未有多少亲近之感。在法律职业被高度垄断和技术化的情况下，这些不谙法律的澳门葡人遇到纠纷而涉讼之际，也只能通过支付高昂的成本去依赖职业法律人士。正因为近代葡国法制是19世纪欧洲范围成文法编纂运动的产物，这套法典法本身无论对葡萄牙本土居民还是海外居民，无疑都是具有近代气息的，因而显得陌生的制度体系和话语体系。因此，相当一部分澳门葡人对这套葡国制度的理解程度和接纳态度，不仅不能跟在葡萄牙国内的一般民众相比，甚至还不如绝大多数澳门华人对大清律例的理解和接纳。

于是，澳葡政府在适用葡萄牙延伸过来的法律制度时，不仅需要考虑澳门华人社会基于民族情感所作出的排拒态度，还必须谨慎对待澳门葡人

---

① 陈文源：《近代华政衙门的组织结构与职能演变》，《华南师范大学学报》2011年第1期。
② 关于19世纪后期澳门社团的发展，详见娄胜华《转型时期澳门社团研究——多元社会中法团主义体制解析》，广东人民出版社，2004。

社会在此方面的隔膜状况，而针对前者作出及时回应尤其显得重要。这种回应要么是通过国家暴力机器继续强制推行殖民法制，要么是通过委婉兼容的方式使排拒态度逐渐软化，从而最终实现葡萄牙法制在澳门的统一适用。在此方面，20世纪初期的葡国法律家，大多持后一种态度。例如，曾任葡萄牙殖民大臣的法学教授玛索菲，深受康德思想学说的影响，认为成文立法的作用有限，法律应以符合适用对象的文化背景为本：

> 对殖民地的土著人而言，其习俗就是最好的立法，因为最能适应他们的实际情况。土著人不喜欢我们的法规，而我们也无任何必要将之强加于人，除非是为追求一种不切实际的法律统一，或捍卫我们制度的绝对价值。[①]

这种观点在当时的葡萄牙具有代表性，亦颇为契合政府对海外属地的管理需求。在澳门华人社会究竟如何面对《葡萄牙民法典》及相关问题上，葡萄牙政府明智地选择了后一种方式。

（二）宗法文化之因素

澳门华人社会基于民族情感的排拒态度，依托于在此根深蒂固的传统宗法文化。如果没有后者，则这种排拒态度难以持久。正是宗法文化力量的存在，使排拒葡萄牙法制、转而适用宗法文化基础上的律例及礼制成为可能。

自19世纪初期《法国民法典》在欧洲范围广泛发生影响以来，葡萄牙立法者对甚嚣尘上的理性主义同样持乐观态度。但其后不久在德意志诸邦发生"法典编纂"之争，论争一方代表萨维尼等人提出的"法是民族精神之体现"等观点，也在一定范围内引发欧洲有识之士的重视。在萨维尼看来，法是一个民族"共同信念和具有内在必然性的共同意识，而不是因偶然的和专断的缘故而产生的观念"，深深地植根于一个民族的历史之中，首先产生于习俗和人民的信仰，其次乃假手于法学，因而完全是沉潜于内、默无言声而孜孜矻矻的伟力，而非法律制定者的专断意志所孕就的，这种力量便是一个民族所特有的禀赋和取向，此即萨维尼之所谓的"民族

---

① 〔葡〕叶士朋：《澳门法制史概论》，周艳平、张永春译，澳门基金会，1996，第49页。

精神"。① 萨维尼关于法是民族精神的相关论说，道破了异质文化难以在他乡如愿生长的真谛。在澳门华人社会，宗法文化便是萨维尼所言的内在地、默默地起作用的力量，使异质的葡国成文法在此遭遇架空。

在中国传统文化源流中，宗法文化源远流长，存于周代，变于两宋，新于明清。从周代形成的宗法制度，在中国绵延数千年，深刻影响着中国古代社会。周代宗法制度与分封相结合后，以天子为大宗，诸侯为小宗，使古代华夏形成以血缘和姻亲构成的家国一体的政治文化形态。虽然周代宗法制度到后来已非原貌，但其吸收儒家思想后，经过两宋时期与儒家思想结合的改造，从原来上层宗法成功转变为庶民社会宗法制度，深入广大乡村世界②，至明清时期成为乡土中国的标志性文化，其中关于父权、夫权及族权的思想绵延尤具社会影响。宗法文化不仅是一套伦理法则，亦在中国古代演化为地方治理的社会中介。以明代而论，其时官方对乡村进行管理的基层组织，既包括维系赋税的里甲制度，也包括维护治安的保甲制度，但保甲里长往往被宗族长老所替代，这些组织或被宗族势力所弱化，或径直与之重叠。③ 国家政权因维护基层秩序之需，也对宗族势力予以扶植，包括对自选族长之合法地位的认可，对族长处理宗族内部事务权力的认可，使地方宗法维护获得相当的权威性。④

追根溯源，澳门宗法文化渊源于华南地区。华南地区宗法文化的繁兴，不仅表现在出于团结宗族力量而形成的收族现象和同姓联宗祭祖现象，亦表现在各地普遍兴建宗族祠堂和修编家谱⑤。在华南地区，宗法文化之兴盛得益于两个方面：其一，因汉族与少数民族杂居现象普遍，官方为维系汉族文化的纯正地位，极力通过推广儒家思想，包括实行"以家达

---

① 〔德〕萨维尼：《论立法与法学的当代使命》，许章润译，中国法制出版社，2001，第 25～30 页。
② 张小也：《官、民与法：明清国家与基层社会》，中华书局，2007，第 71 页。
③ 张小也：《官、民与法：明清国家与基层社会》，中华书局，2007，第 72 页。
④ 例如，明洪武初年颁布《大明令》，在婚姻、继承方面给予族长权利，例如规定"凡妇人夫亡，无子守志者，合承夫分，须凭族长，择昭穆相当之人继嗣。其改嫁者，夫家财产及原有妆奁，并前夫之家为主。"明隆庆初年，陈氏宗族所订《族法家规》得到祁门县政府的批准。相关研究参见刘广安《论明清的家法族规》，《中国法学》1988 年第 1 期。
⑤ 叶汉明：《明代中后期岭南的地方社会的家族文化》，《历史研究》2000 年第 3 期。

"乡"的儒化工程，使家族之家训与乡里之乡约互相配合，使家族伦理和乡村教化紧密联结，借此更好地实现汉族正统化和教化少数民族。从朝廷到地方强化宗族文化的结果，使宗法文化原本弱于中原地带的华南地区反而更盛行。① 其二，明清时期虽有多次海禁，广东沿海地区却在例外，"重农抑商"被"轻本重末"的观念所逐步取代；而清朝土地兼并日趋严重所导致的自耕农纷纷破产，在客观上促成人们外出经商或充当雇工的流民潮。② 这些变化非但没有冲击宗法文化的根基，反而因应时势渗入新兴的商贸文化之中。③ 正因个人与家族荣辱与共，个人身份地位亦取决于家族社会地位，提高宗族社会地位方能实现个人价值。注入以上诸因素的华南地区宗法文化，即使漂洋过海于海外地区，仍往往是宗亲会多于同乡会，其内部团结的密度使当地文化也难以揳入。④

澳门地处华南沿海，在文化属性上从属岭南文化，宗族文化与华南地区一脉相承。往来商贸及扎根澳门的华人多系粤闽人士，华南地区宗法文化在此生根发芽，且随着宗族势力发展而逐步纠结成团。在殖民管治之前，澳门华人与葡人虽有接触往来，但大多不过是常态的商品贸易，在日常生活世界则各行其道、互不侵扰。自殖民管治以来，澳葡政府面对内部致密结构的华人宗族势力，也不得不屡屡作出必要而及时的妥协，或以其他方式试图使之转为治理华人的社会中介力量。立足于此，通过编纂法典的方式对华南地区宗法文化进行认可，便是《华人风俗习惯法典》应运而生的社会基础。

---

① 对此可资佐证的文献，是张渠于雍正年间宦粤时所作而于乾隆初成书的《粤东闻见录》："粤多聚族而居，宗祠、祭田家家有之。如大族则祠凡数十所；小姓亦有数所……大族祭田数百亩，小姓亦数十亩……吾乡乃邦畿之地，以卿大夫而有宗祠者尚寥寥无几，其尊祖睦族之道，反不如瘴海蛮乡，是可慨也。"参见张渠《粤东闻见录》，广东高等教育出版社，1990。
② 据道光时期《瑞金县志》记载，瑞金县种烟和制烟业中所聚集的雇工，来自闽、粤地区的达到数万人。参见卞利《国家与社会冲突与整合——论明清民事法律规范的调整与农村基层社会的稳定》，中国政法大学出版社，2008，第 30～32 页。
③ 例如南海太原霍氏晚节公把"酿酒之法"写入"家箴"，告诫子孙世代遵守。后来，这一家族又将有关手工业和商业的注意事项，如关于所谓"工有百艺之当做"、"商有百物之当货"等具体规定写进家训，以规范子孙的行为。参见叶显恩《明清珠三角土地制度、宗族与商业化》，《中华文学研究所报》1997 年第 6 期。
④ 叶显恩：《明清珠三角土地制度、宗族与商业化》，《中华文学研究所报》1997 年第 6 期。

(三) 香港经验之因素

鸦片战争以来，因香港割让和开埠发展，澳门作为国际商贸港口的地位受到打击，但港英政府在治理香港华人社会方面的经验却值得澳葡政府重视。

1841年1月，英国侵略者武力占领香港后，并未立即在此移植英国法，而是宣布保留适用清朝法制。1841年2月1日，英国驻华商务总监义律和英国驻远东舰队支队司令伯麦联名发布《义律公告》（Captain Elliot's Proclamation），宣称"官厅执政治民，概依中国法律风俗习惯办理，但废除各种拷刑，并准各乡耆老秉承英国官吏意旨管辖乡民，仍候国主裁夺"[①]。1843年4月5日，英国颁行《英皇制诰》（Letters Patent）和《皇室训令》（Royal Instructions）[②]，成为在香港建立殖民统治的宪法性文件，标志着英国法在香港移植的起步。根据这两份文件，英国宣布香港成为"英国属土"，从此受英王管辖，并宣布在香港设立立法局和行政局，分别作为总督的立法咨询机构和行政咨询机构。自此开始，《大清律例》成为香港华人家庭与继承等方面的制度依据，其效力甚至延伸至清朝灭亡后的60余年，至1971年港英政府以《婚姻法》取代其中关于家庭方面的条款，中国旧式法制的适用才告终结。

所谓"义律公告"开启了近代香港二元法制的独特模式[③]，对于葡澳政府之治理澳门华人社会具有借鉴意义。虽然葡萄牙作为大陆法系奉行成文法制的统一适用，不像港英政府是以《大清律例》的适度认可作为在港推行英国普通法和衡平法的砝码，但在成文法制长期遭遇澳门华人社会架空的窘境中，通过适度妥协乃至不惜替澳门华人社会"立法"越来越有必要。因此，迟至1909年颁行的《华人风俗习惯法典》，是葡萄牙对港英政府60余年推行以华（法）治华（人）策略的最终认可。不同的是，港英政府一开始即以《义律公告》方式公开承认《大清律例》在华人社会的适用，澳葡政府则必须依托于葡萄牙为澳门制定的特殊法典对澳门华人社会进行殖民管治。

---

① 《香港与中国：历史文献资料汇编》，香港广角镜出版社，1981，第166页。
② 《香港法例》（Laws of Hong Kong），1986，附录第1卷。
③ 苏亦工：《中法西用：中国传统法律及习惯在香港》，社会科学文献出版社，2002，第61~77页。

三 内容与特点：法典形式下的宗法文化

纵览《华人风俗习惯法典》之规定，可见该法是对中国传统宗法文化的法典化。法典开篇即指出"鉴于需要将澳门华人在家庭和继承方面的一些风俗习惯提高到法律权利义务层次"，意味着它调整的重心在家庭与继承制度，而这正是宗法文化的核心内容。需要指出的是，被葡萄牙政府视为"风俗习惯"的这些内容，大多已被纳入传统的律例体系之中，并不都是排斥在国家法之外的风俗习惯。葡萄牙对澳门进行殖民管治以来，将葡萄牙延伸进来的法制视为正式法源，将华人社会遵循的中国律例视为"风俗习惯"，意在明确葡国法制在澳门社会的正当性与唯一性，显见其蓄意为之的殖民心态，而非单纯的文化误读。就具体内容而言，该法典所谓的风俗习惯，主要包括如下内容。

（一）婚姻关系

在中国传统宗法文化中，儒家思想所强调的父为子纲、夫为妻纲，均与宗法文化的家长制一脉相承。法典对此均有相关规定，表现在婚姻关系上则是突出夫权，彰显"男尊女卑"观念，赋予男性的权利远远大于女性。

夫权地位首先体现在离婚制度上。例如，法典规定，丈夫可以下列任何一理由，向法院提出离异和分开财产：妻子婚后35年仍无生育；严重虐待或中伤；麻风病；搬弄是非；小偷小摸；醋性十足。[①] 这正是中国古代礼制"妇有七出"的法律化，是以维护男尊女卑的等级制家庭关系为依归的。不仅如此，作为宗法婚姻的附带品，法典还完全剥夺了离婚后妻子对子女养育的权利。

夫权的另一体现是纳妾制度。法典规定，丈夫在婚内和离婚后都可以纳妾。[②] 纳妾源于宗法制度，宗旨在于维系香火传承。《礼记·婚仪》载："婚姻者合二姓之好，上以事宗庙，下以继后世。""继后世"意味着婚姻

---

① 《华人风俗习惯法典》第8条。
② 《华人风俗习惯法典》第10条。

承载宗族延续的使命,纳妾遂成血缘延承的一种选择。明代为社会稳定而限制纳妾①,规定平民须因无子方可纳妾,违者杖四十。但这类限制至清代大大放宽,以致稍有钱财者纷纷纳妾。广东一带风气尤甚,清徐柯《清稗类抄》称"粤人好蓄妾,仅免饥寒者即置一妾,以备驱使"。正因华南地区纳妾成风②,澳门华人社会也普遍盛行。在无从遏制的情况下,葡萄牙政府干脆对此予以法律上的确权处理。

至于财产分割以及离婚后子女抚养问题,根据法典相关规定,妻子与丈夫的权利也明显不对等。③

(二) 家庭关系

法典在家庭关系上,同样明确了父权与夫权的地位。值得注意的是,法典对于家庭关系的拟制有较为详细的规定,此即立嗣制度。

法典对无子立嗣作出规定。所谓立嗣(俗称立后),是指自身未能生育儿子而立他人之子为自己的宗祧继承人,嗣子和养子同为收养之子。法典规定,华人无男嗣时应当立一养子④;养子应当从近亲属中挑选,尤以丈夫兄弟和最亲近辈分者的次子优先考虑⑤;养子过继后即离开亲生父母家,并在继父母家享有和亲生子同样的权利⑥,这些权利具有一切民事和宗教效力。

至于立嗣之子的身份,法典作出如下规范:首先,须以同姓同宗立嗣。为防外姓乱宗,维护宗族利益,历代法律严禁立异姓为嗣。⑦ 明清时期稍有放宽,虽允许收养3岁以下异姓之子,但不得以无子遂立为嗣,从而阻却了异姓为后之路。如此一来,即使无子人家已收异姓养子,仍需另立同姓同宗嗣子以续香火,否则死后只要族人告官,仍须再立继子。⑧ 其

---

① 李明:《明代纳妾制度剖析》,《乐山师范学院学报》2008年第7期。
② 刘正刚、刘强:《清代粤人好蓄妾现象初探》,《中国社会经济研究》2007年第1期。
③ 《华人风俗习惯法典》第3、4条。
④ 《华人风俗习惯法典》第13条。
⑤ 《华人风俗习惯法典》第14条。
⑥ 《华人风俗习惯法典》第17条。
⑦ 例如,《唐律·户婚律》规定:即养异姓男者,徒一年;与者,笞五十。
⑧ 关于宗祧继承及中国传统礼制文化,参见丁凌华《中国丧服制度史》,上海人民出版社,2000。

次，须以昭穆相当为嗣。所谓昭穆即为辈分，立嗣子须在同宗诸侄辈之中选择。此乃儒家人伦之重点，不容混淆。

此外，法典还针对华南地区华人家庭为儿子立嗣的习惯，规定父母有为已逝的儿子立嗣子的权利。[①] 明清时期，父在子亡应否替子立嗣，在官方与民间看法不一。一般认为，未成年未婚之子死亡不宜立嗣。但在民间社会，父辈为早夭者立嗣的做法十分普遍。华南地区尤其重视宗族关系及宗法传承，此类做法屡见不鲜，官府对此充耳不闻。因此，葡萄牙政府也立足华南地区实际，对为亡子立嗣的问题予以确认和规范。

（三）继承制度

在继承制度方面，法典同样彰显出传统宗法文化的基本观念。首先，法典依循传统宗法伦理，通过规定继承权只归儿子[②]，排除了已婚女性家族成员的继承权。之所以如此处理，是因女性与男性之"宗"不同。诚如学者分析所言："其'宗'的所属分成自然性与社会性两个方面。从自然性的意义上来看，女性仍属于父亲的宗，并且这种关系从出生直到死亡终生不变。另一方面，从社会性的意义上来讲，女性由于婚姻而取得夫宗的地位，由于女性在社会性的意义上被排除在父宗之外，因此她不能承继来自父宗的财产。"[③] 不过，关于未婚女性家族成员，该条第 2 款给予了有限的保障，规定未婚女性可获得其他儿子遗产的四分之一作为嫁妆。

其次，法典在继承顺序上充分体现了长幼有序和宗祧继承的观念。依据法典规定，长子和代表人在财产继承上所获财产是其他人的两倍[④]，从而在财产继承的数量方面维护了长子特权。不过，中国传统宗法制度强调嫡庶之分，所谓立嫡以长不以贤，立子以贵不以长。法典在此方面虽有规定长幼之分，却未规定嫡庶之辨。不仅如此，法典还赋予妻妾所生儿女的平等权利[⑤]，因此即使是庶长子也有权利获得特权。这一观念是与宗法文化相悖的，也使传统文化强调的嫡庶差异发生改变，表明近代欧洲男女平

---

① 《华人风俗习惯法典》第 19 条。
② 《华人风俗习惯法典》第 22 条。
③ 〔日〕滋贺秀三:《中国家族法原理》，张建国、李力译，法律出版社，2003，第 20 页。
④ 《华人风俗习惯法典》第 22 条。
⑤ 《华人风俗习惯法典》第 11 条。

等思潮的文化影响力。

再者，依据法典规定，长子和代表人不仅在财产继承上获得特权，还可以获得身份继承及公产管理的权利。在传统宗法文化中，继承不仅涉及财产的移转，还有身份（如爵位）的承续。前者可以扩及所有的儿子及其他晚辈，但后者只能由长子或代表人承续，此即所谓宗祧继承。宗祧原意是宗庙，引申为祭祀的权利。中国人对祭祀是非常看重的，古人云："国之大事，在祀与戎"。对祭祀身份的继承，即是对先人身份的继承。宗祧应由嫡长子继承，但如果嫡长子不肖，则应由其他贤能之子担当。因此，法典规定身份继承者既有长子，也包括父亲选定的任一代表人。至于公产管理和在宗教民事上的代表权，则是宗祧继承在宗族制上的延续。在华南地区尤其是广东一带，宗族共有族产现象十分普遍，族产主要用于建祠修墓、纂谱联宗、办学考试、迎神赛会、兴办公益事业、赈济族人贫困等。族产既能为家族成员谋福利，也可成为家长行使宗族权利的经济支持。因此，拥有公产管理是一项基于身份继承而派生的财产权利，同样获得了法典的确认。

纵览上述基本内容，可见该法典贯穿中国传统宗法伦理，将礼教纲常纳入华人社会的婚姻家庭与继承关系，是对传统律例体系所涉民事规范的法典化技术处理。不过，该法典并非全然迁就宗法伦理，在某些方面也添附了近代西方民事法制的成分。例如，依据法典规定：华人依照中国宗教仪式总结的婚姻，与本国律例所承认的天主教婚姻和民事婚姻具有完全同等效力。[①] 传统华人婚姻缔结方式，首次在法律层面得到了葡萄牙政府的承认。

还要指出的是，法典借助近代西方理性主义观念，也对传统宗法文化作出了一定程度的改造。其时，华南地区尤其是广东沿海风气比内地开化，在洋务运动及清末立宪之际频频引领潮流，源自西方的男女平等观念促成女性权利意识的觉醒，对以父权及夫权为核心的宗法伦理构成了冲击。因此，法典在某些地方赋予女性一定的权利。例如，法典规定，妻子有一定的财产支配权力，即对于私己财产的自主管理。[②] 私己财产主要包

---

① 《华人风俗习惯法典》第 2 条。
② 《华人风俗习惯法典》第 3 条第 2 款第 1 项、第 2 项。

括结婚时陪嫁的财产和婚前购置的首饰，离婚时可以带走。在某些情况下，还允许夫妻对于财产所属进行商讨。又如，法典虽规定男子有权纳妾，但妻妾具有平等的权利。例如规定，正室和旁室在家长权利和儿女继承上地位平等。[1] 这在一定程度上体现出宗法文化的现代转向。

此外，法典奉行华人属人法的原则，即如果澳门华人并非两广地区人士，其风俗习惯与华南地区不同，亦可通过任何法律允许的途径进行证明，其风俗习惯获得同等尊重。

四　世易俗移：法典的撤销及其影响

辛亥革命以来，随着封建帝制的推翻和民国政府的建立，中国国民思想观念开始向现代急遽转型，尤其是男女平等观念的广泛传播，契合大清律例的旧式风俗习惯也在移风易俗。因此，《华人风俗习惯法典》颁行不久就遭遇历史性危机，在婚姻家庭和继承等方面都必须因应时代的发展。

不过，由于其时中国国内政局不稳，从北洋政府到南京国民政府都无暇他顾，葡萄牙政府则趁势加紧对澳门社会进一步的殖民化，加之澳门华人社会的保守阶层和既得利益者安于现状，其时中国内地被废止的旧式婚姻家庭及继承法制，在澳门社会仍被《华人风俗习惯法典》所确权和延续。

1917年11月29日，为配合这套针对华人社会的规范适用，葡萄牙还通过第3637号法令，颁行《澳门华人专有法庭章程》，以便借此处理华人社会的民事、商事（破产除外）和轻微的刑事案件。1920年9月27日，该章程通过《第311号训令》作出修改。不过，华人专有法庭并未存续很长的时间，至1927年10月20日即被取缔。[2]

第二次世界大战前夕，随着葡萄牙国内形势与国际局势的变化，葡萄牙政府开始酝酿包括本土及海外属地的法制改革。受此影响，澳门政府于1933年委任一个小组，着手研究修订该法典。1948年7月24日，葡萄牙政府颁布《第36987号法令》[3]，正式撤销依1909年6月17日法令颁行的

---

[1]《华人风俗习惯法典》，第11、27条。
[2] 何志辉：《近代澳门司法：制度与实践》，中国民主法制出版社，2012，第149~153页。
[3] 黄汉强、吴志良主编《澳门总览》（第二版），澳门基金会，1996，第67~69页。

《华人风俗习惯法典》。

第 36987 号法令总共 5 条，是葡萄牙政府针对澳门的华人事务和土生葡人而颁行实施的一个特别国际冲突法。该法令第 1 条规定：依 1905 年 11 月 3 日法令规定为葡萄牙国籍的澳门出生人士，须遵守葡萄牙民事法律。第 2 条规定：澳门出生的非葡萄牙籍华人以及其他华籍人士，在家庭和继承法方面遵守中国民事法律。这两条即是典型的总括式单边冲突规范：前者表明澳门出生的葡籍人士在民事领域内的活动依葡萄牙法，后者表明澳门华人在家庭与继承法方面受中国民事法律规范的支配，使原本适用于澳门华人的特殊规范得以继续延续，并可追随有可能发生变化的中国民事法律，从而较之以往由葡萄牙专门为澳门拟订《华人风俗习惯法典》之类规范更为方便和灵活。[①] 但要指出的是，《华人风俗习惯法典》的撤销，并不代表华人风俗习惯尤其是传统宗法文化在澳门的消亡。就葡萄牙殖民管治时期而论，澳门华人社会的诉讼案件一直数量稀少，这是因为绝大部分的民事纠纷都已在民间解决，所依据的规则也正是这样一些风俗习惯及民间规则，它们具有难以抹杀的传统宗法文化色彩；而在这些纠纷的解决过程中，通常也是德高望重的宗族长辈或华人权威充当着裁判的角色。

需要指出的是，这部法典被撤销后仍有文化影响力的存续，亦从另一方面印证了所谓"法律作为民族精神"的存在，印证了生生不息的传统法律文明在现代社会仍有着随时可复苏的蛰伏，它们不会因为异质性的法律文明不予正式认可而主动退隐。至于其间仍然交织的传统与现代、宗法与法律、伦理威权与法治权威的斗争或纠葛，以及由此折射的以宗法文化为核心的中国传统法律智慧对葡萄牙殖民法制之逾淮成枳的修复或矫正过程，亦仍然值得学界予以探索和深思。

（本文是 2013 年中国法律史年会论文）

[①] 蓝天主编《一国两制法律问题研究（澳门卷）》，法律出版社，1999，第 14 页。

五　文献资料篇

澳门史研究述评

吴志良[*]

一 早期中西文献的记载

1.《明史·佛郎机传》

16世纪新航路开通后，西人接踵来华，而有关"西人东来事迹，吾国史书，多述其事，然散出群籍，检寻未易。清初纂修《明史》，尤西堂（侗）任纂外国各传，始采集前人所述，汇归为佛郎机、吕宋、和兰、欧罗巴四传（见《西堂余集·明史外国传》）。厥后万季野（斯同）以布衣参史局，于西堂旧稿，重加釐定，损益颇多；且易欧罗巴为意大里亚（现存万季野史稿可参考）。王鸿绪《横云山人史稿》取季野之文，而稍点窜其文句，而于史实则无更易。张廷玉主修《明史》，复取王氏《史稿》而删定之，遂成今本《明史》四传，世之谈欧亚交通史者，率即以此为蓝本焉。"[①]

前述"佛郎机"即葡萄牙，为最早由海路抵达中国的欧洲国家，并于1553~1557年间始得以据居澳门至今。关于早期中葡交往和澳门起源的中国文献，并非始于尤西堂，明嘉靖四十三（1564年）年庞尚鹏《区画濠镜保安海隅疏》便有较详细的叙述："……广州南有香山县，地当濒海，由雍陌至濠镜澳，计一日之程，外环大海，乃蕃夷市舶交易之所……每年夏秋间，夷舶乘风而至，止二三艘而止，近增至二十余艘，或又倍焉。往

---

[*] 吴志良，澳门基金会行政委员会主席。
[①] 张维华：《明史欧洲四国传注释》，上海古籍出版社，1982，原序第1页。

来俱泊浪白等澳,限隔海洋,水土甚恶,难于久驻,守澳官权令搭篷栖息,殆舶出洋即撤去之。近数年来,始入濠镜澳筑室居住,不逾年多至数百区,今殆千区以上。日与华人相接,岁规厚利,所获不赀。故举国而来,负老携幼,更相接踵,今夷众殆万人矣……"①

郭棐于万历三十年(1602年)修撰的《广东通志》卷六九《澳门》条也载称:"嘉靖三十二年,舶夷趋濠镜者,托言舟触风涛缝裂,水湿贡物,愿借地晾晒,海道副使汪柏徇贿许之。时仅蓬垒数十间,后工商牟奸利者,始渐运砖瓦木石为屋,若聚落然。自是诸澳俱废,濠镜为舶薮矣。"

此说乃成后来史书之张本,并为尤西堂所采用。尤西堂康熙年间刊本《西堂余集·明史外国传》再为万斯同康熙三十八年(1699年)成书的《明史稿》所用,而《明史稿》又成为张廷玉等撰《明史》的稿本,其后正史、野史乃至包括《澳门记略》在内的地方志讲到中葡之交和澳门时,虽文字版本略异,但溯其根源多沿袭《明史》之说,所以,当今澳门史研究者无不参阅《明史·佛郎机传》。

成书于雍正十三年(1735年)的官修《明史》,被公认为体例齐整完备、史料价值较高,是二十四史中较成功和完善的一部史书。不过,虽然《明史》作者在史料选择和史实考订方面下过相当功夫,约2500字的《佛郎机传》错漏之处仍然甚多。为此,早年(1934年)著名中外关系史家张维华教授以溯源、辑补手法,参照张燮《东西洋考》、胡宗宪《筹海图编》、严从简《殊域周咨录》、俞大猷《正气堂集》、郭尚宾《郭给谏疏稿》、顾炎武《天下郡国利病书》、黄佐《泰泉集》、何乔远《名山藏》和《闽书》、黄省曾《西洋朝贡典录》等民间笔记、文集以及《广东新语》、《广东通志》、《香山县志》、《福建通志》等地方志凡近百种文献加以考证,并比证西人史籍所载,勘误校订。澳门史学家戴裔煊教授也参考中外文献,于20世纪70年代初对《明史·佛郎机传》重新考核,作出补充或订正。②

2.《澳门记略》

中国史籍文献中,论及澳门的为数不少,如魏源《海国图志》、郭棐

---

① 全疏见印光任、张汝霖《澳门记略》,赵春晨校注,广东高等教育出版社,1988,第20~21页。
② 戴裔煊:《〈明史·佛郎机传〉笺正》,中国社会科学出版社,1984。

《粤大记》、卢坤等《广东海防汇览》、梁廷枏《粤海关志》、王之春《国朝柔远记》、文庆等《筹办夷务始末》、王彦威和王亮《清季外交史料》等等，专述澳门的也有张甄陶《澳门图说》、《澳门形势论》、《制驭澳夷论》及薛韫《澳门记》、陆希言《墺门记》、蔡国祯《澳门公牍录存》、郑勉刚《澳门划界录》等，但影响最大的是印光任、张汝霖的《澳门记略》。

《澳门记略》完稿于乾隆十六（1751年）年，为唯一的澳门地方志，也是第一部较全面系统记述澳门地理、历史、政治和社会的中文典籍，堪称澳门史研究之始。全书共分两卷三篇，上卷《形势篇》写澳门地理形势、山海胜迹和潮汛风候，《官守篇》记澳门历史沿革，即葡萄牙占据澳门经过和明清设官管理情况；下卷《澳蕃篇》记蕃夷体貌服饰、起居习俗、物产技艺和语言文字等。作者印光任、张汝霖先后出任澳门同知，对当时澳门社会现实有亲身感受和深刻认识，且撰写书稿时"爰历海岛、访民蕃、搜卷帙，就所见闻者记之，翼万一补志乘之缺"（后序），实地考察与文献资料并重，因此《澳门记略》具有很高的史料价值。

《澳门记略》刊本有多种，近年赵春晨教授曾加以校点，版本较可取。[①]日文版19世纪初已问世，1950年葡萄牙汉学家高美士（Luis G. Gomes）将原著译成葡文出版，惜谬误之处甚多。概言之，《澳门记略》虽然对西方史地政法的认知模糊，对澳门葡人的行政组织和习俗的了解也很不足，具有明显的时代局限性，但作为第一部澳门专著，且众多有关澳门的古籍中仍无出其右者，其研究参考价值不能低估。[②]

3. 葡萄牙及其他西方文献史料

谈及澳门的最早葡萄牙文献，应是平托（Fernão Mendes Pinto）1555年11月20日致果阿耶稣会长的一封信，"今天我自浪白滘往前六里格（Legua，每里格约五公里）抵达我们所在的澳门港，碰到巴莱多（Belchior Nunes Barreto）神父。"但这封从澳门发出的信全部讲述如何自印度到达澳门的过程，对澳门就此一提而过，其意义仅在于证明平托真正到过中国，

---

① 简体字版1988年为广东高等教育出版社出版，繁体字校读本为澳门文化司1992年出版，后者还收入《澳门记略》其他版本的序跋、作者的传记资料以及清朝年间关于澳门的记载，如《香山县志》、《广东新语》等有关澳门部分。
② 澳门史学者章文钦对《澳门记略》有全面研究，见其《澳门与中华历史文化》，澳门基金会，1995，第39~177页。

他后来的《远游记》(Peregrinacão)并非"吹牛说谎"的杰作。平托 1614 年出版的遗作《远游记》第 221 章称,"第二天早上,我们自上川岛出发,太阳落山时抵达往北六里格的另一个岛,该岛名为浪白滘,其时葡人与华人在岛上做生意,直至 1557 年广东官员在当地商人的要求下将澳门港给了我们进行贸易。澳门从前是个荒岛,我们的商人兴建价值三、四千克鲁扎多(Cruzado,古时葡萄牙金币)的房屋把她变成一个高贵的居民点,且已有一间主教堂,教堂不仅有神父,还有来祈祷的人,此外,居民点尚有兵头、王室法官和司法官员。大家是如此的自信和安定,犹如自己的城镇那般爱护她,好似她就坐落在葡萄牙最安全的一个地方。"① 这是葡文献记载澳门之始,也是平托笔下澳门的全部。

关于早期中葡关系和澳门的情况,西方传教士如利玛窦(Mateu Ricci)、范礼安(Alessandro Valignano)、曾德昭(Alvaro Semedo)、利类思(Louis Buglio)、竺赫德(Jean B. du Halde)等在描述中华帝国时都有论及,更早的葡萄牙传教士如特谢拉(Manuel Teixeira)等在其信札报告中也谈到不少澳门的事情,但在 17 世纪,记载最为详尽的有六位作者,均被博克塞(C. R. Boxer)收入其《复国时期的澳门》②。其一为曾出任印度编年史家和档案馆长的菩卡罗(António Bocarro)。他在 1635 年撰写的《东印度政府所有要塞、城镇图集》(Livro das Plantas de Todas as Fortalezas, Cidades e Povoacões do Estado da India Oriental),便是其中描述澳门的最早最完整的一份文献。该图集不仅绘制详介了澳门的几个重要炮台,还简述了澳门的地理、历史、税收和社会情况,并在最后讲解了中国的城镇、税收和防卫。其二是 1637 年 7 月 5 日随威德尔(John Weddell)船长到澳门游览的英国人孟迪(Peter Mundy)。他的游记形式较为松散,内容也不甚准确,有的是日记式的,但是,对澳门风俗民情描写得很是生动,人情味十足。介乎菩卡罗编年史和孟迪游记文体之间的另一份重要文献,为意大利人达瓦罗(Marco d'Avalo)约 1638 年间所写的《澳门记》(Description of the city of Macao)。这篇收入《达瓦罗游记》的文章虽然只有八页,但对

---

① Fernão Mendes Pinto, Peregrinacão (《远游记》), Vol. Ⅱ, Publicações Europa ~ América, Lisboa, 1988, pp. 342 - 343。
② C. R. Boxer, *Macau na Época de Restauração*, Imprensa Nacional, Macau, 1942. 1988 年香港 Heineman 公司再版英文本时,易名为《十七世纪的澳门》(*Seventeenth Century Macau*)。

澳门的地理、布防、近期历史、与广州及其他地区的商贸情况的描述清楚明了，且文字甚为流畅，史料价值很高。此外，费雷拉（António Fialho Ferreira）1643年受命赴澳宣布葡萄牙复国消息后向国王所写的报告、门纳泽斯（D. Luis Meneses）在其著名《葡萄牙复国史》中有关澳门的一章以及曾出任澳门主教的卡尔丁（António Francisco Cardim）所写有关同一事件的《备忘录》，也是了解当时澳门葡人社会状况不可缺少的资料。

博克塞1938年在澳门出版的《澳门在明朝覆亡中的角色》（*Papel de Macau na Oueda da Célebre Dinastia Ming*）一书中收入一篇成文于1648年但佚名的耶稣会士报告和两封澳门总督写给印度总督的信函。这些文献具体讲述了南明覆亡前明永历太后、皇后受洗天主教和南明王要求澳门葡人遣炮协助抗清复明的过程。葡人虽然提供人员、金钱、枪炮协助，但大势所趋，前功尽弃，清政府已立。幸而，澳门并未因此受到胜利者的报复或惩罚。

进入18世纪，有关澳门的记载更趋细微，数量也大为增加。索萨（Francisco de Sousa）神父1710年发表的《果阿省耶稣会士所征服的东方》（*Oriente Conquistado a Jesus Cristo Pelos Padres da Companhia de Jesus da Província de Goa*）中，详述了澳门葡人1582年赴肇庆贿赂两广总督陈瑞以保居澳安身立命的整个过程，对澳门社会也有总体介绍。1745年多明我修士耶稣斯·玛丽娅（José de Jesus Maria）在澳门撰写的《中国和日本的亚洲》（*Ásia Sínica e Japônica*），更搜集了许多后来流失了的市议会档案，并有整整五编讲述澳门。他谈到澳门的衰落和颓废现状时，感叹不已之情，溢于言表。然而，澳门是一个被遗忘的地方，此一败象，直至1783年才真正为葡萄牙王室所关注。国务大臣卡斯特罗（Martinho de Melo e Castro）同年4月4日在发给印度总督的指示中，对澳门议事会自把自为的不善管理作出猛烈抨击，对居澳葡人对清政府的恭顺臣服表示不满，并颁令加强代表王室的总督的权力，澳门葡人政治行政组织从此开始染上殖民色彩。

卡斯特罗此一包罗甚广的指示连同他前一年由被委任为北京主教的汤士选（D. Frei Alexandre de Goveia）神父带给印度总督的信，以及印度总督给汤士选的指示及其向葡印检察长征询在澳门实施《王室制诰》（*Providências Régias*）的信，是研究18世纪澳门政治史最重要的第一手文献。这些文献和许多其他有关澳门的文件信函，都收入1943年在里斯本出版的《给北京主教的指示和澳门史的其他文献》一书中，该书1988年由澳门文化学会重印。①

二 澳门史研究的回顾

我们将 18 世纪中下叶的《澳门记略》称为澳门史研究之始，乃因为它是第一部最完整、最系统论述澳门的中文古典专著。但一般认为，龙思泰（Anders Ljungstedt）1832 年和 1836 年分别在澳门和波士顿出版的《葡萄牙在华居留地史纲》（*An Historical Sketch of the Portuguese Settlements in China*）才是第一部真正的澳门史。② 一部是中文的，一部是英文的，争论哪一部为澳门史研究的发端意义不大。只不过龙思泰以英文写作，在西方史学界影响较大。值得注意的是，后来成为中葡关系主导和中心的所谓"澳门问题"，乃是 18 世纪末才产生的。

如果说，葡萄牙国王在 1752 年向中国遣使桑伯伊奥（Francisco de Sampaio），只是一种友好的表示，那么，国务大臣卡斯特罗 1783 年委派汤士选出任北京主教，进入满清宫廷，则有更深远的目的——不仅为了朝中有人好办事，更希望汤士选可以探查清楚中国皇帝究竟给了葡萄牙什么优惠以及澳门的法律地位如何。③ 换言之，葡萄牙除以强硬的总督夺取一向对清政府恭顺臣服的澳门议事会的权力外，已意识到澳门这块土地的所有权问题，开始寻找据居澳门法律的依据。

葡萄牙人因协助赶走海盗而获中国皇帝赐予澳门作为酬赏之说，在 17 世纪中曾德昭的《大中华帝国志》里有所提及，且当时大多传教士对此也深信不疑。竺赫德 1735 年在巴黎出版《中华帝国志》后，此一版本更广为流传。但至 18 世纪末，尤其在鸦片战争前后，英国人开始怀疑其真实性和合法性，令葡萄牙感到不安，里斯本当局遂着手整理历史档案文献，试图找寻具说服力的论据。唯清王朝一如既往，直到鸦片战争后亦未改变对澳门主权治权的立场。

---

① Instrução Para O Bispo de Pequim e Outros Documentos Para a História de Macau, Instatuto Cultal de Macau, 1988.
② C. R. Boxer, *Fidalgos no Extremo Oriente*（《远东的贵族》），东方基金会和澳门海事博物馆，1990，第 219 页；文德泉（Manuel Teixeira）神父在龙思泰著作 1992 年再版前言所附的讲词也如是说，又见拙文《站在超民族的地位》，《澳门日报》1995 年 8 月 20 日。
③ Instrusão Para o Bispo de Peguim e Outros Documentos Para a História de Macau, p. 46.

龙思泰《葡萄牙在华居留地史纲》因应了19世纪西方殖民者为向华扩张势力而急于了解中国情况的需要，但他以确凿史实直截了当地否定了葡萄牙的澳门主权说，也使得葡萄牙政府处于一个十分尴尬的位置。1835年，安德拉德（José Inácio de Andrade）撰写了一篇《关于击败中国海盗和英国人登陆澳门及其撤退的备忘录》（Memória sobre a Detruicão das Piratas da China e o Desembarque dos Ingleses na Cidade de Macau e Sua Retirada），为葡萄牙人打败难以考证的海盗首领张宝西（Cam‐Pau‐sai）或时空倒错的张保仔树碑立传，掩世人耳目之心，昭然若揭。葡外交部更责令驻法国大使圣塔伦子爵（Visconde de Santarém）深入研究葡人居澳权利问题，其结果是《关于葡萄牙人居留澳门的备忘录》（Memória sobre o Estabelecimento dos Portugueses em Macau）于1852年在巴黎问世。[①] 一场围绕澳门主权问题的论战，从此在史学界掀起，成为百多年来澳门史研究的主线和焦点。时至今日，尽管《中葡联合声明》已对澳门历史和前途问题一锤定音，但学术界的讨论仍未完全拉上帷幕。尤其是关于澳门的起源，本地教学界在编写历史教材时还未有定论。

圣塔伦子爵的《备忘录》并未找到葡萄牙拥有澳门主权的可信证据和合理解释，只建议组织人力物力继续整理翻译有关澳门的史料。1862年，葡萄牙首次试图与中国就澳门地位问题签订协议，令这一工作得到重视，由佩雷拉（Marques Pereira）父子继承接手。佩雷拉首先整理1867年的《政府公报》，编撰了《澳门历史和中国与基督人民关系史纪事》（Ephemérides Commemorativas da História de Macau e das Relacões da China com os Povos Christãos）在次年出版的《大西洋国》（Ta‐Ssi‐Yang‐Kuo）杂志第一辑上发表。其子承父业，于1899年继续出版第二辑，刊登保存了许多珍贵的档案和年鉴史料。第二辑由教育暨文化司于1986年重印，已经脱销，澳门基金会和教育暨青年司去年将第一、二辑同时再版。费雷达斯（Jordão de Freitas）1910年发表的《十六世纪澳门史料》（Macau Materiais Para a Sua História no Século XVI），1988年由澳门文化学会重刊。另一份重要史料也是中国境内第一张报纸《蜜蜂华报》（A Abelha da China）合刊本，也已由澳门大学和澳门基金会于1994年重印。

---

① 详见拙文《鸦片战争前后葡萄牙寻找澳门主权论据的过程》，未刊稿，1996。

1887 年《中葡和好通商条约》签署后,澳门史研究热潮再次兴起。曾经在澳供职的军官法兰萨(Bento da França)1888 年在里斯本出版《澳门史初探》(Subsídios Para a História de Macau),但其影响还未及徐萨斯(Montalto de Jesus)的《历史上的澳门》(Historic Macau)。徐萨斯与后来的白乐嘉(J. M. Braga)1949 年出版《西方开拓者及其发现澳门》(The Western Pioneers and Their Discovery of Macau)一样,反驳龙思泰的观点。有趣的是,这两位葡萄牙后裔均以英文写作。《历史上的澳门》1902 年在香港初版后,令徐萨斯一举成名,成为澳门的英雄人物,但 1926 年修订本在澳门出版后,由于里斯本政局的变化,被当局当众焚毁,而徐萨斯也一夜之间变为叛徒,穷极潦倒最后病死于香港一慈善机构。[①] 不过,他和佩雷拉的著作虽有时代局限性,且选用史料时甚为偏颇,其观点却为其后澳门史研究者所采用,至白乐嘉一代仍没有多少改变。

近代中国学者关注到澳门史研究,则在民国建立后,特别是《中葡和好通商条约》的划界问题引起争议和 1928 年《中葡友好条约》签订之后。在 20 世纪 30 年代,也有两本深具影响的澳门专著面世,其一为周景濂的《中葡外交史》(1937 年北京商务印书馆初版,1991 年重印),言简意赅,经络毕现。其二为张天泽 1934 年在荷兰莱登的博士论文《中葡早期通商史》[②](Sino - Portuguese Trade from 1514 - 1644),旁征博引中葡文献,可读性甚强。虽然博克塞认为张氏多沿袭前人资料,只略有修正,观点则无大创新[③],但同代华人除张维华 1934 年《明史佛郎机吕宋和兰意大利亚传注释》(即后来的《明史四国传注释》)、王仲达《澳门地图》(商务印书馆 1928 年出版)、黄培坤《澳门界务争持考》(1931 年广东图书馆)外,可资参考的专著并不多,散见于《东方杂志》、《史学年报》、《历史学报》、《社会科学》等刊物的关于澳门历史的学术论文,据不完全统计,自 1909 年至 1949 年也只有 27 篇[④],且大都阐述葡人据居澳门的经过和年代考证。言及于此,当然不应忘掉日本人藤田丰八收入《中国南海古代交通

[①] 吴志良:《历史的嘲弄》,《澳门日报》1995 年 9 月 3 日。
[②] 姚楠、钱江译中文本 1988 年由香港中华书局出版。
[③] C. R. Boxer, Fidalgos no Extremo Oriente (《远东的贵族》),东方基金会和澳门海事博物馆,1990,第 293 页。
[④] 黄启臣、邓开颂:《中外学者论澳门历史》,澳门基金会,1995,序第 2 页。

丛考》（何健民译，商务印书馆1936年版）的《葡萄牙占据澳门考》。藤田丰八考证之详实，几堪比张维华。马士（H. B. Morse）《中华帝国对外关系史》（The International Relations of the Chinese Empire，上、下卷分别在1910年和1918年于上海、伦敦出版）和《东印度公司对华贸易编年史》（The Chronicles of the East India Company Trading to China, 1635 – 1834, 1926至1929年，牛津大学出版社），也有大量有关澳门的记载。且两书均有中译本，查阅方便。①

西文专业刊物方面，香港《通报》（Toung Pao）和里斯本《殖民地总局简报》（Boletim da Agência Geral das Colónias）载有多篇澳门历史的学术论文，而《澳门教区简报》（Boletim Eclesiástico da Diocese de Macau）更成为澳门史研究的阵地，特别在20世纪30至50年代，博克塞、白乐嘉、文德泉神父等挖掘整理了不少原始和失传的珍贵澳门史料，在《澳门教区简报》上刊登评介，为澳门史研究的进一步推展立下汗马功劳。1950年，《马赛克》（Mosaico）历史文化杂志创刊，坚持每月一刊出版了七年。60年代中期，《贾梅士学院简报》（Boletim do Instituto Luis de Camões）异军突起，成为澳门历史文化研究的另一阵地，惜在1981年停刊。1939年创办、期间数度中断但出版至今的《澳门档案》（Arquivos de Macau），自1981年改名为Boletim do Arquivo Histórico de Macau（《澳门历史档案馆简报》）杂志，初期在高美士的不懈努力下，也连续不断整理刊登了许多原始档案资料。

前述著作和作者，初步奠定了澳门史研究的基础。尤其是博克塞和文德泉两人，在整理档案史料方面皆功高劳苦，著作等身。博克塞从英军退役后，穷半生之力研究葡萄牙航海大发现及其在远东的影响，史料考据之科学翔实、至今无出其右者。他的著作如《远东的贵族》、《复国时期的澳门》、《阿妈港的大帆船》（The Great ship from Amacon，1959年，里斯本）、《葡萄牙热带社区：果阿、澳门、巴伊亚和卢安达的市议会》（Portugues Society in the Tropics: The Municipal Councils of Goa, Macau, Bahia and Luanda, 1510 – 1800，1965年，威斯康星大学出版社）以及《葡萄牙海上帝国》（The Portuguese Sea – Borne Empire, 1415 – 1825，1969年，伦敦），

---

① 马士：《中华帝国对外关系》，张汇文等译，三联书店，1957；马士：《东印度公司对华贸易编年史》，区宗华译，林树惠校，中山大学出版社，1991。

是研究澳门早期历史的必读书。不过，依我们看来，博克塞总结出来的中葡关系的"授受之道"（dares‐e‐tomares）亦即澳门的生存之道，最值得澳门史学者的深思。①

文德泉更孩童时便来到澳门，毕生投入传教史和澳门史研究，专著百数种，所涉之广，可谓前无古人，后无来者。尽管有人批评他许多时候只罗列资料，不指出来源，令引用者提心吊胆，但史料得以保全，他仍功不可没。文神父的著作多在澳门出版，其 16 卷的《澳门及其教区》（*Macau e a sua Diocese*，1940 至 1979 年）以及《十七世纪的澳门》（*Macau no Sec. XVII*，1982 年）、《十八世纪的澳门》（*Macau no Sec. XVIII*，1984 年）等，堪称澳门史料大全，是澳门史学者经常翻阅的参考书。

20 世纪 50 年代以来，中国学者研究澳门史虽未中断，但显得零散疏落，论文和专著并不算多，较为人熟知的如戴裔煊《关于澳门史上所谓赶走海盗问题》（载《中山大学学报》1957 年第 3 期）、全汉升《明代中叶以后澳门的海外贸易》（载香港中文大学《中国文化研究所学报》1972 年第 2 期）、介子编《葡萄牙侵略澳门史料》（1961 年，上海人民出版社）、丁中江等编撰的《澳门华侨志》（1964 年，台北华侨志编纂委员会）等，罗香林弟子林子升 1970 年在香港大学答辩的博士论文《16 至 18 世纪澳门与中国之关系》，是一本较为全面的澳门断代史，但至今未刊印。霍启昌 1978 年在夏威夷大学完成的博士论文《澳门模式：论 16 世纪中至鸦片战争中国对西方人的管理》（*The Macau Formula: A Study of Chinese Management of Westerners from the Mid‐Sixteenth Century to the Opium War Period*）也只有部分章节发表于澳门文化司署的《文化杂志》（1991 年第 16 期合刊本）。到了 80 年代，中文澳门史研究才有长足的发展。

三 澳门史研究现状

中葡两国于 1979 年建立外交关系，1985 年澳门前途提上议事日程，两年后《中葡联合声明》签订，圆满解决了历史遗留下来的澳门问题。可

---

① C. R. Boxer, Dares‐e‐Tomares nas Relacóes Luso‐chinesas durante os Séculos XVII e XVIII atravé‐s de Macau, Imprensa Nacional, Macau, 1981.

以说，自20世纪80年代起，澳门史研究也步入一个新的时期。这一时期的最大特点，就是中葡学者在澳门政治行政过渡的时刻，同时对澳门史研究产生了极大的兴趣，大批研究成果陆续问世。而有关澳门史的一些重要著作，如前述张维华、周景濂、张天泽、龙思泰、徐萨斯、高美士以及博克塞的多部著作，也获得重印或翻译出版。

应该承认，由于种种原因，中国史学界一直对澳门史研究未有足够重视，研究成果从质到量均落后于西方史学者。自20世纪80年代起，港澳问题再度引起了关注，国内学术气氛日趋宽松，而澳门经济快速发展也为澳门史研究提供了物质条件和基础，因此，情况有显著改善，大有迎头赶上之势。国内学者如中山大学戴裔煊、黄启臣、章文钦，广东省文史馆黄文宽，广东省社科院邓开颂、杨仁飞，南京大学黄鸿钊，中国人民大学韦庆远，上海社科院费成康等，都在海内外报刊发表澳门史论文或出版专著，澳门学术界也做出积极配合，澳门社会科学学会的《濠镜》、澳门大学澳门研究中心的《澳门研究》创刊，《澳门日报》和《华侨报》等设立专栏或专版探讨澳门历史，澳门史苑变得生机勃勃。

专著方面，有戴裔煊的《〈明史·佛郎机传〉笺正》（1984年）、黄文宽《澳门史钩沉》（1987年，澳门星光出版社）、黄鸿钊《澳门史》（1987年，商务印书馆香港分馆）、《澳门史纲要》（1987年，福建人民出版社）、元邦建和袁桂秀《澳门史略》（1988年，香港中流出版社）、费成康《澳门四百年》（1988年，上海人民出版社）以及黄启臣《澳门历史（自远古至1840年）》、邓开颂《澳门历史（1840至1949年）》（均为澳门历史学会1991年出版）。台湾学者郭永亮也著有《澳门香港之早期关系》（1990年，台北中研院近代史研究所）。论文方面，王昭明的《鸦片战争前后澳门地位的变化》（载《近代史研究》1986年第3期）、韦庆远的《澳门在清代康熙时期的特殊地位和作用》（载《中国史研究》1992年第1期）和费成康的《重评澳门在东西方文化交流中的地位》（载《学术月刊》1993年第8期）影响甚大，章文钦则将部分论文结集为《澳门与中华历史文化》（1995年，澳门基金会）出版。1993年在澳门召开的"澳门东西方文化交流国际学术研讨会"的论文集《东西方文化交流》（吴志良主编，1994年，澳门基金会）和1995年出版的《澳门历史文化国际学术研讨会论文集》（黄晓峰等主编，澳门文化研究会），以及黄启臣、邓开颂编《澳门港史资料汇编》（1991年，广东人民出版社）和《中外学者论澳门历史》，亦收录不少有关澳门史的重要文章和档案资料或介绍。

除借外力进行研究并提供必要协作和资助外，澳门本地的澳门史研究近十年来也取得可喜成绩。李鹏翥1986年便出版《澳门古今》（澳门星光出版社），深受读者欢迎，而唐思的《澳门风物志》（1995年，澳门基金会），堪称其姐妹篇；陈树荣坚持不懈，长期搜集、整理史料，发表了数以千计的文章，部分将分门别类结集出版；郑炜明涉及甚广，对宗教文化、经济史研究心得尤深，《澳门宗教》和《澳门经济四百年》已问世（均与黄启臣合作，1994年由澳门基金会出版）；刘羡冰专攻教育史，著有《双语精英与文化交流》（1994年，澳门基金会）；徐新研究艺术史颇有心得，部分文章收入其《澳门的视野》（1994年，澳门基金会）；拙著《澳门政制》（1995年，澳门基金会）也对澳门政制沿革史作了初步的探讨。值得一提的是，在澳门土生土长的谭志强在台湾政治大学完成的博士论文《澳门问题主权始末》（1994年，台北永业出版社），从国际法角度探讨澳门史，是一项新的研究成果。概览之，澳门学者的研究一方面覆盖面较广，如杨充中、魏美昌、黄汉强等对澳门史都有论及，黄汉强还主编《澳门问题资料汇编：1553至1985年》（《华侨报》）；另一方面，专向性较强，特别是历史人物研究，如《孙中山与澳门》（盛永华、张磊、赵文房著，1991年，文物出版社）、《林则徐与澳门》（黄汉强、陈树荣主编，1990年）、《壕江风云儿女——澳门四界救灾会抗日救国事迹》（1990年，澳门星光出版社）、《郑观应诗选》（邓景滨编，1995年，澳门中华诗词学会）、《钱纳利与澳门》（陈继春著，1995年，澳门基金会）、《澳门四百年诗选》（毅刚等辑，1990年，澳门出版社）等。澳门中文报刊上刊登的澳门史论文，更是不胜枚举。若能协调起来，合力推进，包括澳门史在内的澳门研究在不久的将来必有另一番景象。

西文方面，除前述文德泉的两部断代史，并无完整通史出版，只有科龙班（Eudore de Colomban，原名Regis Gervaix）神父1927年的教材《澳门史概要》（*Resumo da História de Macau*）1980年获得重印。但是，有影响的作者和著作并不少，如科兹（Austin Coates），1978年由牛津大学出版社推出散文体《澳门记事》（*A Macao Narrative*），其另一本著作《澳门与英国人》（*Macao and the British*）也在1988年再版；潘日明（Benjamim Videira Pires）

神父《十六至十九世纪澳门至马尼拉的商业航线》(*A Viagem de Comércio Macau - Manila nos S - éculos XVI a XIX*, 1987年, 澳门海事研究中心)、《殊途同归——澳门的文化交融》(*Os Estremos Conciliam - se*, 1988年, 澳门文化学会)、普塔克(Roderich Ptak)《葡萄牙在中国》(*Portugal in China*, 1980年, Klemmerberg)等。潘日明和普塔克等还写了不少有关澳门史的论文, 部分刊登在澳门文化学会《文化杂志》上。《文化杂志》、新闻司的《澳门》(前《南湾》)和行政暨公职司的《行政》杂志也发表了不少有关澳门史的论文。

20世纪90年代后, 葡文澳门史籍更多, 且已逐渐进入细部研究。如林慕士(João de Deus Ramos)的《中葡外交关系史》(*História das Relações Diplomáticas entre Portugal e a China*, 1991年, 澳门文化司署), 详述张安多(António de Magalhães)神父作为康熙皇帝的钦差出使葡萄牙的过程; 施白蒂(Beatriz Basto da Sivla)在1992年开始由教育暨青年司出版《澳门编年史》(*Cronologia da História de Macau*), 今已至第3卷(19世纪), 第1、2卷亦已由澳门基金会翻译成中文于1995年问世。卡布拉尔(Joãode Pina Cabral)和罗伦索(Nelson Lourenco)的《在台风的土地上——土生葡人的能动力》(*Em Terra de Tufões - Dinâmicas da Etnicidade Macaense*, 1993年, 澳门文化司署), 则是继莱萨(Almerindo Lessa)的《东方第一个民主共和国的历史和人物》(*A História e os Homens da Primeira República Democrática do Oriente*, 1974年, 澳门官印局)以及对澳门土生社会及其民俗研究造诣颇高的阿马罗(Ana Maria Amaro)之后描述澳门葡萄牙人后裔的历史和现状的另一部力作。在政治法制史方面, 还有彭慕治(Jorge Morbey)的《澳门1999》(*Macau 1999*, 1990年, 里斯本)、萧伟华(Jorge Noronha e Silveira)的《澳门宪法史初探》(*Subsídios Para a História do Direito Constitucional de Macau*)和简能思(Vitalino Canas)的《政治科学导论》(*Preliminares do Estudo de Ciência Política*, 均在1991年由澳门法律出版社出版), 以及叶士朋(António Manuel Hespanha)的《澳门法制史概论》(*Panorama de História Institucional e Jurídica de Macau*, 1995年, 澳门基金会)。后者的中文译本亦已问世, 惜有关附录未能译出。

葡萄牙史学者对历史人物的研究也甚重视, 有关文学家、汉学家庇山耶(Camilo Pessanha)的著作就有数部之多, 写总督、主教和其他在澳门社会作出贡献或有过影响的人物的文章更难一一列举。此外，不能不提的是东方葡萄牙学会出版的《东方追忆》丛书。该丛书已出版五部，均为葡萄牙新一代即超越传统民族或国家偏见、兼顾各方史料和立场且勇于面对事实的史学者的著作——马加良斯（José Calver de Magalhães）的《战后澳门与中国》（*Macau e a China no Ap-ós Guerra*，1992 年）、迪亚斯（Alfredo Gomes Dias）的《澳门与第一次鸦片战争》（*Macau e a I Guerra do ópio*，1993 年）、格得士（João Guedes）的《宪法实验室》（*Laboratório Constitucional*）、李志高（Francisco Goncalves Pereira）的《中葡与澳门问题》（*Portugal, a China e "Questão de Macau"*）以及萨坦尼亚（António Vasconcelos de Saldanha）的《圣塔伦子爵关于葡萄牙人居留澳门的备忘录》（均为 1995 年）。萨坦尼亚掌握了葡外交部和前殖民地部的大量原始档案，是近期活跃于澳门史坛，尤其是中葡关系史的一位新秀。

四 澳门史研究的特点和趋势

如果说，只要花些工夫，提纲挈领勾勒出澳门史主要著作文献尚非一件太难的事，那么，公正客观地评论澳门史籍的内容和观点则绝非易事。从前述简介可以看出，虽然澳门是一个文化商贸城市，但通观其整个历史，特别是鸦片战争后的历史，却十分政治化，深受中葡两个政局尤其是中葡关系的影响，澳门史研究也无可避免地带有很浓的政治意味。不可否认，澳门历史研究中不乏实事求是的佳作，然而，不少史学家非但观点经常针锋相对，连对方史料也只断章取义，加上语言障碍，难得全面研读利用。中葡早期文献有关澳门的记载虽与史实观点略有出入，有些甚至互不相干，但基本上可以就事论事。而 19 世纪上半叶澳门主权问题产生后，澳门史研究便染上浓厚的民族主义色彩，中葡澳门史学者大多为本国利益找寻最有利的史料论据，"既然这些著作的目的是迎合民族主义的口味去对已知的事实作重新解释，那么，它们当然不可能提供新的符合事实的认识"①，观点偏颇，在所难免。

---

① 〔英〕杰弗里·巴勒克拉夫：《当代史学主要趋势》，杨豫译，上海译文出版社，1987，第 196 页。

澳门史研究的此一特点，与亚洲及拉丁美洲其他国家和地区的史学趋势大致相同，史学家的民族主义情绪主要表现在直接间接或潜意识地维护殖民和反殖民的立场上。因此，不难理解现有许多澳门史著作实际上是中葡关系史或交涉史，澳门"内部"历史反而没有得到应有的重视。正如C.C.格里芬评论拉丁美洲史学时所说，"我们一旦越过了叙事史的界限并且试图解释变化是怎样发生的，为什么会发生，这时，历史学的民族主义基础便立即显得不坚固了"。① 令人欣慰的是，中葡史学界对澳门的认识近年有了新的重大转变，可以更多使用不同文字的史料，更心平气和、实事求是地正视和探讨澳门历史上一些最具争议的问题，且有关观点愈来愈接近。新一代葡萄牙学者务实地放弃了传统的主权说，提出"混合管理"或"主权共享"的观点，②"葡萄牙在澳门殖民统治四百多年"的说法受到质疑③，中葡人民鸦片战争前在澳门虽有冲突但主线是和睦共处的论调④也逐渐获得接受和认同。依笔者浅见，尽管1822年葡萄牙首部宪法将澳门列入其版图，但明清政府三个世纪以来一直视澳门为另类蕃坊，此一立场，至鸦片战争后仍未改变，只是满清王朝积弱成疾，自1849年中国衙门撤出后不能在澳直接行使管理权，且于1887年由《中葡和好通商条约》对这状况加以确认，然并无放弃主权。⑤

澳门史研究的理性化，又提出一个新的问题——"澳门史"的定义。因为长期以来，澳门史研究与澳门历史发展过程一样，存在明显的双轨——华人社会一条线，葡人社会另一条线，虽偶然相遇，但由于政治文化背景的巨大差异，双轨基本上保持平行。⑥ 换言之，中葡学者对"澳门史"概念有不同的理解，中国学者一般将澳门史视为中国地方史，虽有其特殊性，但本质不变；而葡萄牙学者也向来把澳门史作为海外殖民史的一

---

① 〔英〕杰弗里·巴勒克拉夫：《当代史学主要趋势》，杨豫译，上海译文出版社，1987，第191页。
② 见 Rui Afonso, "Francisco Goncalves Pereira, The Political Status and Government Instituitions of Macau," *Hong Kong Law Journal*, 1986年第16期；又见何思灵（Celina Veiga Oliveira）《澳门的主权问题》，载吴志良主编《东西方文化交流》，澳门基金会，1994，第171~174页。
③ 刘羡冰：《双语精英与文化交流》，第231~238页。
④ 费成康：《重评澳门在东西方文化交流中的地位》，《学术月刊》1993年第8期。
⑤ 吴志良：《澳门政制》，第20~23页；谭志强：《澳门问题主权始末》，第324~328页。
⑥ 吴志良：《澳门历史双轨单行》，《澳门日报》1995年11月26日。

个组成部分。澳门是中国的固有领土，治权虽有变化，却从未成为独立的政治实体，应该说，将澳门史列入地方史范畴是合情合理的。然而，在澳门弹丸之地四百多年的演进中，华洋共处分治，和睦相邻，虽长期葡河汉界，各自为政，却也不无交融汇合，基本上能够共存并进，创造出独一无二的澳门历史。因此，无论中葡学者，不管角度观点如何，澳门史都必须以澳门为主体，一部真正的"澳门史"必须是真实反映中葡（包括其他民族）居民在澳门地区的共同历史。因此，无论中葡学者，不管角度观点如何，澳门史都必须以澳门生存发展各个方面的历史，华洋不可排斥偏废，双轨必将交汇合一。再者，"历史不只是某种过去事件的记录，也不只意味着人可以从中获得关于生活的经验和知识，更重要的是，历史就是我们自身生存的方式"。① 中葡两国政府已圆满解决澳门问题，当前外交关系中也无重大利益纠纷和冲突，在进入过渡期关键时刻的今天，许多有识之士都在呼吁保持和弘扬澳门特色，写出一部具共识获认同的《澳门历史》，不是对此呼吁的最好回应吗？再者，目前"世界历史所关注的是各种文明的接触点和相互关系，并不要求综合性地重述整个的过去，而是研究人类社会在不同环境和不同文明中的发展过程"。② 澳门四个多世纪不同民族和平共处的成功经验，堪称国际典范，也足令史学家引以为豪，抛开思想包袱齐心协力撰写一部高水平的真正属于澳门人的《澳门历史》。

当然，除开提高认识外，研究理论亦应在实证主义的基础上有所突破，研究方法应有所创新。法国史学家阿居隆（Muarice Agulhon）评论20世纪的法国史学时说，"传统史学家因而可以对创新者说道：我们是严谨和严肃的学者，你们是编写奇遇记的作家。创新者对传统史学家答道：我们有才华和创造力，你们不仅因循守旧，而且平庸狭隘"。③ 的确，创新突破是需要极丰富的想象力的，但并非凭空想象，治史必须实事求是。无论如何，近年出版的中葡文澳门史著作不仅越来越重视使用对方或其他文字的资料，在史学理论和方法创新方面也已作出初步的尝试，而整理档案史

---

① 韩震：《历史是人类社会的存在方式》，《史学理论研究》1995年第4期。
② 〔英〕杰弗里·巴勒克拉夫：《当代史学主要趋势》，杨豫译，上海译文出版社，1987，第257页。
③ 《史学理论研究》1995年第1期，第91页。

料的工作更从未停止过,如葡萄牙外交部的近代中葡关系档案、里斯本东波国立档案馆的中文史料、台北中研院近代史研究所的《澳门专档》、《1849至1949年中葡交涉史料》都在陆续整理或出版中,[①] 一向被忽视的澳门近现代史研究也慢慢为人关注。中葡澳门史学家比以往任何时候都更意识到携手合作、互通有无的重要性和翻译了解对方史料、建立共享资料库的急迫性,并开始将此一构想付诸实际行动。待以时日,澳门史研究必能向纵深发展跨上新台阶。

(原文载于《史学理论研究》1996年第3期)

[①] 部分整理出版工作由澳门基金会组织承担。有关澳门、葡萄牙、北京、台北、香港、巴西等地所藏澳门档案情况,参看前述《澳门历史文化国际学术研讨会论文集》。

澳门明清法律史料之构成

李雪梅[*]

随着澳门的回归，澳门的法制现状及其发展演变史逐渐引起人们的关注。尤其是，澳门是中国沿海先于香港的一个最重要的中外沟通窗口，澳门地区的法律创制较香港早二三百年。因此，对1840年前澳门地区的法制状况的研究，对于了解明清王朝法制的普遍适用性以及在澳门这一特殊地区的变通性，具有重要意义。而欲掌握这一时期澳门法制的特点，理清相关法律史料应该是个必做的基础工作。

本文所考察的澳门明清法制史料是指自明嘉靖中期至清晚期，即大致为1540~1840年这300年间的情况，对1840年以后的档案史料等暂不作评论。之所以如此限定，是因澳门法律制度在鸦片战争前后有明显不同。故本文所探讨的澳门明清法制，更多的是侧重中华法系传统在澳门这一特定区域的影响与表现。

综观澳门明清法律史料，至少应由史籍、档案等文献资料和碑刻等实物资料组成，以下试分别予以评价。

一　史籍文献

明清两代记载澳门法律发展的中文史籍专著不多，但从明清正史、实录、广东地方志及文集、笔记、野史、杂史中，仍能梳理出明清时期澳门法制发展的大概。如明万历年间编就的《广东通志》和沈德符所著《万历野获编》，及清梁廷枏的《粤海关志》等典籍，都记载了一些有关澳门法

---

[*] 李雪梅，中国政法大学法律古籍整理研究所教授，历史学博士。

制沿革的史料。但最重要的典籍应属清乾隆时期编纂的一部全面记述澳门历史、自然、风俗以及法律制度的专著——《澳门记略》（成书于1744～1751年间）。该书作者印光任、张汝霖曾担任澳门同知一职，并亲自参与有关澳门法令规章的制定，更为难得的是书中内容多取自衙署档案、簿册，可信程度高，其中的《官守篇》因详细介绍了澳门的历史变迁和中国政府在澳门设官置守、推行政令的情形，故而具有重要的参考价值。

根据这些史籍资料，我们知道明清时期在澳门地区的社会生活中，《大明律》和《大清律例》是主要的参照对象。此外，广东、香山等地方政府还陆续制定了不少专门适用于澳门的特殊地方法规。如明万历三十六年（1608年）香山知县蔡善继上任后，针对居澳葡人的种种不法行为，认为必须严厉整治，于是制订了《制澳十则》，专门针对如何管治居澳葡人。万历四十一年（1613年），两广总督张鸣冈命海道副使俞安性和香山县令但启元巡视澳门。针对葡萄牙人私畜"倭奴"的情形，俞安性提出在澳门以立碑石的方式加以禁止。俞氏的建议得到张鸣冈的重视，遂命俞安性在"禁止澳门畜倭"建议的基础上，又针对居澳葡人的多种违法行为，制定《海道禁约》，其五款内容分别为禁畜养倭奴、禁买人口、禁兵船骗饷、禁接买私货、禁擅自兴作等，[①] 涉及对澳门实施土地、军事、行政、司法及海关等诸多方面的管理。

清代在因袭明代管理澳门政策的基础上，又不断更定章程，进一步加强和完善对澳门的管制。从明代嘉靖、隆庆时开始，澳门即由广东省香山县管辖，延至清雍正九年（1731年），将职秩八品的香山县丞移驻澳门关闸以北的前山寨，改为分防澳门县丞，察理民蕃，以专责成。乾隆九年（1744年），为加强统率，又在广州府内设置一个作为知府副手、职秩为五品的"澳门海防军民同知"驻扎前山寨，专责管理澳门事务；而香山县丞为其下属，改驻关闸以南的望厦村，其后更移驻到澳门围墙之内，以便"就近弹压"。故澳门海防军民同知和香山知县、县丞，就成为清朝广州府所属管理澳门政务的地方行政长官，由他们发给澳葡理事官的文书，均以谕、札、牌、示等公文形式下达。对于这些具有裁定和批示性质的文书，大多数葡人亦能"奉法唯

[①] 印光任、张汝霖：《澳门记略》卷上《官守篇》，赵春晨校注，澳门文化司署，2000，第69～70页。

谨"。乾隆九年（1744年），首任澳门海防军民同知印光任曾多次深入澳门了解"夷情"，意识到要管理好澳门，应首先控制和管理好进入澳门的中国人，遂迅即制订了管理澳门的7项措施，并上报朝廷批准执行。这7条《管理澳夷章程》既有防范澳夷的内容，也有针对出入澳门和居住澳城之内的中国人而实施的加强管制的措施，内容较明万历时俞安性的《海道禁约》更加具体，而且并非仅针对居澳葡人，反映出这一时期澳门的形势与明万历年间相比已发生了很大的变化。

乾隆十三年（1748年），居澳葡萄牙巡逻士兵拘捕了两名中国人，并毒打致死。香山县丞得知后要求澳葡当局交出凶犯。在海防同知张汝霖再次要求仍然无效的情况下，广东政府下令关闭闸门、断绝食品供应，居澳葡人不得不屈服，让中国官员审讯罪犯。但是，此案最终因澳门总督将罪犯"流放"到帝汶而了结。对于这样一种不得已而为之的结果，乾隆帝下旨切责地方政府处理不力，有损清政府的威严，张汝霖也因此事被撤职。为了以儆效尤，张汝霖和香山县令暴煜于乾隆十四年（1749年）拟订了《澳夷善后事宜条议》12条，即驱逐匪类、稽察船艇、赊物收货、犯夜解究、夷犯分别解讯、禁私擅凌虐、禁擅兴土木、禁贩卖子女、禁黑奴行窃等。[①] 其中有些内容是过去没有或未明确的，这一次正式以律令的形式确定下来，最为重要的是正式将澳门葡人、黑奴及华人犯罪的审判权进行了严格的界定。

一般说来，当时有关居澳外国人的刑事案件，由香山县丞、知县、澳门同知、广州知府以至两广督抚部院等地方行政长官负责，以"化外人有犯，并依律问断"为总原则，[②] 即葡人在中国犯罪，由中国官员按中国法律审办，尤其是中外之间的人命重案，更必须坚持这一原则。至于外国罪犯的解讯程序，则与内地人犯略有区别。新制定的《善后事宜条议》"夷犯分别解讯"条款规定：

> 嗣后澳夷除犯命盗罪应斩、绞者，照乾隆九年定例，于相验时讯供确切，将夷犯就近饬交县丞，协同夷目，于该地严密处所加谨看守，取县丞钤记，收管备案，免其交禁解勘。一面申详大宪，详加覆

---

① 印光任、张汝霖：《澳门记略》卷上《官守篇》，赵春晨校注，澳门文化司署，2000，第93~94页。
② 印光任、张汝霖：《澳门记略》卷上《官守篇》，赵春晨校注，澳门文化司署，2000，第90页。

核，情罪允当，即饬地方官督同夷目，依法办理。其该军流徒罪人犯，止将夷犯解交承审衙门，在澳就近讯供，交夷目分别羁禁收保，听候律议，详奉批回，督同夷目发落。如止杖笞人犯，檄行该夷目讯供，呈覆该管衙门，覆明罪名，饬令夷目照拟发落。①

此后，广东地方政府仍陆续通过完善相关法令、条例的办法加强对澳门的管理，如乾隆十五年（1750年）香山知县张甄陶议《制澳三策》，乾隆二十四年（1759年）两广总督李侍尧议定《防范外夷章程五条》，嘉庆十四年（1809年）两广总督百龄、监督常显的《华夷交易章程》，道光十一年（1831年）两广总督李鸿宾、监督中祥的《章程八条》，道光十五年（1835年）两广总督卢坤、监督中祥的《增易规条》等。这些地方法规与《大明律》和《大清律例》相辅相成，共同构成中国政府对澳门地区及往来澳门经商的外国人行使主权时的法律依据。

二　档案资料

历史档案对再现明清时期有关澳门问题的法律创制和实践十分重要。16世纪中叶开埠的澳门迅速发展成为中西贸易和文化交流的一个中心，是中西交通由陆路转变为海路、由西域转向西洋的一个里程碑。

更重要的是，作为海上丝绸之路中继站的澳门也如同在中西文化陆路交通上的敦煌一样，还是一个汇聚珍贵史籍档案的宝库。作为一座有450年历史的古城，澳门没有经过大的战乱，不仅中西历史建筑大多保存，记载着文化交流的官方和民间档案也堆积如山。成立于万历十一年（1583年）的澳门议事会曾是澳葡自治当局的主要行政机构。当时中国政府在坚持对澳门行使主权的同时，也给予葡人一定的自治权利和优待。依照在葡萄牙海外领地中实行的自治公民权制度，澳门葡人选举出由2名法官、3名高级市政官以及1名理事官组成的议事会，作为市政机构，享有处理政治、经济事务的权力。从果阿派来的判事官（大法官）和兵头（总督），则分别行使司法和军事方面的权力。经罗马教皇授权，葡王向澳门派来一

---

① 印光任、张汝霖：《澳门记略》卷上《官守篇》，赵春晨校注，澳门文化司署，2000，第93页。

位主教，掌管宗教方面的事务。对于有争议的问题，则召集由议事会成员、主教、兵头和判事官共同参加的政务委员会，由多数票进行决定。

曾收藏于澳门贾梅士博物院的澳门议事会档案计有 316 卷，其中包括议事会在 1630 年至 1900 年间的各种会议记录和法令的原始档案。收藏于澳门主教府的澳门主教辖区档案，可以追溯到 17 世纪中叶。葡萄牙里斯本海外历史博物馆也收藏有 1630 年至 1974 年间有关澳门的资料，其中仅 1630 年至 1833 年的资料，便达近 10 万份。里斯本国家图书馆收藏有与澳门有关的 81 本手抄书和 20 箱资料。葡萄牙的大学或其他学术机构也藏有数量可观的档案。① 此外澳门各大堂区、香港、欧洲其他国家和地区如西班牙、荷兰、英国、罗马教廷所在地梵蒂冈等也收藏不少涉及澳门的档案，当然这些档案文献均以葡萄牙文或其他西方文字为主。

有关澳门的中文档案也极为丰富。中国明清政府对澳门这个沟通中西的窗口格外关注，故留下了为数可观的档案资料。北京中国第一历史档案馆所藏的明清档案达 900 多万件，仅宫中各处、军机处、外务部 3 个全宗中便有中葡关系档案约 500 件，其中仅外务部即达 300 余件。台北中研院近代史所档案馆收藏有澳门档案共 22 宗、281 册、5485 页，并据此编辑出版《澳门专档》4 册。现藏于葡萄牙国家档案馆东波塔的有关澳门的中文文书已整理出版了 1567 份。而藏于英国国家档案馆的 2 万件中文文书，是 1857 年英国侵略军攻占广州后，从两广总督、广东巡抚和广州将军等处衙署中抢劫去的，其中有不少涉及澳门的史料。

根据不完全统计，现藏于世界各地的有关澳门历史文化的档案文献，总数约在 150 万件以上，其数量是总数约 6 万件的敦煌文书的数十倍。这些档案是研究澳门历史文化极其丰富的宝藏，更是了解澳门明清法制发展的重要史料。而有关澳门明清法制的最重要的档案，当属北京中国第一历史档案馆和葡萄牙东波塔档案馆的收藏最为重要。

（一）北京中国第一历史档案馆有关澳门的档案

1. 明代汉文档案

以中国第一历史档案馆馆藏为主而编的《明清时期澳门问题档案文献

---

① 辛耀华：《在异乡葡萄牙的澳门史料》，载《澳门历史文化国际学术研讨会论文集》，澳门文化研究会，1995，第 4~9 页。

汇编》①汇集有关澳门的历史档案2179件,是我们了解明清时期澳门主权归属及司法管辖权的重要依据。在该书所收档案中,虽然其中明朝的内容所占比例很少,仅11件,而且时间也只涉及明末从天启三年(1623年)至崇祯十二年(1639年)这短短的十几年,但内容却包括葡人入居、互市贸易、官员委任等多方面,并从不同侧面反映了明政府对澳门的管理经营情况。

如从天启四年九月二十三日(1624年11月3日)的一组兵部题行稿可以了解到,明朝驻守广东香山的参将直接管辖澳门,"每岁同巡海道临澳查阅一次",澳地备有官兵听其调遣,负责澳关之启闭。"如有内地奸徒搬运货物、夹带人口、潜入接济,澳中夷人阑出牧马游猎、扬帆架桨、偷盗劫掠等项",均由香山参将究办。另明朝政府还在澳门设有关口,严禁往来船只夹带违禁物品。②

明朝档案也记载了葡萄牙人到澳门后的一些活动情况。如崇祯四年八月二十四日(1631年9月9日)的兵部题行稿这样描述道:葡萄牙人其初"不过以互市来我濠镜(即澳门),中国利其岁输涓滴,可以充饷,暂许栖息"。然而互市之后,葡人"占住濠镜,违禁之物公然船载",沿海乡村被其掠杀,甚至其藐视官府,拆毁哨卡,已成为广东一大忧患。虽然明政府在澳关盘查往来船只,严禁夹带违禁品,但地方官吏相沿陋规,或私下收受贿赂,严重影响了澳门地区的正常贸易往来。对于奏稿中反映的情况,皇帝亲下圣旨:

> 澳商法禁久弛,以致市舶豪棍作奸渔利,交通酿患。……着香山县印官设法稽诘,凡船货出入,躬亲盘验,一切硝黄、盐铁违禁等物,不许私自夹带。及诡异船只,潜伺贿放,违者处以重典。仍着道府各官弹压厘剔。如讥察无方,玩纵启衅,该抚按一并参来处治。③

---

① 中国第一历史档案馆等编《明清时期澳门问题档案文献汇编》(全六册),人民出版社,1999。
② 《兵部尚书赵彦等为推补广东香山等地方参将事题行稿》,《明清时期澳门问题档案文献汇编》(第一册),人民出版社,1999,第4~8页。
③ 《兵部尚书熊明遇等为澳关宜分里外之界以香山严出入之防事题行稿》,《明清时期澳门问题档案文献汇编》(第一册),人民出版社,1999,第11~14页。

从档案中可以看出，明朝对澳门的管理措施不可谓不严。然而由于明末危机四伏，体现在档案文献上的对澳门地方的严厉监管措施并未能完全落到实处。而从接下来的档案中，则可以看到强有力的清政府将明代地方政府的涣散作风一扫而光。

2. 清初满文档案

清朝有关澳门的档案数量繁多，其中较珍贵者为40余件有关澳门和葡萄牙的满文档案。这批档案分别选自宫中满文朱批奏折、军机处满文录副奏折及内务府行文档等，文件形成的时间为清初，以康熙朝为主，也有部分是雍正和乾隆年间形成的。

其中与法律关系密切的，一是涉及清初教案及驱逐传教士到澳门的相关档案，如康熙四年三月十四日（1665年4月28日）《礼部尚书祁彻白等题覆审讯栗安党等五名西洋人传教案本》、康熙四十七年三月二十二日（1708年4月12日）《总管内务府为核查发给西洋传教士印票事致兵部咨文》等。这些档案反映了清政府对教案的态度，以及禁教宽严政策之演变。如雍正继位后马上采取了较康熙朝更为严厉的禁教措施，从雍正元年二月初十日（1723年3月16日）的《礼科掌印给事中法敏奏陈天主教蛊惑人心理当严禁等款折》、雍正元年七月二十九日（1723年8月29日）《闽浙总督满保奏闻西洋人在福安县传教惑众送往澳门安插外省严禁西洋人居留传教折》等奏折及皇帝的批示中，均可看出这一明显的变化。由于皇帝的批准，当时除准许通晓技艺的西洋人可留京效力外，其他传教士一律迁往澳门，并要求各省遵令清查。驱逐传教士的运动也由此在全国展开。

二是反映清政府对澳门管理情况的。其中既有体现督抚道员对澳门的巡视及对居澳葡人的训诫管理的，如康熙五十一年七月十二日（1712年8月13日）《广东巡抚满丕奏报巡查澳门等地接见西洋人谕令守法并训诫驻澳副将等员折》、康熙五十六年五月初十日（1717年6月18日）《两广总督杨琳奏报巡查澳门谕令西洋人等须安分守法及沿海一带情形折》等；也有展现在澳门发生的洋人与中国居民及洋人之间相互伤害等案件及审理情况的，如乾隆九年正月十五日（1744年2月27日）《广州将军策楞等奏报办理晏些卢扎伤商人陈辉千致死案缘由折》等。

从这些档案可以看出清朝中央和地方政府对澳门的关注程度，同时也反映了清代澳门法制已日益完善。

3. 清代其他档案

清代涉及澳门的档案资料既有以历届皇帝名义发出的谕旨、朱批，又有大量由内阁、军机处、内务府、各部衙门、两广总督、广东巡抚等的题奏本章和相互间的咨呈指示，以及御史、给事中等言官的奏折，还有负责具体处理澳门事务的澳门海防军民同知、香山县丞的禀呈和所获的批谕等，内容丰富，涉及从重究治官吏违法失职行为、谨慎处理华夷之间的斗殴杀伤案、严格海关监管、控制的鸦片走私以及持续时间颇长的教案问题，可以反映出澳门虽是偏居一隅的弹丸之地，但却因是中国对外贸易和中西交往的枢纽口岸，其兴衰又关联着粤、闽沿海百数十万人的生息家计，因而受到政府高度重视。故有关澳门的各类问题，都可上通朝廷；同样，皇帝对澳门相关问题颁发的谕旨和朱批，以及阁、部、督、抚的奏折、批示等，也均可下达府、县。从这些上行下达的档案文献中，可看到中国各官僚阶层对澳门地区不断出现的问题的关注程度及采取的各项措施。

在北京中国第一历史档案馆所藏的澳门档案中，1840年鸦片战争以后的内容占了相当大的比例。由于这个阶段的史料充分，研究成果较多，故不再赘述。

（二）葡萄牙东波塔档案馆藏清代澳门中文档案

《葡萄牙东波塔档案馆藏清代澳门中文档案汇编》（以下简称《汇编》）所收1500多件中文档案文献，[①] 主要形成于乾隆六年（1741年）至道光二十九年（1849年），反映了从清乾隆朝初期到道光朝末期即清中期的百余年间中葡双方官员对澳门政务的处理情况。按当时的规定，中文是中葡双方文移往来的正式文字。书中近五分之四的内容是当年广东各级官员批示给澳葡当局的公函，其中又以香山知县、县丞和澳门同知发出的最多。《汇编》由居澳民蕃、屋宇房舍、约单执照、田赋地租、对外贸易、贸易额船、民蕃交涉、澳门蕃官、清朝官员与澳门、官府政令文书、剿抚海盗、天主教与传教士、澳门与中国内地关系、澳门与欧亚各国的关系、

---

① 刘芳辑《葡萄牙东波塔档案馆藏清代澳门中文档案汇编》，章文钦校，澳门基金会，1999。

澳门与英国的关系及补遗等17章组成。其中第7章民蕃交涉中涉及屋铺租赁纠纷的档案有46份，钱债纠纷为31份，失窃案件有32份，伤殴案件22份，命案31份；第10章官府政令文书中，有关禁约及谕、札、牌、告示的档案有51件，较重要者如《香山县丞查潜为饬民蕃藏奸滋事下理事官谕》（乾隆四十一年五月十四日）、《香山知县许敦元为澳蕃禀请备船捕盗以九事要恩事下理事官谕》（乾隆五十七年正月二十一日）、《香山县丞朱鸣和为来禀请改朱标笔扛有违定制事下理事官谕》（乾隆五十七年六月初八日）、《香山知县许敦元为饬遵照旧章约束蕃人西商事下理事官谕》（乾隆五十八年五月初十日）、《香山县丞朱鸣和为呈禀有违定例事下理事官谕》（乾隆五十八年六月十七日）、《香山知县杨时行为饬呈禀遵照旧章专用唐字事下理事官谕》（嘉庆八年二月二十一日）、《署香山县丞李凌翰为严查蕃人勾引蛋妇宿娼事下理事官谕》（嘉庆九年五月十七日）、《澳门同知冯晋恩为民蕃相安饬遵禁约粘单》（道光六年二月十三日）等。

在其他章中，还有涉及蕃官擅审华民的档案8份，事关差役勒索的档案11份，海盗劫掠者35份，官府缉解内地人犯的8份，官府严禁华民入教的档案8份等。

虽然东波塔档案馆所藏中文档案所涵盖的时间不过110年，与北京中国第一历史档案馆所藏横跨400年相比大大缩短，但所反映的内容却更为集中、细密。此一阶段正处在中外关系日益紧密，矛盾冲突日益增长，清朝的国势由盛入衰的关键时期。从其篇目看内容虽置驳杂却可以从繁荣细微处反映当时澳门地区社会经济、政治和民生实况，及中国政府在行使司法主权方面的方针和具体运作形式。

随着葡萄牙人入居澳门时间的延长及其势力的稳固，便不时表现出对澳门的司法、行政管辖权的觊觎之心。乾隆五十七年（1792年），澳葡当局借广东地方政府请求借其力量备船捕盗一事，提出9条非分要求，香山知县许敦元对此一一给予批驳。下面试举几款为例。

一、据禀请：在澳华人查系闲游匪类，即驱逐出境。有来贸易营生者，查系殷实，方许住居。等语。查地方匪棍，原应查拿驱逐，以免扰害良民。但华夷各有官司，不能越分管理。中华有不安分之人，尔等之不敢擅自驱逐，亦犹澳内有不安分之夷，天朝不肯径自勾问，必须饬知尔等夷目查究也。嗣后如有匪徒扰害地方，尔等应仍遵向例，禀知文武衙门拿究。至于贸易之人，来向尔等租赁房屋，查明若非殷实，即不必租与居住，此可听尔等自便。如华人住居内地房屋，自与华人贸易，尔等无从过问，毋庸另为置议。

二、据禀请：除人命大案禀县定夺，其余汉人倘有过犯，尔等能行责罚。等语。查华夷自有攸分，冠履不容倒置。尔等西洋夷人世居内地数百余年，践土食毛，与齐民无二。遇有罪犯，原可照天朝法律惩治，然我大皇帝犹复念尔等系外夷，除人命至重，杀人者抵偿外，其余军徒杖笞等罪，均听尔等自行发落。岂尔等外国夷人反可管束华人擅加责罚耶？华人如有过犯，自应由地方官问理，尔等未便干预。

三、据禀请：华人杀死夷人，亦如夷人杀死华人一样填抵，要在澳地明正典刑，使内外共知警戒。等语。查杀人必须抵命，而天朝法度亦不容稍有纷更。定例：杀人后奏闻大皇帝。俟命下之日，即于监内提出该犯正法，所以昭慎重也。因从前夷人杀死华人奏免收监解勘。是以复原情定法，即在澳地审讯，仍交尔等收管，俟详奉宪行到日，就近正法。原所以顺尔等夷情，而防凶犯之兔脱也。若华人杀死夷人，则自应遵照常经，收监解勘，俟题奉谕旨勾到，然后正法，岂敢擅改旧章？况杀人重于抵偿，只须将凶犯明正典刑，以昭炯戒。尔等所请在澳正法之处，本属不关紧要，毋庸置议。①

从上述据理力争、义争辞严的文字中，我们既可明悉中国政府对澳门司法案件的管辖处理方式，也认识到清中期广东地方官员为维护澳门司法主权完整性所做出的不懈努力。而这种努力不仅反映在涉及澳门的刑事司法管辖等大是大非问题上，也体现在公文往来等"细枝末节"上。据《香山县丞朱鸣和为来禀请改朱标笔扛有违定制事下理事官谕》（乾隆五十七年六月初八日）载：

本月廿五日，接阅来禀，以文尾打圈，唛嗦哆"准此"字样，大

---

① 《香山知县许敦元为澳蕃禀请备船捕盗以九事要恩事下理事官谕》（乾隆五十七年正月初十日），载刘芳辑《葡萄牙东波塔档案馆藏清代澳门中文档案汇编》，章文钦校，澳门基金会，1999，第 409~410 页。

拖红柱于上为言。查我国家加惠西洋，恩泽优渥。乾隆九年，前两广部堂策，以澳门夷目遇有恩恩上宪之事，每自缮禀，浼熟识商民赴辕投递，殊为亵越。饬该夷目嗣后凡有呈禀，应由本分县衙门申报军民府，据词通禀，以昭体制，相沿已久。查天朝制度，凡有宪行牌文，皆用朱标笔扛，并非独用于外夷，亦非示威于海国，乃是天朝之定例。如此，该夷目何得以相守数十年之成法，禀请更改？若云可改，是改大皇帝之成法也。

另据《香山县丞朱鸣和为呈禀有违定例事下理事官谕》（乾隆五十八年六月十七日）载：

案照向来定例，该夷目遇有呈禀上宪事件，必先禀本分县，以凭转禀。定例如此，相沿已久。乃本月初三日，夷船出洋捕盗一事，该夷目只禀军民府宪暨本县，而本分衙署并无只字禀闻，殊违定例：现奉府宪将本分县大加中饬，该夷目即将因何不行具禀本分县之处，据实明白禀覆。此后该夷目倘有呈禀上宪事件，务遵定例，先行禀知本分县，以凭据情转禀，慎毋再蹈前辙。匿不具禀，致本分县茫然不知，上干宪檄严饬，代人受过也。特谕。[①]

值得重视的是，这批档案中还记载了清代嘉道时期的不少案例，其中在民事方面，有广东地方官府和澳葡理事官关于华人与葡人在土地房屋租赁典押、账款借贷、伪造契约等问题的往来谕禀。对于这类案件的处理方法，一般是县官在葡方提供的案件情节、见证人和处理意见的基础上进行核实，有时知县或县丞亲自赴澳传讯有关人员，然后依法作出裁定。不论"华欠"或"夷欠"，县官均判令欠款方限期清偿。对于"华欠"，中国县官往往也秉公执法，而且档案中确有押候积欠的华人缴还给葡人贷款的判决。道光五年（1825年）十二月，香山县丞葛景熊为华民追讨蕃人赊欠钱债事而特发出一份告示文称：

照得澳门地方华夷杂处，所有澳内铺店买卖及裁缝工作人等往往与

[①] 刘芳辑《葡萄牙东波塔档案馆藏清代澳门中文档案汇编》，章文钦校，澳门基金会，1999，第411~412页。

夷人交涉，或相信赊欠，或熟识借贷，事所恒有。但思此等钱债事件甚属细微。如果向夷人讨取无偿，自应指名，投赴夷目代追，方为妥合，又何必互相吵闹，滋事取咎？除谕饬夷目遵照办理外，合行出示晓谕。为此，示谕阖澳军民人等知悉：尔等嗣后如有夷人少欠钱债等事，向讨无偿，务当据实指名，投赴夷目处代为追给。如遇夷人向闹，尔等赴署禀诉，以凭饬令夷目查究。毋许擅与夷人争论吵闹，滋生事端。倘敢故违，毋论事非，先将起衅之人拿究，从严责惩，枷号示儆。本分县言出法随，断不为尔等宽恕也。各宜凛遵，毋违。特示。①

当然对于居澳葡人侵犯华人利益的行为，作为"父母官"的广东地方当局也会设法保护。如乾隆末嘉庆初之际，因土地升值，发生了多起葡人房主逼迁华人租户的案件。据嘉庆十二年（1807年）的一份档案记载：

> 澳门民人住居铺屋，有与夷人承赁空地烂屋，自捐银两修造，递年纳夷地租者；有与民人用银顶手，每年另纳夷人地租者，历久无异。自乾隆五十二年，夷人忽欲尽逐民人，取回铺屋，又索加租。奉宪定案，嗣后民人居住夷人铺屋，不欠租银，不许夷人取回，亦不许加租。②

该档案还记载，澳门铺民文亚雄等于乾隆五十八年用价银180元租铺屋一间，经营裁缝杂货，每年向吗哋吖交租金8元，历经十余年。后该夷忽欲取夺铺屋，并强行让铺民搬迁，铺民"理拒不从，该夷声言率奴拆毁逐出。"香山县丞吴兆晋受到铺民投诉后认真处理此案：

> 查文亚雄顶租夷人吗哋吖铺屋，开张生理，已历十五年之久，既不少欠租银，该夷何得恃蛮遽令搬迁，殊非情理，合谕禁止。谕到该夷目，立即遵照，转饬该夷吗哋吖，遵照成例，将铺照旧收纳租银，毋得擅率黑奴到铺，勒令迁移，致滋事端，大干未便。嗣后如再有似

---

① 刘芳辑《葡萄牙东波塔档案馆藏清代澳门中文档案汇编》，章文钦校，澳门基金会，1999，第301页。
② 《署澳门同知嵩为饬查吗哋吖逼迁文亚雄铺屋事下理事官谕》（嘉庆十二年七月初三日），载刘芳辑《葡萄牙东波塔档案馆藏清代澳门中文档案汇编》，章文钦校，澳门基金会，1999，第274页。

此恃蛮滋事者，该夷目尤当谆谆诰诫，毋令仍蹈前辙。均毋有违。特谕。①

嘉庆十三年（1808 年）三月二十八日，香山知县彭昭麟又就一铺屋纠纷发出文谕：

> 查濠镜地乃天朝怜念夷人来粤贸易，寄身波涛之中，给与该地建房居住，递年酌收租银。澳内隙地，华人与夷人租赁盖屋，或夷人建屋赁与华人，岁收租银，已不止数十倍，自应感激深恩。凡租赁与华人地屋，照旧收租，不得任意加增，借端勒迁。兹叶罗氏之夫叶琼彩已用银改造铺舍，间嗲嚧立有批约，任其永远居住，岁纳租银六十员。叶罗氏既备足租银二百四十员，何得背议不收，率令妇踞住，殊属非是。合行谕饬。谕到该夷目，立即饬令百哎照旧收取租，令黑夷妇即日搬出，毋任抗踞，滋事干究。特谕。②

在这批档案中，涉及盗窃、斗殴伤人的案例也不在少数，有些重要命案及事关禁教等内容，也可在中国第一历史档案馆所藏档案文献及相关史料中找到线索。由于这批档案所反映的澳门法制内容极其丰富，尚需作认真梳理研究。

三　碑刻实物史料

在中国大陆的法制史研究中，诸如甲骨、青铜器、简牍、碑刻等实物法律史料正愈益受到重视，因为这些被誉为第一手资料的实物较第二手资料史籍文献等可信度更高，其价值也不言而喻。而有关澳门明清法制的实物史料就目前所知主要是碑刻。

将适用于一地的法规禁令铭刻于碑石并立于官衙门口或通衢闹市，在

---

① 《香山县丞吴兆晋为饬查吗吔咛将文亚雄铺屋照旧收租毋得逼迁事下理事官谕》（嘉庆十二年七月初三日），载刘芳辑《葡萄牙东波塔档案馆藏清代澳门中文档案汇编》，章文钦校，澳门基金会，1999，第 274～275 页。
② 《香山知县彭昭麟为百哎将叶罗氏铺屋照旧收租毋得踞住事下理事官谕》（嘉庆十三年三月二十八日），载刘芳辑《葡萄牙东波塔档案馆藏清代澳门中文档案汇编》，章文钦校，澳门基金会，1999，第 276 页。

中国明清时期是普遍的做法，在整个广东地区包括澳门同样也不例外。《香山县志》曾记载有万历四十一年（1613年）广东巡视海道佥事俞安性在澳门刻碑之事："海道俞安性详请两院勒碑，禁约澳彝畜倭。"碑文称：

> 倭性狡鸷，澳夷蓄之为奴，养虎遗患，害将滋蔓。本道奉敕受事，凭借两台制驭，巡澳察夷，追散倭奴凡九十八人还国。除此蟊贼，尔等遂得相安乐土。此后市舶不许夹带一倭，在澳诸夷亦不得再畜幼倭。违者，倭与夷俱擒解两院，军法究处。①

万历四十二年（1614年）制定的《海道禁约》也载：

> 澳彝骄悍不法，议者有谓必尽驱逐以清疆宇者，有谓移出浪白外洋不容盘踞内地者。本道念诸彝生齿蕃衍，不忍其累累若丧家之狗，当于巡澳日申以国威，随皆弭耳向化。因摘其犯顺五款，行香山县遵谕约束，免其驱徙。详奉两广部院张、巡按御史周，五款准勒石立碑，永为遵守。②

上述内容在《澳门记略》中也有同样的记载。这块载有《海道禁约》的石碑就立于澳门议事亭内。当时明政府曾规定："海道每巡历濠境一次，宣示恩威，申明禁约。"③ 即要以后巡历澳门的海道，每次都申明喻安性的禁约。

在明颜俊彦的《盟水斋存牍》也多次提到立碑示禁的事例。如在《禁棍揽接济》条下有：

> 照得粤省密迩澳地，闽揽实逼处此，拨置夷人，往来构斗，大不利吾粤。已经本厅审详数四，钉解者钉解，驱逐者驱逐，复条陈上台勒碑永禁。④

清代有关澳门管理的碑刻较明代增加。清乾隆十四年（1749年），经

---

① 申良翰：《香山县志》卷十《外志·澳彝》。
② 申良翰：《香山县志》卷十《外志·澳彝》。
③ 《明神宗实录》卷五五七，万历四十五年五月辛巳兵部覆广东巡按田生金会同总督周喜谟条陈。
④ 颜俊彦：《盟水斋存牍》"公移一卷"，中国政法大学出版社，2002，第334页。

广东地方政府批准，澳门海防军民同知张汝霖、香山知县暴煜共同议订的《澳夷善后事宜条议》12条用中、葡两种文字刻于石碑，其中葡文石碑立于澳门议事亭内，中文石碑立于香山县衙，以示永远信守。但在翻译过程中，葡萄牙人私自删节，故葡文石碑上文字简短，还去掉了第12条禁止华人入教的条款。遗憾的是，这块珍贵的碑刻实物后被葡人损毁，所幸石碑上的律令条文已被收载于史籍档案中。[①]

由于年代久远或其他原因，不少明清碑刻已损佚无存，而至今仍保存在澳门的一些清代示谕禁碑为我们了解清代澳门的主要社会问题提供了一些线索。现存关前街聚龙社嘉庆二十四年（1820年）六月的《泗滕坊示谕碑》规定："嗣后马头地段，不许摆卖及阻塞侵占，并傍不得洗身宰狗，浣濯一切秽物，致防汲饮。如违禀究。"[②]

现立存莲峰庙旁刻于道光六年（1827年）的《两广部堂示禁碑》主要是为严禁营汛弁兵、缉私巡船需索滋扰周边商渔而刻立。从碑文中可以看到这一问题曾久禁不绝，给当地商人渔民造成了严重困扰："伏查嘉庆五年，曾经前宪革除陋规，严禁抽索，赏示沿海地方，勒石永禁。斯时文武弁兵颇知敛戢。缘日久弊生，滋扰复炽。"碑文示谕营汛弁兵及缉私巡船人等知悉："嗣后尔等务须痛改前非，恪遵法纪。遇有腌制成鱼船只，经由出入，毋得混行拦阻，再向索取鱼更、年节规礼以及挂号银两。倘敢阳奉阴违，一经访闻，并被首告，定行严拿，从重究拟治罪，决不宽贷。其渔户人等，亦不得藉有示禁，违法带私，致干查出重究。"[③] 此文曾发澳门新庙酒米杂货行、鱼栏行、猪肉行等要求勒石晓谕。

现存谭仙圣庙左侧近海处的道光七年（1828年）十一月二十五日刻立的《过路环勒石晓谕碑》同样也是严禁该处舟师与防守陆卡兵丁滥封索侵搔扰事。看来兵丁借故滋扰敲诈已引起澳门渔商的强烈不满，而这种恶习不仅在澳门，在全国许多地区都同样存在，并成为清代的一主要社会问题。

在澳门遗存的实物资料中，还有一些是出自行会或庙宇的规约和凭证，刻载于碑石木榜，这些内容虽非政府官令，但也有一定约束作用。如

[①] 印光任、张汝霖：《澳门记略》卷上《官守篇》，赵春晨校注，澳门文化司署，2000，第92页。
[②] 谭棣华等编《广东碑刻集》，广东高等教育出版社，2001，第1009页。
[③] 谭棣华等编《广东碑刻集》，广东高等教育出版社，2001，第1010页。

《澳门康真君创建暨奠土各收支数总列碑记》刻有该庙地界址图,可起该庙的地产凭证作用;观音堂内的本庙条规定:"神庙重地,理应素静。闲人睡卧,有失诚敬。更防小手,窥伺宜惩。屡劝弗恤,实属顽冥。严行鞭逐,以申法令。倘敢抗违,送官示儆。"[①] 另澳门镜湖医院保存有数十方始自清末的碑刻,如《倡设保善堂碑记》(光绪岁次)、《永行堂碑记》(光绪六年)、《崇文社碑记》(光绪十七年)、《镜湖医院崇善堂碑记》(光绪十九年),内中涉及赠送产业及施茶、救济等内容,可以了解澳门医疗慈善事业的发展情况。

综观上述内容可知,明清澳门法律史料实主要由三部分构成,其中史籍文献为我们架构出明清澳门法规之制定与实施的概貌,大量的档案资料使明清澳门法制的内容更加形象丰满,而碑刻等实物史料又对澳门法律的发展演变起到验证和补充作用。这些或概括或具体的史料内容,使我们避免了单一史料的局限与片面,能够多角度、多层面地认知明清时期的澳门社会及其法制发展沿革之历史。这或许也是今后的法律史料整理研究应当注意的一个方向。

(此文载于《中西法律传统》第二卷,中国政法大学出版社,2002,第 365~383 页)

[①] 文字系笔者据 2002 年 1 月 24 日自拍照片录入。

澳门法律文化研究主要论著目录索引[*]

一 档案类

1. 介子编《葡萄牙侵占澳门史料》，上海人民出版社，1961。
2. 黄汉强主编《澳门问题资料汇编：1553 至 1985 年》，澳门《华侨报》编印，1985。
3. 黄启臣、邓开颂编《澳门港史资料汇编：1553～1986》，广东人民出版社，1991。
4. 台北中研院近代史研究所编《澳门专档》（共四卷），中研院近代史研究所，1992～1996。
5. 《知新报》，澳门基金会、上海社会科学院出版社，1996。
6. 黄鸿钊编《中葡澳门交涉史料》（共两辑），澳门基金会，1998。
7. 莫世祥等编译《近代拱北海关报告汇编》，澳门基金会，1998。
8. 南京图书馆古籍部编《澳门问题史料集》（上、下），中华全国图书馆文献缩微复制中心，1998。
9. 张海鹏主编《中葡关系史资料集》（上、下），四川人民出版社，1999。
10. 广东省档案馆编《广东澳门档案史料选编》，中国档案出版社，1999。
11. 邢永福主编《明清澳门问题皇宫珍档》（共五卷），华宝斋古籍书社，1999。
12. 中国第一历史档案馆、澳门基金会、暨南大学古籍研究所合编《明清

---

[*] 论著依据最近一次出版年份排序。

时期澳门问题档案文献汇编》(共六卷),人民出版社,1999。
13. 刘芳辑《葡萄牙东波塔档案馆藏清代澳门中文档案汇编》(上、下),章文钦校,澳门基金会,1999。
14. 中国第一历史档案馆编《中葡关系档案史料汇编》(上、下),中国档案出版社,2000。
15. 邢永福、吴志良、杨继波主编《澳门问题明清珍档荟萃》,澳门基金会,2000。
16. 汤开建、陈文源、叶农主编《鸦片战争后澳门社会生活纪实——近代报刊澳门资料选粹》,花城出版社,2001。
17. 汤开建、吴志良主编《〈澳门宪报〉中文资料辑录(1850~1911)》,澳门基金会,2002。
18. 金国平编译《西方澳门史料选萃(15~16世纪)》,广东人民出版社,2005。
19. 中山市档案局、中国第一历史档案馆编《香山明清档案辑录》,上海古籍出版社,2006。
20. 王禹编《澳门问题重要文献汇编》,濠江法律学社,2010。

二 编著类

1. 张维华:《明史欧洲四国传注释》,上海古籍出版社,1934,1982年重刊。
2. 利玛窦、金尼阁:《利玛窦中国札记》,何高济等译,中华书局,1983。
3. 戴裔煊:《〈明史·佛郎机传〉笺正》,中国社会科学出版社,1984。
4. 戴裔煊:《关于澳门历史上所谓赶走海盗问题》,澳门星光出版社,1987。
5. 黄文宽:《澳门史钩沉》,澳门星光出版社,1987。
6. 费成康:《澳门四百年》,上海人民出版社,1988。
7. 印光任、张汝霖:《澳门记略》,赵春晨校注,广东高等教育出版社,1988;国家图书出版社,2010。
8. 周景濂:《中葡外交史》,商务印书馆,1991。
9. 〔美〕马士:《东印度公司对华贸易编年史》(全五卷),区宗华译,林树惠校,中山大学出版社,1991。

10. 黄鸿钊：《澳门史纲要》，福建人民出版社，1991。
11. 潘日明：《殊途同归——澳门的文化交融》，苏勤译，澳门文化司署，1992。
12. 姜秉正：《澳门问题始末》，法律出版社，1992。
13. 黄显辉：《澳门政治体制与法渊源》，澳门东方葡萄牙学会，1992。
14. 黄启臣：《澳门历史（远古～1840年）》，澳门环球出版社，1993。
15. 邓开颂：《澳门历史（1840～1949年）》，澳门环球出版社，1993。
16. 余振等：《澳门华人政治文化》，澳门基金会，1993。
17. 黄就顺等：《澳门地理》，澳门基金会，1993。
18. 吴志良：《澳门政治制度：沿革、现状和展望》，澳门公共行政管理学会，1993。
19. 〔葡〕阿马罗（Amaro，A. M.）：《大地之子：澳门土生葡人研究》，金国平译，澳门文化司署，1993。
20. 郑天祥等：《澳门人口》，澳门基金会，1994。
21. 林昶：《中葡关系与澳门前途》，澳门基金会，1994。
22. 郑炜明、黄启臣：《澳门宗教》，澳门基金会，1994。
23. 谭志强：《澳门主权问题始末（1553～1993）》，永业出版社，1994。
24. 郑炜明、黄启臣：《澳门经济四百年》，澳门基金会，1994。
25. 徐新：《澳门的视野》，澳门基金会，1994。
26. 魏美昌：《澳门纵谈》，澳门基金会，1994。
27. 〔葡〕J. H. 萨拉依瓦：《葡萄牙简史》，李均报、王全礼译，花山文艺出版社，澳门文化司署，1994。
28. 吴志良：《澳门政制》，澳门基金会，1995。
29. 章文钦：《澳门与中华历史文化》，澳门基金会，1995。
30. 黄启臣、邓开颂：《中外学者论澳门历史》，澳门基金会，1995。
31. 〔葡〕马尔格斯：《葡萄牙历史》，李均报译，中国文联出版公司，1995。
32. 〔葡〕萨安东：《1909年中葡政府的澳门勘界会谈及其在中葡关系中的意义》，金国平译，澳门行政暨公职司，1995。
33. 〔葡〕施白蒂：《澳门编年史》，小雨译，澳门基金会，1995。
34. 何芳川：《澳门与葡萄牙大商帆：葡萄牙与近代早期太平洋贸易网的形成》，北京大学出版社，1996。

35. 〔葡〕叶士朋:《澳门法制史概论》,周艳平、张永春译,澳门基金会,1996。
36. 米也天:《澳门法制与大陆法系》,中国政法大学出版社,1996。
37. 邓开颂、陆晓敏主编《粤港澳近代关系史》,广东人民出版社,1996。
38. 〔瑞典〕龙思泰:《早期澳门史》,吴义雄等译,东方出版社,1997。(1832)
39. 萧伟华:《澳门宪法历史研究资料(1820~1974)》,沈振耀、黄显辉译,法律翻译办公室、澳门法律公共行政翻译学会,1997。
40. 〔英〕博克塞:《澳门议事局》,谈霏、周庆志译,澳门市政厅,1997。
41. 方言:《澳门问题始末》,文化艺术出版社,1997。
42. 严正等:《闽澳经济关系》,澳门基金会,1997。
43. 吴志良:《生存之道——论澳门政治制度与政治发展》,澳门成人教育学会,1998。
44. 吴志良:《澳门——东西交汇第一门》,中国友谊出版公司,1998。
45. 唐思:《澳门风物志》,中国友谊出版公司,1998。
46. 徐晓望、陈衍德:《澳门妈祖文化研究》,澳门基金会,1998。
47. 〔葡〕施白蒂:《澳门编年史:十九世纪》,姚京明译,澳门基金会,1998。
48. 蔡鸿生:《澳门史与中西交通研究》,广东高等教育出版社,1998。
49. 庄文永:《澳门文化透视》,澳门五月诗社,1998。
50. 汤开建:《明清士大夫与澳门》,澳门基金会,1998。
51. 平托等:《葡萄牙人在华闻见录——十六世纪手稿》,王锁瑛译,三环出版社等,澳门文化司署等,1998。
52. 林子昇:《十六至十八世纪澳门与中国之关系》,澳门基金会,1998。
53. 程曼丽:《〈蜜蜂华报〉研究》,澳门基金会,1998。
54. 〔葡〕施白蒂:《澳门编年史:二十世纪(1900~1949)》,金国平译,澳门基金会,1999。
55. 〔葡〕施白蒂:《澳门编年史:二十世纪(1950~1988)》,思磊译,澳门基金会,1999。
56. 吴志良:《澳门政治发展史》,上海社会科学院出版社,1999。
57. 吴志良:《东西交汇看澳门》,辽宁教育出版社,1999。
58. 汤开建:《澳门开埠初期史研究》,中华书局,1999。

59. 戴裔煊、钟国豪：《澳门历史纲要》，知识出版社，1999。
60. 章文钦：《澳门历史文化》，中华书局，1999。
61. 黄启臣：《澳门通史》，广东教育出版社，1999。
62. 黄鸿钊：《澳门史》，福建人民出版社，1999。
63. 邓开颂、谢后和：《澳门历史与社会发展》，珠海出版社，1999。
64. 马楂度：《勘界大臣马楂度：葡中香港澳门勘界谈判日记（1909~1910）》，舒建平等译，澳门基金会，1999。
65. 〔葡〕平托：《远游记》，金国平译注，纪念葡萄牙发现事业澳门地区委员会、澳门基金会、澳门文化司署、东方葡萄牙学会，1999。
66. 吴志良、杨允中：《澳门百科全书》，澳门基金会，1999。
67. 〔葡萄牙〕徐萨斯：《历史上的澳门》，黄鸿钊、李保平译，澳门基金会，2000。
68. 〔美〕马士：《中华帝国对外关系史》（全三卷），张汇文等译，上海书店，2000。
69. 金国平：《西力东渐——中葡早期接触追昔》，澳门基金会，2000。
70. 杨仁飞：《澳门近代化历程》，澳门日报出版社，2000。
71. 华荔：《澳门法律本地化历程》，澳门基金会，2000。
72. 邓开颂等：《澳门历史新说》，花山文艺出版社，2000。
73. 吴志良、陈欣欣：《澳门政治社会研究》，澳门成人教育学会，2000。
74. 金国平、吴志良：《镜海飘渺》，澳门成人教育学会，2001。
75. 万明：《中葡早期关系史》，社会科学文献出版社，2001。
76. 金国平、吴志良：《东西望洋》，澳门成人教育学会，2002。
77. 金国平、吴志良：《过十字门》，澳门成人教育学会，2004。
78. 何超明：《澳门经济法的形成与发展》，广东人民出版社，2004。
79. 汤开建：《委黎多〈报效始末疏〉笺正》，广东人民出版社，2004。
80. 娄胜华：《转型时期澳门社团研究——多元社会中法团主义体制解析》，广东人民出版社，2004。
81. 费成康：《澳门：葡萄牙人逐步占领的历史回顾》，上海社会科学院出版社，2004。
82. 〔葡〕科斯塔：《葡萄牙法律史》，唐晓晴译，澳门大学法学院，2004。
83. 彭海铃：《汪兆镛与近代粤澳文化》，广东人民出版社，2004。

84. 韦庆远：《澳门史论稿》，广东人民出版社，2005。
85. 林发钦：《澳门史稿》，澳门近代文学学会，2005。
86. 张国雄等：《澳门文化源流》，广东人民出版社，2005。
87. 严忠明：《一个海风吹来的城市：早期澳门城市发展史研究》，广东人民出版社，2006。
88. 查灿长：《转型、变项与传播：澳门早期现代化研究（鸦片战争至1945年）》，广东人民出版社，2006。
89. 黄鸿钊：《澳门同知与近代澳门》，广东人民出版社，2006。
90. 黄庆华：《中葡关系史》，黄山书社，2006。
91. 谭世宝：《澳门历史文化探真》，中华书局，2006。
92. 刘景莲：《明清澳门涉外案件司法审判制度研究（1553~1848）》，广东人民出版社，2007。
93. 李长森：《明清时期澳门土生族群的形成发展与变迁》，中华书局，2007。
94. 金国平、吴志良：《早期澳门史论》，广东人民出版社，2007。
95. 吴志良、金国平、汤开建：《澳门史新编》（共四册），澳门基金会，2008。
96. 黎晓平、何志辉：《澳门法制史研究——明清时期的澳门法制与政治》，澳门21世纪科技研究中心，2008。
97. 刘然玲：《文明的博弈——16至19世纪澳门文化长波段的历史考察》，广东人民出版社，2008。
98. 何志辉：《明清澳门司法变迁》，澳门学者同盟，2009。
99. 何志辉：《从殖民宪法到高度自治——澳门二百年来宪制演进述评》，澳门理工学院一国两制研究中心，2009。
100. 刘海鸥：《澳门法律史纲要——澳门法的过去、现在和未来》，吉林大学出版社，2009。
101. 吴志良、汤开建等：《澳门编年史》（共六卷），广东人民出版社，2009。
102. 〔澳大利亚〕冈恩：《澳门史：1557~1999》，秦传安译，中央编译出版社，2009。
103. 邓思平：《澳门土生葡人》，三联书店（香港）有限公司、澳门基金会，2009。
104. 霍志钊：《澳门土生葡人的宗教信仰：从"单一"到"多元混融"的变迁》，社会科学文献出版社，2009。

105. 娄胜华等：《新秩序：澳门社会治理研究》，社会科学文献出版社，2009。
106. 林广志等：《西学与汉学：中外交流史及澳门史论文集》，上海古籍出版社，2009。
107. 聂安祥：《社会交往行为与认同：澳门社会结构探析》，广东人民出版社，2009。
108. 陈伟明：《清代澳门社会生活消费研究（1644～1911）》，广东人民出版社，2009。
109. 吴志良：《澳门政治制度史》，广东人民出版社，2010。
110. 吴志良、林发钦、何志辉：《澳门人文社会科学研究文选·历史卷（含法制史）》（共三卷），社会科学文献出版社，2010。
111. 潘冠瑾：《澳门社团体质变迁——自治、代表与参政》，社会科学文献出版社，2010。
112. 王巨欣、王欣：《明清澳门涉外法律研究》，社会科学文献出版社，2010。
113. 童乔慧：《澳门土地神庙研究》，广东人民出版社，2010。
114. 黄鸿钊：《澳门海洋文化的发展和影响》，广东人民出版社，2010。
115. 珠海市委宣传部等：《珠海、澳门与近代中西文化交流："首届珠澳文化论坛"论文集》，社会科学文献出版社，2010。
116. 珠海市委宣传部等：《韦卓民与中西文化交流》，社会科学文献出版社，2011。
117. 邓开颂等：《澳门史话》，社会科学文献出版社，2011。
118. 余振等：《澳门华人政治文化纵向研究》，三联书店（香港）有限公司，2011。
119. 黄雁鸿：《同善堂与澳门华人社会》，商务印书馆，2012。
120. 郝雨凡等：《澳门学引论：首届澳门学国际学术研讨会论文集》，社会科学文献出版社，2012。
121. 汤开建：《明清澳门史论稿》，黑龙江教育出版社，2012。
122. 何志辉：《近代澳门司法：制度与实践》，中国民主法制出版社，2012。
123. 黎晓平、汪清阳：《望洋法雨：全球化与澳门民商法的变迁》，社会科学文献出版社，2013。
124. 顾卫民：《"以天主和利益的名义"：早期葡萄牙海洋扩张的历史》，社会科学文献出版社，2013。
125. 许平、陆意：《澳门纪事：18、19世纪三个法国人的中国观察》，社会科学文献出版社，2013。
126. 程美宝等：《把世界带进中国：从澳门出发的中国近代史》，社会科学文献出版社，2013。
127. 林广志：《卢九家族研究》，社会科学文献出版社，2013。
128. 娄胜华等：《自治与他治：澳门的行政、司法与社团（1553~1999）》，社会科学文献出版社，2013。
129. 周湘等：《蠔镜映西潮：屏蔽与缓冲中的清代澳门中西交流》，社会科学文献出版社，2013。
130. 史彤彪等：《"一国两制"下内地与澳门法律文化比较研究》，澳门理工学院一国两制研究中心，2013。
131. 何志辉：《治理与秩序：全球化进程中的澳门法（1553~1999）》，社会科学文献出版社，2013。
132. 何志辉：《外来法与近代中国诉讼法制转型》，中国法制出版社，2013。
133. 何志辉：《华洋共处与法律多元：文化视角下的澳门法变迁》，法律出版社，2014。
134. 澳门大学澳门研究中心：《全球视野下的澳门学：第三届澳门学国际学术研讨会论文集》，社会科学文献出版社，2014。
135. 陈伟明：《管而不控：澳门城市管理研究（1840~1911）》，社会科学文献出版社，2014。
136. 谢后和、邓开颂：《澳门沧桑500年》，广东教育出版社，2014。
137. 吴宏岐：《时空交织的视野：澳门地区历史地理研究》，社会科学文献出版社，2014。
138. 叶农：《渡海重生：19世纪澳门葡萄牙人移居香港研究》，社会科学文献出版社，2014。
139. 吴志良等著：《中华民国专题史：革命、战争与澳门》，南京大学出版社，2015。

三 论文类

(一) 论文

1. 〔葡〕Carlos Jacinto Machado:《澳门沿革》,《新纪元周报》第1卷第2号,1929年3月11日。
2. 〔日〕藤田丰八:《葡萄牙人占据澳门考》,载《中国古代南海交通图考》,商务印书馆,1936。
3. 陈祖源:《明代葡人入据濠镜考略》,《历史学报》1936年第10卷第1期。
4. 戴裔煊:《关于澳门史上所谓赶走海盗问题》,《中山大学学报》1957年第3期。
5. 胡代聪:《葡萄牙人占据澳门前在东南沿海的侵略活动》,《历史研究》1959年第3期。
6. 全汉昇:《明代中叶以后澳门的海外贸易》,香港中文大学《中国文化研究所学报》1972年第2期。
7. 陈诗启:《海关总税务司对鸦片税厘并征与粤海常关权力的争夺和葡萄牙的永据澳门》,《中国社会经济史研究》1982年第1期。
8. 黄文宽:《关于澳门史的考订(下)》,《岭南文史》1983年第2期。
9. 黄启臣:《明清澳门海外贸易的特性与影响》,《岭南文史》1984年第1期。
10. 黄启臣、邓开颂:《明嘉靖至崇祯年间澳门对外贸易的发展》,《中山大学学报》1984年第3期。
11. 林金水:《利玛窦看到的明末社会经济》,《中国社会经济史研究》1984年第4期。
12. 〔德〕R.普塔克,关山译:《西方澳门史研究》,《国外社会科学》1985年第1期。
13. 张光灿:《论清朝前期的闭关政策》,《宁夏大学学报》1985年第2期。
14. 〔德〕R.普塔克,关山译:《澳门的奴隶买卖和黑人》,《国外社会科学》1985年第3期。
15. 廖伟章:《"委黎多"和澳门同知考》,《广州研究》1985年第3期。

16. 郑天祥、黄就顺:《澳门人口的基本特征》,《南方人口》1986 年第 2 期。
17. 陈栋康:《澳门人口的增长、分布与构成》,《人口与经济》1986 年第 2 期。
18. 黄启臣、邓开颂:《明清时期西欧殖民主义国家对澳门贸易的争夺》,《广东社会科学》1986 年第 3 期。
19. 王昭明:《鸦片战争前后澳门地位的变化》,《近代史研究》1986 年第 3 期。
20. 费成康:《"香山嶴里巴"辩正》,《读书》1987 年第 6 期。
21. 黄启臣:《四百多年来澳门人口的变动》,《南方人口》1987 年第 2 期。
22. 陈栋康:《四百多年来澳门人口的增长》,《人口与经济》1987 年第 1 期。
23. 史能:《戴裔煊教授谈澳门史研究》,《学术研究》1987 年第 3 期。
24. 邓开颂、黄启臣:《历史上澳门与珠海的经济往来》,《广东社会科学》1987 年第 1 期。
25. 郑永福:《历史上的澳门问题》,《河南大学学报》1987 年第 1 期。
26. 邱克:《英人赫德与中葡澳门交涉史料》,《岭南文史》1987 年第 2 期。
27. 邓开颂:《澳门的苦力贸易及其对世界经济的影响》,《广东社会科学》1988 年第 1 期。
28. 费成康:《关于 1887 年中葡〈和好通商条约〉的订立》,《上海社会科学院学术季刊》1988 年第 2 期。
29. 赵春晨:《简论〈澳门记略〉及其作者》,《汕头大学学报》1988 年 Z1 期。
30. 康大寿:《近代澳门的苦力贸易》,《史学月刊》1988 年第 4 期。
31. 何靖:《论澳门〈知新报〉》,《岭南文史》1988 年第 1 期。
32. 黄国安:《葡萄牙殖民者侵占澳门的历史考略》,《广西社会科学》1988 年第 2 期。
33. 郑德华:《清初迁海时期澳门考略(1661~1683)》,《学术研究》1988 年第 4 期。
34. 黄启臣:《清代前期澳门对外贸易的衰微》,《广西社会科学》1988 年第 2 期。
35. 黄启臣:《16 至 19 世纪中国政府对澳门的特殊方针和政策》,《学术论坛》1990 年第 6 期。

36. 黄国安：《澳门——明末清初中西文化交流的枢纽》，《学术论坛》1990年第6期。
37. 邓开颂：《鸦片战争前澳门的鸦片走私贸易》，《学术研究》1990年第3期。
38. 黄启臣：《十六至十八世纪中西文化的交汇——兼论澳门是文化交汇的桥梁》，《社会科学战线》1991年第1期。
39. 郦永庆：《鸦片战争前后清政府以夷制夷对外策略问题探析》，《历史档案》1991年第1期。
40. 黄鸿钊：《鸦片战争前中国政府对澳门的管理》，《中国边疆史地研究》1991年第2期。
41. 郑炜明：《从有关条约看澳门"附属地"问题》，《中国边疆史地研究》1992年第2期。
42. 康大寿：《近年来澳门史研究述评》，《四川师范学院学报》1992年第2期。
43. 杨仁飞：《明清之际澳门海上丝路贸易述略》，《中国社会经济史研究》1992年第1期。
44. 蒋恩慈：《澳门司法制度变革的回顾与前瞻》，《社会科学》1993年第11期。
45. 宋为民：《澳门政制与法律》，《深圳大学学报》1993年第2期。
46. 杨仁飞：《论清政府对澳门的海关管理》，《广东社会科学》1993年第2期。
47. 费成康：《重评澳门在东西方文化交流中的地位》，《学术月刊》1993年第8期。
48. 邓开颂、余思伟：《澳门拱北海关的建立及其影响》，《澳门研究》1993年第1期。
49. 赵炳霖：《澳门东西方法律文化初探》，载吴志良主编《东西方文化交流》论文集，澳门基金会，1994。
50. 黄启臣：《澳门历史研究刍议》，《中山大学学报》1994年第2期。
51. 米健：《从中西法律文化的冲突与交融看澳门法律制度的未来》，《法学家》1994年第5期。
52. 黄鸿钊：《近代澳门在中西文化交流中的地位和作用》，《中国边疆史地研究》1994 年第 2 期。

53. 黄启臣：《历史是一面镜子——谈深入研究澳门历史问题》，《当代港澳》1994 年第 2 期。
54. 郑炜明：《澳门文化的起源及其发展》，《澳门研究》1994 年第 2 期。
55. 汤开建：《"澳门学"刍议》，《特区与港澳经济》1995 年第 2 期。
56. 梁尚贤：《1922 年的澳门惨案与广东政府之交涉》，《近代史研究》1995 年第 6 期。
57. 高德志等：《澳门法律制度概要》，《法学家》1995 年第 2 期。
58. 张海鹏：《澳门史研究：前进和困难——国内澳门史研究的动向》，《中国社会科学院研究生院学报》1995 年第 5 期。
59. 吴志良：《从澳门看文化发展战略》，《北京大学学报》1995 年第 1 期。
60. 王叔文：《论澳门的法律本地化》，《法学家》1995 年第 2 期。
61. 朱亚非：《明代中葡关系与澳门之地位》，《史学集刊》1995 年第 4 期。
62. 吴志良：《〈关于葡萄牙人居留澳门的备忘录〉——葡萄牙寻找澳门主权论据的过程》，《近代史研究》1996 年第 2 期。
63. 谭世宝：《澳门妈祖阁庙的历史考古研究新发现》，《学术研究》1996 年第 9 期。
64. 吴志良：《澳门史研究述评》，《史学理论研究》1996 年第 3 期。
65. 汤开建：《澳门文化内涵浅析》，《广西民族学院学报》1996 年第 2 期。
66. 吴志良：《澳门政制的演变》，《政治与法律》1996 年第 4 期。
67. 吴志良：《澳门政制的演变与前瞻》，《学术研究》1996 年第 7 期。
68. 章文钦：《妈祖阁与澳门妈祖信仰》，《学术研究》1996 年第 9 期。
69. 张廷茂：《明清澳门海上贸易史研究的回顾与设想》，《中国史研究动态》1996 年第 12 期。
70. 黄启臣：《明清时期中国政府对澳门海关的管理》，《中山大学学报》1996 年第 1 期。
71. 汤开建：《试论澳门文化的属性与特征》，《广西民族学院学报》1996 年第 3 期。
72. 吴传清：《张之洞与中葡澳门交涉》，《江汉论坛》1996 年第 1 期。
73. 吴志良：《十六世纪葡萄牙的中国观》，《澳门研究》1996 年第 4 期。
74. 王国强：《澳门土生的形成与流失》，《澳门研究》1996 年第 4 期。

75. 周大鸣:《澳门的族群》,《中国社会科学》1997年第5期。
76. 吴志良:《从政治发展看澳门历史分期》,《学术研究》1997年第4期。
77. 尚易:《角色的定位与意义的探寻——从文化视角评〈东西交汇看澳门〉》,《北京大学学报》1997年第2期。
78. 黄庆华:《早期中葡关系与澳门开埠》,《史学集刊》1997年第4期。
79. 吴志良:《葡人据居澳门的过程》,《澳门研究》1997年第5期。
80. 谭世宝:《Macao、Macau（马交）与澳门、马角等词的考辨》,《开放时代》1998年第6期。
81. 刘圣宜:《澳门多元文化的历史形态》,《华南师范大学学报》1998年第4期。
82. 魏美昌:《澳门华人与土生葡人》,《广西大学学报》1998年第6期。
83. 汤开建:《澳门开埠时间考》,《暨南学报》1998年第2期。
84. 陈尚胜:《澳门模式与鸦片战争前的中西关系》,《中国史研究》1998年第1期。
85. 饶芃子:《澳门文化两题》,《中国比较文学》1998年第3期。
86. 宋德华:《澳门与中西文化交流》,《华南师范大学学报》1998年第4期。
87. 吴志良:《港澳政治制度比较：回顾与展望》,《法学家》1998年第2期。
88. 郑永福、吕美颐:《历史上关于澳门问题的中葡条约》,《郑州大学学报》1998年第1期。
89. 邓伟平:《论澳门民法的历史发展及其本地化》,《当代港澳》1998年第2期。
90. 汤开建、叶恩典:《明代澳门地区华人居住地钩沉——兼论望厦村妈阁庙及永福古社之起源》,《海交史研究》1998年第1期。
91. 康大寿:《明清政府对澳门的法权管理》,《四川师范学院学报》1998年第4期。
92. 戴长洪:《试论澳门法律本地化》,《法学杂志》1998年第2期。
93. 罗晓京:《试析1846年以前葡萄牙管理澳门的历史特点》,《广东社会科学》1998年第2期。
94. 汤开建:《叶权与澳门——1565年一位中国知识分子关于澳门的真实报道》,《岭南文史》1998年第3期。

95. 汤开建：《印光任、张雨霖与澳门》，《广西民族学院学报》1998年第4期。
96. 吴志良：《葡人内部自治时期的澳门》，《澳门研究》第7期，1998年3月。
97. 张廷茂：《澳门海上贸易的历史作用》，《澳门研究》第7期，1998年3月。
98. 黄鸿钊：《十六至十八世纪的澳门与东西方文化交流》，《澳门研究》第7期，1998年3月。
99. 杨仁飞：《澳门社团发展——过去、现状与展望》，《澳门研究》第7期，1998年3月。
100. 刘存宽：《四百余年来澳门历史的变迁》，《广东社会科学》1999年第6期。
101. 黄启臣：《澳门——16至19世纪中西文化交流的桥梁》，《比较法研究》1999年第1期。
102. 陈衍德：《澳门的兴衰与人口变迁》，《中国社会经济史研究》1999年第3期。
103. 黄进：《澳门法律本地化之我见》，《法制与社会发展》1999年第2期。
104. 郭天武、朱雪梅：《澳门法律本地化问题研究》，《中山大学学报》1999年第2期。
105. 邓聪：《澳门历史的新结构》，《历史研究》1999年第6期。
106. 李燕：《澳门历史地理的变迁》，《岭南文史》1999年第2期。
107. 刘卓红、龙柏林：《澳门社团问题初探》，《华南师范大学学报》1999年第6期。
108. 饶芄子：《澳门文化的历史坐标与未来意义》，《暨南学报》1999年第3期。
109. 马晓丽：《澳门文化及其研究述评》，《文史哲》1999年第2期。
110. 徐杰舜：《澳门文化透视》，《广西民族学院学报》1999年第4期。
111. 高福进：《澳门文化与中外文化交流》，《上海社会科学院学术季刊》1999年第4期。
112. 黎明：《澳门问题的历史回顾》，《云南师范大学学报》1999年第6期。
113. 赵克仁：《澳门问题的历史考察》，《中国边疆史地研究》1999年第3期。
114. 代金平：《澳门与近代中西文化交流》，《南京社会科学》1999年第8期。
115. 姜新：《澳门与明清之际中外文化交流》，《徐州师范大学学报》1999年第4期。

116. 郭卫东:《澳门与早期鸦片贸易》,《中国边疆史地研究》1999年第3期。
117. 黄庆华:《澳门与中葡关系》,《中国边疆史地研究》1999年第2期。
118. 黄启臣:《澳门主权问题的历史审视》,《中山大学学报》1999年第3期。
119. 黄启臣:《澳门主权问题始末》,《中国边疆史地研究》1999年第2期。
120. 张振英:《从〈澳门记略〉看明清时期的澳门》,《云南师范大学学报》1999年第6期。
121. 柳华文:《从国际法角度评析1887年中葡〈和好通商条约〉》,《中国边疆史地研究》1999年第2期。
122. 章文钦:《从诗词见证明清时代澳门的历史文化》,《中山大学学报》1999年第2期。
123. 朱亚非:《东西方经济文化交流的枢纽与门户——论16~18世纪澳门的历史地位》,《世界历史》1999年第6期。
124. 廖杨:《港澳台的妈祖文化述论——港澳台汉族民间文化研究系列论文之一》,《广西民族研究》1999年第4期。
125. 黄鸿钊:《关于澳门史研究的若干问题》,《广西民族学院学报》1999年第4期。
126. 万明:《关于明代葡萄牙人入居澳门问题》,《中国社会科学院研究生院学报》1999年第5期。
127. 龙心刚:《近20年来澳门史研究综述》,《南京社会科学》1999年第2期。
128. 杨朝全:《近代中葡条约与澳门主权》,《扬州大学学报》1999年第6期。
129. 吕美颐:《历史上澳门地方自治制度论略》,《中州学刊》1999年第4期。
130. 魏美昌:《论一九九九年前后澳门文化特征之保留及发展》,《比较法研究》1999年第1期。
131. 芮立平:《民国时期澳门的社会经济》,《民国春秋》1999年第6期。
132. 黄鸿钊:《民国时期的澳门问题交涉》,《江苏社会科学》1999年第4期。
133. 徐少红:《民国时期中葡关于澳门问题的交涉》,《民国春秋》1999年第6期。
134. 汤开建:《明朝在澳门设立的有关职官考证》,《暨南学报》1999年第1期。

135. 万明：《明代澳门与海上丝绸之路》，《世界历史》1999 年第 6 期。
136. 张廷茂：《明季澳门与马尼拉的海上贸易》，《岭南文史》1999 年第 1 期。
137. 董爱玲：《明清澳门主权问题述论》，《山东社会科学》1999 年第 6 期。
138. 吕美颐、何玲：《明清时期澳门与中西文化交流》，《郑州大学学报》1999 年第 6 期。
139. 朱亚非：《明清时期澳门主权之演变》，《山东师大学报》1999 年第 5 期。
140. 汤开建：《明朱吾弼〈参粤珰勾夷疏〉中的澳门史料——兼论李凤与澳门之关系》，《岭南文史》1999 年第 1 期。
141. 吕一燃：《葡萄牙强占澳门与清政府拒绝批准中葡〈和好贸易条约〉》，《中国边疆史地研究》1999 年第 2 期。
142. 李金明：《葡萄牙人留居澳门年代考》，《中国边疆史地研究》1999 年第 3 期。
143. 邓开颂：《葡萄牙占领澳门的历史过程》，《历史研究》1999 年第 6 期。
144. 王东峰：《清朝前期澳门地租沿革考》，《岭南文史》1999 年第 1 期。
145. 黄鸿钊：《清末澳门的勘界谈判》，《南京社会科学》1999 年第 12 期。
146. 黄鸿钊：《清末民初中葡关于澳门的交涉和新约的签订》，《中国边疆史地研究》1999 年第 2 期。
147. 万明：《试论明代澳门的治理形态》，《中国边疆史地研究》1999 年第 2 期。
148. 彭顺生：《试论鸦片战争前 300 年澳门在中西文化交流中的地位与贡献》，《史学月刊》1999 年第 5 期。
149. 戚洪：《试析明清时期的澳门贸易》，《徐州师范大学学报》1999 年第 4 期。
150. 周志初：《鸦片贸易与 1887 年中葡条约》，《扬州大学学报》1999 年第 6 期。
151. 万明：《鸦片战争前清朝政府对澳门的管理述略》，《黑龙江社会科学》1999 年第 5 期。
152. 黄庆华：《有关 1862 年中葡条约的几个问题》，《近代史研究》1999 年第 1 期。

153. 颜广文：《再论明政府允许葡人租借澳门的原因》，《中国边疆史地研究》1999年第2期。
154. 邹爱莲：《中葡〈通商和好条约〉与澳门勘界问题》，《历史档案》1999年第4期。
155. 陈曦文：《中葡关系史与澳门问题》，《首都师范大学学报》1999年第6期。
156. 金国平：《澳门地租始纳年代及其意义》，《澳门研究》第10期，1999年3月。
157. 王慕民：《十六、十七世纪葡萄牙与宁波之关系》，《澳门研究》第10期，1999年3月。
158. 韦庆远：《有关粤澳关系史研究的若干问题——对邓开颂、吴志良、陆晓敏主编〈粤澳关系史〉的评介》，《澳门研究》第10期，1999年3月。
159. 杨仁飞：《明清时期澳门对外贸易的官、私商之争》，《澳门研究》第12期，1999年9月。
160. 张廷茂：《16~18世纪中期澳门海上贸易与东西方文化交流》，《海交史研究》2000年第1期。
161. 郁知非：《澳门——中西文化交流的起点》，《岭南文史》2000年第3期。
162. 孙九霞：《澳门的族群与族群文化》，《开放时代》2000年第7期。
163. 张廷茂：《澳门史葡文史料举要》，《中国史研究动态》2000年第9期。
164. 刘存宽：《关于澳门历史的几个问题》，《中国边疆史地研究》2000年第2期。
165. 徐杰舜、汤开建：《关于澳门土生葡人问题的思考》，《民族研究》2000年第6期。
166. 蒋贤斌：《论鸦片战争前清政府对澳门的经济政策》，《江西社会科学》2000年第3期。
167. 徐杰舜：《试论澳门土生葡人的人文特征》，《武汉大学学报》2000年第5期。
168. 赵利峰：《耆英时期的粤澳（中葡）关系》，《暨南学报》2000年第6期。

169. 刘景莲：《从东波档看清代澳门的民事诉讼及其审判》，载《清史论丛》2001年号，中国广播电视出版社，2001，第186~196页。
170. 黎熙元：《澳门土生葡人族群及其文化特点》，《学术研究》2001年第12期。
171. 徐罗卿：《澳门文化发展特色及其对中国传统文化发展的启示》，《广西民族学院学报》2001年S2期。
172. 孙九霞：《澳门宗教文化的独特性研究》，《华南理工大学学报》2001年第4期。
173. 谭世宝、曹国庆：《对汪柏与"中葡第一项协议"的再探讨》，《学术研究》2001年第7期。
174. 黄汉强：《关于"澳门学"对象与方法的思考》，《学术研究》2001年第7期。
175. 汤开建：《明代管理澳门仿唐宋"蕃坊"制度辩》，《西北民族学院学报》2001年第2期。
176. 陈小锦：《明清时期澳门在中西贸易中的地位》，《广西师院学报》2001年第2期。
177. 沈凤玲：《浅论明代澳门葡人的自治》，《东南亚研究》2001年第2期。
178. 徐杰舜、汤开建：《试论澳门土生葡人的形成和发展》，《兰州大学学报》2001年第1期。
179. 黄庆华：《中葡有关澳门主权交涉内幕——从1862年条约换文到1887年条约谈判》，《中国边疆史地研究》2001年第3期。
180. 金国平：《Hopo的词源及其设立年代考》，《暨南史学》第一辑，2002。
181. 廖杨：《澳门华人与中华文化》，《广西民族研究》2002年第3期。
182. 李雪梅：《澳门明清法律史料之构成》，载《中西法律传统》（第二卷），中国政法大学出版社，2002。
183. 揣振宇：《澳门文化的特点》，《云南社会科学》2002年第3期。
184. 吴义雄：《基督教传教士在澳门的早期文化活动略论》，《学术研究》2002年第6期。
185. 吴水金、陈伟明：《明清澳门人口变化的历史状况与特点》，《东南亚研究》2002年第3期。
186. 乔素玲：《清代澳门中葡司法冲突》，《暨南学报》2002年第4期。

187. 郑德华:《郑观应与澳门猪仔贸易》,《岭南文史》2002 年第 3 期。
188. 金国平:《从外籍文献考察澳门提调及提调司》,《澳门研究》第 14 期,2002 年 9 月。
189. 石元蒙:《中西文明的最初碰撞——葡萄牙人入居澳门与明政府对策》,《甘肃社会科学》2003 年第 1 期。
190. 吴志良:《澳门与礼仪之争——跨文化背景下的文化自觉》,《澳门研究》2003 年 3 月第 16 期。
191. 韦庆远:《有关清初的禁海和迁界的若干问题》,《澳门研究》2003 年 6 月第 17 期。
192. 赵利锋:《闽姓传入澳门及其初期发展》,《澳门研究》2003 年 6 月第 17 期。
193. 杨允中:《近代世界文明演进中的反差与澳门特殊地位的形成》,《澳门研究》2003 年 9 月第 18 期。
194. 唐伟华:《清代广东涉外司法与文化冲突》,《西南政法大学学报》2004 年第 4 期。
195. 李庆新:《1550～1640 年代澳门对东南亚贸易》,《广东社会科学》2004 年第 2 期。
196. 汤开建等:《澳门土生族群研究三人谈》,《西南民族大学学报》2004 年第 7 期。
197. 张泽洪:《澳门族群与多元文化:16～18 世纪澳门天主教与中国传统宗教》,《中华文化论坛》2004 年第 3 期。
198. 张廷茂、宾静:《博克塞的澳门史研究》,《中国史研究动态》2004 年第 5 期。
199. 汤开建、彭蕙:《黑人:明清时期澳门社会中的一种异质文化景观》,《世界民族》2004 年第 2 期。
200. 赵立人:《明代至清初的十三行与十字门海上贸易——以屈大均 1662 年澳门之行为中心》,《海交史研究》2004 年第 2 期。
201. 杨翠微:《葡萄牙进驻澳门时中葡两国的形势与澳门的中西文化交流》,《中国文化研究》2004 年秋之卷。
202. 黄鸿钊:《香山与澳门划界争端始末》,《澳门研究》2004 年 6 月第 22 期。

203. 黄鸿钊:《简论 16～19 世纪果阿与澳门关系》,《澳门研究》2004 年 10 月第 24 期。
204. 查灿长:《鸦片战争前后澳门生存路径的选择》,《澳门研究》2004 年 12 月第 25 期。
205. 徐素琴:《"封锁"澳门问题与清季中葡关系》,《中山大学学报》2005 年第 2 期。
206. 张廷茂:《16～17 世纪澳门与葡萄牙远东保教权关系的若干问题》,《杭州师范学院学报》2005 年第 4 期。
207. 汤开建、彭蕙:《16～19 世纪澳门"黑人"来源考述》,《世界历史》2005 年第 5 期。
208. 彭蕙:《16～19 世纪澳门黑人的社会职能》,《广西民族学院学报》2005 年第 2 期。
209. 董慧:《澳门的人口迁移及对当地社会经济发展的影响》,《菏泽学院学报》2005 年第 1 期。
210. 查灿长:《多元文化交融的缩影——澳门文化》,《贵州社会科学》2005 年第 4 期。
211. 张晓辉:《抗战前期澳门的经济社会 (1937.7—1941.12)》,《民国档案》2005 年第 3 期。
212. 汤开建:《明中后期澳门葡人帮助明朝剿除海盗史实再考——以委黎多〈报效始末疏〉资料为中心展开》,《湖北大学学报》2005 年第 2 期。
213. 陆晓敏:《葡萄牙人入居澳门再探》,《广东社会科学》2005 年第 6 期。
214. 汤开建、马根伟:《清末澳门华人纳税制度的形成与发展》,《浙江师范大学学报》2005 年第 6 期。
215. 赵立人:《再论明清之际的十三行与澳门贸易》,《海交史研究》2005 年第 2 期。
216. 汤开建、赵殿红:《委黎多〈报效始末疏〉——一份新发现的澳门早期历史文献》,《澳门研究》2005 年 2 月第 26 期。
217. 黄鸿钊:《骇人听闻的澳门苦力贸易》,《澳门研究》2005 年 6 月第 28 期。
218. 刘然玲:《试析东西文化交流"澳门模式"——文明共存的新探索》,《澳门研究》2005 年 8 月第 29 期。

219. 吴志良：《国内外澳门历史研究的现状与趋势》，《澳门研究》2005年8月第29期。
220. 黄鸿钊：《鸦片战争后澳门澳门地位的变化》，《澳门研究》2005年10月第30期。
221. 郑光滨：《澳门在明代后期的繁盛局面》，《澳门研究》2005年12月第31期。
222. 汤开建、马根伟：《清末澳门镜湖医院的建立与发展》，《澳门研究》2005年12月第31期。
223. 黄鸿钊：《澳门同知的历史地位》，《澳门研究》2005年12月第31期。
224. 颜小华：《美国传教士娄礼华及其笔下的近代澳门与香港》，《兰州学刊》2006年第7期。
225. 汤开建：《明清之际澳门天主教的传入与发展》，《暨南学报》2006年第2期。
226. 杨仁飞：《清中叶前的澳门平民阶层及社会流动》，《广东社会科学》2006年第2期。
227. 宋柏年：《世界文明尊重原则与澳门的多重文化认同》，《北京大学学报》2006年第4期。
228. 黄鸿钊：《西化东渐与远东格局的演变》，《澳门研究》2006年6月第34期。
229. 吴志良：《香山濠镜辨光芒——澳门与香山文化渊源探析》，《澳门研究》2006年10月第36期。
230. 林广志：《晚晴澳门华人巨商卢九家族事迹考述》，《澳门研究》2006年10月第36期。
231. 刘冉冉：《〈葡萄牙东波塔档案馆藏清代澳门中文档案汇编〉勘误》，《学术研究》2007年第3期。
232. 彭蕙：《16~19世纪澳门黑人社群研究》，《徐州师范大学学报》2007年第2期。
233. 李永胜：《1902年中葡交涉述论》，《安徽史学》2007年第2期。
234. 娄胜华：《1931~1945年澳门救亡赈难社团的兴盛与转折》，《民国档案》2007年第1期。

235. 周大鸣:《澳门的文化多元与和谐——与亨廷顿"文明冲突论"的讨论》,《中山大学学报》2007 年第 3 期。
236. 张廷茂:《从汪柏与索萨议和看早期中葡关系的转变》,《安徽史学》2007 年第 2 期。
237. 刘冉冉:《清朝政府对澳门的司法管治(1849 年以前)》,《兰州学刊》2007 年第 3 期。
238. 谭世宝、刘冉冉:《张保仔海盗集团投诚原因新探》,《广东社会科学》2007 年第 2 期。
239. 林乾:《论清代前期澳门民、番刑案的法律适用》,《澳门研究》2007 年 6 月第 40 期。
240. 黄鸿钊:《澳门文化与香山文化的深厚渊源》,《澳门研究》2007 年 6 月第 40 期。
241. 陈辕:《对澳门法律文化的一点思考》,《澳门研究》2007 年 10 月第 42 期。
242. 刘然玲:《论澳门文化的本土性与世俗性》,《澳门研究》2007 年 12 月第 43 期。
243. 徐素琴:《晚清粤澳民船贸易及其影响》,《中国边疆史地研究》2008 年第 1 期。
244. 张海珊:《明朝守澳官的行政架构及其对后世之影响》,《澳门研究》2008 年 2 月第 44 期。
245. 王巨新:《广州体制与澳门模式差别性研究》,《澳门研究》2008 年 2 月第 44 期。
246. 臧小华:《不自由的自由城市——从早期澳门城市制度看文化并存》,《澳门研究》2008 年 4 月第 45 期。
247. 黄雁鸿:《明朝政府对澳门的市舶及课税制度管理》,《澳门研究》2008 年 4 月第 45 期。
248. 刘然玲、匡国鑫:《关于早期澳门多元文化"递进重构"模式》,《澳门研究》2008 年 6 月第 46 期。
249. 郑光滨:《清朝中叶澳门成为西方侵华跳板及中西联系纽带——兼论鸦片战争与澳门(上)》,《澳门研究》2008 年 6 月第 46 期。
250. 何伟杰:《澳门镜湖医院早期在慈善与商业上的行政管理》,《澳门研究》2008 年 6 月第 46 期。

251. 郑光滨：《清朝中叶澳门成为西方侵华跳板及中西联系纽带——兼论鸦片战争与澳门（下）》，《澳门研究》2008 年 8 月第 47 期。

252. 徐晓望：《郑芝龙家族与明代澳门的闽商》，《澳门研究》2008 年 8 月第 47 期。

253. 张廷茂：《明清时期澳门华人人口总量考》，《澳门研究》2008 年 8 月第 47 期。

254. 张海珊：《明清时期澳门博彩事业的兴起及对本土文化的冲击》，《澳门研究》2008 年 10 月第 48 期。

255. 谢耿亮：《法律移植、法律文化与法律发展——澳门法现状的批判》，《比较法研究》2009 年第 5 期。

256. 刘冉冉：《清朝时期澳门议事亭研究》，《暨南史学》第六辑，2009。

257. 叶农：《两次鸦片战争期间澳门政治发展——以〈华友西报〉资料为中心》，《华南师范大学学报》2009 年第 6 期。

258. 赵利峰、郑爽：《明清时期澳门人口问题札记三则》，《华南师范大学学报》2009 年第 6 期。

259. 廖大珂：《朱纨事件与东亚海上贸易体系的形成》，《文史哲》2009 年第 2 期。

260. 何志辉：《共处分治中的主导治理——论明政府对澳门的治理措施》，《澳门研究》2009 年 4 月第 51 期。

261. 王巨新：《乾隆九年定例研究》，《澳门研究》2009 年 4 月第 51 期。
黄鸿钊：《澳门对香山文化发展的影响》，《澳门研究》2009 年 6 月第 52 期。

262. 何志辉：《全球史观与澳门法律史研究》，《澳门研究》2009 年 6 月第 52 期。

263. 潘冠瑾：《强社团体制：澳门社团的发展和自治功能的行使（1976～1984 年）》，《澳门研究》2009 年 10 月第 54 期。

264. 陈伟明、兰静：《清代澳门市民收入与生活消费水平（1644～1911）》，《澳门研究》2009 年 10 月第 54 期。

265. 何志辉：《〈中葡和好通商条约〉与澳门地位条款》，《澳门研究》2009 年 10 月第 54 期。

266. 史彤彪、胡荣:《一国两制下内地与澳门法律文化的融合》,《贵州大学学报》2010年第1期。

267. 叶农:《19世纪后半叶澳门葡萄牙人移居香港考》,《世界民族》2010年第6期。

268. 荆晓燕:《明末清初中日私人海外贸易的间接渠道初探》,《中国社会经济史研究》2010年第1期。

269. 张坤:《清代澳门额船制度的完善与演变》,《中国边疆史地研究》2010年第4期。

270. 陈伟明、兰静:《清代澳门生活资料的来源与特点（1644～1911）》,《暨南学报》2010年第5期。

271. 朱昭华:《清末中葡澳门勘界谈判研究》,《五邑大学学报》2010年第1期。

272. 刘芳:《清乾隆年间查禁澳门唐人庙事件》,《社会科学论坛》2010年第3期。

273. 林广志:《试论澳门学的概念、对象及其方法》,《广东社会科学》2010年第6期。

274. 何志辉:《澳门法制史研究：回顾与展望——〈澳门人文社会科学研究文选·历史卷〉前言》,《澳门研究》2010年6月第57期。

275. 黄雁鸿:《澳门慈善团体的发展与社会作用》,《澳门研究》2010年9月第58期。

276. 张廷茂:《晚清澳门华政衙门源流考》,载《韦卓民与中西方文化交流——"第二届珠澳文化论坛"论文集》,社会科学文献出版社,2011,第210～230页。

277. 陈文源:《近代澳门华政衙门的组织结构与职能演变》,《华南师范大学学报》2011年第1期。

278. 周伟:《法律殖民与文明秩序的转换——以十九世纪中期澳门法律文化的变迁为例》,《比较法研究》2011年第2期。

279. 顾卫民:《16～17世纪耶稣会士在长崎与澳门之间的贸易活动》,《史林》2011年第1期。

280. 程波:《澳门法治的法律史与经济发展》,《湖南商学院学报》2011年第5期。

281. 林广志、吕志鹏:《澳门近代华商的崛起及其历史贡献——以卢九家族为中心》,《华南师范大学学报》2011年第1期。

282. 李庆新:《从颜俊彦〈盟水斋存牍〉看明末广州、澳门贸易制度若干变动》,《学术月刊》2011年第1期。

283. 曹改平:《福建移民与澳门早期开发》,《牡丹江师范学院学报》2011年第3期。

284. 叶农、欧阳开方:《两次鸦片战争之间澳门经济转型与发展——以〈华友西报〉为中心》,《暨南学报》2011年第3期。

285. 马志达:《论葡澳时期澳门社会治理的法团主义模式》,《华南师范大学学报》2011年第3期。

286. 林瑜:《明代澳门葡人商业活动与粤澳的发展》,《惠州学院学报》2011年第2期。

287. 陈文源:《明清时期澳门人口、族群与阶层分析》,《暨南学报》2011年第3期。

288. 赵春晨:《清人张汝霖与香山》,《广东社会科学》2011年第2期。

289. 郝雨凡等:《全球文明史互动发展的澳门范式——论澳门学的学术可能性》,《学术研究》2011年第12期。

290. 娄胜华:《十九、二十世纪之交的澳门社会变迁与结社转型》,《华南师范大学学报》2011年第1期。

291. 叶农、欧阳开方:《晚清中葡交涉中的土地纠纷问题——以〈葡国驻广州总领事馆档案〉为中心》,《澳门研究》2011年6月第61期。

292. 廖大珂:《试论明朝对澳门葡萄牙人政策的形成》,《澳门研究》2011年9月第62期。

293. 何志辉:《鸦片战争前后的时局与澳门》,《澳门研究》2011年9月第62期。

294. 林其泉、高志峰:《从澳门妈阁庙看妈祖信仰传播以及妈祖习俗》,《澳门研究》2011年12月第63期。

295. 黎晓平:《"一国两制"的伦理精神》,《一国两制研究》2012年第1期。

296. 何志辉:《论明代澳门的特别立法与司法》,《岳麓法学评论》第7卷,2012。

297. 吴义雄：《〈镜海丛报〉反映的晚清澳门历史片段》,《广东社会科学》2012 年第 2 期。

298. 黄雁鸿：《1909 年中葡澳门勘界会议史料述评》,《历史档案》2012 年第 1 期。

299. 程美宝：《澳门作为飞地的"危"与"机"——16～19 世纪华洋交往中的小人物》,《河南大学学报》2012 年第 3 期。

300. 汪清阳：《怀柔远人：中葡法文化初交汇》,《法律科学（西北政法大学学报）》2012 年第 1 期。

301. 王宏斌：《简论广州府海防同知职能之演变》,《广东社会科学》2012 年第 2 期。

302. 陈文源：《明清时期广东政府对澳门社会秩序的管理》,《广东社会科学》2012 年第 6 期。

303. 张兰星：《论十六至十七世纪的巨船贸易——以"澳门－长崎"航线为例》,《澳门研究》第 64 期, 2012 年 1 月。

304. 陈文源：《明清政府对澳门货物商品的管控措施》,《澳门研究》2012 年 6 月第 65 期。

305. 张晓辉：《清中后期鸦片商与十三行行商的命运逆转》,《澳门研究》2012 年 6 月第 65 期。

306. 汤开建、张中鹏：《明朝野士人对澳门葡人的态度、策略及流变》,《澳门研究》2012 年 9 月第 66 期。

307. 龚翠霞：《清代华南宗族发展与澳门划界事件——以珠海杨氏宗族为个案》,《澳门研究》2012 年 9 月第 66 期。

308. 张中鹏：《同善堂章程的内容及其特色》,《澳门研究》2012 年 12 月第 67 期。

309. 娄胜华：《全球史观与澳门治理史研究》,《澳门研究》2012 年 12 月第 67 期。

310. 何志辉：《殖民管治下的文化妥协——1909 年澳门华人风俗习惯法典研究》, 2013 年中国法律史年会论文。

311. 吴宏岐：《澳门半岛葡人早期居留地问题的再研究》,《暨南学报》2013 年第 1 期。

312. 李梁：《法律殖民与法文化品格的塑造——以澳门刑法文化为中心的

考察》,《比较法研究》2013 年第 2 期。

313. 李燕:《明代朝贡贸易体制下澳门的兴起及其与广州的关系》,《热带地理》2013 年第 6 期。

314. 汤开建:《晚清澳门华人巨商何连旺家族事迹考述》,《近代史研究》2013 年第 1 期。

315. 张廷茂:《晚清澳门华政衙门组织结构与人员编制沿革考》,《澳门研究》2013 年 6 月第 69 期。

316. 朱英:《清末民初澳门商会法的发展演变及其影响》,《澳门研究》2013 年 12 月第 71 期。

317. 彭南生:《近代商人团体在城市社会管理中的作用》,《澳门研究》2013 年 12 月第 71 期。

318. 付海晏:《全球化视域中的晚清海外中华商务总会》,《澳门研究》2013 年 12 月第 71 期。

319. 曾金莲:《澳门商会的创办与早期扮演的角色》,《澳门研究》2013 年 12 月第 71 期。

320. 马光:《1858~1911 年珠三角地区鸦片走私与缉私》,《近代史研究》2014 年第 6 期。

321. 曾金莲:《澳葡与中国南北政府的周旋——围绕澳门北部填海之中葡交涉的考察》,《暨南学报》2014 年第 1 期。

322. 林广志、陈文源:《明清时期澳门华人社会研究述评》,《港澳研究》2014 年第 1 期。

323. 林广志、张中鹏:《明清澳门经济史研究的回顾与展望》,《澳门研究》2014 年 3 月第 72 期。

324. 吴宏岐:《澳门妈祖信仰的形成与空间扩张》,《澳门研究》2014 年 6 月第 73 期。

325. 陈文源:《闽商与澳门早期社会》,《澳门研究》2014 年 6 月第 73 期。

326. 张中鹏:《分化与整合:明代澳门华人社会结构分析》,《澳门研究》2014 年 6 月第 73 期。

327. 张丽:《60 年来大陆地区澳门史研究回顾》,《兰州学刊》2015 年第 1 期。

(二) 学位论文

1. 黄晓峰:《澳门开埠史研究》,博士学位论文,暨南大学,1997。
2. 张廷茂:《16~18世纪中期澳门海上贸易研究》,博士学位论文,暨南大学,1997。
3. 吴志良:《论澳门政治制度与政治发展》,博士学位论文,南京大学,1997。
4. 费成康:《澳门主权丧失始末的研究》,博士学位论文,复旦大学,1998。
5. 彭海铃:《汪兆镛与近代粤澳文化》,博士学位论文,中山大学,2000。
6. 赵利峰:《晚清粤澳闱姓问题研究》,博士学位论文,暨南大学,2003。
7. 李长森:《澳门土生族群研究》,博士学位论文,暨南大学,2004。
8. 查灿长:《澳门早期现代化研究(鸦片战争至1945年)》,博士学位论文,南京大学,2004。
9. 林广志:《晚清澳门华商与华人社会研究》,博士学位论文,暨南大学,2005。
10. 严忠明:《一个双核三社区模式的城市发展史——1557至1849年的澳门》,博士学位论文,暨南大学,2005。
11. 唐伟华:《清前期广州涉外司法问题研究》,博士学位论文,中国政法大学,2006。
12. 刘冉冉:《1651~1849年清朝政府对澳门的管治研究》,博士学位论文,山东大学,2007。
13. 霍志钊:《从"单一"到"多元混融"——澳门土生葡人宗教信仰变迁研究》,博士学位论文,中山大学,2008。
14. 胡孝忠:《明清香山县地方志研究》,博士学位论文,山东大学,2011。
15. 张鸿浩:《明清澳门社会礼法研究》,博士学位论文,中国人民大学,2014。
16. 弭友海:《清朝顺康雍时期对澳门的政策与管理》,硕士学位论文,山东大学,2005。
17. 栾军:《澳门司法权的历史沿革及其研究》,硕士学位论文,华东政法大学,2006。
18. 赵新良:《晚清时期澳葡政府对澳门华人的管治及华人反应》,硕士学位论文,暨南大学,2010。

编写说明

呈现在读者面前的这本论文集是中国人民大学法学院与澳门基金会联合研究项目中的子课题——"传统法律文化与澳门法律发展"的科研成果之一。根据计划，这项子课题的最终成果包含本论文集及两本专著，这本论文集即以澳门法律文化为研究专题，专著分别是张鸿浩的《明清澳门社会礼法关系研究》和邱少晖的《澳门法律文化的演进与特征研究》。为圆满完成此项课题和论文集，课题组成员张鸿浩博士、邱少晖博士在项目主持人马小红教授的带领、指导和亲自参与下，在澳门基金会以及各界同仁的大力支持下，齐心协力，终于使这本论文集面世，其他成果也即将出版。

在项目开始阶段，马小红教授为撰写项目申请书查阅了大量资料，并初步确定了研究对象、研究方法与基本思路。在做了澳门法研究成果的目录，对有关澳门法律研究的专著、论文、资料汇编等书籍进行了统计等准备之后，根据申请书所确定的计划，马小红教授于2012年9月率领课题组成员张鸿浩博士、邱少晖博士对澳门进行了为期7天的考察。考察期间，先后与澳门基金会黄丽莎处长、蔡永君博士，澳门科技大学黎晓平教授，澳门大学赵国强教授，澳门科技大学法学院何志辉博士、谢耿亮博士进行了深入交流与座谈，并对澳门历史档案馆和澳门博物馆进行了实地调研。考察期间，白天走访与调研，晚上归来，马小红教授还会召集课题组成员对一天的走访进行总结，并对第二天的考察所涉及的主要问题进行反复梳理，7天时间虽不长，但在此期间的反复总结和梳理却为项目的开展打下了坚实基础。马小红教授针对此次考察写下了《澳门札记》，特别指出了课题研究可以突破的三个方向：其一，及时对与课题研究相关的精品成果进行汇集；其二，关注澳门礼与法可能存在的另一种联系形态，即礼与法成为"平行线",由此去寻找中国法律的现代化之端以及去探讨一种不同于清末变法的法律变革途径;其三,关注澳门特殊的多元社会结构以及不同社会群体观念的相互交融,尤其是关注特殊的"澳门土生葡人"群体和他们的法律观应该成为研究澳门社会礼与法的重点。

在对第一次考察进行充分消化和吸收后,2013年7月至8月,课题组成员张鸿浩与邱少晖再次到访澳门,进行为期一个月的调研与资料搜集工作。在此期间,分别在澳门大学图书馆、澳门历史档案馆进行了广泛的资料搜集,同时,课题组成员对澳门的庙宇、各类古建筑等文物进行了实地调研,通过与当地居民交流沟通,获得了充分的一手材料。此外,课题组成员与澳门理工学院娄胜华教授等多位学者进行交流,拓展了视野,开阔了思路。两次考察以及相应的准备、消化和吸收工作,使课题组对学界的研究现状有了较为深入的了解。以此为基础,在马小红教授的主持下,课题组先后多次交流和反复磋商,在与作者充分沟通并获得授权后,最终选择了论文集中的这二十三篇文章,并根据研究对象分为五个篇章,既有宏观综合研究,也涉及具体制度和司法文本及实践,较为全面地反映了当前澳门法律文化研究的最前沿。在此期间,也要特别感谢何志辉博士推荐了包括张廷茂、陈文源、刘景莲和金国平等学者的符合本论文集定位的上等力作,提高了本论文集的学术水准。

在论文集即将问世之际,课题组成员特别感谢澳门基金会以及上述各界同仁的大力帮助,感谢论文集的各位作者不吝赐稿,同时,也要向社会科学文献出版社的芮素平等各位同仁致敬!正是在各界同仁的支持和努力下,澳门法律文化研究才有了今天的规模,相信随着时间的推移,越来越多的同仁将会不断提升该项研究的水平,拓展该项研究的视野!

课题组成员:马小红 张鸿浩 邱少晖
2015年6月23日

编辑部章程

第一章　总则

第一条　《法律文化研究》是由中国人民大学法律文化研究中心与北京市法学会中国法律文化研究会组织编写、曾宪义法学教育与法律文化基金会资助、社会科学文献出版社出版的学术集刊。

第二条　《法律文化研究》编辑部（以下简称编辑部）负责专题的策划、征稿、审定、编辑、出版等事宜。

第三条　《法律文化研究》为年刊或半年刊，每年出版一或二辑。

第二章　组织结构

第四条　编辑部由编辑部主任一名、副主任两名、编辑若干名组成。编辑部主任负责主持编辑部的日常工作，统筹《法律文化研究》刊物的总体策划与协调。

第五条　《法律文化研究》实行各辑主编责任制，负责专题的拟定、申报（或推荐）和稿件编辑工作。每辑主编采取自荐或者他人推荐的方式，经编辑部讨论后确定。

第六条　编辑部成员须履行下列义务：1. 遵守编辑部章程；2. 积极参加编辑部的各项活动，连续两年不参加活动者视为自动退出。

第七条　编辑部每年召开一次编务会议，审议稿件并讨论第二年的工作计划。

第三章　经费使用

第八条　编辑部经费来源于曾宪义法学教育与法律文化基金会。

第九条　编辑部给予每辑主编一定的编辑费用，由各辑主编负责编辑费用的管理、支配和使用，并按照主办单位的财务要求进行报销。

第十条　本刊不向作者收取任何费用，也不支付稿酬。作品一旦刊发，由编辑部向主编赠送样刊30本，向作者赠送样刊2本。

第四章　附则

第十一条　本章程由《法律文化研究》编辑部负责解释。

第十二条　本章程自2014年4月1日起施行。

征稿启事

《法律文化研究》发刊于2005年,是由曾宪义教授主编,中国人民大学法律文化研究中心、曾宪义法学教育与法律文化基金会组织编写的学术集刊。自创刊以来,承蒙学界同人的支持,至2010年已出版六辑,并获得学界的肯定,在此向支持本刊的各位专家学者致以诚挚的感谢。

自2014年度起,本刊改版续发,每年年底由中国人民大学法律文化研究中心、北京市中国传统法律文化研究会组织,编辑部审议所申报的选题,并决定次年的出版专题。文集由曾宪义法学教育与法律文化基金会资助,社会科学文献出版社出版,每年出版一或二辑。选题来源于各位同人的申报以及编辑部成员的推荐,申报者自任主编,实行主编负责制。

改版后的《法律文化研究》,向海内外学界同人诚恳征稿。

注释体例

一 中文文献

（1）专著

标注格式：责任者及责任方式，文献题名/卷册，出版者，出版时间，页码。

示例：

侯欣一：《从司法为民到人民司法——陕甘宁边区大众化司法制度研究》，中国政法大学出版社，2007，第24~27页。

桑兵主编《各方致孙中山函电》第3卷，社会科学文献出版社，2012，第235页。

（2）析出文献

1）论文集、作品集及其他编辑作品

标注格式：析出文献著者，析出文献篇名，文集责任者与责任方式/文集题名/卷册，出版者，出版时间，页码。

示例：

黄源盛：《民初大理院民事审判法源问题再探》，李贵连主编《近代法研究》第1辑，北京大学出版社，2007，第5页。

2）期刊

标注格式：责任者，文章篇名，期刊名/年期（或卷期、出版年月）。

示例：

林建成：《试论陕甘宁边区的历史地位及其作用》，《民国档案》1997

年第 3 期。

3）报纸

标注格式：责任者，文章篇名，报纸名/出版年、月、日，版次。

示例：

鲁佛民：《对边区司法工作的几点意见》，《解放日报》1941 年 11 月 15 日，第 3 版。

＊同名期刊、报纸应注明出版地。

（3）转引文献

无法直接引用的文献，转引自他人著作时，须标明。

标注格式：责任者，文献题名，转引文献责任者与责任方式，转引文献题名/卷册，出版者，出版时间，页码。

示例：

章太炎：《在长沙晨光学校演说》（1925 年 10 月），转引自汤志钧《章太炎年谱长编》下册，中华书局，1979，第 823 页。

（4）未刊文献

1）学位论文

标注格式：责任者，文献题名，类别，学术机构，时间，页码。

示例：

陈默：《抗战时期国军的战区——集团军体系研究》，博士学位论文，北京大学历史学系，2012 年，第 134 页。

2）会议论文

标注格式：责任者，文献题名，会议名称，会议地点，召开时间。

示例：

马勇：《王爷纷争：观察义和团战争起源的一个视角》，政治精英与近代中国国际学术研究会会议论文，2012 年 4 月，第 9 页。

3）档案文献

标注格式：文献题名，文献形成时间，藏所，卷宗号或编号。

示例：

《席文治与杜国瑞土地纠纷案》，陕西省档案馆藏，档案号：15/1411。

（5）电子、网上文献

1）光盘（CD-ROM）图书

引证光盘文献除了标示责任者、作品名称、出版信息外，还应标示出该文献的出版媒介（CD‐ROM）。

2）网上数据库

标注格式：责任者，书名/题名，出版者/学术机构，时间，页码，数据来源。

示例：

邱巍：《吴兴钱氏家族研究》，浙江大学博士论文，2005年，第19页。据中国优秀博硕士学位论文全文数据库：http：//ckrd.cnki.net/grid20/Navigator.aspxID=2。

3）网上期刊等

网上期刊出版物包括学术期刊、报纸、新闻专线等，引用时原则上与引用印刷型期刊文章的格式相同，另需加上网址和最后访问日期。

示例：

王巍：《夏鼐先生与中国考古学》，《考古》2010年第2期，http：//mall.cnki.net/magazine/Article/KAGU201002007.htm，最后访问日期：2012年6月3日。

（6）古籍

1）刻本

标注格式：责任者与责任方式，文献题名/卷次，版本，页码。

示例：

张金吾编《金文最》卷一一，光绪十七年江苏书局刻本，第18页b。

2）点校本、整理本

标注格式：责任者与责任方式，文献题名/卷次，出版地点，出版者，出版时间，页码。

示例：

苏天爵辑《元朝名臣事略》卷一三《廉访使杨文宪公》，姚景安点校，中华书局，1996，第257~258页。

3）影印本

标注格式：责任者与责任方式，文献题名/卷次，出版地点，出版者，出版时间，（影印）页码。

示例：

杨钟羲：《雪桥诗话续集》卷五上册，辽沈书社，1991年影印本，第461页下栏。

4）析出文献

标注格式：责任者，析出文献题名，文集责任者与责任方式，文集题名/卷次，版本或出版信息，页码。

示例：

《清史稿》卷二三〇《范文程传》，中华书局点校本，1977，第31册，第9352页。

5）地方志

唐宋时期的地方志多系私人著作，可标注作者；明清以后的地方志一般不标注作者，书名其前冠以修纂成书时的年代（年号）。

示例：

民国《上海县续志》卷一《疆域》，第10页b。

同治《酃县志》卷四《炎陵》，收入《中国地方志集成·湖南府县志辑》第18册，江苏古籍出版社影印本，2002，第405页。

6）常用基本典籍，官修大型典籍以及书名中含有作者姓名的文集可不标注作者，如《论语》、二十四史、《资治通鉴》《全唐文》《册府元龟》《清实录》《四库全书总目提要》《陶渊明集》等。

7）编年体典籍，可注出文字所属之年月甲子（日）。

示例：

《清太祖高皇帝实录》卷一〇，天命十一年正月己酉，中华书局，1986年影印本。

＊卷次可用阿拉伯数字标示。

二　外文文献

引证外文文献，原则上使用该语种通行的引证标注方式。兹列举英文文献标注方式如下。

（1）专著

标注格式：责任者与责任方式，文献题名（斜体）（出版地点：出版社，出版年代），页码。

示例：

StewartBanner, *How the Indians Lost Their Land: Law and Power on the Frontier* (Cambridge: Harvard University Press, 2005), p.89.

引用三位以上作者合著作品时，通常只列出第一作者的姓名，其后以"et al."省略其他著者姓名。

示例：

Randolph Quirk et al., *A Comprehensive Grammar of the English Language* (New York: Longman Inc., 1985), p.1143.

（2）译著

标注格式：责任者及责任方式，文献题名，译者（出版地点：出版者，出版时间），页码。

示例：

M. Polo, *The Travels of Marco Polo*, trans. by William Marsden (Hertfordshire: Cumberland House, 1997), pp.55, 88.

（3）析出文献

1）论文集、作品集

标注格式：责任者，析出文献题名，编者，文集题名（出版地点：出版者，出版时间），页码。

示例：

R. S. Schfield, "The Impact of Scarcity and Plenty on Population Change in England," in R. I. Rotberg and T. K. Rabb, eds., *Hunger and History: The Impact of Changing Food Production and Consumption Pattern on Society* (Cambridge, Mass: Cambridge University Press, 1983), p.79.

同一页两个相邻引文出处一致时，第二个引文可用"Ibid."代替。

2）期刊

标注格式：责任者，析出文献题名，期刊名，卷册（出版时间）：页码。

示例：

Douglas D. Heckathorn, "Collective Sanctions and Compliance Norms: A Formal Theory of Group Mediate Social Control," *American Sociological Review* 55 (1990): 370.

（4）未刊文献

1）学位论文

标注格式：责任者，论文标题（Ph. D. diss. /master's thesis，提交论文的学校，提交时间），页码。

示例：

Adelaide Heyde, The Relationship between Self – esteem and the Oral Production of a Second Language (Ph. D. diss., University of Michigan, 1979), pp. 32 – 37.

2）会议论文

标注格式：责任者，论文标题（会议名称，地点，时间），页码。

示例：

C. R. Graham, Beyond Integrative Motivation: The Development and Influence of Assimilative Motivation (paper represented at the TESOL Convention, Houston, TX, March 1984), pp. 17 – 19.

3）档案资料

标注格式：文献标题，文献形成时间，卷宗号或其他编号，藏所。

示例：

Borough of Worthing: Plan Showing Consecration of Burial Ground for a Cemetery, 1906 – 1919, H045/10473/B35137, National Archives.

C. R. Graham, Beyond Integrative Motivation: The Development and Influence of Assimilative Motivation (paper represented at the TESOL Convention, Houston, TX, March 1984), pp. 17 – 19.

图书在版编目(CIP)数据

法律文化研究.第8辑,澳门法律文化专题/邱少晖主编.
—北京:社会科学文献出版社,2015.12
ISBN 978-7-5097-8377-1

Ⅰ.①法… Ⅱ.①邱… Ⅲ.①法律-文化-研究-丛刊
②法律-文化研究-澳门 Ⅳ.①D909-55

中国版本图书馆 CIP 数据核字(2015)第 276344 号

法律文化研究 第八辑:澳门法律文化专题

主　　编 / 邱少晖

出 版 人 / 谢寿光
项目统筹 / 芮素平
责任编辑 / 尹雪燕　关晶焱

出　　版 / 社会科学文献出版社·社会政法分社 (010) 59367156
　　　　　　地址:北京市北三环中路甲 29 号院华龙大厦　邮编:100029
　　　　　　网址:www.ssap.com.cn
发　　行 / 市场营销中心 (010) 59367081　59367018
印　　装 / 三河市尚艺印装有限公司

规　　格 / 开　本:787mm×1092mm　1/16
　　　　　　印　张:24.75　字　数:399 千字
版　　次 / 2015 年 12 月第 1 版　2015 年 12 月第 1 次印刷
书　　号 / ISBN 978-7-5097-8377-1
定　　价 / 98.00 元

本书如有印装质量问题,请与读者服务中心 (010-59367028) 联系

▲ 版权所有 翻印必究